KB195048

365일 묵상집
날마다 말씀 한 스푼

2023 © 도서출판 하나인

365일 묵상집
날마다 말씀 한 스푼

초판 1쇄 인쇄 | 2023년 11월 10일
초판 1쇄 발행 | 2023년 11월 24일

지은이 | 임석순
펴낸이 | 임석순
펴낸곳 | 도서출판 하나인

신고번호 | 제25100-2008-000012호
주소 | (우)04904 서울시 광진구 능동로 447
전화 | 02-467-5821
팩스 | 02-463-1435
이메일 | kcch.or.kr@gmail.com

값 18,000원
ISBN 979-11-89693-00-8   03230

• 잘못된 책은 바꿔 드립니다.
• 이 책은 저작권법의 보호를 받는 저작물이므로 무단 전재와 복제를 금합니다.

365일 묵상집

날마다
말씀 한 스푼

임석순 지음

하나인
도서출판

서 문

온 하늘과 땅의 왕이신 하나님은 우리의 아버지 되십니다.
그 분은 스스로 낮아져 이 땅에 오셔서 우리를 대신하여 죽기까지
하실 정도로 우리를 깊이 사랑하십니다.
이렇게 우리를 사랑하시는 아버지께서 우리에게 바라시는 것이 있습니다.

바로, "자라가는 것"입니다.
한 생명이 태어나면 우리는 그 갓난아이를 보며
"건강하게만 자라다오." 말합니다.
우리를 향한 하나님의 마음이 그러합니다.
우리가 하나님 안에서 자라가기를 바라십니다.
아이가 자라나며 부모를 닮아가는 모습을 볼 때
부모는 세상 무엇과도 비교할 수 없는 큰 기쁨을 느낍니다.
우리가 하나님 안에서 자라나며 예수를 닮아갈 때
하나님께서 우리로 인하여 춤추실 것입니다.

눈을 뜨지도 못 하는 갓 태어난 아기를 엄마 품에 안으면
가르쳐 주지 않아도 본능적으로 입을 오물거리며 젖을 찾습니다.
젖을 먹어야 자랄 수 있기 때문입니다.

우리도 영적인 젖, 말씀을 아기와 같이 간절히 사모하고,
매일 이 말씀을 먹어야 자라갈 수 있습니다.

이 묵상집은
사랑하는 우리 성도님들과 매일 함께 같은 말씀을 먹고 나누며
예수를 닮는 모습으로 성장하고 싶은 간절한 소망을 가지고
만들었습니다.
우리 모두가 하나님을 기쁘시게 하는 자녀로 매일 자라가는데
이 묵상집이 작은 도움이 되기를 기도합니다.

우리를 자녀 삼으시고 자라가게 하시는 우리 아버지 하나님께
감사와 영광을 돌리며…

2023년 11월
저자 임석순 목사

목 차

January

1월

하나님 나라, 소망

1월 **1**일 　새 포도주는 새 부대에

누가복음 5:38
새 포도주는 새 부대에 넣어야 할 것이니라

 사람들은 새 것을 좋아하고 새 것을 찾지만 하늘 아래에는 진정한 의미의 새 것이 없습니다. 우리에게 새 것은 오직 영원하신 주님밖에 없습니다. 더욱이 새 것은 내가 찾아가는 것이 아니라 찾아오는 것입니다. 주님이 내게 찾아오셨으니 그 주님을 만나면 나 역시 새로워질 수 있습니다. 주님을 만나 새로워진 사람은 새 포도주를 새 부대에 담는 사람입니다. 이 사람은 어떤 일에도 흔들리지 않습니다. 새해에도 사단은 갖가지 시험으로 우리를 유혹할 것입니다. 사단은 네가 하나님의 자녀이거든 돌을 떡으로 만들어보라고 시험할 것입니다.마 4:3 그러나 사람이 떡으로만 사는 것이 아니라 하나님의 말씀으로 산다고 하시며 사단의 시험을 물리친 주님을 기억하십시오. 돌이 떡이 되지 않아도, 내가 아무리 힘들고 어렵다 해도, 나의 간절한 소망이 이루어지지 않아도 내가 하나님의 자녀라는 사실은 변하지 않습니다. 때로 사단은 우리에게 한번만 하나님을 섬기지 않고 자신을 섬기면 세상 것을 다 주겠다고 유혹할 수도 있습니다.마 4:9 그러나 그 순간에도 주님과 바꿀 수 있는 것은 아무 것도 없다는 것을 기억하십시오. 사단은 또 말씀으로 시험할 수도 있습니다. 예수님을 성전 꼭대기로 데리고 가서 거기서 뛰어 내리면 말씀에 기록되기를 '하나님이 주의 천사들을 명하여 너를 지키시고 손으로 너를 받들어 너를 돌에 부딪치지 않게 할 것'시 91:11-12이니 뛰어내리리라고 합니다.마 4:6 그러나 예수님은 하나님을 시험치 말라고 사단을 꾸짖었습니다. 하나님은 늘 우리를 지키시는 분이기 때문입니다. 올 한해 새 것 되시는 주님이 내게 말씀으로 찾아오심을 믿고 날마다 말씀 한 스푼 먹으며 자라가는 성도가 되기를 소망합니다..

영원한 새 것 되시는 주님과 동행하여 어떤 시험도 이겨내는 한해 되게 하소서.

1월 2일 악한 영과의 싸움이 있는 새해

역대하 31:1

이 모든 일이 끝나매 거기에 있는 이스라엘 무리가 나가서 유다 여러 성읍에 이르러 주상들을 깨뜨리며 아세라 목상들을 찍으며 유다와 베냐민과 에브라임과 므낫세 온 땅에서 산당들과 제단들을 제거하여 없애고 이스라엘 모든 자손이 각각 자기들의 본성 기업으로 돌아갔더라

한 해 동안 가정과 교회가 아무런 다툼없이 평화롭기를 바랍니다. 그러나 우리에게는 싸워야 할 대상이 있습니다. 바로 하늘에 있는 악의 영, 사단입니다. 본문은 히스기야의 개혁을 다루고 있는데 개혁은 눈에 보이는 조직이나 형상을 바꾸는 것이 아니라 영안을 통해서만 볼 수 있는 악한 영을 청소하는 것입니다. 악한 영이 지배하지 못 하도록 모든 영역을 하나님의 영으로 채우는 것입니다. 이를 위해서는 기도의 처소를 정해야 합니다. 우리 가정, 교회, 일터에 기도처가 마련되어야 합니다. 기도 시간을 정해야 합니다. 짧은 시간이라도 일정한 시간에 기도할 수 있도록 목표를 정하고 실천하는 것이 중요합니다. 다니엘은 위기 상황에서도 굴하지 않고 전에 행하던 대로 기도했습니다. 즉 일정한 기도처와 기도 시간이 있었습니다. 그런 다니엘의 기도에 하나님은 놀랍게 응답하셨습니다. 또한 보혈에 의지하여 회개하고 거룩함을 입어야 악한 영을 물리칠 수 있습니다. 말씀을 선포해야 합니다. 기도하는 사람은 내게 들려주신 말씀묵상, 설교, 성경 읽기 등을 통해을 가지고 세상을 향해, 사단을 향해 선포하는 삶을 살아갑니다. 그 말씀으로 인해 사단은 묶이고 공격할 힘을 상실합니다. 우리 삶의 모든 영역에 있는 악한 영들을 깨뜨리며 찍고 제거하여 없애는 새해가 되기를 축복합니다.

올 한 해도 영적으로 민감하여 사단과의 싸움에서 승리하게 하소서.

이 땅에 이루어질 새 일을 보는 자

1월 **3**일

이사야 43:18-21

18너희는 이전 일을 기억하지 말며 옛날 일을 생각하지 말라 19보라 내가 새 일을 행하리니 이제 나타낼 것이라 너희가 그것을 알지 못하겠느냐 반드시 내가 광야에 길을 사막에 강을 내리니 20장차 들짐승 곧 승냥이와 타조도 나를 존경할 것은 내가 광야에 물을, 사막에 강들을 내어 내 백성, 내가 택한 자에게 마시게 할 것임이라 21이 백성은 내가 나를 위하여 지었나니 나를 찬송하게 하려 함이니라

본문은 이스라엘 백성이 바벨론 포로가 되어서 가장 비참하고 절망적인 상황에 처해 있을 때입니다. 그러한 때에 하나님께서는 새 일을 행하시겠다고, 광야에 길, 사막에 강을 내시겠다고, 장차 들짐승과 승냥이와 타조도 하나님을 존경하고 온 백성이 하나님을 찬양하게 될 것이라고 말씀하셨습니다. 이것은 이스라엘 백성을 향해서만 말씀하신 것이 아니라 반 기독교 세력들이 판을 치고 교회가 위기인 오늘 우리를 향한 말씀이기도 합니다. 이 나라의 모든 백성이 언젠가는 주님을 믿고 하나님께 찬양 드리며 영광 돌리게 될 것입니다. 성경에 기록되어 있기 때문입니다. 그리고 이미 하나님께서 그 일을 시작하셨기 때문입니다. 하나님은 이 일을 위해 독생자 예수 그리스도의 피 값을 치르는 큰 투자를 하셨습니다. 또한 성령을 보내셔서 지금까지 이 일을 이루기 위해 성령이 일하셨으며 앞으로도 일하실 것입니다. 그렇습니다. 이 땅에 새 일은 반드시 이루어질 것입니다. 반드시 새 하늘과 새 땅이 올 것입니다. 우리는 상황이 아무리 어려워도, 도무지 소망이 없는 암흑 가운데 있어도 새 일을 반드시 행하실 것을 믿으며 항상 새 일을 바라보는 자가 되어야 합니다. 하나님께서는 우리를 오늘 이 땅의 정탐꾼으로 보내셨습니다. 믿음의 눈으로 하나님이 허락하실 새 땅을 바라보며 담대하게 나아갔던 두 명의 정탐꾼, 여호수아와 갈렙이 되기를 축복합니다. 민 14:6-9

현재의 상황으로는 이 땅에 도무지 새 일이 일어날 것을 기대할 수 없습니다. 그럼에도 불구하고 믿음의 눈으로 새 일을 바라보며 기대하는 자로 살겠습니다.

1월 **4**일   도우시는 하나님

시편 121:1-8

1내가 산을 향하여 눈을 들리라 나의 도움이 어디서 올까 2나의 도움은 천지를 지으신 여호와에게서로다 3여호와께서 너를 실족하지 아니하게 하시며 너를 지키시는 이가 졸지 아니하시리로다 4이스라엘을 지키시는 이는 졸지도 아니하시고 주무시지도 아니하시리로다 5여호와는 너를 지키시는 이시라 여호와께서 네 오른쪽에서 네 그늘이 되시나니 6낮의 해가 너를 상하게 하지 아니하며 밤의 달도 너를 해치지 아니하리로다 7여호와께서 너를 지켜 모든 환난을 면하게 하시며 또 네 영혼을 지키시리로다 8여호와께서 너의 출입을 지금부터 영원까지 지키시리로다

모 든 인생은 내일에 대해 알고 싶어 합니다. 그러나 내일을 안다해도 그것을 한 치라도 움직일 수 있는 능력이 없습니다. 결국 우리가 할 수 있는 일은 하나님께 맡기고 도우심을 구하는 것입니다. 시편 기자도 도움을 구하기 위해 눈을 들어 산을 보지만 오직 나의 도움은 여호와라고 고백합니다. 이 얼마나 명확한 진리입니까? 하나님이 졸지도, 주무시지도 않고 우리를 지키신다는 것은 우리가 얼마나 귀한 존재인지 말해 주는 것입니다. 독생자를 아낌없이 내어주실 만큼 우리는 하나님께 귀한 존재입니다. 그러기에 하나님께서는 인생의 여행길을 나 혼자 가게 하지 않으시고 내 우편에서 그늘이 되어 동행하여 주십니다. 하나님과 동행하는 우리의 여행길은 육체뿐 아니라 영혼까지도 안전하며 시간적으로는 영원히 안전합니다. 내 의지와 상황과는 무관하게, 내가 부족해도 실수해도 나와 영원히 동행하시며 도우시는 하나님이십니다.

오늘도 저와 동행하시는 하나님과 친밀한 대화를 나누며 걸어가는 하루가 되게 하소서.

1월 **5**일 　내 뒤에 계시는 하나님

민수기 13:27-31

27모세에게 말하여 이르되 당신이 우리를 보낸 땅에 간즉 과연 그 땅에 젖과 꿀이 흐르는데 이것은 그 땅의 과일이니이다 28그러나 그 땅 거주민은 강하고 성읍은 견고하고 심히 클 뿐 아니라 거기서 아낙 자손을 보았으며 29아말렉인은 남방 땅에 거주하고 헷인과 여부스인과 아모리인은 산지에 거주하고 가나안인은 해변과 요단 가에 거주하더이다 30갈렙이 모세 앞에서 백성을 조용하게 하고 이르되 우리가 곧 올라가서 그 땅을 취하자 능히 이기리라 하나 31그와 함께 올라갔던 사람들은 이르되 우리는 능히 올라가서 그 백성을 치지 못하리라 그들은 우리보다 강하니라 하고

이스라엘 백성들은 12명의 정탐꾼을 세워 가나안 땅을 정탐하게 했습니다. 12명 모두 같은 시간에 같은 땅을 돌아보았기에 보고 내용이 같았습니다. 탐스러운 증거물까지 제시하며 그곳은 과연 젖과 꿀이 흐르는 땅이라고 보고했습니다. 그러나 같은 내용에 대해 견해는 서로 달랐습니다. 열 명의 정탐꾼은 '그 땅 거민은 강하고 성읍은 크고 견고해서 우리가 감히 공격할 수 없다'고 말한 반면에 갈렙과 여호수아는 '우리가 곧 올라가서 그 땅을 취하자 능히 이기리라'고 말했습니다. 이렇게 서로 전혀 다른 견해를 보인 두 부류의 삶의 결과 또한 크게 달랐습니다. 열 명은 백성들에게 원망하는 마음을 심어주었고 결국 자신들은 사망의 길로 가게 되었습니다. 그러나 두 명은 역사를 바꾸는 주역이 되었습니다. 이스라엘 백성이 가나안 거민을 정복할 만한 능력이 없는 것은 누구나 인정할 수밖에 없는 사실이었습니다. 하지만 두 명은 배후에서 역사하시는 하나님을 바라보았습니다. 어려움은 어디에나 존재합니다. 세상 사람이나 예수 믿는 사람이나 똑같이 어려움을 당할 수 있습니다. 그러나 세상 사람과 우리가 다른 점은 내 뒤에서 나와 함께 하시는 하나님을 바라보는 것입니다. 구원의 계획을 가지고, 목적을 가지고 역사를 이끌어 가시는 하나님을 보는 것입니다. 나를 사랑하시는 하나님을 보는 것입니다. 오늘도 그 하나님과 함께 넉넉히 이기는 하루가 되기를 축복합니다.

하나님, 어떤 상황에도 제 뒤에서 저와 함께 계셔서 감사합니다.
하나님께서 저를 밀어주시니 저는 그 힘으로 앞으로 나아갑니다.
어려움을 이길 수 있습니다.

1월 **6**일 최고의 노동

창세기 3:17-19

17아담에게 이르시되 네가 네 아내의 말을 듣고 내가 네게 먹지 말라 한 나무의 열매를 먹었은즉 땅은 너로 말미암아 저주를 받고 너는 네 평생에 수고하여야 그 소산을 먹으리라 18땅이 네게 가시덤불과 엉겅퀴를 낼 것이라 네가 먹을 것은 밭의 채소인즉 19네가 흙으로 돌아갈 때까지 얼굴에 땀을 흘려야 먹을 것을 먹으리니 네가 그것에서 취함을 입었음이라 너는 흙이니 흙으로 돌아갈 것이니라 하시니라

'노동'이라는 단어를 들으면 무엇을 연상하게 됩니까? 대부분의 사람들이 노동은 지겹고 힘든 것이지만 먹고살기 위해서는 그리고 노후를 위해서는 어쩔 수 없이 해야 하는 것이라고 생각할 것입니다. 또한 노동에는 대가가 있어야 한다고 생각합니다. 맞는 이야기처럼 들리지만 이것은 세상 사람들의 노동관이지 성경적인 노동관은 아닙니다. '노동은 살 수 없는 땅에서 살 수 있게 해주신 하나님의 특별한 은혜이고 복'이라는 것이 올바른 성경적 관점입니다. 이처럼 노동은 결과와는 상관없이 하나님께서 우리에게 주시는 복이니 사는 날 동안 우리는 노동 자체를 은혜로 생각하며 대가와는 무관하게 땀 흘리며 살아가야 합니다. 이제 세상은 4차 산업혁명의 시대를 맞이했습니다. 점점 인간이 일할 수 있는 분야는 줄어들 것입니다. 4차 산업혁명의 시대가 편리하고 좋을 것 같지만 인간에게 있어서 할 일이 없어진다는 것은 하나님께서 주신 은혜를 상실하게 되는 불행의 시작이기도 합니다. 더욱이 대가를 얻을 수 있는 노동만을 가치 있는 것이라고 여기는 사람이라면 어느 순간에는 저주 받은 땅에서 저주 받은 몸으로 살게 될 것입니다. 대가가 있든 없든, 돈을 벌 수 있든 아니든 노동 자체가 은혜이며 복이니 우리는 섬기고 봉사하는 일에 최선을 다해야 합니다. 사람을 키우고, 세워가는 일을 해야 합니다. 무엇보다 기도하는 일에 땀을 흘려야 합니다. 오늘 내가 하는 일을 통해 하나님 나라가 이루어짐에 감사하며 오늘도 노동할 수 있는 하루가 되기를 축복합니다.

하나님, 일할 수 있음이 감사합니다. 제가 하는 일을 통해 하나님 나라가 세워지기를 소망합니다.

하나님의 오른손에 붙들린 나

1월 7일

이사야 41:8-10

8그러나 나의 종 너 이스라엘아 내가 택한 야곱아 나의 벗 아브라함의 자손아 9내가 땅 끝에서부터 너를 붙들며 땅 모퉁이에서부터 너를 부르고 네게 이르기를 너는 나의 종이라 내가 너를 택하고 싫어하여 버리지 아니하였다 하였노라 10두려워하지 말라 내가 너와 함께 함이라 놀라지 말라 나는 네 하나님이 됨이라 내가 너를 굳세게 하리라 참으로 너를 도와주리라 참으로 나의 의로운 오른손으로 너를 붙들리라

하나님께 우리는 한없이 연약하고 어린 존재입니다. 인간도 자녀를 돌보는데 하물며 살아계시고 신실하신 하나님께서 당신의 자녀를 어찌 보호하지 않으실까요? 본문에서 하나님은 자신의 백성을 향해 세 가지 호칭을 사용하십니다. 첫째, '나의 종 이스라엘아' 이것은 계약된 자녀를 의미합니다. 우리는 하나님의 약정서에 아멘으로 도장만 찍으면 계약이 성립됩니다. 둘째, '나의 택한 야곱아' 이것은 우리의 그 어떤 무엇으로 선택된 것이 아니라 하나님의 주권으로 선택되었음을 의미합니다. 셋째, '나의 벗 아브라함의 자손아' 이것은 혈통적으로 순수한 자녀가 하나님의 벗이 될 수 있음을 의미합니다. 우리는 예수 그리스도로 인하여 의인이 되어 하나님의 벗이 되었습니다. 이런 우리를 향해 하나님께서 약속하십니다. '두려워 하지 말라 내가 너와 함께 함이라 놀라지 말라 나는 네 하나님이 됨이라 내가 너를 굳세게 하리라 참으로 너를 도와 주리라 참으로 나의 의로운 오른손으로 너를 붙들리라' 우리는 오직 하나님의 주권에 의해 선택된 그분의 자녀입니다. 하나님의 오른손이 언제 어디서나 우리를 붙들고 계십니다.

오늘도 선택받은 자녀, 하나님의 벗이 되었음을 감사합니다.
저를 붙들어주심을 믿고 담대히 나아가겠습니다.

1월 **8**일 하나님을 감동시키는 삶

시편 69:30-36

30내가 노래로 하나님의 이름을 찬송하며 감사함으로 하나님을 위대하시다 하리니 31이것이 소 곧 뿔과 굽이 있는 황소를 드림보다 여호와를 더욱 기쁘시게 함이 될 것이라 32곤고한 자가 이를 보고 기뻐하나니 하나님을 찾는 너희들아 너희 마음을 소생하게 할지어다 33여호와는 궁핍한 자의 소리를 들으시며 자기로 말미암아 갇힌 자를 멸시하지 아니하시나니 34천지가 그를 찬송할 것이요 바다와 그 중의 모든 생물도 그리할지로다 35하나님이 시온을 구원하시고 유다 성읍들을 건설하시리니 무리가 거기에 살며 소유를 삼으리로다 36그의 종들의 후손이 또한 이를 상속하고 그의 이름을 사랑하는 자가 그 중에 살리로다

사람들은 흔히 말합니다. '다른 것은 모두 잘하는데 이 한 가지가 문제다. 이것만 해결되면 나는 복을 얻고 성공할 텐데…' 이것은 잘못된 생각으로 평생 우리에게 올무가 될 것입니다. 하나님은 우리가 한 가지의 기쁨만 드려도 그로 인해 감동을 받으시고 우리에게 복을 주시는 분입니다. 세상 사람은 하나님의 눈을 율법적이라고 생각하지만 하나님의 자녀가 된 우리는 하나님께서 율법 위에 존재하는 은혜의 법으로 우리를 바라보신다는 것을 믿어야 합니다. 우리가 행한 작은 일 하나에도 감동받고 기뻐하시는 하나님께서 우리에게 주시는 약속이 있습니다. 첫째, 우리의 마음을 소성케 하십니다.32절 둘째, 명예를 회복하여 높여 주십니다.33-34절 셋째, 생의 원동력을 주십니다.35절 넷째, 자손의 복을 주십니다.36절 우리는 하나님 앞에서 모든 것을 다 잘할 수는 없습니다. 못하는 것을 하려고 애쓰고 좌절하기보다는 내가 할 수 있는 것으로 하나님을 기쁘게 해드린다면 하나님께서는 이 한 가지로 인해 복을 주실 것입니다. 현재의 위치에서 단 한 가지만이라도 하나님을 기쁘게 해드리고 싶다는 간절함으로 기도하며 행하십시오. 하나님께서는 반드시 우리를 통해 약속을 이루실 것입니다.

 하나님, 오늘도 제가 할 수 있는 작은 일 한가지로 하나님을 기쁘게 해드리는 삶을 살기 원합니다. 함께 해주세요.

1월 9일   성전을 세울 시기

학개서 1:1-6

1다리오 왕 제이년 여섯째 달 곧 그 달 초하루에 여호와의 말씀이 선지자 학개로 말미암아 스알디엘의 아들 유다 총독 스룹바벨과 여호사닥의 아들 대제사장 여호수아에게 임하니라 이르시되 2만군의 여호와가 이같이 말하여 이르노라 이 백성이 말하기를 여호와의 전을 건축할 시기가 이르지 아니하였다 하느니라 3여호와의 말씀이 선지자 학개에게 임하여 이르시되 4이 성전이 황폐하였거늘 너희가 이 때에 판벽한 집에 거주하는 것이 옳으냐 5그러므로 이제 만군의 여호와가 이같이 말하노니 너희는 너희의 행위를 살필지니라 6너희가 많이 뿌릴지라도 수확이 적으며 먹을지라도 배부르지 못하며 마실지라도 흡족하지 못하며 입어도 따뜻하지 못하며 일꾼이 삯을 받아도 그것을 구멍 뚫어진 전대에 넣음이 되느니라

'하나님 중심, 성전 중심으로 살라'는 말은 세상 일은 팽개치고 교회 일만 열심히 하라는 이야기가 아닙니다. '하나님을 먼저 생각하라'는 뜻입니다. 또한 '모든 영광을 하나님께 돌리라'는 뜻입니다. 기독교인에게는 이 우선순위가 참으로 중요합니다. 본문은 70년간의 바벨론 포로 생활에서 돌아온 유다 백성에게 하나님께서 예루살렘 성전을 재건하라고 명령하신 내용입니다. 유다 백성은 사마리아인의 방해 때문에 그리고 모든 백성이 다 돌아온 것이 아니니 아직은 때가 이르지 않았다는 이유로 15년이나 성전 재건을 미루고 있었습니다. 그러나 하나님을 우선으로 하는 일, 하나님께 영광을 돌리는 일에는 때가 따로 있는 것이 아닙니다. 바로 '지금'이 '이때'입니다. 내가 지금 머물고 있는 이 자리가, 내가 지금 생각하고 있는 이 시간이 바로 '하나님 중심, 성전 중심으로 살아야 하는 때'입니다. 하나님의 자녀는 반드시 하나님이 우선이 될 때, 모든 영광을 하나님께 돌릴 때 만족함이 있습니다. 자신만을 먼저 생각하고, 환경만을 바라보고 미루고 있다면 내가 정말 하나님의 택한 백성인지 돌아보아야 할 것입니다. 짊어져야 하는 멍에가 있더라도 하나님을 먼저 생각하고 하나님께 모든 영광을 돌리는 선택을 하는 복된 삶을 살아가기를 축복합니다.

하나님, 지금까지 저의 삶의 우선순위가 무엇인지 돌아보기를 원합니다. 어려움이 있다 할지라도 하나님이 제 삶의 우선순위가 되는 선택을 할 수 있도록 저를 도우소서.

1월 **10**일 ## 다윗의 갈망

시편 132:1-5

¹여호와여 다윗을 위하여 그의 모든 겸손을 기억하소서 ²그가 여호와께 맹세하며 야곱의 전능자에게 서원하기를 ³내가 내 장막 집에 들어가지 아니하며 내 침상에 오르지 아니하고 ⁴내 눈으로 잠들게 하지 아니하며 내 눈꺼풀로 졸게 하지 아니하기를 ⁵여호와의 처소 곧 야곱의 전능자의 성막을 발견하기까지 하리라 하였나이다

어떤 종류의 갈망이든 사람은 갈망이 있을 때 삶의 활력을 가지게 됩니다. 그러나 신앙인의 갈망은 세상 사람과는 달라야 합니다. 우리가 자신의 소원을 이루기 위한 수단으로서의 갈망만을 가지고 산다면 신앙의 미숙아로 살아가는 것입니다. 신앙이 자람에 따라 우리의 갈망은 하나님 자체에 대한 갈망으로 변화되어야 합니다. 다윗은 언약궤를 발견하기 전까지는 침상에도 오르지 않고 눈을 붙이지도 않겠다고 할 정도로 언약궤를 다시 찾아오려는 갈망으로 가득 찼습니다. 다윗이 그토록 갈망하는 언약궤는 바로 하나님의 임재입니다. 시편 42편에서도 그는 하나님을 얼마나 갈망하는지 '사슴이 시냇물을 찾기에 갈급함같이 내 영혼이 주를 찾기에 갈급하나이다'라고 노래합니다. 이렇게 하나님의 임재를 갈망하는 다윗에게 하나님은 후손에 대한 축복, 구원, 풍성함, 예수 그리스도의 복, 면류관 등을 약속하십니다.시 132:12-18 지금 하나님의 임재가 느껴지지 않습니까? 영혼이 메말라 있습니까? 좌절하지 마십시오. 이때야말로 언약궤, 곧 하나님의 임재를 갈망할 수 있는 기회입니다. 이 기회를 놓치지 않는 자에게 하나님께서는 다윗에게 약속하신 복을 약속하실 것입니다.

하나님, 지금 제게 어떤 갈망이 있는지 내면을 솔직하게 들여다보게 하시고 오직 하나님의 임재만을 바라는 갈망으로 가득 차게 저를 도우소서.

1월 11일 저녁이 되며 아침이 되니

창세기 1:31
하나님이 지으신 그 모든 것을 보시니 보시기에 심히 좋았더라 저녁이 되고 아침이 되니 이는 여섯째 날이니라

성경은 창조의 역사를 기록하면서 '저녁이 되며 아침이 되니'라고 표현하고 있습니다. 이것은 곧 하나님은 우리의 어둠을 밝음으로, 저녁을 아침으로 바꾸실 수 있는 능력을 가지신 유일한 분임을 말씀하는 것입니다. 하나님께서는 이 땅에 수많은 교회들을 허락하셔서 세상의 밤을 감당하게 하셨습니다. 그러나 아직도 이 민족은 밤입니다. 인생의 밤을 지내면서 허덕이고 있는 사람들이 너무 많습니다. 또한 인류의 삼분의 이가 복음을 들어보지 못했으니 세상은 아직도 어두운 밤입니다. 은혜를 입은 자로서, 빚진 자로서 우리는 민족과 열방을 생각하며 안주해서는 안 됩니다. 하나님이 우리를 통해 밤을 아침으로 바꾸는 역사를 이루시도록 자신을 내어드려야 합니다. 어떻게 해야 그러한 도구로 쓰임 받을 수 있을까요? 첫째, 아침을 보아야 합니다. 아침을 볼 수 있는 사람이 아침을 만들어갈 수 있습니다. 둘째, 저녁의 망령에서 나와야 합니다. 아침을 보아야 할 사람이 저녁, 즉 과거의 상처, 아픔, 원망 등에 머물러 있으면서 저녁의 망령에서 나오지 못한다면 결코 새날을 맞이할 수 없습니다. 셋째, 아침을 감사하고 선포해야 합니다. 나와 우리 교회를 하나님께서 저녁을 아침으로 바꾸는 주역으로 부르셨다면 우리가 가장 먼저 할 일은 '아침을 주신 하나님, 감사합니다. 지금은 아침입니다'라고 선포하는 것입니다. 우리는 민족의 밤, 세상의 밤을 아침으로 만들어갈 도구로 쓰임 받을 사람입니다.

하나님, 세상의 밤을 아침으로 만들어갈 도구로 저를 불러주셔서 감사합니다.
은혜받은 자로서 사명을 잘 감당하게 하소서.

1월 **12**일   동일하신 하나님, 변하는 인간

야고보서 1:17
온갖 좋은 은사와 온전한 선물이 다 위로부터 빛들의 아버지께로부터 내려오나니 그
는 변함도 없으시고 회전하는 그림자도 없으시니라

많은 성도들이 처음에는 소망을 가지고 기도했다가 응답이 없다고 기도를 멈추고 마침내 교회를 떠나기까지 합니다. 하나님께서는 그런 성도들을 향해 '나는 어제나 오늘이나 영원토록 변함이 없다. 네가 끝까지 나를 붙잡아 더 깊은 영적인 체험을 하기 원한다'고 하실 것입니다. 이처럼 변함이 없으신 하나님은 우리가 마지막까지 신앙을 지키기를 원하시지만, 인간은 변할 수 있다는 것을 보여주는 인물들이 있습니다. 어린 시절 이스라엘을 통치하게 될 때 하나님이 지혜로 함께 하셨지만 끝내 변질되어 하나님을 떠나 이방신을 섬겼던 솔로몬, 하나님이 기름 부어 이스라엘의 왕으로 세워주셨지만 번성하면서부터 하나님을 떠났던 사울입니다. 반면에 감옥의 고통 속에서도 변함없이 약속의 주님이 오실 것을 기대했던 손양원 목사님, 세계 최고의 부자였지만 부모의 신앙 유산을 잘 물려받아 변함없이 끝까지 하나님을 섬기고 자신의 재산을 하나님의 영광을 위해 멋지게 사용했던 록펠러, 바벨론의 포로였던 시절이나 바벨론을 통치한 시절이나 변함없이 하나님을 향해 기도하며 섬겼던 다니엘. 이들 모두 마지막까지 신앙을 지킨 사람들입니다. 그들을 통해 하나님 나라의 역사가 오늘날까지 이어져 오고 있습니다. 우리는 어디에 속한 자입니까?

하나님, 저는 변할 수밖에 없는 인간이지만 변하지 않으시는 하나님께 의지하여 또한 끝까지 신앙을 지킨 믿음의 선진들을 본받아 소망을 가지고 나아가길 원합니다.

1월 **13**일   끊임없는 영적 개혁

역대하 31:1-2

1이 모든 일이 끝나매 거기에 있는 이스라엘 무리가 나가서 유다 여러 성읍에 이르러 주상들을 깨뜨리며 아세라 목상들을 찍으며 유다와 베냐민과 에브라임과 므낫세 온 땅에서 산당들과 제단들을 제거하여 없애고 이스라엘 모든 자손이 각각 자기들의 본 성 기업으로 돌아갔더라 2히스기야가 제사장들과 레위 사람들의 반열을 정하고 그들의 반열에 따라 각각 그들의 직임을 행하게 하되 곧 제사장들과 레위 사람들에게 번제와 화목제를 드리며 여호와의 휘장 문에서 섬기며 감사하며 찬송하게 하고

여의도의 15배나 되는 거대한 땅 난지도는 한 때 쓰레기 매립지였지만 숱한 연구 과정을 거쳐 생태공원으로 완전히 탈바꿈하였습니다. 본문은 아하스 왕의 우상 숭배로 인해 온 나라가 거짓과 악한 영의 쓰레기더미로 가득 차 있는 것을 안타까이 여긴 히스기야 왕이 개혁을 단행하는 장면입니다. 한 손으로는 아세라 목상을 부수고 다른 한 손으로는 또 다른 악한 영이 민족을 지배할 수 없도록 재건합니다. 오늘 이 시대도 영적인 쓰레기로 가득 차 있는 영적인 난지도이기에 우리의 양손은 하나님 나라를 위해 부수고 재건하는 영적 개혁을 해야 합니다. 믿는 백성, 교회에는 멈춤이 있을 수 없습니다. 하지만 우리는 영적인 싸움을 망각하고 자신의 일만을 생각할 때가 많습니다. 마치 야곱이 14년이라는 긴 세월을 라헬을 얻기 위해, 오직 라헬만을 생각하며 살았던 것처럼 근시안적인 삶에 머물 때가 많습니다. 그러나 하나님께서는 야곱을 통해 열두 지파를 일으키시고 영적인 이스라엘로 하여금 하나님 나라를 이루실 큰 계획을 가지고 계셨습니다. 오늘 우리도 내 자신, 내 교회를 초월하여 영안을 뜨고 하나님께서 우리를 향해 가지시는 큰 계획을 보며 악한 영의 세력과 끊임없는 전투영적 개혁를 해야 합니다.

 제 자신이, 제가 속한 교회가 하나님의 큰 계획을 바라보며 끊임없이 영적 개혁을 이루어가길 원합니다.

1월 **14**일   하나님 나라

누가복음 11:1-2

1예수께서 한 곳에서 기도하시고 마치시매 제자 중 하나가 여짜오되 주여 요한이 자기 제자들에게 기도를 가르친 것과 같이 우리에게도 가르쳐 주옵소서 2예수께서 이르시되 너희는 기도할 때에 이렇게 하라 아버지여 이름이 거룩히 여김을 받으시오며 나라가 임하시오며

주님은 꿈과 소망의 근원이시기에 주님을 만나면 꿈이 회복되어 영적인 건강을 유지하게 되고 삶의 의미와 가치를 깨닫고 모든 환경을 초월하게 됩니다. 뿐만 아니라 주님의 꿈이 우리에게 전수됩니다. 주님의 꿈은 무엇입니까? 하나님의 나라입니다. 주님은 이 땅에 오실 때에도, 사역하시면서도 오직 하나님 나라에 대한 생각만 하셨고 죽으신 것도, 부활하신 것도, 그리고 승천하신 것도 모두 하나님 나라를 위한 것이었습니다. 또한 하나님 나라를 위해서 주님은 재림하실 것입니다. 하나님 나라를 추구하는 것은 영토 확장이 아니라 첫째, 내게 하나님 나라가 임해서 나를 통치하시는 것을 뜻합니다. 둘째, 온 땅에 하나님 나라가 임하는 것을 뜻합니다. 이 땅에 교회를 세우신 목적은 교회를 통해 온 땅에 하나님 나라가 임하도록 복음을 전파하기 위함입니다. 셋째, 주님께서 속히 임하시기를 바라는 갈망을 뜻합니다. 완전한 하나님의 나라는 시스템이나 학문, 이데올로기 등 인간의 힘이 아니라 오직 주님만이 임하게 하실 수 있습니다. 다만 주님이 아직 강림하시지 않음은 소자 하나도 멸망치 않기를 원하셔서 우리 모두가 회개하기까지 오래 참고 기다리시기 때문입니다. 완전한 하나님의 나라를 갈망합니까? 모든 초점을 복음 전파라는 주님의 꿈에 맞추고 동참하십시오.

하나님, 주님의 꿈이 제 꿈이 되기를 원합니다. 제가 그 꿈을 위해 가까운 이웃에게 하나님 나라에 대해 전하는 걸음을 내딛겠습니다.

1월 15일 하나님을 기대하라

에스겔 37:1-10

1여호와께서 권능으로 내게 임재하시고 그의 영으로 나를 데리고 가서 골짜기 가운데 두셨는데 거기 뼈가 가득하더라 2나를 그 뼈 사방으로 지나가게 하시기로 본즉 그 골짜기 지면에 뼈가 심히 많고 아주 말랐더라 3그가 내게 이르시되 인자야 이 뼈들이 능히 살 수 있겠느냐 하시기로 내가 대답하되 주 여호와여 주께서 아시나이다 4또 내게 이르시되 너는 이 모든 뼈에게 대언하여 이르기를 너희 마른 뼈들아 여호와의 말씀을 들을지어라 5주 여호와께서 이 뼈들에게 이같이 말씀하시기를 내가 생기를 너희에게 들어가게 하리니 너희가 살아나리라 6너희 위에 힘줄을 두고 살을 입히고 가죽으로 덮고 너희 속에 생기를 넣으리니 너희가 살아나리라 또 내가 여호와인 줄 너희가 알리라 하셨다 하라 7이에 내가 명령을 따라 대언하니 대언할 때에 소리가 나고 움직이며 이 뼈, 저 뼈가 들어 맞아 뼈들이 서로 연결되더라 8내가 또 보니 그 뼈에 힘줄이 생기고 살이 오르며 그 위에 가죽이 덮이나 그 속에 생기는 없더라 9또 내게 이르시되 인자야 너는 생기를 향하여 대언하라 생기에게 대언하여 이르기를 주 여호와께서 이같이 말씀하시기를 생기야 사방에서부터 와서 이 죽음을 당한 자에게 불어서 살아나게 하라 하셨다 하라 10이에 내가 그 명령대로 대언하였더니 생기가 그들에게 들어가매 그들이 곧 살아나서 일어나 서는데 극히 큰 군대더라

마지막까지 최선을 다했는데도 성공하지 못했을 때 자신은 마른 뼈이며 아무것도 할 수 없음을 깨닫게 됩니다. 그리고 바로 그 순간이 다음 단계를 향한 새로운 출발점입니다. 다음 단계란 하나님을 기대하는 것입니다. 인간은 연약합니다. 스스로 의를 이룰 수도 없고, 굳게 다짐하고 결심한 일도 실천하기가 쉽지 않으며, 해서는 안 되는 일에 오히려 관심을 가지고, 최선을 다해 보지만 성공하기도 어려운, 소망이 없는 존재입니다. 더욱이 많은 환경적인 요인들로 인해 수없이 좌절하고 실패합니다. 그러나 오늘날 우리에게 정말 문제가 되는 것은 환경이나 인간의 한계보다는 하나님을 기대하지 않는 것입니다. 하나님을 기대하는 자들은 결코 환경이나 자신을 탓하지 않고 합리화하지 않습니다. 지금은 비록 마른 뼈의 상태이지만 주님의 명령에 따라 마른 뼈를 향해, 생기를 향해 대언하는 삶을 살아갑니다.4,9절 마지막까지 기대하며 대언하는 자들에게 부어주시기 위해 하나님은 가장 좋은 것을 쌓아두고 기다리십니다.

하나님, 환경이나 제 자신의 한계를 탓하지 않고 끝까지 하나님을 기대하는 자로 살아가기를 원합니다.

1월 **16**일 　어떻게 하나님을 알 수 있을까?

요한일서 4:7-8

7사랑하는 자들아 우리가 서로 사랑하자 사랑은 하나님께 속한 것이니 사랑하는 자마다 하나님으로부터 나서 하나님을 알고 8사랑하지 아니하는 자는 하나님을 알지 못하나니 이는 하나님은 사랑이심이라

 늘 이 세대는 돈만 있으면 모든 것을 다 할 수 있다고 생각할 만큼 돈이 우리의 정신세계를 지배하고 있습니다. 하지만 돈으로 편안한 것들을 누릴 수는 있지만 평안을 살 수는 없습니다. 돈으로 맛있는 음식을 살 수는 있지만 식욕을 살 수는 없습니다. 돈으로 좋은 침대를 살 수 있지만 꿀맛 같은 잠까지 살 수 있는 것은 아닙니다. 그런데도 많은 이들이 하나님의 몫십일조마저도 자기 마음대로 하면서 돈을 우상으로 섬기며 살아가고 있습니다. 이렇게 돈을 사랑할 때 우리는 망할 수밖에 없습니다. 돈으로 세상을 평화롭게 만들겠다고 했던 유물론자들과 공산주의자들의 이상은 결국 실패했습니다. 하나님께서 우리에게 원하시는 것은 딱 한 가지, 하나님을 사랑하는 것입니다. 본문에서는 우리가 하나님을 사랑할 때 하나님을 알 수 있다고 합니다. 하나님을 알게 되는 것은 관념적인 하나님이 아니라 삶 가운데 실제로 역사하시는 하나님을 만나게 됨을 말합니다. 하나님을 사랑하는 것이 얼마나 중요하면 가나안 입성을 앞에 둔 이스라엘 백성에게 하나님께서는 '마음을 다하고 성품을 다하고 힘을 다하여 오직 한 분이신 여호와를 사랑하라'신 6:4-5고 말씀하시면서 이것을 마음에 새기고, 자녀에게 부지런히 가르치고, 언제든지 강론하며, 또 손목에 매고, 미간에 붙여 표를 삼고, 집 문설주와 바깥문에 기록하라고 강조하셨을까요? 하나님을 사랑할 때 머리가 아닌 가슴으로 하나님을 만나며 하나님의 은혜와 사랑을 기억하는 성도가 될 수 있습니다.

🙏 하나님을 사랑하여 삶 가운데 실제로 역사하시는 하나님을 만나는 하루 되게 하소서.

1월 **17**일 하나님을 경외하는 자

창세기 39:7-9

7그 후에 그의 주인의 아내가 요셉에게 눈짓하다가 동침하기를 청하니 8요셉이 거절하며 자기 주인의 아내에게 이르되 내 주인이 집안의 모든 소유를 간섭하지 아니하고 다 내 손에 위탁하였으니 9이 집에는 나보다 큰 이가 없으며 주인이 아무것도 내게 금하지 아니하였어도 금한 것은 당신뿐이니 당신은 그의 아내임이라 그런즉 내가 어찌 이 큰 악을 행하여 하나님께 죄를 지으리이까

하나님을 경외한다는 것은 하나님이 곁에 계신 것을 믿고 그분이 어떤 분인가를 알고 그분과 함께 살아가는 것을 말합니다. 그래서 하나님을 경외하는 사람은 하나님을 두려워할 줄 압니다. 하나님이 어떤 분인가를 알기에 또한 하나님이 함께하시기에 죄를 멀리하고 범죄했더라도 곧 참회하고 회개하게 됩니다. 요셉이 보디발의 아내의 유혹을 물리치면서 '어찌 하나님 앞에 득죄하리요?'라고 말했던 것은 그가 하나님께서 분명히 곁에 계심을 믿고 감찰하시는 하나님을 두려워했음을 보여줍니다. 그러나 하나님을 경외하는 사람은 하나님을 두려워하지만 세상은 두려워하지 않습니다. 하나님이 동행하시기에 어디서나 무엇을 하든지 하나님이 이끌어주심을 믿고 나아가기 때문입니다. 그리고 언제나 겸손합니다. 하나님의 존재를 생각하면 자신은 아무것도 아니며 부족하고 형편없다는 것을 깨닫게 되어 결코 교만할 수가 없습니다. 또한 하나님을 경외하는 자는 삶 가운데 변화가 일어납니다. 하나님을 지식적으로 아는 것과 외형적인 경건은 참된 경외가 아닙니다. 수십 년 신앙생활을 해도, 교회의 중직을 맡아도 삶이 바뀌지 않으면 하나님을 경외하는 사람이 아닙니다. 하나님을 경외하는 삶의 극치는 순종입니다. 독자까지도 아끼지 않은 아브라함, 그의 순종은 하나님께서 인정하셨습니다. '내가 이제야 네가 하나님을 경외하는 줄을 아노라'창 22:12 하나님을 경외하는 사람이 되기를 축복합니다.

하나님을 경외하는 것이 무엇인지 알았습니다. 하나님이 곁에 계심을 믿고 함께 살아가기를 원합니다. 제 삶의 형식적인 면을 도려내고 변화되기를 원합니다.

1월 **18**일 믿음, 소망, 사랑을 주신 하나님

고린도전서 13:13
그런즉 믿음, 소망, 사랑, 이 세 가지는 항상 있을 것인데 그 중의 제일은 사랑이라

 나님께서는 믿음과 소망을 함께 주셨습니다. 믿음이 있으면 소망도 있습니다. 믿음이 흔들리면 소망도 사라집니다. 믿음이 흔들리는 이유는 에덴동산의 아담과 하와가 사단에게 속아 범죄한 이후 인간은 사단의 종이 되고 사단에게 속으면서 살아가기 때문입니다. 또한 인간이 자신의 판단을 믿고 의지해서 하나님의 말씀을 의심하기 때문입니다. 그러나 인간의 판단은 과연 신뢰할 만합니까? 이 거대한 우주 공간에서 우리가 보고 들을 수 있는 것은 과연 어느 정도나 될까요? 아주 미세한 부분에 지나지 않습니다. 심지어 인간이 동물보다 못할 때도 있습니다. 동물은 지진이 나려는 때를 미리 짐작하고 대이동을 하거나 심상치 않은 움직임을 보이지만, 인간은 그것을 예측하지도 못하고 그냥 속수무책으로 당할 때가 많습니다. 그럼에도 불구하고 인간은 마치 자신이 보고 듣는 것이 완전한 것인 양 행동합니다. 보고 듣는 것에도 이렇게 한계가 있는 존재가 어찌 감히 자신의 판단이 정확하다고 여기며 함부로 하나님의 말씀을 의심할 수 있을까요? 하나님께서는 이렇게 믿음이 흔들려 소망이 없는 인간에게 마지막 수단으로 사랑을 주셨습니다. 독생자 예수를 우리에게 주시기까지 우리를 사랑하셔서 그를 믿기만 하면 멸망치 않고 영생을 얻게 하셨습니다.요 3:16 이 말씀은 곧 사랑을 통해 우리의 믿음이 회복되고 소망이 회복되기를 원하신다는 것입니다. 신구약을 통틀어 하나님 말씀의 핵심은 결국 사랑입니다. 하나님은 이 말씀을 통해, 사랑을 통해 우리의 믿음과 소망이 회복되기를 원하십니다. 그런 의미에서 사랑이 제일이라는 것입니다.

하나님, 저에게 믿음과 소망을 주셨지만, 시시때때로 흔들리는 것을 아시고 사랑을 통해 흔들리는 믿음과 소망을 붙들어주시니 감사합니다.

1월 **19**일   하나님 나라의 일

사도행전 1:1-5

¹데오빌로여 내가 먼저 쓴 글에는 무릇 예수께서 행하시며 가르치시기를 시작하심부터 ²그가 택하신 사도들에게 성령으로 명하시고 승천하신 날까지의 일을 기록하였노라 ³그가 고난 받으신 후에 또한 그들에게 확실한 많은 증거로 친히 살아 계심을 나타내사 사십 일 동안 그들에게 보이시며 하나님 나라의 일을 말씀하시니라 ⁴사도와 함께 모이사 그들에게 분부하여 이르시되 예루살렘을 떠나지 말고 내게서 들은 바 아버지께서 약속하신 것을 기다리라 ⁵요한은 물로 세례를 베풀었으나 너희는 몇 날이 못 되어 성령으로 세례를 받으리라 하셨느니라

 대부분의 사람들은 하나님 나라의 일을 아주 거창한 것, 우리의 대단한 헌신을 요구하는 것이라고 생각하지만 주님은 '하나님의 보내신 자를 믿는 것이 하나님의 일'이라고 하셨습니다.요 6:28-29 본문에서는 우리가 믿어야 할 세 가지를 말씀합니다. 첫째, 예루살렘을 떠나지 말고 - 떠나고 싶고 버리고 싶은 나의 모든 지난날을 통해 하나님 나라의 일이 이루어졌음을 믿는 것, 둘째, 약속하신 것을 기다리라 - 약속하신 성령이 내게 오셔서 하나님 나라의 일을 이루실 것을 믿는 것, 셋째, 성령으로 세례를 받으리라 - 이는 성령으로 잠기고 성령으로 덮이는 것을 말합니다. 즉 하나님의 나라가 우리에게 완성될 때가 반드시 올 것을 믿는 것입니다. 초대교회 성도들의 삶이 이러했습니다. 그들은 예수님의 명령대로 예루살렘을 떠나지 않고 성령을 기다리다가 약속대로 성령을 받았습니다. 성령에 잠긴 그들의 삶은 이전과는 완전히 달라졌습니다. 하나님 나라의 의를 위해 싸우는 데 두려워하지 않았고 오히려 세상이 그들을 두려워했습니다. 행 2:43 서로의 것을 나누고 구제하며 하나로 묶여 진정한 평화를 맛보았습니다. 상황이나 환경이 바뀐 것이 아님에도 그들은 기쁨으로 충만해서 찬미하고 섬겼습니다. 그리고 구원받은 백성의 수가 더욱 많아졌습니다.행 2:43-47 결국 하나님의 나라가 그들의 삶을 통해 이루어진 것입니다. 우리의 삶을 통해서도 하나님 나라의 일이 이루어질 것을 믿습니까?

부족하고 연약한 저를 통해서 하나님 나라의 일을 이루시겠다는 약속을 주셔서 감사합니다. 그 약속을 믿으며 성령 충만을 사모하며 나아가겠습니다.

하나님을 소망 삼을 때

1월 20일

이사야 40:28-31

28너는 알지 못하였느냐 듣지 못하였느냐 영원하신 하나님 여호와, 땅 끝까지 창조하신 이는 피곤하지 않으시며 곤비하지 않으시며 명철이 한이 없으시며 29피곤한 자에게는 능력을 주시며 무능한 자에게는 힘을 더하시나니 30소년이라도 피곤하며 곤비하며 장정이라도 넘어지며 쓰러지되 31오직 여호와를 앙망하는 자는 새 힘을 얻으리니 독수리가 날개치며 올라감 같을 것이요 달음박질하여도 곤비하지 아니하겠고 걸어가도 피곤하지 아니하리로다

본문은 바벨론 포로로부터 놓임 받는 것을 소망 삼고 있었던 이스라엘 백성에게 하나님을 소망 삼을 때 주어지는 놀라운 결과에 대해 말씀합니다. 첫째, 새 힘을 얻게 됩니다. 예수님이 나라를 통치하게 되면 자신들이 어떤 자리를 차지할지 권세에 소망을 두었던 제자들은 주님이 십자가에 달려 돌아가시는 순간 모두들 절망하였습니다. 그러나 성령이 임하셔서 그들의 심령이 여호와만을 앙망하게 되었을 때 그들은 새 힘을 얻고 어떤 핍박도 견딜 수 있는 믿음의 사람들이 되었습니다. 둘째, 독수리가 날개 치며 올라감같이 됩니다. 자유, 권위, 불사의 힘을 상징하는 독수리는 깃털이 1,250개 정도 되는데 이 깃털을 이용하여 이상 기류까지도 미리 감지하여 하늘을 날아오르는데 스스로 힘들여 날개짓을 하며 올라가지 않습니다. 날개를 활짝 펴고 상승기류에 올라타 날아오릅니다. 이러한 독수리의 힘은 하늘로부터 오는 것입니다. 여호와를 앙망하는 자는 독수리처럼 하늘로부터 오는 힘을 얻을 수가 있습니다. 셋째, 피곤하거나 곤비치 않습니다. 현대인은 옛날에 비해 많은 것을 소유하고 누리고 사는데 오히려 더욱 힘들고 피곤하게 살아갑니다. 가지고 있는 것을 지키려 하고, 남들보다 더 가지려 하기 때문입니다. 소유에 소망을 두기 때문에 피곤하고 곤비할 수밖에 없습니다. 그러나 여호와께만 소망을 두면 그 어떤 환경 가운데 놓여도 피곤하거나 곤비하지 않습니다. 오히려 은혜를 고백하며 감사하게 됩니다. 여호와께 소망을 두는 자가 복이 있습니다. 시 146:5

오늘 제가 소망 삼는 것이 무엇인지 돌아보게 됩니다. 언제 어디서나 하나님만이 제 소망이라고 고백하는 제가 되기를 간절히 원합니다.

나의 상전은 하나님

1월 **21**일

에베소서 6:5-9

⁵종들아 두려워하고 떨며 성실한 마음으로 육체의 상전에게 순종하기를 그리스도께 하듯 하라 ⁶눈가림만 하여 사람을 기쁘게 하는 자처럼 하지 말고 그리스도의 종들처럼 마음으로 하나님의 뜻을 행하고 ⁷기쁜 마음으로 섬기기를 주께 하듯 하고 사람들에게 하듯 하지 말라 ⁸이는 각 사람이 무슨 선을 행하든지 종이나 자유인이나 주께로부터 그대로 받을 줄을 앎이라 ⁹상전들아 너희도 그들에게 이와 같이 하고 위협을 그치라 이는 그들과 너희의 상전이 하늘에 계시고 그에게는 사람을 외모로 취하는 일이 없는 줄 너희가 앎이라

우리는 가정, 직장, 교회 등의 공동체 안에서 갈등과 어려움을 겪을 때가 많습니다. 이때 내게 어려움을 주는 대상을 미워하다가 내 마음이 굳어지는 등 점점 더 어려움에 빠지게 됩니다. 이를 아시는 하나님께서는 우리가 어려움 가운데 있을 때 우리를 "종들아!"라고 부르십니다. 이것은 우리가 하나님의 종이라는 사실을 기억하라는 뜻입니다. 하나님의 종은 첫째, 두려워하며 떨며 성실한 마음을 지킵니다. 성실은 처음에 가졌던 마음을 그대로 유지하는 것으로 갈등을 겪고 있을 때 하나님께서 우리를 부르시는 것은 그 갈등을 두려워할 것이 아니라 성실한 마음을 잃어버릴까 두려워하라는 것입니다. 둘째, 마음으로 하나님의 뜻을 행합니다. 이것은 오늘 우리의 아픈 환경, 갈등하는 환경이 아버지의 뜻 안에 있음을 인정하고 그 뜻대로 행하라는 것입니다. 하나님께서는 문제 속에 있는 우리와 함께하십니다. 셋째, 기쁜 마음으로 주님을 섬기듯 섬겨야 합니다. 이는 지금 나를 괴롭히는 사람을 대할 때도 주님을 대하듯 대하라는 것입니다. 예수 그리스도는 이 부분에 있어서도 우리의 모델이 되셨습니다. 공동체에서 이는 정말 쉽지 않은 일입니다. 그러나 우리의 상전은 하나님이심을 기억하십시오. 세상 살아가는 동안 그분의 종이 되어 살아가는 것이 우리의 살 길입니다.

하나님, 오늘도 저의 상전이 되어 주셔서 감사합니다. 성실한 마음을 지키며 어떤 상황에서나 하나님의 뜻임을 인정하며 누구든지 주님을 섬기듯 대하겠습니다.

1월 **22**일 　하나님의 때

시 31:14-15

14여호와여 그러하여도 나는 주께 의지하고 말하기를 주는 내 하나님이시라 하였나이다 15나의 앞날이 주의 손에 있사오니 내 원수들과 나를 핍박하는 자들의 손에서 나를 건져 주소서

아담이 범죄 한 이후 온 인류가 죄인이 되었지만, 하나님께서는 포기하지 않으시고 제2의 아담을 계획하셨습니다. 인간이 세운 사울 왕이 실패로 끝났지만, 하나님은 포기하지 않으시고 다윗 왕을 세우실 것을 계획하셨습니다. 사람들은 예수 그리스도를 십자가에 못 박고 '이제는 끝났다'고 했지만, 하나님께서는 포기하지 않으시고 '부활'이라는 멋진 새로운 계획을 세우셨습니다. 어려움을 만났을 때, 혹은 오랫동안 기도했지만 응답받지 못해 낙망하고 있을 때 사단은 우리에게 '하나님은 너를 버리셨다고, 너는 이제 소망이 없다고, 아무리 기도하고 헌신하고 봉사해도 변화되지 않는다'고 거짓말로 속삭입니다. 그때 우리는 사단에게 무릎 꿇지 않아야 합니다. 진퇴양난의 어려움 속에서도 여호와를 힘입고 용기를 얻어 일어선 다윗처럼삼상 30:6 일어서야 합니다. 모든 것은 하나님의 시간에 이루어지기 때문입니다. 인간의 시간과는 다르게 하나님의 시간은 완벽한 시간입니다. 완벽하다는 것은 하나님이 정하신 때를 내 마음대로 당길 수가 없음을 말합니다. 내가 아무리 애를 쓴다 해도 하나님의 시간은 앞으로 당겨지지 않습니다. 하나님의 계획하심은 절대 바뀌지 않습니다. 하나님께서 정하신 때에 이루어집니다. 이스라엘 민족이 그렇게 기다렸던 메시야도 하나님의 때에 오셨습니다. 본문에서 다윗은 하나님께 의지하며 자신의 앞날이 주의 손에 있다고 고백합니다. 지금 당장 원하는 것이 이루어지지 않는다 해도 서두르지 말고 완벽하신 하나님을 신뢰하며 하나님의 때를 기다리십시오.

하나님, 오늘도 조급한 마음을 내려놓고 하나님의 시간을 기다리기 원합니다.

1월 23일 나의 이력서

디모데전서 6:17-19

17네가 이 세대에서 부한 자들을 명하여 마음을 높이지 말고 정함이 없는 재물에 소망을 두지 말고 오직 우리에게 모든 것을 후히 주사 누리게 하시는 하나님께 두며 18선을 행하고 선한 사업을 많이 하고 나누어 주기를 좋아하며 너그러운 자가 되게 하라 19이것이 장래에 자기를 위하여 좋은 터를 쌓아 참된 생명을 취하는 것이니라

누구나 훌륭한 이력서를 가지고 싶어 합니다. 이력서는 한 사람의 학업, 직업, 경험 등이 기록되어 있는 역사로 우리가 세상을 살아가는 데 혹은 죽어서까지도 우리를 따라다니기 때문입니다. 성경의 많은 인물들 가운데는 사울이나 솔로몬처럼 자랑스러운 이력으로 출발했지만 결국은 비참한 이력으로 생을 마감한 사람이 있는가 하면 다윗과 같이 보잘것없는 이력으로 출발했지만 참으로 훌륭한 이력서를 남긴 이도 있습니다. 또한 예수 그리스도의 이력서는 얼마나 아름다운지 모릅니다. 오늘 나의 이력서는 어떻습니까? 본문은 우리가 어떻게 자랑스러운 이력서를 가질 수 있게 되는지 잘 알려주고 있습니다. 첫째, 우리의 소망을 오직 하나님께만 두면 됩니다. 세상 사람들은 하나님을 모르기 때문에 물질, 명예 등 세상 것이 소망입니다. 그러나 우리의 소망은 오직 아버지 하나님이십니다. 둘째, 선한 일을 행하며 나눠주기를 좋아하면 됩니다. 이것은 결코 쉽지 않은 일이지만 형편없는 나를 아무런 대가 없이 지속적으로 사랑하시는 하나님의 사랑을 받은 자로서 우리는 나누는 삶을 살아야 합니다. 셋째, 장래를 생각하면 됩니다. 대부분의 사람들은 현재만을 생각하며 현재만을 살아갑니다. 그러나 믿는 우리는 장래의 소망, 즉 천국 소망이 있는 자입니다. 오직 소망을 하나님께 두며 선한 일을 하고 장래를 생각할 때 우리도 멋진 이력서를 후손들에게 남길 수 있을 것입니다.

하늘나라에 영원히 기록될 자랑스러운 이력서를 소유한 사람이 되기를 간절히 소망합니다.

1월 24일 나의 비전

사도행전 1:6-11

6그들이 모였을 때에 예수께 여쭈어 이르되 주께서 이스라엘 나라를 회복하심이 이 때이니이까 하니 7이르시되 때와 시기는 아버지께서 자기의 권한에 두셨으니 너희가 알 바 아니요 8오직 성령이 너희에게 임하시면 너희가 권능을 받고 예루살렘과 온 유대 와 사마리아와 땅 끝까지 이르러 내 증인이 되리라 하시니라 9이 말씀을 마치시고 그 들이 보는데 올려져 가시니 구름이 그를 가리어 보이지 않게 하더라 10올라가실 때에 제자들이 자세히 하늘을 쳐다보고 있는데 흰 옷 입은 두 사람이 그들 곁에 서서 11이 르되 갈릴리 사람들아 어찌하여 서서 하늘을 쳐다보느냐 너희 가운데서 하늘로 올려 지신 이 예수는 하늘로 가심을 본 그대로 오시리라 하였느니라

하나님께서는 하나님의 백성들, 그 누구에게나 반드시 약속의 말씀 즉 비전을 주십니다. 아브라함에게는 약속의 땅을, 모세에게는 이스라엘 민족을 이끄는 지도자로서의 비전을, 갈렙과 여호수아에게는 젖과 꿀이 흐르는 가나안의 비전을, 예레미야에게는 열방의 선지자로서의 비전을, 사도바울에게는 열방에 복음을 전파하는 비전을 주셨습니다. 본문에 나타난 제자들의 비전은 무엇입니까? 그들은 단순히 이스라엘 나라를 회복하는 비전을 품었지만 주님은 단호하게 '때와 기한은 아버지께서 자기의 권한에 두셨으니 너희의 알 바 아니다'라고 말씀하시며 그들에게 새 비전을 제시하셨습니다. '땅끝까지 이르러 내 증인이 되리라'9절 그러나 '나'와 '민족'이라는 패러다임에서 벗어나지 못해 승천하시는 주님을 멍하니 바라만 보고 있는 제자들을 향해 두 천사가 '어찌하여 서서 하늘을 쳐다보느냐'라고 말합니다. 이는 '주님께서 세계를 향한 비전을 제시하셨으니 이제 성령이 임하시면 너희는 새 비전을 품고 나아갈 사람들이 아니냐'는 의미입니다. 하나님께서 주시는 비전은 언제나 '나'를 초월합니다. 내 모습을 바라보면 불가능한 것 같지만 성령이 임하시면 그 일은 할 수 있는 일이 됩니다. 하나님께서 주신 비전을 받아들이고 아버지께 맡길 때 하나님은 우리를 통해 그 일을 이루실 것입니다. 나의 비전은 무엇입니까?

오늘도 하나님께서 주신 비전을 품고 담대하게 나아가기를 원합니다.

1월 **25**일 　꿈을 주는 사람

창세기 37:5-11

⁵요셉이 꿈을 꾸고 자기 형들에게 말하매 그들이 그를 더욱 미워하였더라 ⁶요셉이 그들에게 이르되 청하건대 내가 꾼 꿈을 들으시오 ⁷우리가 밭에서 곡식 단을 묶더니 내 단은 일어서고 당신들의 단은 내 단을 둘러서서 절하더이다 ⁸그의 형들이 그에게 이르되 네가 참으로 우리의 왕이 되겠느냐 참으로 우리를 다스리게 되겠느냐 하고 그의 꿈과 그의 말로 말미암아 그를 더욱 미워하더니 ⁹요셉이 다시 꿈을 꾸고 그의 형들에게 말하여 이르되 내가 또 꿈을 꾼즉 해와 달과 열한 별이 내게 절하더이다 하니라 ¹⁰그가 그의 꿈을 아버지와 형들에게 말하매 아버지가 그를 꾸짖고 그에게 이르되 네가 꾼 꿈이 무엇이냐 나와 네 어머니와 네 형들이 참으로 가서 땅에 엎드려 네게 절하겠느냐 ¹¹그의 형들은 시기하되 그의 아버지는 그 말을 간직해 두었더라

에덴동산의 아담과 하와는 하나님께로부터 이 땅을 정복하고 다스리고 생육하고 번성하라는 꿈을 받은 이후에^{창 1:28} 사단으로부터 하나님께 불순종하면 하나님과 같아질 수 있다는 허황된 꿈을 받았습니다.^{창 3:3} 하나님이 주시는 꿈은 열매이며 생명이지만 사단이 주는 꿈은 욕망이고 죽음입니다. 그러나 아담과 하와는 선택의 기로에서 사단이 주는 꿈을 선택함으로 그들 자신이 죽었을 뿐 아니라 온 인류를 영원한 죽음으로 몰아넣고 말았습니다. 본문의 요셉에게도 사단은 여러 상황을 통해 그릇된 비전을 제시했을 것입니다. 하지만 그는 사단이 주는 부정적인 꿈을 거절하고 하나님이 주신 꿈을 취하고 실현해 감으로 많은 사람에게 꿈을 주는 자가 되었습니다. 어려운 환경 가운데 처한 사람들에게는 환경을 극복하는 꿈을, 유혹을 받아 갈등하는 사람들에게는 유혹을 이겨내는 꿈을, 배반으로 인해 고통받는 사람들에게는 원수를 용서하고 품을 수 있는 꿈을 주는 사람이 되었습니다. 오늘 우리는 누구에게 어떤 꿈을 주는 사람으로 살아갈 수 있을까요?

살아가는 날 동안 하나님이 제게 주신 꿈을 간직하며 그 꿈을 나눠줄 수 있는 사람으로 살기를 소망합니다.

1월 26일 하나님의 선택

사무엘상 16:6-7

6그들이 오매 사무엘이 엘리압을 보고 마음에 이르기를 여호와의 기름 부으실 자가 과연 주님 앞에 있도다 하였더니 7여호와께서 사무엘에게 이르시되 그의 용모와 키를 보지 말라 내가 이미 그를 버렸노라 내가 보는 것은 사람과 같지 아니하니 사람은 외모를 보거니와 나 여호와는 중심을 보느니라 하시더라

우리는 늘 하나님께서 생각하시는 것이 무엇인지에 관심을 가져야 합니다. 본문은 이스라엘 왕을 세우기 위해 이새의 집을 방문한 사무엘이 이새의 첫째 아들 엘리압에게 마음을 두니 하나님께서 말씀하신 것입니다. 하나님께서는 이미 어떤 계획을 가지고 계시니 사람의 생각으로 일을 해서는 안 된다는 말씀입니다. 중심을 보신다는 것은 우선순위가 무엇인지 잊지 말라는 것입니다. 자신의 생각이 아닌 하나님의 생각이 무엇인지를 늘 물어야 한다는 것입니다. 하나님은 분명한 뜻을 가지고 계시니 우리는 순간순간 그분의 뜻을 알기 위해 하나님의 말씀에 귀 기울이는 것을 우선으로 삼아야 합니다. 다윗이 왕으로 기름 부어 세워진 것도 모두 이런 과정을 통해서입니다. 이렇게 하나님의 일꾼으로 세워진 자들은 두 가지 확신을 가져야 합니다. 첫째, 일꾼은 하나님이 세우신다는 것입니다. 사도 바울이 힘 있게 사역할 수 있었던 것은 바로 이 확신이 있었기 때문입니다. 둘째, 하나님께서 일하신다는 것입니다. 하나님께서 세우셨으니 그분이 일할 수 있는 힘도 주십니다. 모든 일은 하나님이 하시므로 우리는 남는 자도 부족한 자도 아닙니다. 일을 하고 그저 하나님께만 영광을 돌리면 됩니다.

하나님의 일꾼으로서 하나님의 뜻을 생각하기보다는 제 뜻을 앞세웠음을 고백합니다. 앞으로는 하나님의 생각이 무엇인지 먼저 여쭈어보겠습니다.

1월 **27**일 　마음의 눈으로 볼 수 있는 꿈

누가복음 24:44-49

44또 이르시되 내가 너희와 함께 있을 때에 너희에게 말한 바 곧 모세의 율법과 선지자의 글과 시편에 나를 가리켜 기록된 모든 것이 이루어져야 하리라 한 말이 이것이라 하시고 45이에 그들의 마음을 열어 성경을 깨닫게 하시고 46또 이르시되 이같이 그리스도가 고난을 받고 제삼일에 죽은 자 가운데서 살아날 것과 47또 그의 이름으로 죄 사함을 받게 하는 회개가 예루살렘에서 시작하여 모든 족속에게 전파될 것이 기록되었으니 48너희는 이 모든 일의 증인이라 49볼지어다 내가 내 아버지께서 약속하신 것을 너희에게 보내리니 너희는 위로부터 능력으로 입혀질 때까지 이 성에 머물라 하시니라

눈만 뜨면 정과 망치로 돌을 다듬었던 미켈란젤로는 쓸모없는 돌을 가지고 매일 무엇 하느냐는 사람들에게 돌 속에서 천사를 찾고 있다고 했습니다. 마음의 눈을 가진 그에게 돌은 쓸모없는 것이 아니었고 마침내 그는 세계적인 예술가가 되었습니다. 육신의 눈은 한계가 있습니다. 그러나 마음의 눈을 떠서 바라보면 먼 세계까지, 영원한 세계까지 볼 수 있습니다. 주님이 제자들에게 새롭게 주신 꿈은 마음의 눈으로 바라볼 수 있는 꿈이었습니다. 이 꿈을 빼앗기지 않으려면 위로부터 능력을 입혀주시겠다는 주님의 약속을 믿고 꿈의 방으로 들어가 약속하신 성령을 기대하며 기도하는 것입니다. 또한 주님이 주신 그 꿈에 자신의 모든 것을 쏟아붓는 것입니다. 예수님의 제자들도 주님이 주신 새 꿈을 이루기 위해 마가의 다락방에 모여 약속하신 성령을 기다리며 간절히 기도하여 마침내 성령을 덧입은 후 자기 인생을 그 꿈에 바쳤습니다. 증인 된 삶을 위해 목숨을 걸었습니다. 그 결과 로마도, 유럽도 넘어서 오늘날 이곳, 우리에게까지 복음이 전파되었습니다.

마음의 눈으로 바라볼 수 있는 꿈을 빼앗기지 않겠습니다. 기도 처소에서 성령을 기다리며 기도하고 기회가 주어질 때 그 꿈을 이루는 일에 최선을 다하겠습니다.

1월 **28**일   거룩한 꿈

빌립보서 3:12-16

12내가 이미 얻었다 함도 아니요 온전히 이루었다 함도 아니라 오직 내가 그리스도 예수께 잡힌 바 된 그것을 잡으려고 달려가노라 13형제들아 나는 아직 내가 잡은 줄로 여기지 아니하고 오직 한 일 즉 뒤에 있는 것은 잊어버리고 앞에 있는 것을 잡으려고 14푯대를 향하여 그리스도 예수 안에서 하나님이 위에서 부르신 부름의 상을 위하여 달려가노라 15그러므로 누구든지 우리 온전히 이룬 자들은 이렇게 생각할지니 만일 어떤 일에 너희가 달리 생각하면 하나님이 이것도 너희에게 나타내시리라 16오직 우리가 어디까지 이르렀든지 그대로 행할 것이라

예수님께서는 '모든 사람이 멸망하지 않고 다 영생을 얻게 하는'요 3:16 거룩한 꿈을 가지고 이 땅에 오셨습니다. 인간의 비극은 그 꿈을 잃어버리는 순간 시작됩니다. 거룩한 꿈이 사라진 자리에 인간의 욕망이 채워지기 때문입니다. 거룩한 꿈은 주님을 만나면 생겨납니다. 호렙산에서 하나님의 사자를 만난 모세, 다메섹 도상에서 예수님을 만나 회심한 사도 바울, 뽕나무에 올라가기까지 주님을 만나기 원했던 삭개오, 평범한 구두 수선공에서 인도 선교의 아버지가 된 윌리엄 캐리, 이들은 나약하고 교만하고 욕심 많고 보잘것없는 사람들이었지만 주님을 만나 변화되었을 뿐 아니라 거룩한 꿈을 소유하게 되어 그 꿈을 좇아갔던 사람들입니다. 이처럼 신앙인은 거룩한 꿈을 가진 자입니다. 그리고 그 꿈을 포기하지 않습니다. 어떤 상황이 자신을 붙잡는다 해도 뒤돌아보지 않고 오직 생명을 구하는 일, 영혼을 살리는 일을 향해 포기하지 않고 앞을 향해 나아갑니다.13절 예수님과 동행하며 예수님으로부터 눈을 떼지 않습니다.14절 또한 절대로 현실에 안주하지 않습니다.15-16절 고인 물은 썩고, 사용하지 않는 철은 녹이 슬듯이 안주하는 것은 생명을 살리기보다는 오히려 죽이는 일입니다. 사는 날 동안 생명을 살리는 거룩한 꿈을 가지고 달려가는 신앙인이 되기를 축복합니다.

하나님, 저도 주님처럼 거룩한 꿈을 소유하고 그 꿈을 향해 끊임없이 나아가기를 소망합니다.

1월 **29**일 인간의 욕구

요한복음 14:6
예수께서 이르시되 내가 곧 길이요 진리요 생명이니 나로 말미암지 않고는 아버지께로 올 자가 없느니라

인간은 누구나 욕구를 가지고 있습니다. 첫째, 행복에 대한 욕구입니다. 돈, 명예, 지식이 있으면 행복할까요? 아닙니다. 언제나 현재보다 더 좋은, 더 많은, 더 큰 행복을 추구하며 만족함이 없습니다. 그 욕구를 통해 행복의 종착지인 천국을 소망하게 될 때 욕구가 채워집니다. 그런데 천국은 오직 길 되신 주님을 통해서만 갈 수 있습니다. 둘째, 의지하고자 하는 욕구입니다. 아담을 창조하시고 돕는 배필을 만드심으로 하나님께서는 이 땅에서는 무언가를 의지해야 살 수 있음을 학습하게 하셨습니다. 그리고 영원한 의지의 대상은 진리이신 하나님이라고 말씀하십니다. 영원하면서도 변하지 않고 자비와 사랑이 있는 것이 진리이기 때문입니다. 셋째, 살고자 하는 욕구입니다. 누군가 살고 싶지 않다고 한다면 그는 병들어 있는 것입니다. 스스로 목숨을 끊는 사람들이 살고 싶어 하지 않는다고 오해 마십시오. 살고 싶은 욕구가 너무 강렬한데 그 욕구를 채우지 못해 병에 걸리고 결국은 자살을 선택하는 것입니다. 우리가 영원히 살 수 있는 길은 무엇입니까? 생명은 과거가 아니며 현재이자 미래입니다. 소망이고 자유이며 힘과 지혜입니다. 이 생명을 허락하시는 분도 오직 하나님 한 분밖에 없습니다. 주님이 생명 되시기에 우리는 죽지 않고 잠시 자다가 다시 깨어나게 됩니다. 결국 어떤 환경에서도 주님을 믿고 의지할 때 인간의 욕구는 영원히 채워질 수 있습니다.

하나님, 오늘 어떤 상황이 와도 하나님만 의지할 수 있기를 간절히 소망합니다.

1월 **30**일 소망을 주는 사람

데살로니가전서 4:13-14

13형제들아 자는 자들에 관하여는 너희가 알지 못함을 우리가 원하지 아니하노니 이는 소망 없는 다른 이와 같이 슬퍼하지 않게 하려 함이라 14우리가 예수께서 죽으셨다가 다시 살아나심을 믿을진대 이와 같이 예수 안에서 자는 자들도 하나님이 그와 함께 데리고 오시리라

데살로니가 교회에는 '하나님을 열심히 따르면 혹 생전에 주께서 오실지 모른다'는 재림 신앙이 팽배해져 있었습니다. 그런데 결국 주님을 만나지 못하고 죽음의 길로 가는 형제들과 이별의 아픔을 겪으면서 데살로니가 교인들은 낙망하고 믿음이 흔들렸습니다. 이때 바울은 진리를 선포하고 믿음을 견고하게 세워가고 있습니다. 그는 죽은 자를 자는 자라고 표현했습니다. 사별의 고통을 안고 있는 이들에게 이 표현은 단순한 위로를 넘어 분명한 진리로 이끄는 것이었습니다. 즉 영생을 얻은 자들은 죽은 것이 아니라 다시 깨어날 잠을 자는 것이라는 선포입니다. 또한 바울은 죽음이 끝이 아니라 죽은 후에 갈 곳이 있음을 분명히 기억하고 소망이 없는 자처럼 슬퍼하지 말라고 당부하고 있습니다. 이는 비탄 자체를 금하는 것이 아니라 소망 없는 비탄, 소망 없는 슬픔, 소망 없는 애통을 금하고 있는 것입니다. 우리는 소망 없는 세상을 살아가고 있지만 세상 사람들과는 다릅니다. 아픔을 당해 마음이 약해져 있는 자들에게 단순한 동정과 위로가 아닌 진리의 메시지를 전달함으로 믿음과 소망을 심어줄 수 있어야 합니다. 눈에 보이는 현실 너머에 계시는 예수님을 바라볼 수 있게 해주어야 합니다. 예수님만이 우리의 영원한 소망이며 진리이기 때문입니다.

오늘도 우리의 소망 되신 예수 그리스도와 함께 살아가는 자로서 세상 사람들에게 소망을 심어줄 수 있기를 원합니다.

1월 31일 소망을 유지하려면

로마서 16:19
너희의 순종함이 모든 사람에게 들리는지라 그러므로 내가 너희로 말미암아 기뻐하노니 너희가 선한 데 지혜롭고 악한 데 미련하기를 원하노라

하나님께서는 우리를 제사장으로 세우셨기 때문에 우리는 하나님이 사랑으로 우리의 앞날을 인도하신다는 소망을 가지고 자신의 앞날에 대해 안수하고 축복할 수 있어야 합니다. 그 소망은 우리 삶에서 어떻게 지속될까요? 첫째, 기도를 통해 지속됩니다. 기도는 하나님과 나와의 관계이기에 기도 속에서 우리는 하나님의 사랑을 보고 느끼며 그 순간 소망이 싹트고 지속되며 이루어집니다. 둘째, 순종을 통해 이루어집니다. 로마서 16장에 기록되어 있는 신앙의 인물들은 모두 역경 속에서도 하나님이 그들을 사랑하시며 언젠가는 예수 그리스도를 이 땅에 다시 보내심으로 그들을 천국으로 이끄셔서 하나님 보좌 우편에 앉게 하실 것이라는 소망을 가지고 순종의 삶을 살았습니다. 그들의 순종은 당시의 모든 사람들에게 알려졌고 바울에게 기쁨이 되었으며 오늘 우리에게까지 전해져 기쁨과 용기를 주고 있습니다. 이스라엘 백성이 출애굽 할 때는 소망을 가지고 있었지만, 광야 생활 가운데 계속 불평과 부정적인 말만 늘어놓았고 결국 그들은 가나안 땅을 밟지 못했다는 사실을 기억하십시오. 어려움에도 불구하고 소망을 계속 품고 가는 사람은 불평, 불만의 자리보다는 기도의 자리, 순종의 자리로 나아가며 앞으로의 삶에 안수하고 축복함으로 담대하게 제사장의 직분을 잘 감당하며 살아갈 것입니다.

하나님, 저를 제사장으로 삼아주셔서 감사합니다. 부족하지만 하나님이 저를 사랑으로 이끄신다는 소망을 놓지 않기 위해 기도의 자리, 순종의 자리를 사모하기 원합니다.

February

2월

믿음

2월 1일　믿음의 행보

창세기 12:1-3
1여호와께서 아브람에게 이르시되 너는 너의 고향과 친척과 아버지의 집을 떠나 내가 네게 보여 줄 땅으로 가라 2내가 너로 큰 민족을 이루고 네게 복을 주어 네 이름을 창대하게 하리니 너는 복이 될지라 3너를 축복하는 자에게는 내가 복을 내리고 너를 저주하는 자에게는 내가 저주하리니 땅의 모든 족속이 너로 말미암아 복을 얻을 것이라 하신지라

본문에서 아브라함은 '본토 친척 아비 집을 떠나라'는 명령을 받았습니다. 이것은 자자손손 대를 이어 온 땅, 안정된 장소를 떠나라는 말씀입니다. 하나님께서는 이렇게 안정된 가운데 있을 때 믿음을 사용하기를 원하십니다. 결코 쉽지 않은 일이지만 아브라함의 믿음의 행보는 여기서부터 시작되었습니다. 오늘날 대부분의 사람들은 안정을 빼앗길까 봐 두려워하며 안정 속에서는 믿음의 행보를 거절합니다. 안정되었을 때 주님의 음성에 귀를 기울이지 못합니다. 그러나 편안하면 아무것도 성취할 수가 없습니다. 하나님께서는 우리가 안주하기를 원치 않으시고 끊임없이 믿음의 길로 나아가기를 원하십니다. 그런 자에게 복을 약속하십니다. 신앙이란 하나님을 믿는 것입니다. 하나님의 무엇을 믿는 것입니까? 하나님의 존재, 살아계심, 위대하심과 능력, 영원토록 변함없이 역사를 주관하시고 섭리와 경륜 가운데 이끌어 가시는 것을 믿는 것입니다. 이런 하나님을 믿기에 그분의 음성에 귀를 기울이고 그 음성에 순종하고자 하는 방향에 서는 것입니다. 우리가 합리주의적 사고나 경험에 의존하지 않고 믿음을 사용할 때 하나님의 역사는 시작됩니다.

하나님, 오늘도 제가 믿음의 행보를 이어갈 수 있도록 담대함을 허락해 주세요.

믿음으로 사는 자

2월 **2**일

히브리서 11:8-10

8믿음으로 아브라함은 부르심을 받았을 때에 순종하여 장래의 유업으로 받을 땅에 나아갈새 갈 바를 알지 못하고 나아갔으며 9믿음으로 그가 이방의 땅에 있는 것 같이 약속의 땅에 거류하여 동일한 약속을 유업으로 함께 받은 이삭 및 야곱과 더불어 장막에 거하였으니 10이는 그가 하나님이 계획하시고 지으실 터가 있는 성을 바랐음이라

아브라함이 살던 갈대아 우르는 고대 문화의 중심지로 최고의 번영을 누리는 곳이었습니다. 이곳을 떠나 하나님이 지시할 곳으로 가라는 명령을 받은 아브라함에게는 하나님을 믿는 것이 더 고통스러운 길로 들어서는 일이었습니다. 믿음을 가진 아브라함이 세상 사람들과 다른 점은 무엇일까요? 그것은 바로 하나님께 대한 신뢰입니다. 신뢰는 믿음보다 앞서는 것입니다. 하나님을 신뢰하는 자는 순종의 삶을 삽니다.8절 인간적, 합리적, 현실적으로 받아들이기 힘든 일에도 순종할 수 있습니다. 담대합니다.8절 갈 바를 몰랐지만 두려워하지 않았습니다. 기다립니다.9절 하나님의 약속이 이루어지기까지 수백 년이 걸렸지만, 하나님께서 한번 약속하신 것은 언젠가는 이루어진다는 것을 철저하게 신뢰하고 기다렸습니다. 그리고 미래를 봅니다.10절 하나님을 신뢰하는 자는 반드시 새 하늘과 새 땅과 새 예루살렘을 보게 될 것입니다.계 21장 하나님을 얼마나 신뢰하고 있습니까? 또한 어떤 내용으로 하나님을 신뢰합니까? '하나님은 어떤 상황에도 나를 사랑하신다, 나를 통해 영광을 받으신다'는 이 내용을 담아 하나님을 신뢰하는 자는 순종하는 삶을 살 수 있고, 담대할 수 있고, 기다릴 수 있으며, 머지않아 천국이 있음을 바라볼 수 있습니다. 이것이 믿음을 소유한 자와 그렇지 않은 자의 차이입니다. '오직 나는 여호와를 우러러보며 나를 구원하시는 하나님을 바라보나니 나의 하나님이 나를 들으시리로다'미 7:7

오늘 제가 하나님을 신뢰하는 걸음을 내딛기 원합니다. '하나님께서 나를 사랑하신다'는 내용을 담아 하나님을 신뢰하며 오직 하나님만 바라보겠습니다.

2월 **3**일 　지금도 역사는 일어난다

히브리서 13:7-8
7하나님의 말씀을 너희에게 일러 주고 너희를 인도하던 자들을 생각하며 그들의 행실의 결말을 주의하여 보고 그들의 믿음을 본받으라 8예수 그리스도는 어제나 오늘이나 영원토록 동일하시니라

성경에 나와 있는 오병이어의 기적, 앉은뱅이가 걷게 되는 기적, 소경이 눈을 뜨는 기적이 오늘날에도 일어날 수 있습니까? 오늘날에도 가능합니다. 성경에 있는 말씀은 과거만의 이야기가 아니라 현재에도 일어나고 있는 그리고 앞으로도 계속해서 일어날 수 있는 말씀이기 때문입니다. 어제나 오늘이나 또한 영원토록 예수 그리스도는 동일하시다는 말씀8절이 그것을 입증해주고 있습니다. 주님께서 동일하신데, 과거에 일어났던 일이 오늘 왜 일어날 수 없을까요? 오늘 가능한 일이 왜 내일에는 가능하지 않을까요? 오늘날 많은 사람들이 그러한 역사를 피부로 느끼지 못하기 때문에 성경 속의 기적은 당시에만 가능한 것이라고 생각하며 기적에 대한 회의주의자가 되었습니다. 그래서 혹자는 하나님은 가난할 때, 어려울 때, 병들었을 때 역사하신다고 말합니다. 그렇지 않습니다. 가난할 때 역사하시는 하나님은 부할 때도 역사하십니다. 병들었을 때 역사하시기에 건강할 때도 역시 역사하십니다. 어떤 상황 속에서도 언제나 하나님의 말씀을 붙잡고 말씀의 역사를 믿고 나아갔던 믿음의 선진들처럼 날마다 말씀을 붙잡고 살아가십시오. 어제 역사하신 주님을 어제의 주님으로만 생각하고 살아간다면 오늘 역사하시는 주님을 놓칠 수가 있습니다. 어제의 주님이 오늘의 주님이 될 때 하나님의 역사를 오늘도 경험하고 재현하는 진정한 그리스도인이 됩니다.

하나님, 오늘도 기적은 일어나고 있습니다. 다만 제가 기대감이 없고 영적으로 무디어졌기 때문에 모를 뿐입니다. 늘 말씀으로 새롭게 되어 어제 기적의 주님을 오늘도 느끼며 살아가기를 원합니다.

2월 **4**일　　환난 중에

시편 120:1-7

1내가 환난 중에 여호와께 부르짖었더니 내게 응답하셨도다 2여호와여 거짓된 입술과 속이는 혀에서 내 생명을 건져 주소서 3너 속이는 혀여 무엇을 네게 주며 무엇을 네게 더할꼬 4장사의 날카로운 화살과 로뎀 나무 숯불이리로다 5메섹에 머물며 게달의 장막 중에 머무는 것이 내게 화로다 6내가 화평을 미워하는 자들과 함께 오래 거주하였도다 7나는 화평을 원할지라도 내가 말할 때에 그들은 싸우려 하는도다

세상은 어디에나 환난과 어려움이 있고 피하려 해도 피할 수 없습니다. 시편 기자는 환난을 어떻게 처리하고 있습니까? 첫째, 하나님께만 소망이 있음을 알고 하나님께 나아가 부르짖습니다. 사단은 우리가 문제 속에서 절망하기를 기다립니다. 그러나 하나님께서는 하나님 앞에 나아오기를 기다리십니다. 당신은 어느 쪽을 선택하렵니까? 둘째, 자신도 죄악 속에 머물렀음을, 그래서 환난이 미쳤음을 깨닫고 자신의 모습을 먼저 회개합니다. '메섹에 머물며 게달의 장막 중에 머무는 것이 내게 화로다' 여기에서 메섹은 남러시아 종족으로 폭군과도 같은 자들을 말하며, 게달은 아라비아 베두인 족속으로 가장 천박한 자들을 의미합니다. 즉 자신이 폭군이고 천박한 사람이라는 것입니다. 자신이 바로 회개할 자라고 인정합니다. 이 모습이 환난 중에 있는 사람의 자세입니다. 이런 사람은 환난이 있어도 그것이 오히려 유익이 됩니다. 환난 중에 하나님을 바라보고 자신의 모습을 볼 수 있는 믿음의 사람이 되기를 축복합니다.

환난을 겪을 때 하나님께 나아가 기도하고 저의 죄악 된 모습을 바라볼 수 있기를 원합니다.

2월 5일 범사에 여호와를 인정하라

이사야 45:9-13

9질그릇 조각 중 한 조각 같은 자가 자기를 지으신 이와 더불어 다툴진대 화 있을진저 진흙이 토기장이에게 너는 무엇을 만드느냐 또는 네가 만든 것이 그는 손이 없다 말할 수 있겠느냐 10아버지에게는 무엇을 낳았소 하고 묻고 어머니에게는 무엇을 낳으려고 해산의 수고를 하였소 하고 묻는 자는 화 있을진저 11이스라엘의 거룩하신 이 곧 이스라엘을 지으신 여호와께서 이같이 이르시되 너희가 장래 일을 내게 물으며 또 내 아들들과 내 손으로 한 일에 관하여 내게 명령하려느냐 12내가 땅을 만들고 그 위에 사람을 창조하였으며 내가 내 손으로 하늘을 펴고 하늘의 모든 군대에게 명령하였노라 13내가 공의로 그를 일으킨지라 그의 모든 길을 곧게 하리니 그가 나의 성읍을 건축할 것이며 사로잡힌 내 백성을 값이나 갚음이 없이 놓으리라 만군의 여호와의 말이니라 하셨느니라

예수 믿으면 하나님 앞에 무슨 큰 희생이나 헌신을 해야 하는 것으로 생각하는 사람이 많지만 사실 하나님께서 우리에게 요구하시는 것은 오직 한 가지, 범사에 하나님을 인정하는 삶입니다. 범사에 하나님을 인정한다는 것은 실패, 성공, 아픔, 건강 등 우리의 상황과 관계없이 모든 일 가운데서 하나님을 아는 것, 하나님을 발견하는 것을 말합니다. '모든 것은 하나님이 하신 것'이라고 인정하며 평안을 잃지 않는 삶입니다. 왜 우리는 범사에 하나님을 인정할 수밖에 없습니까? 첫째, 하나님은 토기장이, 우리는 진흙이기 때문입니다. 진흙이 어떻게 불평하거나 항의할 수 있습니까? 둘째, 모든 것은 십자가의 의를 이루는 하나님의 사랑이기 때문입니다. 셋째, 모든 것은 결국 예수 그리스도의 구원을 이루는 일이 되기 때문입니다. 인생이 지금은 도무지 이해되지 않는 상황이 찾아와 끝이 없어 보이는 장거리 경주 같아도 우리의 목표지점은 결국 사는 것이며, 일어서는 것이며, 하나님 보좌 우편에 앉는 것입니다. 이 목표를 그리는 사람은 범사에 하나님을 인정합니다. 그런 자들에게 하나님이 함께 하십니다.

하나님, 범사에 여호와를 인정하기를 원합니다. 어떤 일을 만나도 그 일 가운데서 역사하시는 하나님을 발견하기 원합니다.

2월 **6**일   모든 것은 하나님께로부터

고린도전서 4:7
누가 너를 남달리 구별하였느냐 네게 있는 것 중에 받지 아니한 것이 무엇이냐 네가 받았은즉 어찌하여 받지 아니한 것 같이 자랑하느냐

십일조는 하나님의 것이니 하나님께 드려야 한다고 잘못 이해하는 사람들이 있습니다. 아닙니다. 우리의 소유 중 십분의 일만 하나님의 것이 아니라 모든 물질이 다 하나님의 것입니다. 십일조는 모든 물질이 하나님께로부터 왔다는 고백입니다. 시간에 대한 십일조도 마찬가지입니다. 주일을 구별하여 지키는 것은 주일만 하나님의 시간이 아니라 모든 시간이 하나님께로부터 왔다는 고백입니다. 본래 이스라엘 백성은 십의 일조만이 아니라 십의 이조를 드렸습니다. 회막에서 일하는 레위 자손을 위한 제1의 십일조민 18:21와 객과 고아와 과부에게 주고 나머지는 축제할 때 쓰도록 되어 있는 제2의 십일조신 26:12입니다. 이것이 오늘날 감사 절기를 기념하는 물질입니다. 감사 절기는 우리에게 모든 것을 주신 하나님의 은혜를 생각하는 감사 축제입니다. 그래서 우리는 제1의 십일조도, 제2의 십일조도 세 가지 원칙을 가지고 해야 합니다. 첫째, 모든 것은 하나님이 주신 것임을 기억하며 은혜를 고백하는 마음으로 드려야 합니다. 만약 억지로 드리는 마음이 있다면 그것은 내 안에 탐심이 있음을 깨닫고 재빨리 돌이켜야 합니다. 탐심은 우상 숭배이기 때문입니다.골 3:5 둘째, 아무도 모르게 해야 하는 구제 헌금과는 달리 십일조는 유기명으로 해야 합니다. 그래야 그것을 받은 제사장들이 그들을 축복할 수 있습니다. 셋째, 계산 방법이 바르고 정직해야 합니다. 예를 들자면, 사업하는 이들은 매출 총액에서 원자재 비용만을 제외하고 먼저 십일조를 떼어야 합니다. 그 이후에 인건비나 다른 실비를 제외하는 것이 온전한 십일조입니다. 물질과 시간의 십일조는 하나님의 은혜를 고백함으로 하나님을 경외하는 출발점입니다. 결국 우리의 모든 것은 다 주의 나라를 위해 쓰여져야 합니다. 그것이 오늘 우리가 구별된 백성으로 부름을 받은 이유입니다.민 18:21

 십일조의 바른 의미를 늘 기억하여 지키며 구별된 백성으로 살아가기를 소망합니다.

2월 7일   동서남북을 바라보라

창세기 13:14-18

14롯이 아브람을 떠난 후에 여호와께서 아브람에게 이르시되 너는 눈을 들어 너 있는 곳에서 북쪽과 남쪽 그리고 동쪽과 서쪽을 바라보라 15보이는 땅을 내가 너와 네 자손에게 주리니 영원히 이르리라 16내가 네 자손이 땅의 티끌 같게 하리니 사람이 땅의 티끌을 능히 셀 수 있을진대 네 자손도 세리라 17너는 일어나 그 땅을 종과 횡으로 두루 다녀 보라 내가 그것을 네게 주리라 18이에 아브람이 장막을 옮겨 헤브론에 있는 마므레 상수리 수풀에 이르러 거주하며 거기서 여호와를 위하여 제단을 쌓았더라

아브라함은 조카 롯을 아끼고 귀하게 여겼습니다. 소유 때문에 골육이 다툴 수는 없다며 롯에게 선택권을 양보하는 모습, 롯이 살고 있는 소돔 땅을 위해 중보 기도를 하는 모습 등을 통해 우리는 롯을 생각하는 아브라함의 마음을 알 수 있습니다. 그는 자신의 것을 챙기지 못할 만큼 또한 롯이 좋은 것을 먼저 택하리라는 것을 짐작 못 할 만큼 어리석은 사람도 아니고 그 모든 것을 용납할 만큼 특별히 성품이 좋은 것도 아닙니다. 단순한 동정심에서 그런 것은 더욱 아닙니다. 그 이유는 바로 '믿음'입니다. 본토 친척 아비 집을 떠나라는 말씀에 믿음으로 순종하였고히 11:8 복의 근원은 하나님이시라는 믿음창 12:1-2이 있었기에 자신의 것을 내어놓을 수 있었던 아브라함, 이런 그에게서 하나님은 믿음을 보신 것이고 그래서 그는 오늘날까지 믿음의 조상으로 불리고 있습니다. 이처럼 하나님은 우리에게서 오직 한 가지, 믿음을 보기 원하십니다. 하나님은 자신의 것을 내어놓음으로 복의 근원되신 하나님을 전적으로 믿고 있음을 보여준 아브라함에게 '동서남북을 바라보라'고 말씀하셨습니다. 이것은 곧 한계가 없으신 하나님과 유한한 존재인 인간을 깨우쳐주시는 말씀입니다. 주시고자 하면 한계 없이 모든 것을 다 주실 수 있는 하나님, 반면에 인간은 믿음의 눈을 사용하지 않으면 제한된 자신의 눈으로 보는 것만큼만 믿을 수 있는 존재입니다. 머리로만, 생각으로만, 말로만 믿는 믿음이 아니라 하나님께 보여드릴 수 있는 믿음을 소유하기를 갈망하며 그것을 위해 기도해야 합니다. 그런 믿음만 소유하면 동서남북은 모두 하나님의 것이자 곧 우리의 것이기 때문입니다.

한계 없는 하나님의 눈으로 세상을 바라보는 믿음을 소유하기를 간절히 소망합니다.

2월 8일   여호와께서 세운 집

시편 127:1-3

¹여호와께서 집을 세우지 아니하시면 세우는 자의 수고가 헛되며 여호와께서 성을 지키지 아니하시면 파수꾼의 깨어 있음이 헛되도다 ²너희가 일찍이 일어나고 늦게 누우며 수고의 떡을 먹음이 헛되도다 그러므로 여호와께서 그의 사랑하시는 자에게는 잠을 주시는도다 ³보라 자식들은 여호와의 기업이요 태의 열매는 그의 상급이로다

후회 없는 삶을 살기 위해서는, 우리의 인생이 헛되지 않으려면 내가 나의 집을 세우는 것이 아니라 여호와께서 나의 집을 세워주셔야 합니다. 헛되다는 말은 원어적으로 증기를 잡는 것, 구름을 잡는 것과 같다는 뜻입니다. 증기나 구름은 육안으로 볼 수 있어 손으로 잡을 수 있을 것 같지만 사실은 잡을 수가 없고 금방 사라져버립니다. 세상을 살아가며 모든 것을 다 이루었다고 하는 사람도 여호와께서 집을 세워주시지 않으면 이렇게 구름을 잡듯이 모두가 허망한 것이 되어 무너지고 맙니다. 여호와께서 세운 집은 말씀 위에 지은 집입니다. 내가 말씀대로 행할 때 여호와께서 세운 집에서 사는 것이며 그 삶은 헛되지 않습니다. 세상 가운데 살면서 말씀대로 사는 것이 쉽지 않은 일이라고 하며 믿음의 백성이 하나님의 말씀을 지키지 못하고 세상과 구별되게 살지 못한다면 그 삶은 헛된 것이 되어 하나님 앞에 섰을 때 하나님께서 우리를 도무지 모른다고 하실 것입니다. 말씀대로 사는 것이 세상 사람들에게는 어리석어 보일지 몰라도 오히려 그것이 지혜로운 것이며 영원한 것입니다. 내가 집을 세워가면 평안하지 않고 높이 쌓으면 쌓을수록, 소유가 많아지면 많아질수록 오히려 불안해지지만, 여호와께서 세우신 집에는 평안이 있습니다. 엄마 품에서 잠들어 있는 아기는 주변이 아무리 소란해도 평안하듯이 우리도 하나님 품에 있으면 평안합니다. 즉 내가 하나님의 자녀임을 믿고 그 믿음대로 행하는 것이 '여호와께서 세운 집'에 사는 삶입니다. 이때 우리는 평안의 복을 얻게 됩니다.

하나님, 제 인생이 헛되지 않기 위해 말씀대로 살면서 하나님의 자녀임을 믿는 믿음대로 행하겠습니다.

2월 **9**일 사명을 위한 믿음

갈라디아서 2:20

내가 그리스도와 함께 십자가에 못 박혔나니 그런즉 이제는 내가 사는 것이 아니요 오직 내 안에 그리스도께서 사시는 것이라 이제 내가 육체 가운데 사는 것은 나를 사랑하사 나를 위하여 자기 자신을 버리신 하나님의 아들을 믿는 믿음 안에서 사는 것이라

하 나님께서는 세계 복음화를 위해 사용하시려고 로마를 세계 최강국으로 만드셨고, 영국 역시 해가 지지 않는 나라가 되어 세계 복음화를 위해 사용되었습니다. 미국이 세계 최대 강국이 된 것도 같은 이유에서입니다. 다음 순서는 우리 한국입니다. 이제 우리는 세계 복음화라는 사명을 따라 살아가야 합니다. 혹 우리가 이루기에 아직 부족하다면 하나님께서는 연단과 훈련을 통해서 반드시 이루게 하십니다. 우리의 지식이나 물질, 경험은 결코 사명을 이루는 조건이 되지 않습니다. 하나님이 주시는 사명을 이루는 데 필요한 조건은 오직 한 가지, 믿음입니다. 첫째, 내가 그리스도와 함께 죽었다는 믿음입니다. 죄와 허물 많은 우리의 옛사람은 이미 죽었습니다. 그리스도께서 십자가에 못 박혀 죽으시는 순간 우리도 그리스도와 함께 연합해서 완전히 죽은 것입니다. 둘째, 내가 그리스도와 함께 살았다는 믿음입니다. 죽었던 옛사람 모습 그대로 다시 살아난 것이 아니라 옛것은 완전히 지나가고 전혀 새로운 피조물이 되었습니다.고후 5:17 셋째, 내가 그리스도와 함께 승천했다는 믿음입니다. 하나님께서는 허물과 죄로 죽었던 우리를엡 2:1 그리스도와 함께 살리셨고엡 2:5 또한 함께 일으키사 그리스도 예수 안에서 함께 하늘에 앉히셨습니다.엡 2:6 넷째, 육체 가운데 살다가 돌아간다는 믿음입니다. 그리스도께서 하늘로부터 이 땅에 육신을 입고 오셨듯이 오늘 우리도 육체 가운데 살다가 다시 하나님 나라로 갑니다. 어떤 상황에서도 주께서 나와 연결되어 있다는 이 네 가지 믿음의 초점을 놓치지 않는 성도가 되기를 축복합니다.

세계 복음화를 위한 사명을 주셔서 감사합니다.
이 사명을 이루는 데 꼭 필요한 믿음을 소유한 성도가 되기를 소망합니다.

2월 10일　　엘리야의 믿음

열왕기상 18:41-45

41엘리야가 아합에게 이르되 올라가서 먹고 마시소서 큰 비 소리가 있나이다 42아합이 먹고 마시러 올라가니라 엘리야가 갈멜 산 꼭대기로 올라가서 땅에 꿇어 엎드려 그의 얼굴을 무릎 사이에 넣고 43그의 사환에게 이르되 올라가 바다쪽을 바라보라 그가 올라가 바라보고 말하되 아무것도 없나이다 이르되 일곱 번까지 다시 가라 44일곱 번째 이르러서는 그가 말하되 바다에서 사람의 손 만한 작은 구름이 일어나나이다 이르되 올라가 아합에게 말하기를 비에 막히지 아니하도록 마차를 갖추고 내려가소서 하라 하니라 45조금 후에 구름과 바람이 일어나서 하늘이 캄캄해지며 큰 비가 내리는지라 아합이 마차를 타고 이스르엘로 가니

엘리야처럼 큰 능력을 행하는 믿음은 다음의 단계로 이루어집니다. 첫째, 확실한 믿음을 소유하는 것입니다.41절 지금 비가 오지 않지만 엘리야는 큰비가 올 것을 확신했습니다. 이런 확신은 하나님의 말씀에 기반을 두고 기도할 때 가능합니다. 가뭄도, 다시 비가 온 것도 엘리야가 말씀을 붙잡고 기도했기 때문입니다.왕상 17:2, 18:1 둘째, 오직 하나님만 의지하는 기도를 하는 것입니다.42절 얼굴을 무릎 사이에 넣는다는 것은 하나님 외에는 다른 것들은 가려져 볼 수 없음을 의미합니다. 빗소리를 듣고 갈멜산에 올라간 엘리야가 할 수 있는 것은 오직 하나님만 바라보고 의지하고 기도하는 것이었습니다. 셋째, 하나님의 때를 기다리는 것입니다.43절 여기에서 일곱은 완전함을 의미하는 것으로 엘리야는 완전한 하나님의 때를 기다렸습니다. 우주 만물이 정확한 때에 맞춰 운행하고 있는 것을 보면 하나님께서 얼마나 정확한 때를 가지고 일하시는지 알 수 있습니다. 모든 일에는 하나님의 완전하신 때가 있습니다. 하나님의 시간을 기다리는 것이 중요합니다. 넷째, 징조가 올 때 행동하는 것입니다.44절 아무런 징조도 없는데 무모한 믿음으로 무작정 시작하는 사람이 있는가 하면 징조가 보이는데도 멈춰있는 걸음도 있습니다. 우리는 작은 징조도 발견할 수 있어야 합니다. 동시에 행동하는 사람이어야 합니다. 엘리야가 징조를 보고 행동했을 때 큰비가 내렸습니다.45절 이 시대의 엘리야가 바로 우리이기를 소망합니다.

이 시대의 엘리야로 부르심을 믿습니다. 엘리야의 믿음을 소유할 수 있게 도와주세요.

2월 **11**일   믿음이 자본

히브리서 11:6
믿음이 없이는 하나님을 기쁘시게 하지 못하나니 하나님께 나아가는 자는 반드시 그가 계신 것과 또한 그가 자기를 찾는 자들에게 상 주시는 이심을 믿어야 할지니라

사업하는 분들로부터 가끔 이런 이야기를 듣습니다. "아이디어도 있고 자신감도 있는데 자본이 없어요. 내게 자본만 있으면 멋지게 사업해서 성공할 수 있을 텐데…" 여기에서 자본은 돈을 의미하는 것입니다. 그러나 꼭 돈이 자본입니까? 그렇지 않습니다. 돈이 없어도 성실을 바탕으로 성공한 사람들은 우리 주변에 얼마든지 있습니다. 그리고 성실보다 더 큰 자본이 있습니다. 그것은 바로 믿음입니다. 사도 바울은 지식이 자본이라 생각하여 그 누구보다 많은 지식을 획득했습니다. 도덕이 자본이라 생각하여 그 누구보다 도덕적으로 흠이 없는 삶을 살았습니다. 그러나 예수 그리스도를 만난 이후 주님을 아는 지식이 얼마나 큰 자본인지 깨닫고 그는 다른 모든 것을 배설물로 여겼습니다.빌 3:8 바울의 고백처럼 믿음보다 더 큰 자본은 없습니다. 믿음은 모든 것을 가능케 하기 때문입니다. 도저히 천국에 갈 수 없는 우리가 믿음만 있으면 천국에 갈 수 있고 하나님 보좌 앞에 담대히 나아갈 수 있습니다. 믿음만 있으면 질병도, 두려움도 극복할 수 있습니다. 이 세상의 그 어떤 문제도, 그것이 견고한 여리고 성이라 해도 무너뜨릴 수 있습니다. 믿음으로 가고 믿음으로 서는 사람, 믿음에 의해서 움직이는 사람은 범사에 복을 받습니다.창 24:1 믿음은 무엇입니까? 2천 년 전에 계셨던 하나님이 아니라 지금 여기에 나와 함께 계시는 하나님을 믿는 것입니다. 그리고 내가 하나님을 찾으면 반드시 상을 주시는 분이심을 믿는 것입니다. 하나님을 찾는 자들에게 하나님께서는 반드시 그 구하는 것을 주십니다.마 7:7-11, 눅 18:1 믿음이 자본인 것을 아는 사람은 비록 어려운 시대를 살아가지만 믿음을 자본 삼아 담대히 살아갑니다.

하나님이 오늘 이 순간 저와 함께 계심을 믿고 그 앞에 나아갈 때 저에게 상 주심을 믿는 이 믿음이 바로 저의 자본임을 고백합니다.

믿음을 지키기 위한 무기

2월 12일

디모데후서 4:7-8

⁷나는 선한 싸움을 싸우고 나의 달려갈 길을 마치고 믿음을 지켰으니 ⁸이제 후로는 나를 위하여 의의 면류관이 예비되었으므로 주 곧 의로우신 재판장이 그 날에 내게 주실 것이며 내게만 아니라 주의 나타나심을 사모하는 모든 자에게도니라

1·4 후퇴 때 한 여인이 등에 아이를 업고 강을 건너는데 물이 자꾸 불어나니 품에 안고 있던 돈 보따리가 걱정이 되어 그 보따리를 자꾸 위쪽으로 들어 올려가며 결국 머리에 이고서 강을 무사히 건넜습니다. 그런데 막상 등에 업은 아이는 이미 목숨을 잃어버렸다고 합니다. 오늘 우리의 모습은 어떻습니까? 정작 소중히 여기며 지켜야 할 것은 지키지 못하고 헛된 것을 머리에 이고 다니지는 않습니까? 오늘 우리가 지켜야 할 최고의 가치는 바로 믿음입니다. 우리의 노력이나 의가 아닌 하나님의 전적인 은혜로만 얻을 수 있는 믿음을 통해 우리는 산도 옮길 수 있고 하나님의 자녀라는 권세를 얻고 세상을 이길 수 있으며, 모든 시험을 통과할 수 있고, 영원한 생명을 얻을 수 있기 때문입니다. 그러기에 믿음을 지키려고 할 때 사단의 방해가 클 수밖에 없고 우리는 전쟁을 치를 수밖에 없습니다. 믿음을 지킨다는 것은 결국 내 안에 있는 예수 생명을 지키는 것인데 이는 말씀이라는 무기가 있어야 합니다. 세기에 한 사람이라고 할 만큼 성령 충만한 D. L. 무디도 '나는 날마다 넘어지곤 합니다. 그래서 나는 매일 하나님의 말씀을 묵상하여 아버지께서 내게 주시는 말씀으로 다시 일어납니다'라고 고백했습니다. 우리에게는 믿음을 지키기 위한, 예수 생명을 지키기 위한 무기가 있습니까?

사단은 날마다 제 믿음을 공격하여 저를 넘어뜨리려고 합니다. 그러나 제 안에 거하시는 예수 생명을 지키기 위해 말씀을 묵상하며 일어서기 원합니다.

2월 **13**일 　믿음을 소유한 사람

창세기 12:1-4

¹여호와께서 아브람에게 이르시되 너는 너의 고향과 친척과 아버지의 집을 떠나 내가 네게 보여 줄 땅으로 가라 ²내가 너로 큰 민족을 이루고 네게 복을 주어 네 이름을 창대하게 하리니 너는 복이 될지라 ³너를 축복하는 자에게는 내가 복을 내리고 너를 저주하는 자에게는 내가 저주하리니 땅의 모든 족속이 너로 말미암아 복을 얻을 것이라 하신지라 ⁴이에 아브람이 여호와의 말씀을 따라갔고 롯도 그와 함께 갔으며 아브람이 하란을 떠날 때에 칠십오 세였더라

아무리 많은 것을 소유하고 누리고 있어도 믿음이 없으면 늘 불안하고 염려뿐입니다. 가진 것이 정말 기쁨이 되고 복이 되려면 믿음이 있어야 합니다. 믿음을 가진 자에게 고난이 없는 것이 아닙니다. 시련도 있고 아픔도 있지만 그 속에서도 하나님을 신뢰하는 사람은 그 고난이 도리어 인내를 만든다고 선포하며 고난을 통해 내가 온전해지고 부족함이 없다고 고백하게 됩니다. 그러니 세상을 살아가면서 믿음만큼 복되고 소중한 것이 없을 것입니다. 이러한 믿음을 소유한 사람은 첫째, 모든 것을 버립니다. 아브라함은 안락하게 살 수 있었던 고향, 지금까지 쌓아왔던 모든 것을 버리고 하나님이 원하시는 곳을 향해 떠났습니다. 그리고 하나님께서는 그를 복의 근원으로 세우시고 믿음의 조상이 되게 하셨습니다. 둘째, 모든 것을 드립니다. 아브라함이 백 세에 낳은 아들 이삭을 제물로 드렸을 때 하나님께서는 오히려 이삭을 살리셔서 그를 통해 열두 아들을 낳게 하시고 그 열두 명이 이스라엘의 열두 지파가 되어서 하나님의 나라를 이끌어가는 놀라운 역사를 이루셨습니다. 셋째, 넉넉하고 여유가 있습니다. 결코 지위가 있는 것도, 재물이 많은 것도, 학식이 많은 것도 아니지만 믿음과 비례해서 여유로운 사람이 됩니다. 온갖 어려움을 겪었지만, 하나님을 신뢰하기에 넉넉한 마음으로 형제들을 용서하고 품을 수 있었던 요셉처럼 다른 사람을 품을 수 있는 넉넉한 사람이 됩니다.

하나님, 고난이 있을 때마다 흔들리는 저는 과연 믿음의 사람일까요? 모든 것을 버리고 모든 것을 드릴 수 있는, 그리고 넉넉한 마음으로 살 수 있는 용기를 주세요.

2월 **14**일   담대함

사사기 6:15-16

15그러나 기드온이 그에게 대답하되 오 주여 내가 무엇으로 이스라엘을 구원하리이까 보소서 나의 집은 므낫세 중에 극히 약하고 나는 내 아버지 집에서 가장 작은 자니이다 하니 16여호와께서 그에게 이르시되 내가 반드시 너와 함께 하리니 네가 미디안 사람 치기를 한 사람을 치듯 하리라 하시니라

오늘날 교회에 기적이 사라지고 예배에 감격이 없어지는 이유는 무엇입니까? 예전보다 환경은 훨씬 나아졌는데 왜 이적을 맛볼 수 없고 예배에 능력이 없고 형식적인 예배가 되어 갑니까? 그때의 하나님과 지금의 하나님이 다르신 분입니까? 하나님은 동일하시지만, 우리에게 담대함이 없어진 까닭입니다. 담대함을 얻으려면 첫째, 하나님을 신뢰해야 합니다. 세상이 주는 담대함은 오래 지속되지 못합니다. 돈, 명예, 권력, 학식, 외모 등에 의해 담대함을 얻는 사람은 오히려 그것으로 인해 더욱 비참함을 경험하게 됩니다. 3백 명의 적은 군사와 더불어 이스라엘을 지켰던 기드온, 그가 큰 용사가 될 수 있었던 것은 하나님을 신뢰하는 그에게 하나님이 함께 하셨기 때문입니다. 둘째, 하나님의 말씀에 마음을 고정할 때 담대함을 얻게 됩니다. 우리는 주로 다른 사람의 말에 의해 자아상을 형성하게 됩니다. 그런데 사람의 말은 우리의 자아상을 쉽게 흔들고 우리로 하여금 용기를 잃어버리게 합니다. 중요한 것은 사람의 말이 아니라 하나님의 말씀입니다. 하나님이 나에게 어떻게 말씀하시는지 그 말씀에 내 마음을 고정하고 말씀 따라 살아갈 때 담대한 사람이 될 수 있습니다. 기드온도 처음에는 자신이 보잘것없음을 고백했지만, 하나님의 말씀에 힘입어 용기를 얻었습니다. 아무리 어렵고 힘들어도 성경이 말씀하시는 하나님이 나의 하나님이심을 굳게 믿고, 하나님의 말씀에 나를 고정시키며 담대함을 얻어 예배의 감격을 되찾고 기적을 맛볼 수 있는 성도가 되기를 축복합니다.

오늘도 하나님을 신뢰함으로 하나님께서 저에게 말씀하시는 그 말씀에 제 마음을 고정시키고 담대히 나아가겠습니다.

2월 15일 두려움에서 벗어나는 길

요한일서 4:18
사랑 안에 두려움이 없고 온전한 사랑이 두려움을 내쫓나니 두려움에는 형벌이 있음
이라 두려워하는 자는 사랑 안에서 온전히 이루지 못하였느니라

독일이 세계 전쟁을 두 번씩이나 일으켰던 것은 주변국들의 위협에 대한 두려움 때문이었습니다. 북한이 핵을 포기 못 하고 계속 고집하는 이유도 두려움을 제거하기 위해서입니다. 하지만 오히려 두려움은 제거되지 않고 전쟁의 위험만 높아갑니다. 오늘날 우리나라 현실을 바라보면 부모의 두려움으로 인한 피해가 고스란히 자녀에게 돌아가고 있습니다. '내 자녀가 다른 자녀보다 못하면 어떡하나?'라는 두려움은 자녀 교육에 대한 과열로 이어져 아이들이 오직 학업에만 열중하면서 맘껏 뛰어놀지도 못하고 아름다운 상상의 세계를 경험하지 못하며 신앙생활마저 제대로 할 수 없는 지경에 이르는 경우가 많습니다. 이렇듯 두려움은 우리의 모든 것을 묶어 버립니다. 심지어 하나님께서 주신 사랑할 수 있는 힘마저도, 능력 있게 살아갈 수 있는 힘마저도 고갈시키고 맙니다. 결국 두려움은 우리의 모든 에너지를 빼앗아 죽음에까지 이르게 합니다. 그래서 '두려움에는 형벌이 있다'고 말씀합니다. 우리가 사는 세상은 두려움의 풍랑이 이는 바다와 같습니다. 그러나 두려움을 받아들이지 말고 대적하십시오. 두려움은 내 영혼을 고갈시킵니다. 나를 지옥으로 끌고 갑니다.계 21:8 하나님의 말씀으로, 사랑으로, 하나님의 사랑을 믿는 믿음으로 두려움에서 자유로운 자가 되기를 축복합니다.

하나님, 제 상황은 두려워할 일들이 많습니다. 그러나 저는 이 시간부터
두려움을 대적하겠습니다. 하나님의 말씀을 생각하고 하나님의 사랑으로
이겨내겠습니다.

2월 **16**일 믿음의 선물을 드리자

히브리서 11:5-6

5믿음으로 에녹은 죽음을 보지 않고 옮겨졌으니 하나님이 그를 옮기심으로 다시 보이지 아니하였느니라 그는 옮겨지기 전에 하나님을 기쁘시게 하는 자라 하는 증거를 받았느니라 6믿음이 없이는 하나님을 기쁘시게 하지 못하나니 하나님께 나아가는 자는 반드시 그가 계신 것과 또한 그가 자기를 찾는 자들에게 상 주시는 이심을 믿어야 할지니라

무엇이 하나님을 기쁘게 해드리는 선물일까요? 본문은 '에녹이 죽음을 보지 않고 하늘로 올라간 것은 믿음으로 하나님을 기쁘시게 했기 때문이며 믿음이 없이는 하나님을 기쁘게 하지 못한다'고 합니다. 즉 하나님이 가장 기뻐하시는 것은 바로 믿음입니다. 그런데 선물은 적절한 시기에 주는 것이 지혜롭습니다. 하나님께 믿음의 선물을 드리는 적절한 시기는 언제입니까? 첫째, 모욕당할 때입니다. 자신의 딸이 귀신 들린 가나안 여인은 주님께 불쌍히 여겨달라고 간청했습니다. 그러나 예수님은 이방인에 대해 너무도 냉담하셨고 심지어 '자식의 것을 취하여 개에게 던져줄 수 없다'는 모욕적인 말씀마저 하셨습니다. 그런데 모욕을 당한 가나안 여인은 자신의 모습을 인정하면서 믿음으로 끝까지 주님께 매달렸고 그 믿음을 보신 예수님께서는 딸을 고쳐주셨습니다. 둘째, 고난당할 때입니다. 자식을 잉태하지 못하는 아픔을 원망이나 화로 풀지 않고 기도로 바꾸어 하나님께 믿음을 보여드린 한나는 사무엘을 얻었습니다. 셋째, 하나님보다 더 좋은 것이 나타날 때입니다. 백 세에 얻은 아들, 이삭은 아브라함에게 있어서 어쩌면 하나님보다 더 좋은 것이었는지도 모릅니다. 그러나 그 귀한 자식을 하나님께 바치라는 말씀에 믿음으로 순종한 아브라함에게 하나님께서는 '네가 하나님을 경외하는 줄을 아노라'창 22:12 칭찬하시며 이삭을 대신할 제물을 이미 준비하셨음을 보여주셨습니다. 하나님께 믿음의 선물을 드리는 기회를 얻게 되기를 축복합니다.

하나님, 모욕당할 때, 고난당할 때, 그리고 하나님보다 더 좋은 것이 나타날 때, 그때 저는 하나님께 믿음을 보여드리는 자로 살겠습니다.

2월 **17**일   필요한 자로 살자

열왕기하 5:1-6

1아람 왕의 군대 장관 나아만은 그의 주인 앞에서 크고 존귀한 자니 이는 여호와께서 전에 그에게 아람을 구원하게 하셨음이라 그는 큰 용사이나 나병환자더라 2전에 아람 사람이 떼를 지어 나가서 이스라엘 땅에서 어린 소녀 하나를 사로잡으매 그가 나아만의 아내에게 수종들더니 3그의 여주인에게 이르되 우리 주인이 사마리아에 계신 선지자 앞에 계셨으면 좋겠나이다 그가 그 나병을 고치리이다 하는지라 4나아만이 들어가서 그의 주인께 아뢰어 이르되 이스라엘 땅에서 온 소녀의 말이 이러이러하더이다 하니 5아람 왕이 이르되 갈지어다 이제 내가 이스라엘 왕에게 글을 보내리라 하더라 나아만이 곧 떠날새 은 십 달란트와 금 육천 개와 의복 열 벌을 가지고 가서 6이스라엘 왕에게 그 글을 전하니 일렀으되 내가 내 신하 나아만을 당신에게 보내오니 이 글이 당신에게 이르거든 당신은 그의 나병을 고쳐 주소서 하였더라

본문의 어린 소녀는 포로가 된 어려운 상황이었지만 그의 눈에는 오히려 문둥병의 포로가 되어 있는 나아만 장군이 더 불쌍한 사람으로 보였습니다. 그래서 어떻게 하면 그에게 필요한 사람이 될까를 생각하다 이스라엘의 선지자에 대해 이야기합니다. 하나님의 자녀들은 이렇게 어려움 중에도 필요한 자로 살아갑니다. 그런데 한 걸음 더 나아가 이제는 원수에게까지 필요한 사람이 되어야 합니다. 사실 어린 소녀에게 나아만은 원수였습니다. 떼를 지어 몰려와 이스라엘 백성들을 어려움에 빠뜨리고 자신을 종으로 사로잡아온 사람에게 어찌 원망하는 마음이 없었을까요? 원수를 갚고 싶은 마음이 없었을까요? 하지만 이 소녀는 그런 원수에게도 필요한 사람이 되기를 작정하고 있습니다. 비록 어리지만 그는 참으로 멋있는 선택을 한 것입니다. 이렇게 원수에게까지 필요한 사람이 될 수 있는 것은 '하나님이 여기까지 나를 보내셨다'는 믿음, 즉 모든 것은 하나님의 인도하심이라는 믿음이 있을 때 가능합니다. 이 믿음을 가지고 필요한 자로서 살아가기를 축복합니다.

하나님, 제가 어떤 형편에 놓여 있더라도 하나님이 오늘 이 자리를 허락하셨다는 믿음으로 주변 사람들의 필요를 채워주는 자로 살게 하소서.

2월 **18**일　하나님의 섭리

창세기 45:4-8

4요셉이 형들에게 이르되 내게로 가까이 오소서 그들이 가까이 가니 이르되 나는 당신들의 아우 요셉이니 당신들이 애굽에 판 자라 5당신들이 나를 이 곳에 팔았다고 해서 근심하지 마소서 한탄하지 마소서 하나님이 생명을 구원하시려고 나를 당신들보다 먼저 보내셨나이다 6이 땅에 이 년 동안 흉년이 들었으나 아직 오 년은 밭갈이도 못하고 추수도 못할지라 7하나님이 큰 구원으로 당신들의 생명을 보존하고 당신들의 후손을 세상에 두시려고 나를 당신들보다 먼저 보내셨나니 8그런즉 나를 이리로 보낸 이는 당신들이 아니요 하나님이시라 하나님이 나를 바로에게 아버지로 삼으시고 그 온 집의 주로 삼으시며 애굽 온 땅의 통치자로 삼으셨나이다

17세에 형들에 의해 애굽에 팔렸던 요셉은 자신의 모든 시간이 하나님의 계획하심 가운데 있음을, 즉 하나님의 섭리를 믿었습니다. 이러한 믿음으로 인해 요셉은 세가지 힘을 얻었고, 그 결과 다른 사람을 살릴 수 있는 자리에 서게 되었습니다. 첫째, 모든 것을 선으로 대하는 힘입니다. 하나님의 섭리를 믿으니 그는 형들을 원망하지 않고 오히려 하나님께서 자기를 애굽에 보내셨다고 말합니다.5,8절 둘째, 현재의 문제를 이겨내는 힘입니다.6절 요셉과 그의 형제들은 지난 2년 동안 흉년을 겪었고, 앞으로 5년을 더 흉년 가운데 있어야 하는 상황이지만 지금까지 선하게 인도하신 하나님께서 다가올 5년도 그렇게 인도하실 것을 믿고 어려움을 이길 수 있는 힘을 소유했습니다. 셋째, 모든 사람의 구원의 역사를 위해 남는 자로 쓰실 것을 믿는 힘입니다.7절 그렇습니다. 하나님의 섭리를 믿는 사람은 하나님께서 마지막까지 남는 자로 두시고 그를 통해 다른 이들을 세우고 살리는 역사를 이루어가십니다. 하나님의 뜻을 의심케 하는 사단을 향해 선포하십시오. '하나님은 나를 사랑하시고 나를 향한 계획을 가지고 계신다' 그리고 어려움 중에도 하나님의 섭리임을 바로 깨닫고 감사하고 기뻐하십시오.

일이 지나고 난 후에야 하나님의 섭리였음을 깨닫는 어리석은 자가 되지 않기를 원합니다. 지금 당장 저의 상황이 하나님의 섭리임을 기억하며 살게 하소서.

2월 19일   예수님은 생명

요한복음 11:25-26

25예수께서 이르시되 나는 부활이요 생명이니 나를 믿는 자는 죽어도 살겠고 26무릇
살아서 나를 믿는 자는 영원히 죽지 아니하리니 이것을 네가 믿느냐

하 나님은 이스라엘 백성을 애굽에서 끌어내어 가나안으로 가게
하셨습니다. 애굽과 가나안은 똑같은 사막입니다. 그러나 둘은
분명한 차이가 있습니다. 애굽 사람들은 비가 내리지 않아도 하늘을 쳐다볼 필요
가 없습니다. 열대 우림 지역인 빅토리아 호수에서 출발하는 풍부한 물줄기가 나일강
을 통해 끊임없이 그들의 평야를 적셔주어 농사를 잘 지을 수가 있기 때문입니다. 반
면에 가나안은 강이 없기에 오직 하늘만 바라보아야 합니다. 위에서 비가 내려주지
않으면 살 수가 없기 때문입니다. 우리의 삶이 풍요로 인해 하나님을 필요로 하지 않
는다면 그것은 더 이상 풍요가 아닙니다. 교만이며 결국은 사망으로 끝나게 되는 저
주입니다. 종이가 저 스스로는 불에 탈 수 없고 성냥이 필요하듯이 죽은 자는 죽은 자
를 살릴 수가 없습니다. 죽은 자가 살아나기 위해서는 생명의 불꽃이 필요합니다. 이
생명의 불꽃이 바로 주님이시며 '이것을 네가 믿느냐?'고 하신 주님의 물음에서 알
수 있듯이 생명이 되기 위해서는 반드시 믿음이 있어야 합니다. 즉 종이에 성냥불을
대는 과정이 믿음입니다. 믿음을 통해 종잇장과 다름없는 우리에게 주님의 생명의 불
이 붙게 됩니다. 진정한 생명을 원합니까? 믿음을 고백하십시오. 믿음을 통해 그리스
도를 받아들일 때 사망에서 벗어나 영원한 생명의 나라로 가게 됩니다. 내 힘만으로
는 부족해 하나님을 바라보는 삶, 그것이 참된 풍요이며 젖과 꿀이 흐르는 땅입니다.

오늘도 하나님만 바라보며 풍요를 누리고 영원한 생명의 나라를
사모하겠습니다.

2월 20일   여호와를 힘입고

사무엘상 30:1-6

1다윗과 그의 사람들이 사흘 만에 시글락에 이른 때에 아말렉 사람들이 이미 네겝과 시글락을 침노하였는데 그들이 시글락을 쳐서 불사르고 2거기에 있는 젊거나 늙은 여인들은 한 사람도 죽이지 아니하고 다 사로잡아 끌고 자기 길을 갔더라 3다윗과 그의 사람들이 성읍에 이르러 본즉 성읍이 불탔고 자기들의 아내와 자녀들이 사로잡혔는지라 4다윗과 그와 함께 한 백성이 울 기력이 없도록 소리를 높여 울었더라 5(다윗의 두 아내 이스르엘 여인 아히노암과 갈멜 사람 나발의 아내였던 아비가일도 사로잡혔더라) 6백성들이 자녀들 때문에 마음이 슬퍼서 다윗을 돌로 치자 하니 다윗이 크게 다급하였으나 그의 하나님 여호와를 힘입고 용기를 얻었더라

사울의 추격을 피해 도망자의 삶을 살다가 블레셋 시글락에 잠시 신세를 지고 있는 다윗, 그의 삶은 참으로 비참했습니다. 설상가상으로 아말렉의 침입으로 백성들 중 여자들은 모두 잡혀가고 살던 곳은 불타버렸습니다. 다윗 역시 두 아내를 빼앗긴 상태에서 그를 따랐던 사람들마저 다윗을 원망하며 등을 돌리는 상황에 처했습니다. 그러나 다윗은 평정을 잃지 않고 사람들이 돌을 들어 치려고 하는 다급한 상황에서도 여호와를 힘입어 일어서고 있습니다. 어려움에 처했을 때 우리에게는 두 종류 내면의 소리가 들려옵니다. 하나는 '하나님이 너를 더 이상 사랑하지 않아. 너는 아무리 애써도 안돼'라는 것과 다른 하나 '아니야. 하나님은 아직도 너를 사랑하시고 붙들고 계셔. 살아계신 하나님이 너를 반드시 일으켜 세우실 거야'라는 소리입니다. 이때 어느 쪽에 귀를 기울이느냐에 따라 우리의 삶은 달라집니다. 사단은 역경을 통해 믿음을 도둑질해가고 소망까지 잃어버리게 만듭니다. 그러나 믿음의 사람은 다윗처럼 어떤 상황을 만나도 여호와를 힘입어 용기를 얻고 일어섭니다.

하나님, 살다 보면 설상가상의 상황을 많이 만나게 됩니다.
그러할 때에도 여호와를 힘입어 일어서게 하소서.

2월 **21**일　기적을 체험하려면

마태복음 9:27-31

27예수께서 거기에서 떠나가실새 두 맹인이 따라오며 소리 질러 이르되 다윗의 자손이여 우리를 불쌍히 여기소서 하더니 28예수께서 집에 들어가시매 맹인들이 그에게 나아오거늘 예수께서 이르시되 내가 능히 이 일 할 줄을 믿느냐 대답하되 주여 그러하오이다 하니 29이에 예수께서 그들의 눈을 만지시며 이르시되 너희 믿음대로 되라 하시니 30그 눈들이 밝아진지라 예수께서 엄히 경고하시되 삼가 아무에게도 알리지 말라 하셨으나 31그들이 나가서 예수의 소문을 그 온 땅에 퍼뜨리니라

2천 년 전, 소경이 눈을 떴던 그 기적이 오늘날에도 가능할까요? 가능합니다. 우리에게도 일어날 수 있습니다. 다만 기적을 체험하기 위해서는 첫째, 기대감이 있어야 합니다. 기대감이 있는 사람은 역경도 극복하고 기적을 향해 나아갑니다. 인도 선교의 아버지라 불리는 윌리엄 캐리가 브리태니커 백과사전에서 두 페이지를 장식할 만큼 역사적인 인물이 된 것은 그의 마음 가운데 기대감이 있었기 때문입니다. 그는 늘 말했습니다. '하나님께로부터 위대한 일을 기대하십시오. 하나님을 위해 위대한 일을 시도하십시오'Expect great things from God! Attempt great things for God. 둘째, 본문의 소경들이 자신 있게 믿는다고 대답했듯이 기적을 체험하려면 믿음이 있어야 합니다. 현재의 모습이 어떠하든 믿음의 눈으로 보는 것이 중요합니다. 하나님의 뜻을 구한다고 기다리고만 있을 것이 아니라 부족해도, 비록 정확하지 못해도 그리고 혹시 실수한다 해도 믿음의 행보를 하십시오. 그 행보를 하나님은 기뻐하시며 우리의 부족함을 채우시고 책임져 주십니다.

하나님, 포기하지 않겠습니다. 하나님이 행하실 것이라는 기대감을 가지고 믿음의 눈으로 용감하게 살겠습니다.

2월 **22**일 믿는 자는 범사에 잘되고 강건할까?

요한삼서 1:2
사랑하는 자여 네 영혼이 잘됨 같이 네가 범사에 잘되고 강건하기를 내가 간구하노라

본문은 자칫 오해를 불러오기 쉽습니다. '영혼이 잘되면 범사가 잘되고 강건하다'는 3중 복음 이론은 '범사가 잘 안되거나 강건치 못하면 영혼이 잘못되어서 그렇다'는 오류를 범하기 쉽습니다. 결코 그렇지 않습니다. 본문은 이미 영혼이 잘된 자들에게 주님이 하시는 요청임을 알아야 합니다. 영혼이 잘된 너희들이지만 범사에 잘되고 강건하게 되도록, 혹은 그렇게 되지 못할 경우에 그 상황을 잘 이겨낼 수 있는 영적인 힘을 가질 수 있도록 간구하라는 말씀입니다. 성경은 그 어느 곳에도 믿는 자에게는 고난이 없다는 말씀은 없습니다. '사망의 음침한 골짜기를 다닐 수 있다'고 말씀합니다. 그러나 주님이 함께 하시기에 해를 두려워하지 않는다고 분명하게 전하고 있습니다. 믿는 자에게도 고통이 있습니다. 죽음이 있습니다. 죽지 않는다면 왜 성경에 부활에 대해, 재림에 대해 기록되어 있을까요? 우리 모두 예수님이 십자가에서 죽은 후 살아나심을 믿기에 다른 그 무엇도 믿지 못할 것이 없습니다. 주님이 고난을 이기셨으니 우리도 이길 수 있음을, 주님이 부활하셨으니 우리도 부활한다는 사실을, 주님이 병을 치료하셨으니 우리도 치유함 받을 수 있음을 믿습니다. 오늘날 많은 그리스도인들이 환경으로 인해 소망이 깨어지는 것을 경험합니다. 그러나 믿음은 싸움입니다. 우리의 믿음을 한순간에 녹여버리는 절망감, 소망을 깨뜨리는 생각과 싸우는 것입니다. 그것이 곧 단련이며 끝까지 싸우는 자가 바로 믿음에 승리한 사람입니다.

하나님, 오늘도 제가 소망을 앗아가는 많은 것들을 잘 물리치고 믿음의 싸움을 싸울 수 있도록 도와주세요.

2월 **23**일   믿음의 사람

여호수아 14:6-12

6그 때에 유다 자손이 길갈에 있는 여호수아에게 나아오고 그니스 사람 여분네의 아들 갈렙이 여호수아에게 말하되 여호와께서 가데스 바네아에서 나와 당신에게 대하여 하나님의 사람 모세에게 이르신 일을 당신이 아시는 바라 7내 나이 사십 세에 여호와의 종 모세가 가데스 바네아에서 나를 보내어 이 땅을 정탐하게 하였으므로 내가 성실한 마음으로 그에게 보고하였고 8나와 함께 올라갔던 내 형제들은 백성의 간담을 녹게 하였으나 나는 내 하나님 여호와께 충성하였으므로 9그 날에 모세가 맹세하여 이르되 네가 내 하나님 여호와께 충성하였은즉 네 발로 밟는 땅은 영원히 너와 네 자손의 기업이 되리라 하였나이다 10이제 보소서 여호와께서 이 말씀을 모세에게 이르신 때로부터 이스라엘이 광야에서 방황한 이 사십오 년 동안을 여호와께서 말씀하신 대로 나를 생존하게 하셨나이다 오늘 내가 팔십오 세로되 11모세가 나를 보내던 날과 같이 오늘도 내가 여전히 강건하니 내 힘이 그 때나 지금이나 같아서 싸움에나 출입에 감당할 수 있으니 12그 날에 여호와께서 말씀하신 이 산지를 지금 내게 주소서 당신도 그 날에 들으셨거니와 그 곳에는 아낙 사람이 있고 그 성읍들은 크고 견고할지라도 여호와께서 나와 함께 하시면 내가 여호와께서 말씀하신 대로 그들을 쫓아내리이다 하니

본문의 갈렙은 하나님의 존재를 확신했고 약속을 믿었습니다. 그는 하나님께 성실한 사람이었습니다. 성실이란 도덕적 기준이 아닙니다. 갈렙이 성실한 마음으로 보고하였다는 것은 상황 그대로를 보고하였다는 말이 아니라 믿음의 눈을 가지고 보고한 것을 말합니다. 그는 믿었고 믿음대로 갈 길을 향해 나아갔습니다. 그로 인해 성공적인 체험을 하였고 다른 정탐꾼들과 다른 보고를 했지만 갈렙의 보고대로 이스라엘은 하나님이 주신 땅을 정복하게 됩니다. 그는 85세임에도 불구하고 또 믿음의 도전을 하게 됩니다. '이 산지를 내게 주소서' 어떤 환경에서도 하나님의 존재와 자신이 약속의 자녀임을 믿고 확신에 거하는 일은 참으로 복된 일입니다.

하나님, 제가 언제나 믿음의 행보를 할 수 있는 용기를 허락해 주세요.

2월 **24**일   하나님만 바라라

시편 42편, 43편

42:1하나님이여 사슴이 시냇물을 찾기에 갈급함 같이 내 영혼이 주를 찾기에 갈급하니이다 … 43:5내 영혼아 네가 어찌하여 낙심하며 어찌하여 내 속에서 불안해 하는가 너는 하나님께 소망을 두라 그가 나타나 도우심으로 말미암아 내 하나님을 여전히 찬송하리로다

시편 42편, 43편은 각각 기록되어 있지만 하나로 보는 견해가 많습니다. 시편 기자는 낙심되는 상황에서 하나님께 소망을 두라고 노래하였습니다. 하나님께 소망을 두는 것은 하나님만 바라는 것입니다. 낙망케 하는 일만 가득할 때 어떻게 하나님만 바랄 수 있을까요? 하나님이 함께 하셨던 순간을 기억하며시 42:6 생명의 하나님께 기도하십시오.시 42:8 기도의 자리에 앉아 잠잠히 기다리십시오. 하나님의 인자하심이 느껴지고 '나를 사랑하신다'는 하나님의 노래가 귀에 들려올 때 벅찬 마음으로 기도하십시오. 하나님의 단에 나아가십시오.시 43:4 단은 제물을 바치는 곳인데 제물은 산 채로 올리지 않습니다. 몽땅 다 죽여서 드립니다. 이것이 하나님을 바라는 우리 모습의 절정입니다. 날마다 자기를 부인하고 자기 십자가를 지는 삶이 없이는 하나님의 뜻을 이루지 못할 뿐 아니라 낙망의 바다에 깊이 빠질 수밖에 없습니다. 왜 주님을 바라보며 물 위를 잘 걷던 베드로가 한순간 물 속에 빠져 들고 말았습니까? 왜 노아의 방주에는 하늘을 향한 창문만이 뚫려 있었습니까? 하나님을 바라는 것은 그 무엇에도 시선을 빼앗기지 않는 것입니다. 세상의 유혹에도, 세상의 풍랑에도 시선을 두지 않고 주님께만 초점을 두는 것입니다. 이 믿음의 싸움, 믿음의 행진에 승리하기를 축복합니다.

하나님, 오늘도 하나님만 바라는 제 믿음의 행진 가운데 하나님이 함께 해 주실 것을 믿고 감사드립니다.

2월 25일 할 일을 한 것뿐

누가복음 17:5-10

5사도들이 주께 여짜오되 우리에게 믿음을 더하소서 하니 6주께서 이르시되 너희에게 겨자씨 한 알만한 믿음이 있었더라면 이 뽕나무더러 뿌리가 뽑혀 바다에 심기어라 하였을 것이요 그것이 너희에게 순종하였으리라 7너희 중 누구에게 밭을 갈거나 양을 치거나 하는 종이 있어 밭에서 돌아오면 그더러 곧 와 앉아서 먹으라 말할 자가 있느냐 8도리어 그더러 내 먹을 것을 준비하고 띠를 띠고 내가 먹고 마시는 동안에 수종들고 너는 그 후에 먹고 마시라 하지 않겠느냐 9명한 대로 하였다고 종에게 감사하겠느냐 10이와 같이 너희도 명령 받은 것을 다 행한 후에 이르기를 우리는 무익한 종이라 우리가 하여야 할 일을 한 것뿐이라 할지니라

믿음은 불가능을 가능케 합니다. 뽕나무가 뿌리째 뽑혀 바다에 심겨진다는 것은 불가능한 일이지만 가장 작은 믿음만 있어도 가능하다고 말씀합니다. 무엇을 믿는 것입니까? 도무지 믿기지 않는 사실, 불가능한 사실을 믿는 것이 믿음입니다. 불가능을 가능케 하시는 주님을 믿으며 주님이 나를 자녀 삼으시고 사랑하신다는 사실을 믿고 주님의 이름으로 세상의 주인으로 사는 것이 바로 믿음 생활입니다. 주님은 이런 우리에게 권세를 주셨습니다. '나를 믿는 자는 나의 하는 일을 저도 할 것이요 또한 이보다 더 큰 것도 하리니'요 14:12 우리는 이렇게 주님이 행하시는 일을 할 수 있는 특권을 가진 자로, 세상의 주인으로 살게 되었습니다. 그러나 우리는 피조물이며 종의 신분임을 잊지 마십시오. 우리에게 무엇보다 중요한 것은 '나는 무익한 종입니다. 그저 할 일을 한 것뿐입니다'라는 겸손한 고백입니다.

한낱 피조물이며 무익한 종에 불과한 저를 사랑하시고, 자녀 삼아 주시고, 예수님과 같은 능력과 권세를 허락해 주셨음을 믿고 감사하게 하소서.

2월 26일 결단하라

시편 126:1-6

1여호와께서 시온의 포로를 돌려 보내실 때에 우리는 꿈꾸는 것 같았도다 2그 때에 우리 입에는 웃음이 가득하고 우리 혀에는 찬양이 찼었도다 그 때에 뭇 나라 가운데에서 말하기를 여호와께서 그들을 위하여 큰 일을 행하셨다 하였도다 3여호와께서 우리를 위하여 큰 일을 행하셨으니 우리는 기쁘도다 4여호와여 우리의 포로를 남방 시내들 같이 돌려 보내소서 5눈물을 흘리며 씨를 뿌리는 자는 기쁨으로 거두리로다 6울며 씨를 뿌리러 나가는 자는 반드시 기쁨으로 그 곡식 단을 가지고 돌아오리로다

시편 기자는 과거의 꿈같은 감격이 현재에도 있기를 기대하며 기도하고 있습니다. 또한 은혜와 믿음의 눈으로 미래의 삶을 결단하고 있습니다. 이 결단이 바로 눈물 속에서도 씨를 뿌리겠다는 것입니다. 눈물로 씨를 뿌린다는 것은 3가지 뜻이 있습니다. 하나는 '고통 중에도 복을 본다'는 뜻입니다. 즉 눈물 중에도 반드시 기쁨으로 거두게 될 것을 본다는 의미입니다. 십자가 위에서 부활을 보셨던 주님처럼 말입니다. 다른 하나는 '하나님이 주신 기쁨은 누구도 빼앗아 갈 수가 없다'는 뜻입니다. 사단이 제아무리 우리를 고통 속으로 몰아넣어도 결코 우리가 경험했던 구속의 은총, 그 감격은 앗아갈 수 없습니다. 마지막 하나는 '고통 중에는 하나님의 일에 마음을 쏟아라'라는 뜻입니다. 고통은 모든 것을 멈추게 하기도 합니다. 그러나 울면서도, 아픔 속에서도 다가올 복을 바라보며 하나님이 주신 기쁨은 누구도 빼앗을 수 없음을 믿고 씨 뿌리는 일에 온 정신을 쏟기로 결단하십시오. 그때 우리는 기쁨으로 단을 거둘 것입니다.

하나님, 오늘 하루 어떤 어려움이 있다 해도 제게 주어진 일에 몰두하고 최선을 다하겠습니다.

주님이 타신 배

2월 **27**일

마태복음 8:23-27

²³배에 오르시매 제자들이 따랐더니 ²⁴바다에 큰 놀이 일어나 배가 물결에 덮이게 되었으되 예수께서는 주무시는지라 ²⁵그 제자들이 나아와 깨우며 이르되 주여 구원하소서 우리가 죽겠나이다 ²⁶예수께서 이르시되 어찌하여 무서워하느냐 믿음이 작은 자들아 하시고 곧 일어나사 바람과 바다를 꾸짖으시니 아주 잔잔하게 되거늘 ²⁷그 사람들이 놀랍게 여겨 이르되 이이가 어떠한 사람이기에 바람과 바다도 순종하는가 하더라

세 상은 격랑이 이는 바다와 같습니다. 인생은 시대의 풍랑에 흔들리는 배와 같습니다. 이러한 배 안에서 불안하지 않을 사람은 없습니다. 이 불안감을 제거하려고 돈, 종교 등 여러 수단을 동원하지만, 불안감을 없앨 수 없습니다. 주님이 그 배에 함께 타고 계시지만 풍랑이 몰려오는 순간 주무시는 주님으로 인해 제자들은 불안했습니다. 즉 내가 어려움을 만나 두려워하고 절망하는 순간 주님이 나를 외면하신다고 느낄 때 우리는 불안합니다. 그러나 주님께서는 이러한 우리를 향해 믿음이 없는 자들이라고 하십니다. 우리가 믿어야 할 것은 주님이 타신 배에 내가 함께 타고 있으며 주님은 그 어떤 풍랑도 제어하실 수 있는 분이라는 사실입니다. 주님이 타신 배에 내가 함께 있다는 것은 마치 포도나무에 잘 붙어 있는 가지와도 같습니다. 그 가지는 많은 과실을 맺는다는 사실을 믿습니까? 바람과 바다까지도 잠잠케 하는 능력의 주님이 타신 배를 그 무엇이 막을 수 있으며 침몰시킬 수 있을까요? 그 배는 모든 어려움을 헤치고 우리의 최종 목적지, 영원한 약속의 땅을 향해 나아갈 것입니다. 어떤 상황에도 우리가 이 믿음을 가지고 있을 때 불안이 없어지고 주님은 말씀하십니다. '네 믿음이 크도다'

아무리 거센 풍랑이 몰려와도 그것을 잠잠케 하시는 능력의 주님이 오늘도 제 배에 함께 타고 계심을 믿습니다.

2월 **28**일　복 받을 기회

창세기 9:20-27

²⁰노아가 농사를 시작하여 포도나무를 심었더니 ²¹포도주를 마시고 취하여 그 장막 안에서 벌거벗은지라 ²²가나안의 아버지 함이 그의 아버지의 하체를 보고 밖으로 나가서 그의 두 형제에게 알리매 ²³셈과 야벳이 옷을 가져다가 자기들의 어깨에 메고 뒷걸음쳐 들어가서 그들의 아버지의 하체를 덮었으며 그들이 얼굴을 돌이키고 그들의 아버지의 하체를 보지 아니하였더라 ²⁴노아가 술이 깨어 그의 작은 아들이 자기에게 행한 일을 알고 ²⁵이에 이르되 가나안은 저주를 받아 그의 형제의 종들의 종이 되기를 원하노라 하고 ²⁶또 이르되 셈의 하나님 여호와를 찬송하리로다 가나안은 셈의 종이 되고 ²⁷하나님이 야벳을 창대하게 하사 셈의 장막에 거하게 하시고 가나안은 그의 종이 되게 하시기를 원하노라 하였더라

인간이 온갖 노력과 수고를 해도 원하는 복을 가지는 것은 불가능합니다. 복은 쟁취하는 것이 아니라 주어지는 것이며 이것은 바로 복의 근원이 있음을 말해줍니다. 사람들은 저마다 그 근원을 찾기 위해 신을 찾아 나서고 자신이 찾은 신에게 복을 빌지만, 성경은 모든 생사화복이 하나님께 달려 있다고 말합니다. 오직 하나님만이 복의 근원이십니다. 창세기 9장은 하나님께서 인간을 홍수로 멸망시킨 후에 노아의 가족들에게 복을 약속하신 것에 대한 이야기입니다.¹⁻³절 그러나 노아의 아들 중 셈과 야벳은 복을 받았는데 함은 자손 대대의 저주를 받았습니다. 그는 아버지 노아의 실수를 덮어주지 못함으로 복을 받을 수 있는 기회를 놓치고 말았습니다. 창세기 1장에서 아담과 하와에게 금지되었던 선악을 알게 하는 나무 열매는 심판이 목적이 아니라 기회였다는 사실을 잊지 마십시오. 예기치 않은 사건을 만났습니까? 어려운 환경에 처했습니까? 그것은 인간에게 복을 주시겠다고 약속하신 하나님께서 복을 주시려고 준비하신 기회입니다. 우리가 반드시 기억할 일은 '나는 복 받을 수밖에 없는 존재로 하나님께서 이미 정하셨다'는 사실입니다. 이것을 믿는다면 어떤 상황에 처해도 실수, 실패를 만나도 오히려 그것을 복 받을 기회로 만들어가게 될 것입니다.

하나님, 오늘도 제가 만나게 될 많은 일들은 복 받을 기회입니다.

3월

십자가, 부활

3월 1일 십자가 죽음

마태복음 21:6-9

6제자들이 가서 예수께서 명하신 대로 하여 7나귀와 나귀 새끼를 끌고 와서 자기들의 겉옷을 그 위에 얹으매 예수께서 그 위에 타시니 8무리의 대다수는 그들의 겉옷을 길에 펴고 다른 이들은 나뭇가지를 베어 길에 펴고 9앞에서 가고 뒤에서 따르는 무리가 소리 높여 이르되 호산나 다윗의 자손이여 찬송하리로다 주의 이름으로 오시는 이여 가장 높은 곳에서 호산나 하더라

본문을 통해 우리는 당시 사람들의 생각을 알 수 있습니다. 예수님이 왕에 등극하기 위해 입성하신다고 생각한 그들은 대다수가 겉옷과 나뭇가지를 길에 펴면서 예수님을 환영했습니다. 예수님을 세상의 왕으로 인식하고 있는 그들은 예수님의 등극과 더불어 각자에게 돌아올 유익을 따졌을지도 모릅니다. 그래서 그들은 앞뒤에서 예수님을 따르며 '호산나'를 외치면서 기뻐하였습니다. 그들 중 누구도 예수님의 십자가 죽음을 생각하지 않았습니다. 그러나 주님은 나귀를 타심으로 하나님 나라의 통치 원리인 겸손 곧 사랑을 보여주셨습니다. 예수님은 세상의 왕처럼 입성하지 않으셨고 세상의 왕처럼 권세의 보좌에 오르지도 않으셨습니다. 십자가에 오르셨습니다. 그리고 십자가 위에서 피 한 방울 남기지 않고 죽으심으로 인류구원이라는 주님의 책임을 다하셨습니다. 다시 말하면 '백성들을 사랑함으로 말미암아 내가 죽는 것'이 하나님 나라의 통치 원리입니다. 한 알의 밀알이 땅에 떨어져 죽어야 많은 열매를 맺게 되는 것이 바로 하나님 나라의 진리입니다.요 12:24 반면에 너는 죽고 나는 살아야 하는 것, 그러다 결국 나마저 죽게 되는 것이 세상의 원리입니다. 그러나 주님은 너를 살리기 위해 내가 죽을 때 결국 나도 같이 살게 되는 하나님 나라의 원리를 부활로 보여주셨습니다. 그러면서 주님은 우리를 초청하십니다. "너도 나와 같이 하나님의 나라를 이루기 원하느냐? 그렇다면 가정, 교회, 직장, 학교라는 예루살렘에 나처럼 입성해라. 그리고 나와 함께 십자가에 못 박히자."갈 2:20

입술로만 가정을 교회를 회복시켜달라고 기도하는 자가 되지 않게 하소서. 십자가에 못 박혀 죽음으로 제 책임을 다하게 하소서.

3월 **2**일   십자가 사랑에 반응하는 믿음

에베소서 2:4
긍휼이 풍성하신 하나님이 우리를 사랑하신 그 큰 사랑을 인하여

부모님의 사랑을 진심으로 깨닫게 될 때 굳이 말하지 않아도 부모님께 잘하며 자식답게 살아갑니다. 하나님께도 마찬가지일 것입니다. 하나님의 사랑은 '존재를 변화시킨' 큰 사랑입니다. 육체의 욕심을 따라 지내며 본질상 진노의 자녀이던 우리가엡 2:3 이제는 예수님과 연합하여 옛 모습은 십자가에 완전히 못 박고 하늘 보좌에 앉은 자로 신분이 바뀌었습니다. 예전에는 땅에 속했지만, 지금은 하늘에 속한 사람으로 소속 자체가 완전히 바뀐 것입니다. 이것이 바로 십자가 은혜, 십자가 사랑입니다. 이러한 존재의 변화를 분명하게 인식하고 있다면 우리는 그 큰 사랑에 반응하며 살 수밖에 없습니다. 결코 환경에 밀려 행동하지 않습니다. 그러나 사단은 언제나 우리의 연약함을 들어 우리를 넘어뜨리려고 합니다. '하나님의 자녀라고 하면서, 신분이 완전히 바뀌었다고 하면서 너는 왜 항상 그 모양이냐? 10년이 지나도, 20년이 지나도, 직분을 받아도 여전히 세상과 구별되지 못하고 변화된 것이 하나도 없지 않느냐?'라고 우리를 공격합니다. 그러면 우리는 '맞아. 이렇게 형편없는 내가 무슨 하나님의 자녀야!'라고 쉽게 절망합니다. 하지만 삶이 쉽게 변화되지 않아도 여전히 나는 하나님의 백성이라는 믿음이 흔들리지 않아야 합니다. 우리가 하늘에 소속된 것이 우리의 의로 말미암음이 아니라 믿음으로 된 것이기 때문입니다. 믿음은 선물입니다. 선물은 조건이 없습니다. 하나님께서 우리에게 믿음을 선물로 주실 때에는 그 어떤 조건을 내걸지 않으셨습니다. 혹 내게 변화되지 않는 육의 것이 아직 자리 잡고 있어도 하나님의 자녀임을 믿음으로 선포해야 합니다.갈 3:26 주님만 바라보고 가다 보면 조금씩 변화되고 하나님이 나를 의로 여기시는 자리에 앉게 되는 날이 올 것입니다.

오늘도 제가 변화된 신분인 것을 믿습니다. 사단이 아무리 공격을 해도 절망하지 않고 저를 믿음의 자녀로 삼아주신 주님만 바라보겠습니다.

주님이 죽으신 이유

3월 **3**일

로마서 6:6-7

⁶우리가 알거니와 우리의 옛 사람이 예수와 함께 십자가에 못 박힌 것은 죄의 몸이 죽어 다시는 우리가 죄에게 종노릇 하지 아니하려 함이니 ⁷이는 죽은 자가 죄에서 벗어나 의롭다 하심을 얻었음이라

아무리 좋은 것을 많이 소유해도 십자가와 복음이 없다면 그것은 복이 아닙니다. 죄의 종으로 죄의 지배를 받다가 결국 사망할 수밖에 없기 때문입니다. 그래서 주님은 우리를 위해 십자가를 지셨습니다. 주님이 죽으신 이유는 죄의 종으로 영원히 멸망할 수밖에 없는 나를 십자가의 능력으로 살리기 위해서 입니다. 멸망한다는 것은 얼마나 비참한 일입니까? 본문은 그리스도와 함께 십자가에 못 박혀야 죄의 몸이 멸하게 되어 우리가 멸망으로부터 벗어날 수 있다고 말씀합니다. 그렇다면 현시대를 사는 내가 2천 년 전 그리스도와 함께 할 수 있는 것도 아닌데 그리스도와 함께 십자가에 못 박힌다는 것은 무엇을 의미하는 것입니까? 그리스도께서 나를 사랑하사 자기 몸을 버리시고 나를 대신하여 십자가에 못 박혀 죽으신 것을 믿는 믿음 안에 사는 것이 바로 그리스도와 함께 못 박히는 것입니다.갈 2:20 주님이 죽으신 또 다른 이유는 죄의 종이 아니라 의의 종으로 살게 하기 위해서입니다. 주님이 나를 대신해 십자가를 지셨기에 나는 이제 죄의 종이 아니라 십자가의 능력을 지닌 의의 종입니다. 즉 예수 그리스도의 종으로 살아간다는 것입니다. 우리는 자칫 내가 내 삶의 주인이 되기 쉽습니다. 모든 것을 내가 결정하고 내가 하는 것만 옳고 다른 사람의 것은 틀리다고 생각하며 정죄합니다. 하지만 그리스도의 종, 의의 종으로 사는 사람은 아무리 정확하고 옳다고 자타가 공인해도 자신의 뜻을 내려놓고 늘 주님의 뜻을 찾으며 살아갑니다. 하나님께서 우리에게 원하시는 것은 완벽한 삶이 아니라 하나님의 뜻을 찾고자 하는 방향에 서 있는 모습입니다.

십자가의 사랑으로 제가 멸망으로부터 벗어났고, 이제는 죄의 종이 아니라 하나님의 종이 되었음을 감사드립니다. 오늘도 하나님의 뜻을 찾으며 살겠습니다.

3월 **4**일

오늘, 사랑을 행하신 주님

요한복음 13:1-5

¹유월절 전에 예수께서 자기가 세상을 떠나 아버지께로 돌아가실 때가 이른 줄 아시고 세상에 있는 자기 사람들을 사랑하시되 끝까지 사랑하시니라 ²마귀가 벌써 시몬의 아들 가룟 유다의 마음에 예수를 팔려는 생각을 넣었더라 ³저녁 먹는 중 예수는 아버지께서 모든 것을 자기 손에 맡기신 것과 또 자기가 하나님께로부터 오셨다가 하나님께로 돌아가실 것을 아시고 ⁴저녁 잡수시던 자리에서 일어나 겉옷을 벗고 수건을 가져다가 허리에 두르시고 ⁵이에 대야에 물을 떠서 제자들의 발을 씻으시고 그 두르신 수건으로 닦기를 시작하여

사람들은 내일을 염려함으로 오늘을 잃어버릴 때가 많습니다. 내일을 준비하는 사람들은 내일 일어날 상황에 자신을 묶지 않고 오늘에 충실합니다. 주님은 체포되기 전날 제자들과 함께하시며 그들의 발을 씻기셨습니다. 내일이면 비참한 죽음을 맞이하고 모든 것이 끝나 버릴 것을 아셨지만 오늘, 사랑을 행하셨습니다. 어떻게 주님은 이런 멋진 인생의 작품을 그리실 수 있었을까요? 첫째, 아버지께로 간다는 것을 아셨습니다. 십자가의 수치마저도 아버지께로 가는 과정임을 인정하셨습니다. 둘째, 십자가의 사건을 사단과의 전쟁으로 보셨습니다. 가룟 유다의 소행도 그 속에 마귀가 들어가 조정하고 있음을 아시고 도리어 유다를 불쌍히 여기셨을 것입니다. 셋째, 모든 일에는 때가 있음을 아셨습니다. 내일은 죽임을 당하지만, 오늘은 나를 버릴 저 사람들을 사랑해야 할 때임을 아셨습니다. 주님께서 행하신 이 사건 속에서 우리는 오늘을 잃지 않는 지혜를 배워야 합니다. 오늘 아름다운 인생의 작품을 그릴 수 있도록 충실하게 사는 하루가 되기를 축복합니다.

하나님, 내일의 상황에 저 자신을 묶어두지 않고 오늘 하루 충실하기를 그리고 사랑하며 살기를 원합니다.

3월 5일 나를 이기지 못하는 고통

시편 129:1-4

1이스라엘은 이제 말하기를 그들이 내가 어릴 때부터 여러 번 나를 괴롭혔도다 2그들이 내가 어릴 때부터 여러 번 나를 괴롭혔으나 나를 이기지 못하였도다 3밭 가는 자들이 내 등을 갈아 그 고랑을 길게 지었도다 4여호와께서는 의로우사 악인들의 줄을 끊으셨도다

인간은 결코 과거의 광대한 시간 속에서 살 수 없고 불확실한 미래의 시간 속에서도 살 수 없습니다. 우리가 살 수 있는 공간은 현재뿐이지만 많은 사람들이 지금 겪고 있는 고통과 괴로움을 피하고 싶은 마음 때문에 현재를 외면하려고 합니다. 그러나 괴로움은 누구에게나 있습니다. '괴로움을 대적할 줄 모르는 신자는 영적 미숙아이다'라는 말이 있듯이 우리는 내 주변을 맴도는 괴로움 가운데서도 꿋꿋하게 살아가는 지혜를 소유해야 합니다. 본문에서는 이에 대한 해답을 제시합니다. 시편 기자도 어려서부터 괴로웠다고 이야기합니다. 날카로운 쟁기가 자신의 등을 갈고 지나가듯 갈기갈기 찢기는 그런 괴로움이 있었습니다. 그러나 중요한 것은 극심한 고통은 우리를 이기지 못한다는 사실입니다. 하나님께서 우리가 고통당하고 있을 때 함께 하시고 그 고통은 반드시 끝이 있기 때문입니다. 주께서 십자가를 지실 때 하나님은 그 십자가와 함께 계셨고 십자가의 고통은 부활의 영광으로 바뀌었습니다. 괴로움을 피하기 위해 방황할 것이 아니라 괴로움 가운데서도 함께 하심으로 이기게 하시는 하나님을 확신하는 지혜를 소유할 때 우리는 내일을 열어가는 유일한 길을 얻게 됩니다.

하나님, 저의 괴로움 가운데 함께 해 주시고 괴로움을 이기게 하시니 감사합니다.

3월 **6**일　왜 예수님의 죽음이 내게 필요한가?

고린도전서 2:2
내가 너희 중에서 예수 그리스도와 그가 십자가에 못 박히신 것 외에는 아무 것도 알지 아니하기로 작정하였음이라

인간이 제아무리 훌륭해도 눈에 작은 티 하나만 들어가도 볼 수 없고, 세상의 숱한 소리가 있지만 그것을 다 들을 수 없으며, 최고의 지식인이라 해도 사용하는 단어가 15,000여 개에 불과하다고 합니다. 이처럼 우주적인 차원에서 보면 인간은 제한적인 존재임에도 대부분 사람들은 이러한 자신의 모습을 모릅니다. 또한 교만과 자기 의로 인하여 자신이 얼마나 죄인인지도 알지 못합니다. 마더 테레사는 '자신이 죄인이라는 정직한 인식은 우리를 지탱하게 하는 모든 지식의 기초이고 망각할 수 없는 인생의 기초이며 의로운 길로 인도하는 기초이다'라고 말했습니다. 어떻게 죄인이라는 사실을 알 수 있습니까? 십자가에 못 박히신 그리스도 앞에 설 때 자신이 얼마나 부족한 인간이며 죄인인지 알 수 있게 되고 그리스도의 죽음에 대한 필요성도 절감하게 됩니다. 십자가는 인간으로 이 땅에 오신 하나님을 잔혹하게 죽인 자가 바로 나 자신임을 알게 합니다. 십자가는 그런 나를 그리스도께서 얼마나 사랑하셨는지 보여줍니다. 십자가는 우리가 의지할 대상은 오직 주님뿐이라는 사실을 깨닫게 합니다. 그래서 바울은 그리스도와 그가 십자가에 못 박히신 것 외에는 아무것도 알지 않기로 작정했다고 고백합니다. 예수 그리스도의 죽음이 당신에게도 정말 필요한 사건이었습니까? 그것 외에는 자랑할 것이 없습니까? 그렇다면 오늘 그 십자가 사건을 누구에게 전하렵니까?

하나님, 오늘 만나는 이웃에게 예수 그리스도와 그가 십자가에 못 박히신 사건에 대해서 이야기할 수 있도록 저에게 담대함을 주소서.

3월 **7**일 고난을 대하는 자세

데살로니가전서 4:16-17
16주께서 호령과 천사장의 소리와 하나님의 나팔 소리로 친히 하늘로부터 강림하시리니 그리스도 안에서 죽은 자들이 먼저 일어나고 17그 후에 우리 살아남은 자들도 그들과 함께 구름 속으로 끌어 올려 공중에서 주를 영접하게 하시리니 그리하여 우리가 항상 주와 함께 있으리라

데살로니가 교인들은 고난을 겪으면서 장차 주님이 재림하시면 풍성한 삶이 찾아올 거라는 기대를 했지만, 그 희망이 깨어져 고난과 은혜가 양립할 수 없다는 절망감에 사로잡혔습니다. 그런 그들에게 바울이 강조하는 것은 이것입니다. '너희가 고난 당해 아파하고 있느냐? 반드시 휴거의 영광이 있다. 지금의 고난은 결코 무익하지 않다' 그렇습니다. 살아계신 하나님은 고난 뒤에 우리의 상상을 초월한 승리를 허락하십니다. 고난 앞에서 '나에게는 왜 고난만 있는가?'라고 하기보다는 '나에게 다가온 고난을 어떻게 하나님의 선하신 목적과 의미로 이해하며 이 고난을 대항하여 승리할 수 있을까?'를 생각하는 것이 그리스도인의 자세입니다. 믿음의 선진들은 고난을 피하지 않고 믿음으로 맞서서 승리의 기쁨을 맛본 사람들이었기에 세상이 그들을 감당치 못했다고 말씀은 기록하고 있습니다.히11:38 주님이 우리를 위해 고난 당하심은 세상의 고난을 없애기 위해서가 아닙니다. 우리로 하여금 고난을 이기고 고난받는 그 자리에 주님이 함께하시며 고난은 휴거와 같은 놀라운 은혜가 있음을 깨닫게 하기 위한 것이었습니다. 우리의 고난은 결코 헛된 것이 아니며 피할 것도 아닙니다. 담대하게 주님이 보내시는 고난의 초청에 응하는 자에게 휴거와 버금가는 기쁨과 은혜가 주어질 것입니다.

하나님, 지금 어려움이 있지만 그 가운데서도 기뻐할 일을 생각할 수 있는 은혜를 구합니다. 어려움에 빠지지 않고 맞설 수 있는 용기를 주세요.

3월 8일 하나님의 부재

시편 22:1-2

1내 하나님이여 내 하나님이여 어찌 나를 버리셨나이까 어찌 나를 멀리 하여 돕지 아니하시오며 내 신음 소리를 듣지 아니하시나이까 2내 하나님이여 내가 낮에도 부르짖고 밤에도 잠잠하지 아니하오나 응답하지 아니하시나이다

하나님께 부르짖으며 최선을 다해 헌신하며 살려고 노력한 사람은 하나님의 부재를 더 깊이 느끼게 됩니다. 이렇게 하나님이 침묵하시고 아무런 응답이 없으심으로 세상은 조롱하고 비웃습니다. 사단의 시험도 더 심해집니다. 주님께서 십자가에 달려 죽으시는 순간이 바로 그러했습니다. 고통 가운데서 주님은 하나님의 부재를 느끼셨습니다. '어찌하여 나를 버리시나이까' 절규하셨습니다. 그때 하나님이 계시지 않았을까요? 일하지 않으셨을까요? 주님의 찢어지는 심장에서 생명의 표징인 물과 피가 흘러나왔습니다. 하나님께서는 한편으로는 그를 버리시고 다른 한편에서는 생명의 피를 쏟게 하심으로 새로운 생명을 탄생시키고 계셨던 것입니다. 하나님께서는 일하고 계셨습니다. 부활의 영광으로 가기 위한 작업을 하고 계셨고 인간의 죄의 고통에 대해 체휼하시는 일을 하셨던 것입니다. 그렇습니다. 내 느낌에는 하나님이 안 계신 것 같고, 하나님으로부터 버림받은 것 같지만 하나님은 살아계셔서 다른 곳에서 그리고 내가 알지 못하는 다른 방법으로 여전히 생명의 역사를 이루어 가십니다. 하나님의 부재가 철저히 경험되는 그때가 바로 하나님의 임재를 가장 깊이 느낄 수 있는 순간임을 기억하십시오.

하나님의 부재를 느끼는 환경이 찾아올 때, 그때가 바로 하나님의 임재를 가장 깊이 느낄 수 있는 순간임을 깨닫게 해주셔서 감사합니다.

3월 9일 고통과 신앙

열왕기상 17:17-21

17이 일 후에 그 집 주인 되는 여인의 아들이 병들어 증세가 심히 위중하다가 숨이 끊어진지라 18여인이 엘리야에게 이르되 하나님의 사람이여 당신이 나와 더불어 무슨 상관이 있기로 내 죄를 생각나게 하고 또 내 아들을 죽게 하려고 내게 오셨나이까 19엘리야가 그에게 그의 아들을 달라 하여 그를 그 여인의 품에서 받아 안고 자기가 거처하는 다락에 올라가서 자기 침상에 누이고 20여호와께 부르짖어 이르되 내 하나님 여호와여 주께서 또 내가 우거하는 집 과부에게 재앙을 내리사 그 아들이 죽게 하셨나이까 하고 21그 아이 위에 몸을 세 번 펴서 엎드리고 여호와께 부르짖어 이르되 내 하나님 여호와여 원하건대 이 아이의 혼으로 그의 몸에 돌아오게 하옵소서 하니

가뭄 때문에 먹을 것이 없던 상황에서 마지막 남은 가루 한 움큼과 기름 몇 방울을 가지고 떡을 만들어 달라는 엘리야의 말에 순종한 사르밧 과부는 믿음이 좋은 사람이었습니다. 어쩌면 그는 자신의 믿음이 대단하다고 생각했을지 모릅니다. 그러나 막상 아들의 죽음을 앞에 두자 그의 믿음 없음은 그대로 드러납니다. 엘리야에게 '내 죄를 생각나게 하려고 또 내 아들을 죽게 하려고 내게 오셨나이까?'라고 원망하는 그의 마음에는 자신의 죄 때문에 아들이 죽은 것은 아닌가 하는 두려움과 절망이 가득했습니다. 어제 신앙이 있던 사람이 오늘 이렇게 절망할 수 있습니다. 조금 헌신하고서 자신이 대단히 믿음 있는 사람인 줄 착각하지만 어려움을 만나면 신앙이 대단치 않음을 알게 됩니다. 편안할 때는 깨닫지 못하다가 문제를 만났을 때에야 자신의 신앙을 돌아보게 되는 경우가 많습니다. 이것이 하나님께서 우리에게 고통을 주시는 이유입니다. 때로 이해할 수 없는 아픔과 고통을 주심으로 우리 자신이 어떤 사람인지, 우리의 신앙이 어떠한지 깨닫게 하시면서 우리를 다듬어 가십니다. 비행기와 자동차가 공기의 저항을 덜 받기 위해 둥그런 모양으로 제작이 되는 것처럼 문제와 고난을 통해 우리의 모난 부분이 다듬어져서 살아가는 날 동안 저항을 덜 받고 빠른 시간 내에 목표점에 이르게 됩니다.

고통이 올 때 제 모난 부분이 다듬어짐을 생각하며 감사할 수 있는 사람이 되고 싶습니다. 어렵지만 그 방향에 서게 해주세요.

예수를 바라보자

3월 10일

히브리서 12:2

믿음의 주요 또 온전하게 하시는 이인 예수를 바라보자 그는 그 앞에 있는 기쁨을 위하여 십자가를 참으사 부끄러움을 개의치 아니하시더니 하나님 보좌 우편에 앉으셨느니라

예수를 바라본다는 것은 십자가를 보는 것입니다. 십자가를 통해 하나님의 사랑을 바라보는 것입니다. 어떤 역경과 고통 속에서도 하나님의 사랑을 바라보는 것입니다. 가난할 때 그 가난이 하나님의 사랑이라고 말하는 것은 쉽지 않습니다. 고통이 찾아왔을 때 그 고통이 하나님의 사랑이라고 하는 것은 정말 어렵습니다. 어떻게 그것들을 바라보면서 '이것이 나를 구원하시는 하나님의 사랑이다'라고 말할 수 있습니까? 하지만 하나님께서는 그것을 원하십니다. 나의 가장 힘든 일, 아픔, 고통, 약점을 바라보면서 그 약점이 바로 나를 구원시키며, 주님께 가까이 가게 하는 하나님의 사랑이라고 고백하기를 원하십니다. 오늘의 모든 사건 속에서 하나님의 사랑을 고백하는 것이 바로 주님을 바라보는, 십자가를 바라보는 삶입니다. 또한 주님을 바라보는 것은 이기게 하시는 하나님을 바라보는 것입니다. 예수님께서는 십자가를 참으시고 결국은 승리하셔서 하나님 보좌 우편에 지금도 앉아 계십니다. 이렇게 하나님은 반드시 이기게 하십니다. 십자가를 바라보는 것은 부끄러움과 아픔일 수 있습니다. 그러나 십자가를 통해 마침내 승리를 주시는 하나님을 믿음으로 바라볼 수 있어야 합니다. 주님만을 바라보는 삶은 어떤 상황 가운데서도, 사방으로 우겨쌈을 당해도, 내 힘과 능력으로는 도저히 이길 수 없는 적을 만났다 해도 결국 이기게 하시는 하나님을 바라보는 것입니다.

하나님, 어떤 상황을 만나도 십자가를 통해 사랑하시는 하나님, 이기게 하시는 하나님만 바라보며 살겠습니다.

3월 **11**일   십자가의 능력

창세기 2:10-14

10강이 에덴에서 흘러 나와 동산을 적시고 거기서부터 갈라져 네 근원이 되었으니 11첫째의 이름은 비손이라 금이 있는 하윌라 온 땅을 둘렀으며 12그 땅의 금은 순금이요 그 곳에는 베델리엄과 호마노도 있으며 13둘째 강의 이름은 기혼이라 구스 온 땅을 둘렀고 14셋째 강의 이름은 힛데겔이라 앗수르 동쪽으로 흘렀으며 넷째 강은 유브라데더라

십자가의 능력이 얼마나 귀했으면 사도 바울은 십자가 외에는 결코 자랑할 것이 없다^{갈 6:14} 고 했을까요? 이 십자가의 능력은 바울에게서 멈추지 않고 그를 통해 로마까지 흘러갔습니다. 예수님의 제자들에게 임한 십자가의 능력도 그들에게서 멈추지 않고 온 세상으로 흘러갔습니다. 십자가의 능력을 끊임없이 흘려보내는 것은 내 힘으로 할 수 없습니다. 물컵의 물을 흘려보내려고 할 때 담겨 있는 만큼만 가능하듯이 내 힘으로 하는 것에는 한계가 있기 때문입니다. 그러나 위로부터 부어지면 계속 흘려보낼 수가 있습니다. 즉 넘쳐서 흘러가는 것은 끊임없이 흘러갈 수 있습니다. 창조 당시 에덴에서 강이 발원하여 동산을 적시고 거기서부터 네 개의 근원^{비손, 기혼, 힛데겔, 유브라데}으로 갈라졌습니다. 즉 에덴에서 시작한 강물이 동산을 적시고 사방으로 흘러갔습니다. 에덴에서 발원한 강은 바로 예수 그리스도의 보혈의 십자가, 그 놀라운 능력을 말합니다. 그 십자가의 능력이 넘쳐서 나를 적시고 내 가정을, 교회를, 우리의 지역사회를, 온 나라를, 그리고 북한까지 적시고 끊임없이 열방을 향하여 흘러가야 합니다. 하나님이 우리에게 허락하신 달란트, 우리의 가진 모든 것은 이렇게 십자가의 능력이 흘러가는 데 사용되어야 합니다. 주님께서는 지금 그것을 원하고 계십니다.

오늘도 십자가의 능력이 저를 통해서, 제가 가진 모든 것을 통해서 제 주변으로 흘러가기를 간절히 소망합니다.

3월 12일 누가 돌을 굴려 주리요

마가복음 16:1-2

¹안식일이 지나매 막달라 마리아와 야고보의 어머니 마리아와 또 살로메가 가서 예수께 바르기 위하여 향품을 사다 두었다가 ²안식 후 첫날 매우 일찍이 해 돋을 때에 그 무덤으로 가며 ³서로 말하되 누가 우리를 위하여 무덤 문에서 돌을 굴려 주리요 하더니

무덤에 계신 예수님을 찾아가는 여인들은 참으로 주님을 사랑했던 사람들입니다. 당시에 십자가 죽음을 당하신 주님은 비난의 대상이었고, 그를 따르는 자들 역시 공격의 대상이었습니다. 예수님의 수제자였고 신앙고백을 하며 끝까지 주님을 따르겠다고 선포하였던 베드로가 주님을 부인한 것으로 보아 당시의 상황을 짐작할 수 있습니다. 그러나 여인들은 사람들의 공격이나 비난에 아랑곳하지 않고 매우 이른 시간에 귀한 향품을 들고 가는 모습에서 그들이 얼마나 주님을 사랑하는지 알 수 있습니다. 그러나 이렇게 주님을 사랑하고 주님께로부터 사랑을 받는 자들이었지만 무덤 앞에 있는 돌 하나 때문에 염려했습니다. 오늘날 수많은 크리스천들이 그렇습니다. 부활의 예수님을 믿고 살아간다고 하면서도 삶은 아직도 그리스도께서 무덤 속에 죽어 있다고 믿는 사람처럼 살아갑니다. 주님을 너무도 사랑하고 주님께로부터 사랑을 받고 주님의 은혜를 고백하며 살고 있지만 인생의 돌 앞에서 그 고백이 무색할 만큼 염려하고 좌절합니다. 살아가면서 누구에게나 인생의 크고 작은 돌이 있기 마련입니다. 그때 부활 신앙이 없는 사람은 그 돌을 누군가가 치워주기를 바라며 자신이 원하는 대로 되지 않을 때에 다른 사람을 원망하기에 이릅니다. 그러나 부활 신앙을 소유한 사람은 돌의 문제는 주님께서 해결하실 것을 알기에 염려하지 않습니다. 오히려 감사함으로 하나님께 나아가 기도합니다. 인생의 돌을 자신의 힘으로 넘어가려고 하면 부딪히고 상처를 입고 넘어지게 되지만 주님께 맡기고 간구한다면 주님께서 우리를 품에 안고 그 돌을 넘어가 주실 것입니다.

부활의 주님을 믿는 신앙으로 인생의 돌을 염려하지 않겠습니다.
주님과 함께 그 돌을 넘어갈 수 있음을 믿습니다.

3월 13일 하나님이 하시는 일을 나타내고자

요한복음 9:1-3

1예수께서 길을 가실 때에 날 때부터 맹인 된 사람을 보신지라 2제자들이 물어 이르되 랍비여 이 사람이 맹인으로 난 것이 누구의 죄로 인함이니이까 자기니이까 그의 부모니이까 3예수께서 대답하시되 이 사람이나 그 부모의 죄로 인한 것이 아니라 그에게서 하나님이 하시는 일을 나타내고자 하심이라

존 칼빈에 의하면 사람들은 남이 고난받은 모습을 볼 때 세 가지 실수를 한다고 합니다. 하나는 고난이 그 사람의 죄 때문이라고 여기는 것입니다. 다른 실수는 남의 고난을 이해하지 않는 것입니다. 결정적인 또 하나의 실수는 자기 자신은 예외라고 생각하는 것입니다. 자신은 고난받는 사람과는 다르다고 생각하는 것입니다. 이처럼 우리는 누군가의 실패나 고난을 바라보면서 이해하기보다는 자꾸 과거를 들추어내어 '당신이 지금까지 이렇게 살아왔기 때문에 그렇다. 당신의 신앙생활이 잘못되어서 그렇다'라고 말합니다. 하지만 과거를 들추어내는 것은 결코 그 사람을 변화시키지 못합니다. 오히려 정죄감만 심어줄 뿐입니다. 상황도 달라지지 않습니다. 본문에 나타난 사람들도 모두 그러했습니다. 하지만 우리 주님께서는 이런 상황에서 무엇이라고 말씀하셨습니까? '이 사람이나 그 부모가 죄를 범한 것이 아니라 그에게서 하나님의 하시는 일을 나타내고자 하심이니라'3절 사람들이 다른 사람의 고난에 대해 쉽게 말할 때 주님께서는 위로가 되고 큰 힘이 되는 말씀을 하셨습니다. 지금 고난 중에 있습니까? 역경이 찾아왔습니까? 실패 가운데 있습니까? 그 모든 것은 하나님의 일을 나타내고자 함입니다. 세상에서뿐 아니라 신앙생활을 하면서도 우리는 상처 입을 때가 많습니다. 같은 교인끼리 혹은 사역자로 인해서 아픔을 겪는 일도 있습니다. 하지만 이때 우리가 기억할 것은 이 아픔이 하나님의 하시는 일을 나타내고자 함이라는 사실입니다. 하나님께서는 고난과 아픔을 통해 반드시 하나님의 일을 나타내실 것입니다.

하나님, 제 어려움이 하나님이 하시는 일을 나타내는 것이라는 사실에 큰 위로를 받게 하시니 감사합니다.

3월 **14**일　　상처를 싸매어 주시는 주님

누가복음 10:33-34

33어떤 사마리아 사람은 여행하는 중 거기 이르러 그를 보고 불쌍히 여겨 34가까이 가서 기름과 포도주를 그 상처에 붓고 싸매고 자기 짐승에 태워 주막으로 데리고 가서 돌보아 주니라

살아가면서 우리는 수없이 상처를 입습니다. 가정에서도 사회에서도 심지어는 교회에서마저도 상처를 입게 되는 경우가 많습니다. 이러한 상처를 싸맬 수 있는 것은 기름과 포도주밖에는 없습니다. 이것은 바로 주님의 사랑, 희생과 헌신을 의미합니다. 주님은 상처 입은 나를 불쌍히 여겨 가까이 다가오시는 분입니다. 사람들은 모두 피하여 지나가지만, 주님은 지나치지 않으십니다. 오히려 가까이 오셔서 나를 위해 무엇 하나 남기지 않고 모두 짜서 버리셨습니다. 주님의 그 큰 사랑만이 나의 상처를 싸매줄 수 있습니다. 실로암 못가에서 꼼짝 못 하고 물이 동하는 것을 눈으로만 바라보며 안타까워했을 38년 된 병자의 상처 난 가슴에 주님이 찾아오셔서 그를 일으키셨습니다. 토색하는 자로 이웃의 조롱거리였던 볼품없는 삭개오에게 주님이 다가가셔서 그의 이름을 불러주시며 그와 함께 유하시겠다고 하셨을 때 세상으로부터 버림받아 상처투성이였던 그의 마음은 치유되었을 것입니다. 아무런 죄도 없이 죽음의 위협을 느끼며 쫓겨 다녀야 했던 다윗, 얼마나 상처가 깊었을까요? 그러나 그에게는 주님이 계셨기에 이렇게 고백할 수 있었습니다. '나의 목자 되시는 여호와께서는 사망의 음침한 골짜기에서도 나를 지키십니다'시 23 '기가 막힐 웅덩이와 수렁에서 나를 끌어올리시고 내 발을 반석 위에 두사 나를 견고케 하십니다'시 40 지금 상처로 아파하고 있습니까? 주님께서 알고 계십니다. 주님께서 함께하십니다. 주님께서 싸매어 주십니다.

오늘도 제 모든 아픔과 슬픔을 주님께 내려놓습니다.
저에게 다가오셔서 싸매주시고 일어날 힘을 주시옵소서.

3월 15일 　낙심이 될 때

에베소서 3:7-13

7이 복음을 위하여 그의 능력이 역사하시는 대로 내게 주신 하나님의 은혜의 선물을 따라 내가 일꾼이 되었노라 8모든 성도 중에 지극히 작은 자보다 더 작은 나에게 이 은혜를 주신 것은 측량할 수 없는 그리스도의 풍성함을 이방인에게 전하게 하시고 9영원부터 만물을 창조하신 하나님 속에 감추어졌던 비밀의 경륜이 어떠한 것을 드러내게 하려 하심이라 10이는 이제 교회로 말미암아 하늘에 있는 통치자들과 권세들에게 하나님의 각종 지혜를 알게 하려 하심이니 11곧 영원부터 우리 주 그리스도 예수 안에서 예정하신 뜻대로 하신 것이라 12우리가 그 안에서 그를 믿음으로 말미암아 담대함과 확신을 가지고 하나님께 나아감을 얻느니라 13그러므로 너희에게 구하노니 너희를 위한 나의 여러 환난에 대하여 낙심하지 말라 이는 너희의 영광이니라

믿는 사람이든지 믿지 않는 사람이든지 누구나 낙심되는 환경을 만날 수 있습니다. 특별히 신실한 신앙인이라고 해서 어려움을 피해 갈 수 있는 것은 아닙니다. 모든 일은 우리의 마음대로, 뜻대로 되지 않습니다. 본문을 통해 사도 바울은 우리가 이런 낙심되는 상황을 만났을 때 낙심하지 않게 되는 비결을 말씀하고 있습니다. 에베소 교인에게 이 편지를 쓸 당시 바울은 로마 감옥에 갇혀 있는 낙심의 상황이었습니다. 그러나 그는 낙심하지 않고 오히려 에베소 교인들이 자신의 상황 때문에 실망하고 낙심하게 될까 봐 염려하면서 편지를 쓰고 있습니다. 바울의 비결은 오늘 우리에게도 그대로 적용이 됩니다. 낙심될 때 하나님이 지금까지 베풀어 주신 은혜를 생각하며7-8절 그 상황 속에서 복음의 비밀이 드러날 것을 생각하며9절 또한 교회인 내 자신을 통하여, 내가 속한 교회 공동체를 통하여 하나님의 권세가 나타날 것을 생각하기 때문입니다.10절 우리가 겪게 되는 일들은 그 어느 것 하나도 우연히 되어지거나 갑자기 이뤄진 것이 아닙니다. 모두가 하나님의 뜻 가운데서 영원 전부터 하나님께서 계획하신 것입니다.11절 그러기에 우리는 낙심하는 대신 그리스도를 믿음으로 말미암아 담대함으로 하나님께 나아가면 됩니다. 지금의 환난은 장차 우리가 얻게 될 영광입니다.12-13절

하나님, 낙심될 때 바울의 비결을 떠올리며 그것을 제 삶에 적용할 수 있는 사람이 되게 해주세요.

3월 16일 신분과 소속이 달라졌어요

요한복음 1:12
영접하는 자 곧 그 이름을 믿는 자들은 하나님의 자녀가 되는 권세를 주셨으니

부활은 인류 최대의 사건입니다. 이보다 더 감격스럽고 놀라운 사건은 없을 것입니다. 자녀가 좋은 대학에 입학하고 집을 장만하고 사업이 번창하는 등 인생에 있어서 기쁘고 복된 일이 있지만 예수님의 부활에 비할 바가 아닙니다. 부활은 하루아침에 갑자기 일어난 일이 아닙니다. 오래전부터 하나님께서 말씀하셨던 것이 그대로 이뤄진 것이기에 더욱 의미가 있습니다. 하나님께서는 구약시대 선지자들을 통해 그리스도에 대한 예언을 수없이 하셨습니다. 그 예언을 기록한 책이 바로 성경입니다. 인류 구원에 대해, 메시아에 대해, 그리고 온 인류의 미래에 대해 성경만큼 상세하고 정확하게 기록한 책은 없습니다. 성경에 예언하신 대로 우리를 위해 이 땅에 오시고 십자가에 죽으시고 부활하신 예수님을 만나게 되면 우리의 삶은 특별해집니다. 신분과 소속이 달라지기 때문입니다. 이 땅의 사람이 아니라 시민권이 하늘에 있는 천국 백성이 됩니다.빌 3:20 이렇게 신분과 소속이 바뀐 자로서 우리는 어떻게 살아가야 할까요? 부활은 나의 정체성을 드러내는 사건입니다. 진실로 부활을 경험하고 주님을 영접한 사람이라면 자신이 그리스도인이라는 사실을 드러내며 오직 예수님만 자랑합니다.갈 6:14 하나님이 우리에게 주신 외적인 것, 물질, 명예, 건강 등을 자랑하는 것이 아니라 그 모든 것을 허락하신 하나님의 자녀가 되었음을 자랑합니다. 이것이 우리가 이 땅에서 살아가는 날 동안 할 일입니다.

부활을 경험하고 예수님을 만난 자로서, 하늘 시민권을 소유한 자로서, 저에게 자랑은 오직 예수님입니다. 평생 예수님만 자랑하며 살게 해주세요.

3월 **17**일   예수님을 보여주시는 성령

마가복음 16:9-13

9예수께서 안식 후 첫날 이른 아침에 살아나신 후 전에 일곱 귀신을 쫓아내어 주신 막달라 마리아에게 먼저 보이시니 10마리아가 가서 예수와 함께 하던 사람들이 슬퍼하며 울고 있는 중에 이 일을 알리매 11그들은 예수께서 살아나셨다는 것과 마리아에게 보이셨다는 것을 듣고도 믿지 아니하니라 12그 후에 그들 중 두 사람이 걸어서 시골로 갈 때에 예수께서 다른 모양으로 그들에게 나타나시니 13두 사람이 가서 남은 제자들에게 알리었으되 역시 믿지 아니하니라

 성경에는 그리스도가 오시기 7백 년 전부터 구원자가 어디서, 어떻게 나실 것인지 구체적으로 기록되어 있습니다. 하나님은 이렇게 구약시대 선지자들을 통해 그리스도의 탄생뿐만 아니라 그리스도의 십자가 고난과 부활에 대해 예언하셨고 그 예언은 정확하게 성취되었습니다. 십자가와 부활은 예언의 절정입니다. 부활 사건이 중요한 이유는 십자가와 부활이 사실이라면 그 이전의 예언도, 그리고 남아 있는 예언도 모두가 사실이기 때문입니다. 그래서 부활을 믿느냐 안 믿느냐는 중요합니다. 어떻게 부활을 믿게 될까요? 주님은 부활하셔서 가장 먼저 막달라 마리아에게 그 모습을 보이셨습니다. 마리아는 슬퍼하고 있는 사람들에게 가서 주님께서 부활하셨다는 소식을 전했습니다. 그러나 그들은 믿지 않았습니다. 막달라 마리아에게 모습을 보이신 주님께서 엠마오로 내려가는 두 제자에게는 다른 모양으로 나타나셨을 때 그들은 주님의 부활을 믿었습니다. 듣고 보아야 믿을 수 있습니다. 우리 역시 또 다른 모습의 주님을 만날 수 있습니다. 그분이 바로 성령이십니다. 예수님께서는 근심이 가득한 제자들에게 주님이 떠나는 것이 오히려 유익이라고 하시며 주님이 떠나시면 보혜사 성령님이 오셔서 그를 통해 예수님을 볼 수 있게 된다고 말씀하셨습니다.요 16:7-16 성령을 통해 주님을 본 사람은 자신이 그리스도인이라는 사실을 드러내며 예수님만 자랑합니다. 우리는 그러한 그리스도인입니까?

성령께서 저에게 오셔서 예수님을 알게 하시고 보게 하시니 감사합니다. 제가 본 그대로 예수님을 증거하는 자로 살게 하소서.

3월 18일 　부활과 생명

요한복음 11:25-26

25예수께서 이르시되 나는 부활이요 생명이니 나를 믿는 자는 죽어도 살겠고 26무릇 살아서 나를 믿는 자는 영원히 죽지 아니하리니 이것을 네가 믿느냐

본 문에서는 부활절이 우리에게 왜 기쁨이 되는지를 확실하게 가르쳐주고 있습니다. "나는 부활이요, 생명이라" 이 생명은 우리가 생각하는 목숨과 같은 것이 아닙니다. 생명은 영원한 생명 즉, 죽지 않고 영원토록 살아가는 생명입니다. 이렇게 부활하셔서 생명 되신 주님께서 계속 말씀하십니다. "나를 믿는 자는 죽어도 살겠고 무릇 살아서 나를 믿는 자는 영원히 죽지 아니하리니 이것을 네가 믿느냐?" 이 말씀은 주님의 부활과 생명을 믿는 자는 주님과 똑같이 부활하여 생명이 되었음을 의미합니다. 부활절이 우리에게 기쁨이 되는 이유는 주님의 부활이 내 부활, 주님의 생명이 내 생명이 되었기 때문입니다. 이렇게 부활과 생명이 된 우리는 부활과 생명의 삶을 살아갈 수밖에 없습니다. 부활과 생명의 삶을 살아간다는 것은 매일 매 순간 부활과 생명을 경험하며 살아가는 것을 말합니다. '영생은 유일하신 참 하나님과 예수 그리스도를 아는 것이며'요 17:3 아는 것이란 결국 경험하는 것이기 때문입니다. 때때로 우리는 어려움을 만날 수 있습니다. 이스라엘 백성이 홍해를 만났듯이, 가나안을 앞두고 요단강과 거대한 여리고 성을 만났듯이, 다니엘이 사자 굴에 들어가게 되었듯이 앞이 캄캄한 상황에 처할 수도 있습니다. 그러나 자신이 부활과 생명이 된 자임을 믿는 사람은 그 어둠의 상황도 끝이 아니라 부활과 생명으로 가는 과정임을 믿기에 결코 좌절하지 않습니다. 그러면 결국 홍해가 열리고 요단강이 멈추고 여리고 성이 무너지는 역사를 보게 될 것입니다. 사자 굴에서 건져주시는 하나님을 경험하게 될 것입니다. 날마다 부활과 생명을 경험하며 예수로 충만하여 살아가기를 축복합니다.

주님과 똑같이 저도 부활, 생명이 되었음을 믿습니다.
삶 가운데 영원한 생명을 가진 자로 넉넉함을 누리며 살아가게 하소서.

3월 19일 영원토록 함께 하는 십자가

요한복음 6:54-56

⁵⁴내 살을 먹고 내 피를 마시는 자는 영생을 가졌고 마지막 날에 내가 그를 다시 살리리니 ⁵⁵내 살은 참된 양식이요 내 피는 참된 음료로다 ⁵⁶내 살을 먹고 내 피를 마시는 자는 내 안에 거하고 나도 그의 안에 거하나니

이스라엘 백성의 광야 길에 늘 구름 기둥, 불기둥으로 함께 하신 하나님께서 오늘 우리 인생의 광야 길에 십자가로 함께 하십니다. 우리가 아직 죄인 되었을 때, 우리가 정말 버림받을 수밖에 없는 존재였을 때에 우리에게 오신 주님, 그러기에 주님은 우리가 반복해서 실수하고 실패하는 형편없는 존재라 해도 우리를 떠나지 않으십니다. 조건을 가지고 찾아온 십자가가 아니기에 십자가는 우리를 버리지 않습니다. 떠날 수 없습니다. '내가 결코 너희를 버리지 아니하고 너희를 떠나지 아니하리라'히 13:5 그래서 본문은 '내 살을 먹고 피를 마시는 자 즉, 십자가의 은혜로 구원을 얻은 자는 영생을 가졌고 마지막 날에 다시 살린다'고 말씀하십니다. 십자가는 영원토록 우리 곁을 떠나지 않으며 마지막까지 우리 곁에 있습니다. 구원의 은혜를 얻은 자주님의 살을 먹고 피를 마신 자는 하나님 안에 거하고 그분이 우리 안에 거하시니 언제나 사랑입니다. 이를 믿는 사람은 어떤 환난과 역경 속에서도 결국은 사랑으로 인도하실 것도 믿습니다. 그래서 사도 바울의 고백처럼 우리에게는 십자가 외에 자랑할 것이 없습니다.갈 6:14 오늘도 우리와 함께하는 십자가를 바라보며 인생의 광야 길을 찬송하며 감사하며 승리하며 멋있게 걸어가기를 축복합니다.

제 인생길에 십자가로 함께 하시는 하나님, 감사합니다.
제가 지치고 쓰러질 때에도 십자가를 바라보며 힘을 내게 해주세요.

3월 20일 말씀을 붙잡고 십자가의 길로

신명기 7:1-4

¹네 하나님 여호와께서 너를 인도하사 네가 가서 차지할 땅으로 들이시고 네 앞에서 여러 민족 헷 족속과 기르가스 족속과 아모리 족속과 가나안 족속과 브리스 족속과 히위 족속과 여부스 족속 곧 너보다 많고 힘이 센 일곱 족속을 쫓아내실 때에 ²네 하나님 여호와께서 그들을 네게 넘겨 네게 치게 하시리니 그 때에 너는 그들을 진멸할 것이라 그들과 어떤 언약도 하지 말 것이요 그들을 불쌍히 여기지도 말 것이며 ³또 그들과 혼인하지도 말지니 네 딸을 그들의 아들에게 주지 말 것이요 그들의 딸도 네 며느리로 삼지 말 것은 ⁴그가 네 아들을 유혹하여 그가 여호와를 떠나고 다른 신들을 섬기게 하므로 여호와께서 너희에게 진노하사 갑자기 너희를 멸하실 것임이니라

하나님은 이스라엘로 하여금 하나님을 섬기게 하려고 애굽에서 불러내셨습니다. 그러나 이스라엘이 가나안 땅에 들어가 하나님을 떠나게 되고 섬길 수 없는 사람이 될 것을 미리 아셨기에 가나안 족속을 진멸하라고 하셨습니다. 이는 오늘 우리에게 세상과 타협하지 말라는 말씀입니다. 우리를 세상에 보내신 하나님이 세상과 타협하지 말라고 하신 것은 세상과의 단절을 요구하신 것이 아니라 어떤 상황에서도 말씀을 붙잡고 오직 십자가의 길을 걸어가야 함을 의미합니다. 다 양보해야 하는 상황이 온다 해도 그래서 죽음이 온다 해도 말씀만큼은 양보할 수 없음을 의미합니다. 어떻게 말씀을 따라가야 할까요? 좁은 길이지만 그 길이 생명으로 인도하는 길이라면 그 길을 선택하는 것이 말씀을 따라가는 것입니다. 이 말씀이 곧 십자가이며 우리가 이 십자가 앞에 무릎을 꿇고 순종하여 죽으면 반드시 많은 열매를 맺는 영광으로 나타나게 될 것입니다. 예수님이 우리에게 그것을 보여주셨습니다. 좁은 길을 선택하여 십자가를 지셨지만 부활하심으로 우리 모두에게 부활의 영광을, 구원의 생명을 얻게 하셨습니다.

세상과 타협하지 않고 어떤 상황에서도 말씀을 붙잡고 십자가의 길을 걸어가겠습니다.

3월 21일 기도의 자리로 부르시는 주님

마가복음 14:38

시험에 들지 않게 깨어 있어 기도하라 마음에는 원이로되 육신이 약하도다 하시고

어느 젊은 사형수가 자신에게 주어진 마지막 5분의 시간을 어떻게 사용할까 생각하다가 2분은 자신 때문에 어려움을 겪은 주변 사람들에게 용서를 구하고 작별 인사를 하는 것으로, 또 2분은 하나님 앞에 회개함으로, 그리고 마지막 1분은 그동안 자신이 살아왔던 땅을 바라보며 감사해야겠다고 마음을 먹었습니다. 마침내 그는 처형장으로 들어가 2분 동안 주변 사람들과 작별 인사를 하고 난 후 흐르는 눈물을 주체하지 못하면서 하나님 앞에서 회개하는데 갑자기 사형 중지 명령이 떨어져 목숨을 구하게 되었습니다. 그 후 그는 평생을 마지막 5분, 즉 자신에게 남은 시간은 5분밖에 되지 않는다는 생각을 하며 살았다고 합니다. 그가 바로 세계적인 대 문호 도스토예프스키입니다. 만약 우리에게 주어진 시간이 이처럼 짧다면 과연 무엇을 할까요? 가장 진실하고 성실하게 그리고 값지게 마무리하고 싶을 것입니다. 인간도 그러할진대 주님께서는 생애 마지막 순간에 어떠하셨을까요? 십자가에 달리실 것을 이미 아신 주님은 사랑하고 아끼는 세 제자들과 함께 기도하기 원하셔서 겟세마네 동산에 오르셨습니다. 주님께서는 혼자 기도하시기에 외롭고 힘들어서가 아니라 제자들이 시험에 들지 않도록 기도하기를 원하셨습니다. 주님은 당신이 십자가를 질 때 제자들이 낙심하고 쓰러질 것을 염려하시고 사랑하는 제자들이 시험에 들지 않고 깨어 있도록 기도의 자리로 초청하신 것입니다. 오늘날도 인간에 의해, 그리고 사단에 의해 십자가의 길로 내몰리신 주님은 겟세마네 동산에서 마지막 순간에 제자들에게 그러하셨듯이 지금 우리를 기도의 자리로 부르고 계십니다.

겟세마네 동산에서 기도하신 주님과 같이 기도의 자리에 머물게 하소서.

3월 22일 부활의 주님을 만났습니까?

고린도전서 15:1-8

1형제들아 내가 너희에게 전한 복음을 너희에게 알게 하노니 이는 너희가 받은 것이요 또 그 가운데 선 것이라 2너희가 만일 내가 전한 그 말을 굳게 지키고 헛되이 믿지 아니하였으면 그로 말미암아 구원을 받으리라 3내가 받은 것을 먼저 너희에게 전하였노니 이는 성경대로 그리스도께서 우리 죄를 위하여 죽으시고 4장사 지낸 바 되셨다가 성경대로 사흘 만에 다시 살아나사 5게바에게 보이시고 후에 열두 제자에게와 6그 후에 오백여 형제에게 일시에 보이셨나니 그 중에 지금까지 대다수는 살아 있고 어떤 사람은 잠들었으며 7그 후에 야고보에게 보이셨으며 그 후에 모든 사도에게와 8맨 나중에 만삭되지 못하여 난 자 같은 내게도 보이셨느니라

주님의 부활 이후 2000년이 넘는 오늘날까지 부활의 사실 여부에 대해 논란이 끊이질 않고 있는 것 자체가 주님이 부활하셨음을 입증하는 것입니다. 부활이 거짓이라면 이처럼 오랜 역사를 거치면서 논란의 대상이 되지도 않을 것이기 때문입니다. 본문에서는 주님의 부활을 증거하고 있습니다. 많은 사람에게 부활하신 모습을 보이신 주님은 오늘 우리에게도 분명히 나타나실 수 있습니다. 부활하신 주님을 어떻게 만날 수 있을까요? 첫째, 믿음으로 만날 수 있습니다. 믿음은 들음에서 나며 들음은 그리스도의 말씀으로 말미암습니다.롬 10:17 말씀을 통해 그 누구도 앗아갈 수 없는 확신에 찬 믿음이 찾아와 부활하신 주님을 만나게 됩니다. 둘째, 주님께서 현현하심직접 모습을 보여주심으로 만날 수 있습니다. 2천여 년이 흘렀지만 지금도 여전히 살아계시기에 우리에게 직접 찾아오시는 주님이십니다. 셋째, 내주하시는 성령의 모습으로 만날 수 있습니다. '성령이 친히 우리 영으로 더불어 우리가 하나님의 자녀인 것을 증거하시기'롬 8:16 때문입니다. 당신은 부활하신 주님을 어떻게 만났습니까?

주님의 부활이 사실임을 믿습니다. 이 믿음으로 저는 부활하신 주님을 이미 만났음을 알게 되어서 감사합니다.

3월 23일   부활하신 예수님을
어디에서 만날 수 있나요?

누가복음 24:1-6

1안식 후 첫날 새벽에 이 여자들이 그 준비한 향품을 가지고 무덤에 가서 2돌이 무덤에서 굴려 옮겨진 것을 보고 3들어가니 주 예수의 시체가 보이지 아니하더라 4이로 인하여 근심할 때에 문득 찬란한 옷을 입은 두 사람이 곁에 섰는지라 5여자들이 두려워 얼굴을 땅에 대니 두 사람이 이르되 어찌하여 살아 있는 자를 죽은 자 가운데서 찾느냐 6여기 계시지 않고 살아나셨느니라 갈릴리에 계실 때에 너희에게 어떻게 말씀하셨는지를 기억하라

막달라 마리아는 예수님을 사랑하는 일에 첫째였습니다. 다른 사람의 시선과 비웃음, 두려움을 뒤로하고 가장 귀한 향유 옥합을 깨뜨렸고, 본문에서처럼 주님이 십자가에 돌아가신 이후에 무덤까지 찾아가는 용기 있는 사람이었습니다. 그러나 막상 찾아갔지만 주님을 만날 수 없었습니다. 천사가 나타나 말했습니다. '어찌하여 살아 있는 자를 죽은 자 가운데서 찾느냐' 이것은 주님이 부활하셨음을 말하는 것입니다. 부활하신 주님은 어떻게 만날 수 있을까요? '여기 계시지 않고 살아나셨느니라' 즉, 살아나셨다는 말씀이 있는 곳에서 만날 수 있습니다. 그런데 안타깝게도 유럽의 많은 신학교와 교회들이 부활을 증거하지 않습니다. 우리나라도 흐름이 그렇게 되어 가고 있습니다. 하지만 주님이 살아나셨다는 말씀을 증거하지 않는 교회가 교회입니까? 오늘날 교회의 역할이 아무리 윤리와 도덕을 강조하고 사회봉사를 내세워 사회를 구원하는 것이라 해도 강단에서 십자가와 부활이 빠져 있다면 그곳은 더 이상 교회일 수 없습니다. 기독교의 기초는 십자가와 부활이기 때문입니다. 부활하신 주님, 살아계신 주님을 믿고 예배하며 봉사하며 헌신할 때 우리의 선택은 가장 가치 있는 것이 됩니다. 주님의 부활을 증거하는 곳에서만, 살아계신다는 말씀이 있는 곳에서만 우리는 주님을 만날 수 있습니다.

하나님, 예수님을 모르는 이들이 예수님을 만날 수 있도록 오늘도 부활을 증거하는 사람으로 살아가게 하소서.

3월 **24**일   이긴 자

요한복음 16:32-33

32보라 너희가 다 각각 제 곳으로 흩어지고 나를 혼자 둘 때가 오나니 벌써 왔도다 그러나 내가 혼자 있는 것이 아니라 아버지께서 나와 함께 계시느니라 33이것을 너희에게 이르는 것은 너희로 내 안에서 평안을 누리게 하려 함이라 세상에서는 너희가 환난을 당하나 담대하라 내가 세상을 이기었노라

본 문에서 주님은 '보라 너희가 다 각각 제 곳으로 흩어지고 나를 혼자 둘 때가 오나니'라고 말씀하십니다. 이는 십자가를 지실 때가 가까웠고 그 십자가의 죽음은 누구에게도 이해받지 못하고 누구도 함께해 줄 수 없는, 오직 주님 홀로 견뎌야 하는 고통임을 말씀하시는 것입니다. 그런데도 주님은 그 고통을 넉넉하게 이겨내셨습니다. 어디에서 그런 힘이 나왔을까요? 주님은 이긴 자로 사셨기 때문입니다. 가끔 축구 경기 재방송을 보는데 이미 이긴 경기를 보게 될 때면 혹시 우리 선수가 실수를 해도, 한 명이 퇴장당해서 상대 팀보다 적은 숫자로 경기를 해도 불안하지 않고 평안한 마음으로 보게 됩니다. 이미 이겼다는 것을 알고 있기 때문입니다. 이긴 자로 산다는 것은 바로 이것입니다. 주님은 이미 이겼다는 것을 아셨기에 모든 것을 이김의 과정으로 보셨습니다. 영원한 생명을 가지신 주님은 십자가를 짊어지고 고난을 당하는 것이 부활로, 생명으로, 영원한 나라로, 승리로 가는 과정인 것을 아셨습니다. 우리는 주님처럼 이미 이긴 과정을 걸어가는 사람입니다. 그래서 평안을 누리며 환난을 당하나 담대합니다. 만약 오늘 내가 평안하지 못하고 담대하지 못하다면 그것은 환경의 문제가 아니라 이긴 자로서의 확신이 없기 때문이 아닐까요? 내가 주님과 묶여져 있다는 사실, 주님께서 나와 동행하심을 믿기에 이긴 자로 살아가는 복된 성도가 되기를 축복합니다.

하나님, 저는 이긴 자입니다. 이미 승리하였으니 어떤 문제 앞에서도 평안하고 담대하겠습니다. 저를 붙들어주세요.

3월 25일 무덤, 곧 희망

누가복음 24:1-9

¹안식 후 첫날 새벽에 이 여자들이 그 준비한 향품을 가지고 무덤에 가서 ²돌이 무덤에서 굴려 옮겨진 것을 보고 ³들어가니 주 예수의 시체가 보이지 아니하더라 ⁴이로 인하여 근심할 때에 문득 찬란한 옷을 입은 두 사람이 곁에 섰는지라 ⁵여자들이 두려워 얼굴을 땅에 대니 두 사람이 이르되 어찌하여 살아 있는 자를 죽은 자 가운데서 찾느냐 ⁶여기 계시지 않고 살아나셨느니라 갈릴리에 계실 때에 너희에게 어떻게 말씀하셨는지를 기억하라 ⁷이르시기를 인자가 죄인의 손에 넘겨져 십자가에 못 박히고 제삼일에 다시 살아나야 하리라 하셨느니라 한대 ⁸그들이 예수의 말씀을 기억하고 ⁹무덤에서 돌아가 이 모든 것을 열한 사도와 다른 모든 이에게 알리니

마을을 찾아 오랜 시간 동안 사막을 헤매던 어느 아버지와 아들 앞에 마을 대신 무덤이 나타나자 아들은 절망하면서 말했습니다. "이제는 정말 끝입니다. 이 무덤은 우리보다 앞서 이곳을 지나간 사람들, 하지만 마을을 찾지 못한 사람들의 무덤일 것입니다." 그러나 아버지는 대답했습니다. "무덤은 끝이 아니다. 무덤이 있다는 것은 근처에 마을이 있다는 표시이다." 그렇습니다. 무덤은 끝이 아닙니다. 예수님의 무덤을 찾았던 여인들처럼 주님의 말씀을 기억한다면 무덤은 더 이상 절망이 아닙니다. '내가 다시 살아나리라'고 하신 말씀은 모든 절망을 꺾으시겠다는 것이며 영원히 함께하시겠다는 약속이기도 합니다. 이 말씀을 기억할 때 우리에게는 그 어떤 절망도 자리하지 않고 용기 있게 소망을 전하는 자로 살 수 있을 것입니다.

무덤과 같은 어려움을 만난다 해도 그것이 끝이 아님을 알게 하소서.
하나님은 저를 버리지도 떠나지도 않으신다는 말씀을 늘 기억하게 하소서.

3월 26일 　승리로 이끄시는 하나님

갈라디아서 2:20
내가 그리스도와 함께 십자가에 못 박혔나니 그런즉 이제는 내가 사는 것이 아니요 오직 내 안에 그리스도께서 사시는 것이라 이제 내가 육체 가운데 사는 것은 나를 사랑하사 나를 위하여 자기 자신을 버리신 하나님의 아들을 믿는 믿음 안에서 사는 것이라

하나님께서 생각하시는 승리의 길과 세상이 말하는 승리의 길은 다릅니다. 우리는 돈을 많이 벌고 몸이 건강하고 명예와 지위도 얻고 만사가 잘 되기를 원합니다. 그래서 이런 것들이 이루어지면 승리라고 생각합니다. 그러나 하나님 편에서는 돈을 많이 버는 것, 건강해지는 것, 명예나 지위를 얻는 것, 만사가 잘되는 것 등이 승리일 수도 있지만, 실패일 수도 있습니다. 예수님이 십자가에 달려 돌아가시는 순간, 그 어떤 사람도 예수님을 승리했다고 생각하지 않았습니다. 그러나 하나님 편에서는 승리였습니다. 예수님의 죽음이 아니었으면 우리는 주님과 묶여질 수도 없고, 오늘 이 자리에 있을 수도 없으니 세상은 예수님의 십자가 죽음을 실패라고 했지만, 하나님께는 그리고 우리 모두에게는 승리입니다. 하나님이 우리를 이끌어 가시는 승리의 자리는 하나님께 영광을 돌리는 자리, 하나님의 영광을 나타내는 자리입니다.요 16:14 하나님은 영광의 본체이시니 영광을 나타낸다는 것은 하나님을 드러내는 것입니다. 즉 언제 어디서나 무엇을 하든지 우리가 하나님께 영광을 돌리고 하나님을 드러낸다면 그것이 바로 승리입니다. 그래서 사도 바울은 먹든지 마시든지 무엇을 하든지 다 하나님의 영광을 위하여 하라고 했습니다.고전 10:31 우리가 이처럼 하나님께 영광을 돌리는 자리로 갈 수 있도록 예수님께서는 우리를 떠나 하나님 보좌 우편에 이르시고 대신 성령님을 보내주셨습니다. 우리는 어려움을 만날 때 이게 무슨 영광이고 승리냐고 불평하고 불만하지만, 성령께서는 포기하지 않으시고 결국 우리를 승리로 이끄십니다. 어떤 상황에서든 하나님께 영광을 돌리는 자리로 인도하십니다.

그리스도와 함께 묶여 십자가에 못 박힘으로 승리하게 하신 하나님, 감사합니다. 이 믿음으로 하나님께 영광을 돌리게 하소서.

3월 **27**일 우리는 그리스도의 신부

에베소서 5:25-27

²⁵남편들아 아내 사랑하기를 그리스도께서 교회를 사랑하시고 그 교회를 위하여 자신을 주심 같이 하라 ²⁶이는 곧 물로 씻어 말씀으로 깨끗하게 하사 거룩하게 하시고 ²⁷자기 앞에 영광스러운 교회로 세우사 티나 주름 잡힌 것이나 이런 것들이 없이 거룩하고 흠이 없게 하려 하심이라

예수님은 내 목숨을 구하기 위해 당신의 목숨을 내어놓으실 만큼 나를 사랑하시는 신랑이십니다. 하지만 나를 대신하여 죽기만 하였다면 얼마나 야속한 분입니까? 나는 평생 짐을 지고 살아갈 것입니다. 그러나 주님은 다시 살아나심으로 내게 아무런 짐을 갖게 하지 않으실 뿐만 아니라 내 곁에서 함께 계십니다. 이런 신랑에 대해 우리는 얼마나 알고 있습니까? 사람이 되신 하나님이십니다. 창조주이십니다. 사랑과 자비가 넘치는 분입니다. 운명을 책임져주시며 한 순간도 나에게서 눈을 떼지 않으십니다. 그리고 무서운 심판으로부터 구하시는 분입니다. 이런 완벽한 분이 왜 나를 사랑하시고 신부로 삼으셨을까요? 죄와의 관계를 청산하고 행복하게 살기를 바라시기 때문입니다. 죄의 근본적인 문제가 해결되지 않으면 아무리 많은 것을 소유해도 행복하지 않음을 아시기에 죄를 도말하시기 위해 나를 신부 삼으셨습니다. 또한 신부가 된 자는 거룩하고 흠이 없게 되어 하늘 백성으로 살아가며 영광스러운 자리에 있게 됩니다. 이런 신부가 되게 하신 신랑의 사랑에 어떻게 반응해야 할까요? 그분의 부탁대로 살아가는 것입니다. 내 신랑은 내게 행복하고 기쁘게 두려워하지 말고 신랑을 믿고 그분께 기대면서 살아가라고 부탁하셨습니다. 오직 그것뿐입니다.

저는 그리스도의 신부가 되어 행복합니다. 오늘도 이 행복함을 사람들에게 전달하며 살게 해주세요.

3월 28일 　 부활하신 주님

요한복음 21:15

그들이 조반 먹은 후에 예수께서 시몬 베드로에게 이르시되 요한의 아들 시몬아 네가
이 사람들보다 나를 더 사랑하느냐 하시니 이르되 주님 그러하나이다 내가 주님을 사
랑하는 줄 주님께서 아시나이다 이르시되 내 어린 양을 먹이라 하시고

주님께서 제자들을 위해 희생하셨지만, 주님이 고통 가운데 계실
때 그들은 함께 하지 못하고 주님을 떠났으며 베드로는 세 번
씩이나 주님을 부인했습니다. 그래서 예수님의 제자들은 형편없는 사람들이었다
는 평가를 들을 수도 있습니다. 그러나 주님은 부활하셔서 그들을 위해 조반을 준비
하시고 함께 식사하셨습니다. 그리고 베드로를 부르십니다. '베드로'라는 소중하고 대
단한 호칭을 감히 감당할 수 없었던 베드로의 마음까지 아시고 본래의 평범한 이름,
'요한의 아들 시몬아'라고 불러주십니다. 이처럼 주님은 우리가 혹 실패했더라도 눈
감아 주시며 자연인으로 우리를 대해 주십니다. 부활의 주님은 생활 속에서 만나는
주님이어야 합니다. 슬플 때나 기쁠 때나 어려울 때나 만사형통할 때나 언제든지 주
님이 내 곁에 계심을 확신하는 사람이 부활의 주님을 만난 사람입니다. 부활의 주님
은 물으십니다. '네가 이 사람들보다 나를 더 사랑하느냐?' 당신은 어떤 대답을 하렵
니까? 생활 속에서 만난 부활의 주님은 먼저 내게 사랑의 고백을 듣고자 하십니다.
내가 그 고백을 할 때 주님은 내가 무엇을 하기 원하시는지 음성을 들려주실 것입니
다. 나를 향하신 주님의 음성에 귀를 기울여보십시오. 그리고 들려오는 그 말씀에 순
종하십시오.

주님, 제 살아가는 모습은 심히 부끄럽지만 그래도 그 누구보다 주님을
사랑합니다. 제가 무엇을 하기 원하십니까? 저에게 말씀해주세요.

3월 29일 부활의 주님을 만난 사람의 변화

사도행전 2:37-41

37그들이 이 말을 듣고 마음에 찔려 베드로와 다른 사도들에게 물어 이르되 형제들아 우리가 어찌할꼬 하거늘 38베드로가 이르되 너희가 회개하여 각각 예수 그리스도의 이름으로 세례를 받고 죄 사함을 받으라 그리하면 성령의 선물을 받으리니 39이 약속은 너희와 너희 자녀와 모든 먼 데 사람 곧 주 우리 하나님이 얼마든지 부르시는 자들에게 하신 것이라 하고 40또 여러 말로 확증하며 권하여 이르되 너희가 이 패역한 세대에서 구원을 받으라 하니 41그 말을 받은 사람들은 세례를 받으매 이 날에 신도의 수가 삼천이나 더하더라

부활하신 주님을 만나고 나면 우리에게는 변화가 일어나게 됩니다. 어떤 변화입니까? 첫째, 적극적인 사람이 됩니다. 베드로는 소극적이고 두려움이 많은 사람이었지만 본문을 통해서 알 수 있듯이 부활의 주님을 만난 후에는 얼마나 적극적인 사람이 되었는지 모릅니다. 둘째, 삶의 방향이 전환됩니다. 바울은 예수님을 핍박하고 죽이려는 사람이었지만 부활의 주님을 만난 후에 그의 걸음은 예수님을 증거하는 방향으로, 전혀 반대 방향으로 바뀌었습니다. 셋째, 마음속에 기쁨이 넘칩니다. 부활의 주님을 만나고 나면 죽음 너머의 삶까지 보이기 시작하므로 이 세상이 아무리 좋아도 그것에 인생을 다 걸지 않고 이 세상이 아무리 슬퍼도 그로 인해 절망하지 않습니다. 설혹 죽음에 이른다 해도 또 다른 세계가 있다는 믿음으로 깊은 옥중에서도 감사하며 찬양했던 바울과 실라처럼 마음에 기쁨이 넘치게 됩니다. 넷째, 반드시 증인 된 삶을 살게 됩니다. 주님을 만났기 때문에, 보았기 때문에, 경험했기 때문에 주님께서 살아계신다고 말하지 않을 수 없습니다. 다섯째, 인생의 참된 목적을 알게 됩니다. 전에는 자신만을 위한 삶, 세상을 위한 삶이었지만 부활의 주님을 만난 후에는 무엇을 위해, 어떻게 살아야 할지 알게 됩니다. 인생의 목적을 주님을 위해 사는 것, 하나님의 영광을 위해 사는 것으로 정하고 그를 위해 살게 됩니다. 우리는 어떻습니까?

부활의 주님을 만난 자로서 제 삶에는 어떤 변화가 있는지 돌아봅니다. 저의 하루하루가 무의미하지 않고 하나님의 영광을 위해 사는 시간이 되기를 원합니다.

3월 30일 세상을 당황케 하는 교회

누가복음 9:7-9

7분봉 왕 헤롯이 이 모든 일을 듣고 심히 당황하니 이는 어떤 사람은 요한이 죽은 자 가운데서 살아났다고도 하며 8어떤 사람은 엘리야가 나타났다고도 하며 어떤 사람은 옛 선지자 한 사람이 다시 살아났다고도 함이라 9헤롯이 이르되 요한은 내가 목을 베었거늘 이제 이런 일이 들리니 이 사람이 누군가 하며 그를 보고자 하더라

낙타는 하루에 두 번, 짐을 실을 때와 짐을 내릴 때 무릎을 꿇는다고 합니다. 그리고 주인은 낙타가 감당할 수 있는 만큼의 짐만 올려놓고 하루 종일 사막길을 걷는 낙타 곁에서 동행합니다. 신앙인의 삶은 낙타의 삶과도 같습니다. 주님 앞에 와서 무릎을 꿇으면 주님은 내게 짐을 올려놓으시지만 내가 감당할 수 있는 만큼 주십니다. 그리고 그 짐을 짊어지고 인생길을 걷지만 혼자가 아니라 주님과 동행하며 목적지에 도달하여 다시 무릎을 꿇으면 주님은 '수고하고 무거운 짐 진 자들아, 내가 너를 편히 쉬게 하리라'마 11:28고 하시며 우리에게 안식을 허락하십니다. 예수님이 하나님 아버지께 무릎 꿇고 순종하여 죽으셨던 것처럼 우리도 주님과 동행하면서 겸손하게 무릎을 꿇는 삶이 바로 십자가의 삶입니다. 그런 우리를 보고 세상은 당황합니다. 헤롯이 당황한 것은 말없이 죽어가는 요한의 모습에서 십자가의 삶을 보았기 때문입니다. 세상을 당황케 하는 또 다른 하나는 부활의 삶입니다. 헤롯은 사두개파로 부활을 믿지 않는 사람이었음에도 예수님과 제자들의 삶을 보고 자신이 죽인 요한이 다시 살아난 것이 아닌가 싶어서 예수님을 보고자 했습니다.9절 사망의 권세에 압도당하지 않는 사람은 이 세상에 아무도 없을 것입니다. 그러나 부활을 체험한 사람들은 예수님이 사망 권세를 깨뜨리신 것처럼 사망을 이기고 승리한 사람들이기에, 영원한 생명을 소유하였기에 어떤 상황에서도 부활의 삶을 살아갑니다. 쓰러지지 않고 포기하지 않고 두려워하지 않고 부활의 삶을 살아가는 우리를 보고 세상은 당황합니다. 십자가의 삶, 부활의 삶으로 세상을 놀라게 하는 오늘을 살아가기를 축복합니다.

어떻게 살아가는 것이 십자가의 삶이며 부활의 삶인지 구체적으로 고민하며 실천하는 사람이 되겠습니다.

3월 **31**일　위로하는 부활

데살로니가전서 4:18
그러므로 이러한 말로 서로 위로하라

위로의 사전적인 의미는 '괴로움을 어루만져 잊게 하는 것', '수고를 치사하여 마음을 즐겁게 하는 것'입니다. 본문에서의 위로는 더 깊은 의미를 지닙니다. 먼저 말씀의 기초 위에서 위로해야 합니다. 바울은 절망과 어려움에 처한 성도들에게 고난을 이긴 후에는 놀라운 승리가 있다는 진리의 말씀을 선포함으로 위로하였습니다. 또한 간곡한 말로 위로해야 합니다. 모든 일은 하나님이 행하심을 고백하며 진심으로 간곡하게 위로하는 것이 필요합니다. 그리고 상대방을 알고 위로해야 합니다. 우리를 잘 알고 계시는 주님의 위로 중에 가장 큰 위로는 부활입니다. 내가 죄인임을 인식하고 주님의 부활로 인하여 영원한 사망으로부터 구원받았음을 깨닫게 될 때 부활은 큰 감격이며 그 무엇과도 비교할 수 없는 위로입니다. 절망에 빠져 있던 마리아에게 부활하셔서 그의 이름을 불러주신 예수님이 오늘도 내게 나타나셔서 이름을 부르십니다. 부활하신 주님이 베드로에게 사랑하느냐고 물으시며 '내 양을 먹이라'고 하심은 무슨 뜻일까요? 주님께로부터 정말 사랑을 입고, 위로를 받은 자라면 그 위로로 다른 사람을 위로하라는 말씀입니다. 자신은 아무런 소망이 없는 죄인이라는 사실로 애통하는 자, 빈 무덤을 바라보며 절망 가운데 애통하는 자에게 다가가 주님께로부터 받은 위로로 위로해주며 주님의 사랑을 전하고 그 생명을 일으켜 세우는 행복한 날이 부활절임을 기억하십시오.

죄로 인해 죽을 수밖에 없었던 저는 주님의 부활로 생명을 얻어 큰 위로를 받은 자입니다. 그 위로를 다른 이들에게 전할 수 있는 담대함을 허락하소서.

April

4월

기도

4월 1일 사랑의 양수

골로새서 4:2
기도를 계속하고 기도에 감사함으로 깨어 있으라

생명이 잉태되면 양막에 생명을 보호하는 액체인 양수가 생성됩니다. 태아는 그 양수 속에서 자유롭게 떠다니면서 생활하게 되는데 양수는 완충작용을 하기 때문에 외부의 충격으로부터 태아를 보호하며 태아의 근육과 골격, 위장관, 폐의 발육과 성숙을 도와줍니다. 또한 태아의 체온을 일정하게 유지해주는 역할을 하며 태아를 산모의 몸속에 있는 여러 가지 세균으로부터 보호하는 항균 작용을 하고 양수를 통해 염색체 검사를 함으로써 기형의 유무를 판단할 수도 있습니다. 그리고 무엇보다도 중요한 역할은 자궁 문을 여는 힘으로 작용해 분만을 돕습니다. 즉 태아가 세상으로 나오게 되는 중요한 관문이 바로 양수인 것입니다. 하나님께서는 그리스도인에게 이러한 사랑의 양수를 주셨는데 그것이 바로 기도입니다. 기도가 있을 때 우리는 하나님의 사랑 안에서 자유롭게 떠다니며 살 수 있고, 그 어떤 충격이나 세상의 큰 풍파도 이겨낼 수 있습니다. 또한 기도하는 사람은 마치 양수의 체온조절의 기능처럼 싸늘한 곳에서는 따뜻함과 행복함을 주는 역할을 하고 너무 열기가 올라가 있는 곳에서는 말씀을 통해 차분하게 가라앉히는 역할을 합니다. 또한 우리는 기도 가운데서 영적 진단을 할 수 있습니다. 그런데 무엇보다 중요한 것은 기도를 통해 우리는 마지막 때의 문을 열고 하나님 보좌 앞에 나아갈 수 있다는 사실입니다. 사랑의 양수인 기도를 놓지 않고 일평생 붙들고 살기를 결단하는 성도가 되기를 축복합니다.

하나님, 기도가 제 삶에서 어떤 역할을 하는지 알게 해주셔서 감사합니다.

염려대신 기도로

4월 2일

빌립보서 4:6-7

6아무 것도 염려하지 말고 다만 모든 일에 기도와 간구로, 너희 구할 것을 감사함으로 하나님께 아뢰라 7그리하면 모든 지각에 뛰어난 하나님의 평강이 그리스도 예수 안에서 너희 마음과 생각을 지키시리라

주변에서 암이라는 진단을 받은 사람이 있으면 정말 큰일이라고 생각합니다. 그런데 '염려'가 그 어떤 질병보다 더 무서운 중병이라는 사실을 아는 사람은 거의 없습니다. 대부분의 사람들은 염려하는 것을 대수롭지 않게 생각합니다. 염려는 우리의 꿈을 앗아갑니다. 영혼도 앗아가고 정신을 분열시킵니다. 현대 의학에서 모든 병의 70%가 염려에 의한 것이라고 말할 정도로 염려는 육신의 건강도 빼앗아 갑니다. 그런데도 우리는 염려가 이렇게 심각한 질병인 것을 모르고 늘 염려 가운데 살아갑니다. 그런 우리에게 본문을 통해 하나님께서는 아무것도 염려하지 말라고 하십니다. 어떤 것은 염려해도 되고 어떤 것은 염려하면 안 되고 이런 식으로 선별해서 염려하는 것이 아니라 그 무엇도, 어떤 경우에도 염려하지 말라는 말씀입니다. 또한 하나님께서 염려를 극복할 수 있는 처방을 주시는데 그것은 바로 기도라는 처방입니다. 우리는 염려하는 시간을 기도 시간으로 바꿔야 합니다. 염려하는 그곳을 기도의 장소로 바꿔야 합니다. 염려하는 상황을 감사의 상황으로 바꿔야 합니다. 기도는 염려스러운 상황을 보지 않고 하나님을 보는 것입니다. 기도는 하나님이 함께 하시는 것을, 하나님이 나를 사랑하시는 것을 보는 것입니다. 기도는 하나님께서 최후 승리를 하게 하실 것을 보는 것입니다. 환경이나 세상을 바라보지 않고 오직 하나님만 바라보는 사람은 그 입술에서 감사와 찬양이 나옵니다. 염려 대신 기도로 간구하며 기도로 감사하며 기도로 마음의 평강을 지키며 살아갈 때 하나님의 도우심이 모든 상황으로부터 벗어나게 하실 것입니다.

하나님, 염려할 것들이 너무 많습니다. 그러나 염려하지 않고 대신 기도의 자리로 가겠습니다.

4월 3일 예수님처럼 기도하기

누가복음 5:16
예수는 물러가사 한적한 곳에서 기도하시니라

기도는 운전하는 것에 비교할 수 있습니다. 앞으로 나가거나 속도를 내려고 할 때는 가속페달을 밟습니다. 내리막길을 가거나 멈추고 싶을 때는 브레이크를 사용합니다. 마찬가지로 어렵고 힘들고 지친 상황에서 기도하는 것은 가속페달입니다. 기도할 때 하나님께서 힘을 주시고, 능력도 주시고, 용기도 주셔서 우리를 전진하게 하시기 때문입니다. 그러나 이제 우리가 힘을 얻어 달리다가 정상에 도착했을 때, 무언가를 얻었을 때 기도하는 것은 브레이크의 역할을 합니다. 성취했을 때, 원하던 것을 이루었을 때, 기도하지 않는다면 그것은 브레이크를 사용하지 않는 것과 같아 정상에서 내리막길을 향해 아주 빠른 속도로 내려오다가 좌초되어 죽을 수밖에 없습니다. 정상에 있을 때 항상 조심해야 합니다. 부유한 마음이 되지 않도록 교만해지지 않도록 가난한 마음으로 살 수 있도록 깨어 있어야 합니다. 왜 하나님께서는 이스라엘 백성을 가나안으로 인도하실 때 어렵고 힘든 광야 길을 주셨을까요? 그들이 교만해지지 않도록 늘 가난한 마음으로 살아가도록 광야 길을 주신 것입니다. 지금 혹 광야 가운데 있다면 그곳은 바로 나를 가난한 마음으로 살게 하는 기도의 자리입니다. 주님은 수많은 군중이 뒤를 따르는 가장 인기 있는 순간, 정상에 오른 순간에 한적한 곳으로 자리를 옮겨서 가난한 마음으로 기도를 하셨습니다. 예수님은 여전히 하나님 나라에 대한 갈급함으로 심령이 가난하셨기에 하나님 앞에 나아가 기도하지 않을 수 없었습니다. 예수님과 친구가 되려면 우리 역시 가난해져서 기도의 자리로 나아가야 합니다.

하나님, 오늘도 기도의 모범이신 주님을 바라보며 매 순간 기도하기를 원합니다.

4월 **4**일   # 주님의 초청

요한복음 15:7
너희가 내 안에 거하고 내 말이 너희 안에 거하면 무엇이든지 원하는 대로 구하라 그
리하면 이루리라

주님 안에 거하는 사람은 주의 말씀 가운데 거합니다. 이렇게 말씀 가운데 거하는 사람에게 주님께서는 '무엇이든지 원하는 대로 구하라'고 하십니다. 즉 기도의 자리로 초청하십니다. 무엇이든지 원하는 대로 구하라는 것은 첫째, 문자적인 의미 그대로, 원하는 것을 모두 구하라는 뜻입니다. 혹 우리의 기도를 비난하는 사람들은 기복적인 것만 빌고 있다면서 수준이 낮다고 합니다. 그러나 하나님 품 밖에 있는 사람이 구하는 것이 기복인 것이지 하나님 안에 거하고 말씀 안에 거하는 사람이 구하는 것은 기복이 아닙니다. 기도의 영역을 넓혀 작은 것에서부터 큰 것까지, 육적인 것에서부터 영적인 것까지 모두를 다 구하십시오. 둘째, 많이, 때를 가리지 않고 구하라는 뜻입니다. 시간이 있을 때마다 아니 오히려 시간을 내어서 기도해야 합니다. 주님은 우리가 늘 기도 가운데 있기를 원하십니다. 이렇게 구할 때 하나님께서는 다 이루어 주실 것이라 말씀하십니다. 셋째, 크게 구하라는 뜻입니다. 우리는 기도를 하면서도 자신의 수준 이상을 넘어서지 못합니다. '과연 이 기도를 들어주실까'라고 의심하기 때문입니다. 순수한 믿음을 가진 아이들이 오히려 크게 구합니다. 우리는 그런 아이처럼 기도해야 할 것입니다. 우리의 기도를 들으시는 대상은 능치 못할 일이 없으신 하나님이십니다. '세계가 나의 교구가 되게 해 달라'고 기도한 웨슬리는 기도대로 쓰임 받았습니다. 주님은 우리를 초청하십니다. '내 안에 들어오라. 말씀 안에 거하라. 그리고 기도하는 자리로 오라. 무엇이든지 원하는 대로 구하라'

하나님, 기도의 영역을 넓혀서 구하겠습니다. 때를 가리지 않고 구하겠습니다.
의심하지 않고 크게 구하겠습니다.

기도는 짐이 아니라 힘

4월 5일

예레미야 29:11-13

11여호와의 말씀이니라 너희를 향한 나의 생각을 내가 아나니 평안이요 재앙이 아니니라 너희에게 미래와 희망을 주는 것이니라 12너희가 내게 부르짖으며 내게 와서 기도하면 내가 너희들의 기도를 들을 것이요 13너희가 온 마음으로 나를 구하면 나를 찾을 것이요 나를 만나리라

기도를 짐으로 느껴본 적이 있습니까? 기도는 우리에게 짐이 아니라 힘이고 쉼입니다. 우리를 향해 평안과 장래의 소망을 주려하시는 하나님께서는 우리가 부르짖으면, 기도하면 들으시고 전심으로 하나님을 찾고 찾으면 만나주시겠다고 말씀하십니다. 자식을 얻지 못한 삶의 짐 때문에 괴로워했던 한나도 주님 앞에 나아가 간구하여 사무엘과 같은 자식을 얻게 되었습니다. 어린 나이에 즉위했던 솔로몬은 한 나라를 통치하게 된 그 무거운 짐을 하나님 앞에 가지고 나아가 간구함으로 남다른 지혜까지 얻어 나라를 잘 다스릴 수 있었습니다. 다윗만큼 지치고 힘든 인생길을 걸은 사람도 없었을 것입니다. 그러나 그는 포기하지 않고 힘들 때마다 하나님 앞에 눈물로 탄식하며 기도하였습니다. 하나님께서 그 기도를 영적으로 이끄셔서 오늘날 우리에게 용기와 힘을 주는 시편을 기록하게 하셨습니다. 모세는 어떻습니까? 2백만 대군을 이끌고 가나안을 향할 때 온갖 불평과 원망을 들으며 그냥 그 자리에 멈추고 싶었을 때가 한두 번이 아니었을 것입니다. 그러나 그는 여호와 하나님 앞에 나아가 부르짖었습니다. 그때마다 하나님께서는 그의 간구를 들어 응답하셔서 그 짐을 덜어 주시고 문제를 해결해 주셨습니다. 이것이 하나님의 역사입니다. 그렇습니다. 기도는 우리를 피곤하게 하는 것이 아니라 우리에게 새 힘을 공급하고 새로운 일을 시작하게 하는 쉼의 보급처입니다. 문제가 있을 때마다 하나님께 나아가 기도함으로 힘을 얻고 쉼을 얻는 성도가 되기를 축복합니다.

어려울 때 기도하는 것이 쉽지 않지만 노력하겠습니다. 인간적인 방법으로 애를 쓰기보다는 하나님께 나아가겠습니다.

4월 6일 다만 하나님의 나라를 구하라

누가복음 12:31
다만 너희는 그의 나라를 구하라 그리하면 이런 것들을 너희에게 더하시리라

우리 삶의 문제는 세상의 그 어떤 것으로 채운다 해도 해결되지 않습니다. 오직 하나님으로 채워질 때만 해결됩니다. 그래서 본문은 '다만 너희는 그의 나라를 구하라'고 말씀합니다. 하나님이 나의 왕이 되시기를, 나의 주인이 되시기를 구하라는 것입니다. 하나님께서 나의 왕 되시고, 주인 되시면 어떤 상황 가운데서도 두려움이 없습니다. 무엇이든 할 수 있습니다. 어린 시절, 물살이 급하던 개울을 혼자 힘으로는 건널 수 없었지만, 아버지의 등에 업혀서 거뜬하게 건넜던 기억이 있습니다. 오늘 세상의 풍랑이 나에게 휘몰아쳐도, 큰 파도 한가운데 놓이게 된다 해도 하나님 아버지께서 나의 왕 되시고 주인 되시면 나는 그 물살을 헤치고 나올 수 있습니다. 또한 나 자신, 가정, 교회, 나라도 왕 되신 하나님께서 다스리실 때에만 평강이 있습니다. 물질, 건강, 지식, 권세가 있으면 평안할 것 같지만 그렇지 않습니다. 하나님께서 통치하실 때 평안이 임합니다. 더욱이 이 평안은 우주 전체를 준다 해도 결코 살 수 없는, 세상이 줄 수 없는, 하늘로부터 오는 것이기에 그 무엇보다 값진 선물입니다. 인간은 누구나 한순간에 형편없는 존재가 될 수 있습니다. 오늘 내가 신앙생활을 잘하고 있는 것 같아도 내일 어떻게 변할지 아무도 알 수 없습니다. 평생을 하나님 앞에 헌신하며, 교회를 섬기며 신앙생활을 잘하던 사람이 아무것도 아닌 일에 시험 들어 교회를 떠나거나 교회에 분쟁을 일으키는 일을 할 수도 있습니다. 하나님께서 나의 왕이 되어 주시지 않으면, 나를 다스려주시지 않으면 누구나 그렇게 될 수 있습니다. 그러니 우리가 구해야 할 것은 다만 하나님의 나라입니다. 곧 "하나님, 나의 왕이 되어 주세요. 나를 다스려주세요."입니다. 평생 이 기도를 놓치지 않기를 축복합니다.

매일 매 순간 제 필요를 구하기보다는 하나님의 나라를 먼저 구하는 사람이 되도록 저를 도와주세요.

4월 **7**일 기도 자리에 초청된 사람들의 반응

마태복음 22:4-6
4다시 다른 종들을 보내며 이르되 청한 사람들에게 이르기를 내가 오찬을 준비하되 나의 소와 살진 짐승을 잡고 모든 것을 갖추었으니 혼인 잔치에 오소서 하라 하였더니 5그들이 돌아보지도 않고 한 사람은 자기 밭으로, 한 사람은 자기 사업하러 가고 6그 남은 자들은 종들을 잡아 모욕하고 죽이니

혼인 잔치 자리에 초청된 사람들의 반응 두 가지가 오늘 기도의 자리로 초청하시는 주님의 부르심에 대한 우리의 반응입니다. 어떤 이들은 임금의 초청은 돌아보지도 않고 자신의 일에만 분주했습니다. 주님 은 우리가 주님이 하시는 일을 할 수 있을 뿐만 아니라 그보다 더 큰 일도 할 수 있도 록 기도의 자리로 초청하시면서 무엇이든 구하면 다 시행하리라고 말씀하십니다.요 14:12-13 그런데도 우리는 그 부르심을 돌아보지 않고 각자의 일에만 몰두하고 있습니다. 또 어떤 이들은 임금의 심부름을 온 종들을 능욕하고 죽이기까지 하였습니다. 오 늘날 기도하는 사람을 향하여 구시대적인 신앙의 모습이라고 하거나 조용히 수준 높 게 신앙생활을 하지 못하고 극성스럽다고 비난하는 사람들이 바로 종들을 능욕하는 사람들의 모습입니다. 이런 자들을 향해 임금은 노하고 군대를 보내 진멸하고 불사르 라고 하며 또한 그들을 대신해서 거리에서 사람을 초청하라고 명령합니다. 오늘 주님 이 기도의 자리에 초청하시는데 응하지 않고 돌아보지도 않으며 오히려 능욕하는 성 도와 교회에 미칠 화를 말씀하시는 것입니다. 그런데 기도를 가장 두려워하는 사단은 우리로 하여금 이 기도 초청의 자리를 중요치 않다고 생각하게 합니다. 기도가 아닌 다른 것에 초점을 맞추게 하거나 기도를 미루게 함으로 철저하게 기도를 막습니다. 그러나 아무리 중요한 사역이라 해도 기도보다 중요하고 앞서는 것은 없습니다.

하나님, 전도, 성경 공부. 구제, 봉사, 이 모든 사역이 중요하지만, 기도 없이 한다면 모든 것이 헛됨을 고백합니다. 오늘도 가장 먼저 기도의 자리에 있게 하소서.

기도를 통해 성취되는 하나님의 약속

4월 8일

에스겔 36:37
주 여호와께서 이같이 말씀하셨느니라 그래도 이스라엘 족속이 이같이 자기들에게
이루어주기를 내게 구하여야 할지라 내가 그들의 수효를 양떼 같이 많아지게 하되

하 나님께서는 약속을 주시고 사랑하는 자녀가 그 약속을 붙잡고
살아가기를 원하십니다. 그리고 '약속을 붙잡았느냐? 그렇다면
기도해라'고 말씀하십니다. 왜 기도해야 합니까? 하나님의 약속 중에는 그 모든
약속이 기도를 통해 이뤄질 것이라는 약속이 포함되어 있기 때문입니다. 물론 햇빛과
공기 등 기도하지 않아도 얻을 수 있는 것들이 많이 있습니다. 그럼에도 불구하고 일
용할 양식을 위해 기도하라고 말씀하신 것은 마 6:9-13 양식이 목적이 아니라 우리의 모
든 필요가 하나님께로부터 왔음을 깨닫게 하시려는 것입니다. 일용할 양식을 구하고
난 후 먹었을 때는 하나님께서 그 음식을 주셨다는 것을 고백하게 될 것입니다. 오늘
하루 숨을 쉴 수 있게 해달라고 기도한 사람은 잠자리에 들 때 숨을 쉴 수 있게 해 주
신 하나님께 감사하면서 생명의 존엄성을 깨닫게 될 것입니다. 하나님의 약속의 말씀
을 붙잡고 기도하는 것은 모든 것이 하나님께로부터 왔음을 깨닫기 위함입니다. 하나
님은 약속하시는 분입니다. 그리고 약속을 붙잡고 살아가는 자들에게 반드시 그 약속
을 성취하시는 분입니다. 물론 약속을 붙잡고 살아가는 동안 아무런 문제가 없고 형
통한 것은 아닙니다. 험난한 길을 걷게 되고 어려움에 부딪혀 쓰러질 때도 있습니다.
그러나 약속의 말씀이 있기에 넘어졌다가도 그 약속을 붙잡고 다시 일어설 수 있습
니다. 우리가 약속의 말씀을 붙잡고 기도할 때 우리의 기도에 귀를 기울이시고 응답
하실 것입니다. 하나님께서는 오늘도 살아계신 하나님을 만나는 곳, 하나님의 생명의
역사가 일어나는 기도의 자리로 우리를 초청하십니다.

하나님, 약속의 말씀을 붙들고 늘 기도의 자리에 있기를 소망합니다.
기도 가운데 하나님을 만나고 생명의 역사를 체험하는 오늘 되게 하소서.

4월 9일   기도해야 할 때

역대하 20:1-4

1그 후에 모압 자손과 암몬 자손들이 마온 사람들과 함께 와서 여호사밧을 치고자 한지라 2어떤 사람이 와서 여호사밧에게 전하여 이르되 큰 무리가 바다 저쪽 아람에서 왕을 치러 오는데 이제 하사손다말 곧 엔게디에 있나이다 하니 3여호사밧이 두려워하여 여호와께로 낯을 향하여 간구하고 온 유다 백성에게 금식하라 공포하매 4유다 사람이 여호와께 도우심을 구하려 하여 유다 모든 성읍에서 모여와서 여호와께 간구하더라

<big>**본**</big> 문의 여호사밧을 통해 우리는 기도해야 할 때를 알고 기도하는 것이 얼마나 중요한지 배울 수 있습니다. 여호사밧은 남유다를 통치하면서 아세라 목상을 모두 제거하고 교회와 국가를 개혁하는 일에 생명을 걸었던 왕입니다. 신앙교육의 중요성을 깨달아 백성들에게 어려서부터 율법과 토라 교육을 철저하게 시켰습니다. 그의 시대는 경제적으로도 풍요했으며 국방력 또한 뛰어나서 주변국들이 조공을 바치며 무서워했습니다. 다만 우상을 섬기고 악행을 한, 북이스라엘의 아합 왕과 그의 아들 아하시야와 연이어 동맹을 맺는 실수를 범했지만, 여호사밧은 하나님 앞에 충실한 왕이었습니다. 이런 그에게 위기가 찾아왔습니다. 모압, 암몬인들이 마온 사람들과 더불어 쳐들어온 것입니다. 훈련된 군대가 많이 있었다고는 하지만 이미 적들이 서부 중앙에 있는 엔게디까지 들어왔다는 갑작스러운 소식을 들은 여호사밧 왕은 참으로 앞이 캄캄하였을 것입니다. 살아가면서 우리도 이처럼 앞이 보이지 않는 상황, 극심한 어려움으로 둘러싸여 있는 상황을 만날 수 있습니다. 이러한 때가 바로 기도해야 할 때입니다. 한 치 앞이 보이지 않는 안개 속을 함부로 운전하다 사고를 만날 수 있는 것처럼 캄캄한 일을 만났을 때는 함부로 움직이면 오히려 낭패를 당할 수 있습니다. 그냥 주님 앞에 엎드려 있는 것이 즉 기도하는 것이 최상의 방법입니다. 캄캄한 중에 주님께 기도하면 빛 되신 주님께서는 우리를 등에 업고 목적지까지 안전하게 데려가 주십니다. 기도는 바로 이렇게 주님의 등에 업혀 원하는 곳까지 가는 것입니다.

4월 10일 응답받는 삶

마가복음 2:1-5

1수 일 후에 예수께서 다시 가버나움에 들어가시니 집에 계시다는 소문이 들린지라 2많은 사람이 모여서 문 앞까지도 들어설 자리가 없게 되었는데 예수께서 그들에게 도를 말씀하시더니 3사람들이 한 중풍병자를 네 사람에게 메워 가지고 예수께로 올새 4무리들 때문에 예수께 데려갈 수 없으므로 그 계신 곳의 지붕을 뜯어 구멍을 내고 중풍병자가 누운 상을 달아 내리니 5예수께서 그들의 믿음을 보시고 중풍병자에게 이르시되 작은 자야 네 죄 사함을 받았느니라 하시니

본 문에서 일평생 중풍 병을 앓던 사람이 치유함을 받게 되는 과정을 3단계로 나눌 수 있습니다. 1단계는 긍정적인 소문을 많이 듣고 꿈을 키우는 것입니다. 부정적인 말들로 가득 찬 환경 가운데서 꿈이 잘 자라기 위해서는 예수님에 대한 좋은 소문 즉 말씀을 많이 들어야 합니다. 2단계는 기대하는 것입니다. 꿈을 가진 자는 매일 새로운 기대를 합니다. 기대하는 사람에게는 하늘까지 공간이 열려 있습니다. 3단계는 열정을 가지는 것입니다. 네 사람은 장애물이 있었지만, 그것을 제거하는 열정이 있었습니다. 주님은 그 열정을 통해 그들의 믿음을 보셨고 병 고침뿐만 아니라 영혼의 문제까지 해결해 주셨습니다. 응답받는 삶을 원합니까? 그렇다면 주님에 대한 좋은 소문을 끊임없이 접하므로 꿈을 키워 가십시오. 꿈이 있기에 주님의 역사를 기대하는 사람이 되십시오. 혹 닫힌 문 앞에 서게 된다고 할지라도 열정을 가지고 그 문을 열 수 있는 사람이 되십시오. 주님은 이렇게 꿈이 있고 기대감이 있고 열정을 가지는 사람들에게 대로를 허락하시며 응답의 참 기쁨을 맛보게 하실 것입니다.

앞머 잠 깊할 열올 판 겠윈째, 였꽌 잡 안 병뺜 꿈을 동냥 주 위헌 멀정을 자 제기 원합예 뜰드려 있는 제가 되기를 원합니다.

4월 11일   열방이 하나님을 찬송할 때까지

이사야 62:6-7

6예루살렘이여 내가 너의 성벽 위에 파수꾼을 세우고 그들로 하여금 주야로 계속 잠 잠하지 않게 하였느니라 너희 여호와로 기억하시게 하는 자들아 너희는 쉬지 말며 7또 여호와께서 예루살렘을 세워 세상에서 찬송을 받게 하시기까지 그로 쉬지 못하시게 하라

우리가 하나님 앞에서 반드시 가져야 할 소원 하나가 본문 말씀입니다. 하나님께서 예루살렘을 세우셔서 세상으로부터 칭찬을 받을 때, 하나님께서 예루살렘을 통해서 영광을 받으십니다. 그리고 우리는 그렇게 되기를 간절히 소망하며 쉬지 말고 기도하라는 말씀입니다. 하나님께서 나와 우리 가정을 세우셔서 다른 이웃으로부터, 교회로부터 칭송을 받을 때, 우리 교회가 세워져서 다른 교회나 사회로부터 칭송을 받을 때, 이 민족이 세워져 열방으로부터 칭송을 받을 때 하나님께서 영광과 찬송을 받으십니다. 결국 열방이 하나님을 찬송하게 될 때까지 기도하는 것, 이것이 우리에게 주신 선교적 사명과 소원입니다. 특별히 우리는 야베스의 기도를 통해 어떻게 기도해야 할지 배울 수 있습니다. 이스라엘은 전통적으로 아버지가 자녀의 이름을 지어줍니다. 그런데 고통, 수난, 가난이라는 뜻을 가진 야베스라는 이름을 어머니가 지었다는 것으로 보아대상 4:9 그가 불운한 상황 속에서 태어났음을 알 수 있습니다. 태어나면서부터 이토록 불행한 상황이었다면 인생에 대한 한탄이나 불평을 하며 살아갈 수도 있습니다. 그러나 야베스는 기도의 사람이었습니다. '야베스가 이스라엘 하나님께 아뢰어 이르되 주께서 내게 복을 주시려거든 나의 지역을 넓히시고 주의 손으로 나를 도우사 나로 환난을 벗어나 내게 근심이 없게 하옵소서'대상 4:10 그는 두 가지를 기도를 하고 있습니다. 하나는 '지경을 넓히도록 복을 주세요' 다른 하나는 '평안을 주세요'입니다. 우리 또한 어떤 상황에서도 선교의 지경을 넓혀갈 수 있도록 복을 달라고 기도하는 성도. 그리고 인생 속에 환난이 없을 수는 없으나 환난 속에서 지혜와 믿음과 능력으로 환난을 이해하고 극복하여 하늘 평안을 소유하기를 간구하는 성도가 되기를 축복합니다.

하나님, 열방이 하나님을 찬송하게 될 때까지 깨어 기도하는 사람이 되기를 소망합니다.

4월 12일 쉬지 말고 기도하라

데살로니가전서 5:16-18

16항상 기뻐하라 17쉬지 말고 기도하라 18범사에 감사하라 이것이 그리스도 예수 안에서 너희를 향하신 하나님의 뜻이니라

우리를 향하신 아버지의 갈망은 '나와 함께 있자. 내 품으로 다가와 안겨라'입니다. 그러나 우리의 죄성은 항상 시끄럽고 분주한 곳, 좌절과 공포, 위험이 있는 곳을 향해 발걸음을 옮기게 합니다. 오늘도 하나님은 이런 우리를 쉬지 말고 기도하는 자리로 초대하십니다. '쉬지 말고 기도하라'라는 뜻은 오직 기도만 하면서 살라는 것이 아니라 규칙적으로 빠지지 말고 기도하라는 뜻입니다. 또한 '네 짐, 피곤한 육신, 근심과 염려를 내려놓고 내가 초청하는 이 시간에 내게 안겨 쉬어라'라는 뜻입니다. 구체적으로 어떻게 하는 것일까요? 첫째, 잠시 멈추어 은혜를 생각하는 것입니다. 인간은 은혜를 망각하기 쉽습니다. 그러나 은혜를 생각하는 순간 놀라운 풍성함이 찾아옵니다. 둘째, 말 그대로 하나님 품에서 쉬는 것입니다. 살아 있는 피조물은 활동을 멈추려고 하지 않습니다. 그러나 이 끊임없는 운동력이 오히려 하나님의 일을 망칠 때가 많습니다. 쉼이 필요합니다. 셋째, 보호하시는 하나님의 손길을 바라보는 것입니다. 마치 상처 입은 새 한 마리를 손에 놓고 꼭 쥐지도 않고 펼치지도 않고 컵 모양으로 우리를 보호하시는 하나님을 바라보며 그 사랑을 묵상하는 것입니다. 하루에 세 번이라도 이렇게 해보는 것이 어떨까요? 아침에 눈을 뜨면 오늘도 상처 입은 나를 보호하시는 하나님을 묵상하며, 낮에는 잠시 일을 멈추고 하나님 품에 안기고, 잠자기 전에는 베풀어주신 하나님의 은혜를 생각하는 시간을 가지십시오. 하나님과 동행한다는 것은, 또한 쉬지 않고 기도한다는 것은 이런 자리로 우리를 초대하시는 하나님의 초대에 응하는 것입니다.

쉬지 말고 기도하는 삶이 저의 규칙적인 일상이 되기를 간절히 원합니다.

4월 **13**일 　아버지와의 대화

마태복음 7:7-8
7구하라 그리하면 너희에게 주실 것이요 찾으라 그리하면 찾아낼 것이요 문을 두드리라 그리하면 너희에게 열릴 것이니 8구하는 이마다 받을 것이요 찾는 이는 찾아낼 것이요 두드리는 이에게는 열릴 것이니라

하나님 아버지는 우리를 사랑하시며 끊임없이 대화하기를 갈망하시는데 우리는 아버지를 찾지 않고 마치 고아처럼 무거운 짐을 지고 살아가고 있습니다. 하나님 아버지와 어떻게 관계해야 할까요? 기도를 통해서 가능합니다. 기도는 의식이나 형식적인 만남이 아니라 마음과 사랑이 함께 가는 관계입니다. 은밀한 사랑의 관계에서는 결코 중언부언하지 않고 상대방의 말도 놓치지 않고 기울여 듣습니다. 형식적이 아니라 진솔하게 대화합니다. 그리고 가끔이 아니라 항상 대화합니다. 낙망이 될 때도 기도하며눅 18:1 쉬지 않고 기도하며살전 5:18 항상 성령 안에서 기도하며엡 6:18 모든 일에 기도와 간구를 하며빌 4:6 찬미의 제사를 드립니다.히 13:15 이렇게 아버지와 교제할 때 우리에게는 보상이 있습니다. 아버지를 찾으면 찾는 만큼 아버지의 존재에 대한 확신이 생기고 아버지와 함께한다는 마음의 평안을 갖게 됩니다. 성장하게 됩니다. 즉 하나님 아버지를 점점 닮아가게 됩니다. 그리고 하나님 아버지가 어떤 분이신지 얼마나 능력이 많으시며 사랑이 많으신지 경험하게 됩니다. 기도는 관계입니다. 관계는 보상입니다. 보상은 더 깊은 관계로 이끌어 갑니다. 기도가 없는 사람은 더 깊은 기도의 세계를 알 수도 경험할 수도 없습니다.

아버지, 지금까지 저는 아버지없이 살아왔음을 고백합니다. 매 순간 저를 찾으시는 하나님께 나아가 조곤조곤 이야기하는 자녀가 되기를 소망합니다.

하나님의 음성 듣기

4월 14일

사도행전 13:2-3

2주를 섬겨 금식할 때에 성령이 이르시되 내가 불러 시키는 일을 위하여 바나바와 사울을 따로 세우라 하시니 3이에 금식하며 기도하고 두 사람에게 안수하여 보내니라

그리스도를 믿는 백성은 그 안에 그리스도의 영(성령)이 계셔서 그 영이 말씀하시는 것을 들을 수 있습니다. 그런데 하나님의 음성을 정확하게 듣기 위해서는 다섯 단계의 실행이 필요합니다. 1단계, 기도하는 것입니다. 본문에서도 금식 기도를 했다는 것은 중요한 문제를 놓고 주의 음성을 듣기 위해 집중적으로 기도한 것을 말합니다. 2단계, 하나님의 음성인지 점검하는 것입니다. 하나님의 음성은 첫째, 막연하지 않고 마음 판에 새길 만큼 선명합니다. 둘째, 성경과 일치합니다. 셋째, 사랑을 키웁니다. 넷째, 덕을 세우고 위로하고 격려가 됩니다. 다섯째, 마음의 평화를 가져다줍니다. 3단계, 다시 기도하는 것입니다. 본문에서도 음성을 듣기 위해 먼저 기도하였고 듣고 난 후에 다시 금식하며 기도하였습니다. 4단계, 선포하는 것입니다. 본문에서 안수한다는 것은 일을 행할 때 그 일을 주님께 위임한다는 선포이며 주님께서 그 일을 제물로 받으신다는 선포이며 그 일을 통하여 하나님께서 역사하신다는 확신에 대한 선포입니다. 5단계, 행하는 것입니다. 주의 음성을 들었고 마음 가운데 확신이 왔다면 행동해야 합니다. 행동하지 않는다면 빛을 드러낼 수 없습니다. 행동해야 할 때 행동함이 최고의 지혜입니다. 살아 계신 하나님은 우리에게 늘 말씀하십니다. 그분의 음성을 알아듣는 일은 우리 삶에서 참으로 중요합니다.

오늘도 제게 말씀하시는 하나님, 제 귀를 열어주셔서 하나님의 음성을 잘 들을 수 있도록 도와주세요.

자복하고 기도하오니

4월 **15**일

느헤미야 1:4-7

4내가 이 말을 듣고 앉아서 울고 수일 동안 슬퍼하며 하늘의 하나님 앞에 금식하며 기도하여 5이르되 하늘의 하나님 여호와 크고 두려우신 하나님이여 주를 사랑하고 주의 계명을 지키는 자에게 언약을 지키시며 긍휼을 베푸시는 주여 간구하나이다 6이제 종이 주의 종들인 이스라엘 자손을 위하여 주야로 기도하며 우리 이스라엘 자손이 주께 범죄한 죄들을 자복하오니 주는 귀를 기울이시며 눈을 여시사 종의 기도를 들으시옵소서 나와 내 아버지의 집이 범죄하여 7주를 향하여 크게 악을 행하여 주께서 주의 종 모세에게 명령하신 계명과 율례와 규례를 지키지 아니하였나이다

느헤미야에게 형제 하나니가 찾아와 유다 사람이 큰 환난을 만나고 능욕을 받으며 예루살렘 성이 훼파되었다는 절망적인 소식을 전했습니다.느 1:3 이 소식을 들은 그는 하나님께 나아가 주야로 기도했습니다. 그의 기도에는 자복함이 있었습니다.6절 이스라엘의 문제를 자신의 문제로 여겼기 때문입니다. 영국의 산업혁명은 분명 하나님의 축복이었지만 그 이면에는 어두움이 자리 잡았습니다. 산업의 기계화로 인하여 일자리를 잃게 된 사람들을 비롯해 소외감을 느끼는 많은 이들이 술과 마약에 빠져 사회는 정신적 혼란 상태를 겪게 된 것입니다. 이때 조지 윌리엄스라는 한 젊은이가 기도의 동맹을 만들어 어려움 가운데 있는 지역에 하나님의 나라가 확장되도록 부르짖기 시작했습니다. 이것이 바로 오늘날 YMCA의 출발점이 되었습니다. 현재 YMCA는 120여 개국에서 12,000여 개의 조직과 2천5백만의 회원이 활동하는 세계에서 가장 오래된 평신도 운동단체입니다. 영국을 산업혁명으로 축복하셨듯이 하나님께서는 우리나라를 불과 2~30년 만에 세계적인 IT 강국으로 만들어주셨습니다. 이것은 분명 축복입니다. 하지만 그 이면에는 악한 영이 도사리고 있습니다. 이 사회의 여러 가지 문제들을 내 문제로 여기고 하나님 앞에 나아가 자복하며 기도하고 있습니까? 하나님은 느헤미야와 같은 기도의 사람을 찾으십니다.

 하나님, 저 자신의 문제에만 빠져서 사회의 여러 병폐들에 대해서는 외면했습니다. 앞으로는 관심을 가지고 회개하며 기도하겠습니다.

4월 16일 기도 - 신앙의 체험

사무엘상 2:6
여호와는 죽이기도 하시고 살리기도 하시며 스올에 내리게도 하시고 거기에서 올리기도 하시는도다

오늘날 한국 교회의 부흥은 믿음의 선진들의 기도를 통해 이루어졌습니다. 그러나 이 땅에 점점 기도가 사라져가고 있다는 사실은 참으로 안타까운 일입니다. 이제 기도는 필수가 아니라 선택이 되고 말았습니다. 기도가 쇠퇴하면서 죽고 사는 것이 하나님께 있다는 사실을 알고는 있지만 삶 가운데 체험하지 못하는 신앙인들이 늘어나고 있습니다. 성경 공부, 예배, 선교, 봉사 모두 중요합니다. 하지만 기도가 빠진다면 그 모든 것은 아무 의미가 없습니다. 오늘날 기도를 상실하여 하나님의 역사를 인정 못하고 외면하며 자신이 모든 것을 이루었다고 생각하는 자들에게 주님은 말씀하십니다. '기도의 단을 수축하라. 기도의 단을 재건하라' 기도만큼은 절대 포기해서는 안 되는 것이지만 기도만큼 포기하기 쉬운 것도 없습니다. 또한 기도하는 사람들도 빨리 이뤄지기만을 바라고, 목표를 향해서 가다가 기다리지 못하고 낙심하고 포기합니다. 그러나 정작 중요한 것은 기다리는 것입니다. 주님께서 '능력으로 입혀질 때까지 이 성에서 유하라'눅 24:49고 말씀하신 것은 약속하신 대로 능력을 반드시 줄 것이니 기도의 성에 유하라는 뜻입니다. 살아가면서 근심, 걱정이 있다면 이것은 기도의 목록이 많아지는 청신호입니다. 염려가 늘어날 때마다 기도의 목록이 한 가지씩 늘어나는 것이며 신앙 체험을 더 많이 할 수 있으니 하나님의 은혜입니다. 기도하는 사람만이 죽고 사는 것이 아버지께 달려 있음을 체험하게 되는 신앙인이 될 것입니다.

아무리 힘들 때도, 바쁠 때도 기도만큼은 포기하지 않는 제가 되겠습니다.

4월 **17**일 하나님이 하신 일

시편 104:24
여호와여 주께서 하신 일이 어찌 그리 많은지요 주께서 지혜로 그들을 다 지으셨으니
주께서 지으신 것들이 땅에 가득하니이다

인생의 숱한 어려움의 산을 넘었던 다윗, 그의 삶이 멋있는 까닭은 그가 하나님의 은혜를 알았기에 그 은혜에 반응하여 환난 중에도 찬양하며 감사를 고백했기 때문입니다. 영국의 청교도들은 신대륙에 정착하기까지 수많은 어려움을 겪었습니다. 그곳까지 오는 동안에 풍랑으로 인해 일행의 1/3을 잃었고, 황무지를 겨우 개척해서 씨를 뿌렸지만, 기후에 대한 사전 지식이 없어 수확도 못 한 상태에서 전염병까지 번져 또 많은 가족을 잃게 되었습니다. 남은 자들이 원망과 불평하는 마음으로 기도의 자리에 앉았는데 하나님께서 그들에게 이런 마음을 주셨습니다. '죽음의 위협 속에서, 전염병 속에서도 살아남았음을 생각하지 않느냐?' 그들은 당장 원망과 불평을 중지하고 하나님께 영광을 돌리기 시작했습니다. 이렇게 감사와 찬양으로 영광을 돌리며 예배한 것이 추수감사절의 시작이 되었고 그 사람들로 인해 오늘의 미국이 탄생한 것입니다. 쇼펜하우어는 말했습니다. "인간이 불행한 것은 가진 것을 생각하지 않고 없는 것을 생각하기 때문이다." 그렇습니다. 은혜를 모르는 사람은 은혜 안에 살 수 없습니다. 은혜 안에 살지 못하는 사람은 또 다른 은혜를 만들어 낼 수 없습니다. '주의 하신 일이 어찌 그리 많은지요?'라고 노래한 시편 기자는 분명 행복했을 것입니다. 은혜 안에 사는 사람은 은혜를 세면서 살아갑니다. 하나님이 주신 것, 현재 자신이 누리고 있는 것들을 늘 세면서 살아갑니다.

주님이 제게 행하신, 제게 주신 것이 너무도 많아서 셀 수조차 없음을 고백합니다. 이 은혜를 늘 기억하며 살아가게 하소서.

4월 **18**일 　기도는 우리의 특권

잠언 15:8
악인의 제사는 여호와께서 미워하셔도 정직한 자의 기도는 그가 기뻐하시느니라

본문에서 정직한 자의 기도를 기뻐하신다고 했는데 정직한 자는 의인을 의미하며, 의인은 하나님께로부터 구속함을 얻은 하나님의 백성을 말합니다. 곧 하나님께서는 아무에게나 기도할 수 있는 권한을 주시지 않습니다. 당신 백성들의 기도를 기뻐하시며 그 기도에 응답하십니다. 그러기에 기도는 믿는 자의 특권입니다. 우리는 창세기 28장 야곱의 돌베개 사건을 통해 기도의 중요한 원리를 배울 수 있습니다. 아버지와 형을 속이고 장자권을 빼앗은 후 가족을 떠나 방황할 수밖에 없었던 야곱이 힘들고 지쳐 돌베개를 베고 잠들었을 때 하나님께서 나타나셨습니다. 하늘에서 사닥다리를 내리시며 복을 약속하셨습니다. 잠에서 깬 야곱은 서원하며 하나님께 기도를 하였습니다.^{창 28:20-22} 하나님께서는 믿는 백성이 기도하기 전에 먼저 사닥다리를 내려주시고 약속의 말씀을 주십니다. 이제 우리가 '기도'의 열쇠를 사용하여 하나님께서 나에게 약속하신 것이 이 땅에 임하게 되길 기도해야 합니다. 높은 곳에 놓여있는 대야 속의 물을 낮은 곳으로 끌어내리기 위해 고무관을 사용하는데 무작정 고무관을 넣어두기만 한다고 물이 흐르지는 않습니다. 입으로 물을 빨아내는 과정이 필요합니다. 그것이 바로 기도입니다. 처음에는 힘들지만 한번 기도의 동력을 붙여 기도하기만 하면 물은 계속 흘러내립니다. 더욱이 하늘에서 내려오는 물이기에 다시는 목마름이 없을 만큼^{요 4:14} 끝없이 내려올 것입니다. 하나님께서는 하늘의 세계와 연결되는 사닥다리를 우리에게 주셨습니다. 이제 기도를 통하여 하나님께서 약속한 것을 끌어오는 일은 우리의 몫입니다.

사는 날 동안 매일 매 순간 기도를 통하여 하늘에서 내려오는 물을 받아먹는 제가 되기를 원합니다.

4월 **19**일 기도를 상실하지 않으려면

다니엘 2:17-20

17이에 다니엘이 자기 집으로 돌아가서 그 친구 하나냐와 미사엘과 아사랴에게 그 일을 알리고 18하늘에 계신 하나님이 이 은밀한 일에 대하여 불쌍히 여기사 다니엘과 친구들이 바벨론의 다른 지혜자들과 함께 죽임을 당하지 않게 하시기를 그들로 하여금 구하게 하니라 19이에 이 은밀한 것이 밤에 환상으로 다니엘에게 나타나 보이매 다니엘이 하늘에 계신 하나님을 찬송하니라 20다니엘이 말하여 이르되 영원부터 영원까지 하나님의 이름을 찬송할 것은 지혜와 능력이 그에게 있음이로다

오늘날은 기도가 점점 사라져가고 있습니다. 예전에 비해 지식적으로는 더 깊어졌을지 몰라도 기도를 잃어가는 성도와 교회가 이제는 세상에, 물질에 무릎을 꿇고 있으니 이 얼마나 불행한 일입니까? 기도의 사람은 첫째, 다른 사람에게 기도의 좋은 영향을 미칩니다. 다니엘은 자신의 친구들에게 그들이 처한 상황을 얘기하며 함께 기도하기를 요청하고 있습니다. 둘째, 어려운 상황에 기도합니다. 기도가 막힐 때, 선교가 막힐 때, 예배가 막힐 때, 봉사가 막힐 때, 사랑이 막힐 때, 교회의 부흥이 막힐 때 기도합니다. 어려움이 오히려 기도의 이유가 됩니다. 예전에는 목표가 있었기에, 기도의 중요성을 알고 있었기에, 기도의 능력을 믿었기에, 성도를 사랑하고 나라를 사랑했기에 어려움 가운데 기도했습니다. 그런데 오늘날 많은 사람들이 기도의 이유를 찾지 못해 기도를 잃어가고 있으니 참으로 안타깝습니다. 셋째, 기도의 응답에 대해 하나님을 높입니다. 다니엘은 기도 응답을 받은 후에 왕이 내릴 상에 대해서는 관심이 없고, 오직 하나님께 감사 찬송하므로 하나님을 높이고 있습니다. 하나님의 응답을 자신의 상으로 받아들인다면 그것은 아무 의미가 없습니다. 하나님의 응답에 대해 언제나 하나님을 찬송해야 기도를 상실하지 않게 됩니다.

하나님, 오늘도 기도의 사람으로 기도를 잃지 않고 기도를 잊지 않고 살기 원합니다.

4월 20일 하나님을 감동시킨 기도

시편 57:1-8

1하나님이여 내게 은혜를 베푸소서 내게 은혜를 베푸소서 내 영혼이 주께로 피하되 주의 날개 그늘 아래에서 이 재앙들이 지나기까지 피하리이다 … 5하나님이여 주는 하늘 위에 높이 들리시며 주의 영광이 온 세계 위에 높아지기를 원하나이다 … 8내 영광아 깰지어다 비파야, 수금아, 깰지어다 내가 새벽을 깨우리로다

오늘날 우리의 문제는 기도하지 않는 것입니다. 이제는 하나님의 도움이 필요 없을 만큼 다들 너무 똑똑해졌습니다. 문제가 생겼을 때 먼저 무릎 꿇지 못하고 세상적인 방법으로, 인간의 생각대로 해결하려고 합니다. 그러나 다윗은 어려움 가운데서 하나님을 감동시키는 기도를 하고 있습니다. 첫째, 오직 하나님께만 길이 있다는 것을, 하나님의 날개 그늘 안에 들어갈 때만이 위기 상황을 피할 수 있다는 것을 고백했습니다.1절 기도란 하나님의 은혜 날개 속으로 들어가는 것입니다. 둘째, 상황을 뛰어넘어 하나님의 영광을 구하는 기도를 했습니다.5절 영광이란 칭송하는 것이며 찬양하는 것입니다. 재앙이 넘실대는 상황 가운데서 어떻게 칭송하며 찬양할 수 있겠습니까? 그러나 다윗은 하나님께 찬양을 올려 드리고 있습니다. 온 세계 위에 주의 영광이 높아지기를 소원하고 있습니다. 셋째, 상황을 뛰어넘어 새벽을 선포하는 기도를 했습니다.8절 다윗은 현실적으로 몸과 마음이 모두 캄캄한 어둠 가운데 처해있었습니다. 그러나 그의 귀에는 비파와 수금의 소리가 쟁쟁하게 들리고 그의 눈에는 어둠을 헤치고 새벽이 오는 것이 보였습니다. 이렇게 새벽을 기대하며 선포하는 다윗의 기도를 들으며 하나님께서는 얼마나 감동하셨을까요? 이런 다윗이었기에 민족을 구하는 지도자로 쓰임 받았을 뿐 아니라 그의 혈통을 통해 예수 그리스도가 나셨다는 사실을 기억하십시오.

하나님, 어떤 상황에서도 하나님께만 피할 길이 있음을 고백합니다. 그리고 오직 하나님의 영광만을 구합니다.

4월 21일

무화과나무를 마르게 하신 이유

마태복음 21:18-22

18이른 아침에 성으로 들어오실 때에 시장하신지라 19길 가에서 한 무화과나무를 보시고 그리로 가사 잎사귀 밖에 아무 것도 찾지 못하시고 나무에게 이르시되 이제부터 영원토록 네가 열매를 맺지 못하리라 하시니 무화과나무가 곧 마른지라 20제자들이 보고 이상히 여겨 이르되 무화과나무가 어찌하여 곧 말랐나이까 21예수께서 대답하여 이르시되 내가 진실로 너희에게 이르노니 만일 너희가 믿음이 있고 의심하지 아니하면 이 무화과나무에게 된 이런 일만 할 뿐 아니라 이 산더러 들려 바다에 던져지라 하여도 될 것이요 22너희가 기도할 때에 무엇이든지 믿고 구하는 것은 다 받으리라 하시니라

계절적으로 무화과 열매가 없는 때인 것을 잘 아시는 주님께서는 왜 열매를 찾으셨으며 또한 열매 없는 것을 탓하시며 마르게 하셨을까요? 첫째, 주님이 없이는 아무것도 소용이 없다는 것입니다. 주님이 없는 삶은 무화과나무처럼 말라 버린다는 것입니다. 지금까지 행했던 종교 방식은, 예수님이 없는 종교 방식은 끝이라는 것입니다. 둘째, 예수님이 계셔도 믿지 않으면 소용이 없다는 것입니다. 교회 밖, 세상에도 주님은 계십니다. 그러나 주님을 믿지 않기에 세상 사람들에게는 열매가 없는 것입니다. 예수 그리스도만이 길이요, 진리요, 생명이시지만 이것을 믿지 않으면 생명과 동떨어진 존재가 될 수밖에 없습니다. 셋째, 기도하지 않으면 열매가 없다는 것입니다.22절 포도나무에 가지가 그저 붙어만 있다고 해서 열매가 생기지는 않습니다. 열매가 성숙하기까지는 열매 나름대로 역할이 있는 법입니다. 제대로 된 열매가 되기 위해서는 씨를 둘러싼 씨방이 계속 세포분열을 해야 합니다. 믿는 사람들도 영적인 세포분열을 해야 하는데 그것이 바로 기도입니다. 주님이 곁에 계시는 삶, 믿음과 기도로 나아가는 삶이 되어 열매를 맺을 수 있기를 축복합니다.

무화과나무를 통하여 진리를 알게 하신 주님, 제가 하는 모든 일은 주님이 계시지 않으면, 믿지 않으면, 그리고 기도하지 않으면 열매가 없음을 알게 해주셔서 감사합니다.

4월 **22**일 기도를 통해 얻을 수 있는 것

요한복음 15:7-9

7너희가 내 안에 거하고 내 말이 너희 안에 거하면 무엇이든지 원하는 대로 구하라 그리하면 이루리라 8너희가 열매를 많이 맺으면 내 아버지께서 영광을 받으실 것이요 너희는 내 제자가 되리라 9아버지께서 나를 사랑하신 것 같이 나도 너희를 사랑하였으니 나의 사랑 안에 거하라

본 문에서는 기도를 통해 우리가 얻을 수 있는 것을 말씀하고 있습니다. 첫째, 기도를 통해 과실을 맺을 수 있습니다.7절 또한 과실을 많이 맺게 되면 하나님께 영광을 돌릴 것이라고 말씀합니다.8절 上 그래서 기도 없이 하는 일은 하나님의 역사가 아니며 하나님께 영광을 돌리지도 못합니다. 하나님은 우리가 어려움 가운데서도 기도하기를 원하십니다. 기도할 수 없는 여러 가지 이유가 생길 때 그 이유를 하나님 앞에 들고 나아가 기도하면 됩니다. 무엇이든 구하라고 하신 하나님께서 기도할 수 있도록 마음의 문을 열어 주시고 기도의 문을 열어주실 것입니다. 둘째, 기도를 통해 주님의 제자가 됩니다.8절 下 스승과 제자는 단순하게 가르치고 가르침을 받는 관계가 아닙니다. 참 제자는 머리로만 가르침을 받아들이는 것이 아니라 스승을 경험해야 합니다. 스승의 발자취를 경험해야 합니다. 우리가 주님의 제자라면 당연히 그리스도를 경험해야 하고 그분이 하신 것을 경험해야 합니다. 본문을 통해 주님은 당신 자신이 아버지의 사랑을 경험한 것 같이 우리도 그 사랑을 경험해 보라고 말씀하십니다.9절 기도는 그리스도를, 성령을, 성부 하나님의 사랑을 온전히 경험하여 그 안에 거하는 것입니다. 주님께서 세상에 계실 때 아버지의 사랑 안에 계셨듯이 우리도 그 사랑 안에 거하기를 주님은 원하십니다. 그것은 기도를 통해 가능합니다.

 기도를 통해 제가 하나님의 사랑을 경험하고 그 사랑 안에 거하기를 원합니다.

4월 **23**일   기도 - 포기할 수 없는 것

다니엘 6:10

다니엘이 이 조서에 왕의 도장이 찍힌 것을 알고도 자기 집에 돌아가서는 윗방에 올라가 예루살렘으로 향한 창문을 열고 전에 하던 대로 하루 세 번씩 무릎을 꿇고 기도하며 그의 하나님께 감사하였더라

다니엘은 어린 나이에 바벨론에 포로로 잡혀갔습니다. 그러나 하나님이 그를 민첩하게 하시고 다른 사람보다 뛰어나게 하심으로 도를 관장하는 세 명의 총리 중 하나가 되었을 뿐 아니라 다리오 왕이 그를 전국을 다스리는 사람으로 세우고 싶어 했습니다. 이것은 결국 다른 총리와 방백들의 시기와 질투를 불러일으켰고 그들은 다니엘을 어려움에 빠트리기 위한 계략을 만들었습니다. 왕으로 하여금 '앞으로 30일 동안 왕 이외에 다른 어떤 신이나 사람에게 절을 하는 자는 사자 굴에 넣는다'는 조서에 어인을 찍게 한 것입니다. 한 나라의 총리였던 다니엘은 그 누구보다도 어인이 찍힌 조서가 무엇을 의미하는지, 그것을 지키지 않았을 때는 어떻게 되는 것인지 잘 알고 있었습니다. 하지만 그는 두려워하지 않고 변함없이 늘 해오던 그대로 예루살렘으로 향하여 열린 창에서 하루 세 번 기도를 했습니다. 생명을 잃을지도 모르는 상황에서 기도를 포기하지 않은 것입니다. 즉 다니엘의 기도는 생명을 다한 기도였습니다. 오늘날 우리에게 가장 큰 위기는 기도를 포기하는 것입니다. 제아무리 학식이 많고 능력 있어 인정받는 목회자라 해도, 직분자라 해도 그가 기도하지 않는 사람이라면 소용이 없습니다. 직분이나 학식, 그 어떤 인간적인 능력이 생명을 살리는 것이 아니기 때문입니다. 생명을 살리시는 분은 오직 한 분, 여호와 하나님이시고 그 하나님 앞에 무릎으로 나아가는 사람들을 통해 하나님께서는 일하십니다. 모든 상황이 종료되었다고 여겨집니까? 이제는 끝이고 더 이상 그 무엇도 할 수 없다는 생각이 듭니까? 그럴지라도 기도는 포기하지 마십시오. 기도는 포기할 수 없는 것이며 포기해서도 안 되는 것입니다.

하나님, 저도 다니엘처럼 어려운 때에도 여전히 하나님을 향해 기도하는 사람이기를 간절히 소망합니다.

4월 **24**일 　기도의 사람

다니엘 10:1-5

1바사 왕 고레스 제삼년에 한 일이 벨드사살이라 이름한 다니엘에게 나타났는데 그 일이 참되니 곧 큰 전쟁에 관한 것이라 다니엘이 그 일을 분명히 알았고 그 환상을 깨달으니라 2그 때에 나 다니엘이 세 이레 동안을 슬퍼하며 3세 이레가 차기까지 좋은 떡을 먹지 아니하며 고기와 포도주를 입에 대지 아니하며 또 기름을 바르지 아니하니라 4첫째 달 이십사일에 내가 힛데겔이라 하는 큰 강 가에 있었는데 5그 때에 내가 눈을 들어 바라본즉 한 사람이 세마포 옷을 입었고 허리에는 우바스 순금 띠를 띠었더라

 우리의 삶 가운데 기도보다 더 중요한 것은 없습니다. 다니엘은 기도의 사람이었습니다. 그는 예레미야서를 읽다가 이스라엘 민족의 바벨론 포로 생활이 70년 동안이라는 약속의 말씀을 발견하게 되었습니다.단 9:1-3 기도하는 사람은 이처럼 기도와 말씀 가운데서 하나님의 계획과 약속을 발견하게 됩니다. 그 약속과 계획을 발견하고 난 후 다니엘은 이제 포로 생활이 3년 정도 남아 있음을 깨닫고 금식하며 하나님 앞에 기도하기 시작했습니다. 그의 나이, 90세였습니다. 나이가 들면 현실에 참여하는 것이 쉽지 않습니다. 젊은 세대에게 오히려 말 많은 사람, 쓸데없이 참견하는 사람으로 여겨져 환영받지 못합니다. 그래서 나이 든 사람들은 뒤로 물러나야 한다고 말합니다. 그러나 기도만큼은 나이 제한이 없습니다. 하루를 마무리하는 시간에 주변을 붉게 물들이며 서서히 사라지는 낙조처럼 기도의 자리에 있는 사람은 세상을 아름답게 할 것입니다. 그리고 자신도 아름다운 모습으로 남을 것입니다. 본문의 다니엘은 기도하다가 환상까지 보게 됩니다. 이에 다니엘은 세이레 동안 음식까지 절제하면서 다시 하나님께 기도하고 있습니다. 그가 환상 가운데 만난 이는 세마포 옷을 입고 허리에는 정금 띠를 띠었는데5절 그분은 바로 성육신하신 예수 그리스도입니다. 그렇습니다. 기도하는 사람은, 기도를 멈추지 않는 사람은 예수 그리스도를 만나는 복을 누리게 됩니다. 나이 제한이 없는 기도의 자리를 늘 지키는 성도가 되기를 축복합니다.

다니엘처럼 나이와 상관없이 기도하기를 원합니다.
제 기도로 세상이 아름다워지기를 소망합니다.

4월 25일 이곳에서 하는 기도

역대하 7:15-16

15이제 이 곳에서 하는 기도에 내가 눈을 들고 귀를 기울이리니 16이는 내가 이미 이 성전을 택하고 거룩하게 하여 내 이름을 여기에 영원히 있게 하였음이라 내 눈과 내 마음이 항상 여기에 있으리라

인간은 약속을 지키지 못할 때도 있지만 하나님께서는 이미 모든 것을 다 준비하고 계시기에 약속하시면 반드시 이루시는 분입니다. 그래서 '아무것도 염려하지 말고 오직 모든 일에 기도와 간구로 너희 구할 것을 감사함으로 하나님께 아뢰라 그리하면 모든 지각에 뛰어난 하나님의 평강이 그리스도 예수 안에서 너희 마음과 생각을 지키시리라'라고 성경은 기록하고 있습니다.빌 4:6-7 하나님께서는 약속하시면 반드시 응답하시는 분이시니 아무것도 염려하지 말고 감사하면서 구하라는 것입니다. 때로 우리는 간절히 구하는 것을 받지 못할 수도 있습니다. 그러면 하나님께서는 반드시 응답하시는 분이 아닙니까? 그렇지 않습니다. 비록 우리가 간절히 원하는 것이라 해도 그것이 우리에게 정말 필요한 것인지, 어느 때에 필요한 것인지 모든 지각에 뛰어나신 하나님께서는 알고 계시기에 가장 적절한 때에 가장 적절한 것으로 응답하십니다. 하나님께서는 우리의 필요를 당장에 채워주시기도 하지만 때로는 그 필요를 채워주시기에 앞서서 먼저 평강을 주시고 마음과 생각을 지켜주십니다. 즉 우리가 그 어떤 필요를 위해 간구했을 때 그 필요가 당장 이뤄지지 않을 수 있지만, 하나님의 놀라운 섭리와 뜻을 깨닫고 약속을 믿게 되어 흔들리지 않고 평강 가운데 약속을 기다릴 수 있게 됩니다. 어려운 시대를 살아는 우리에게 오늘 하나님께서는 본문을 약속의 말씀으로 주기 원하십니다. '이곳에서 하는 기도에 내가 눈을 들고 귀를 기울이리니' 하나님께서는 우리가 이곳에서 함께 기도하는 소리에 귀를 기울이시고 응답하실 것입니다. 살아계신 하나님을 만나는 곳, 하나님 생명의 역사가 일어나는 이 성전을 통해 한국의 교회들을 거룩하게 하시고 열방에 하나님의 이름을 나타내게 하실 것입니다.

하나님, 성전을 기도의 처소로 삼아 기도의 사명을 성실하게 감당하겠습니다.

4월 26일　양털과 기드온

사사기 6:36-40

36기드온이 하나님께 여쭈되 주께서 이미 말씀하심 같이 내 손으로 이스라엘을 구원하시려거든 37보소서 내가 양털 한 뭉치를 타작 마당에 두리니 만일 이슬이 양털에만 있고 주변 땅은 마르면 주께서 이미 말씀하심 같이 내 손으로 이스라엘을 구원하실 줄을 내가 알겠나이다 하였더니 38그대로 된지라 이튿날 기드온이 일찍이 일어나서 양털을 가져다가 그 양털에서 이슬을 짜니 물이 그릇에 가득하더라 39기드온이 또 하나님께 여쭈되 주여 내게 노하지 마옵소서 내가 이번만 말하리이다 구하옵나니 내게 이번만 양털로 시험하게 하소서 원하건대 양털만 마르고 그 주변 땅에는 다 이슬이 있게 하옵소서 하였더니 40그 밤에 하나님이 그대로 행하시니 곧 양털만 마르고 그 주변 땅에는 다 이슬이 있었더라

기드온은 미디안을 치러 나가면서 양털 위에 이슬이 내리게 해달라는 표징을 구합니다. 굳이 양털을 택한 것은 자신이 바로 양털과 같은 존재임을 깨달았기 때문입니다. 바람이 불면 날아가 버리고 폭풍이 몰아치면 다 씻겨 버릴 아무 힘도 없는 양털과 같은 존재가 자신이지만 그 위에 이슬이 내릴 때, 즉 하나님의 손길과 하나님의 영이 임할 때 미디안 앞에 담대히 나설 수 있다는 것을 그는 알았습니다. 양털인 우리는 하나님이 붙잡지 않으시면 세상 환난의 바람에 그냥 쓰러지고 넘어지고 날아가 버릴 수밖에 없지만, 하나님이 붙잡아주시면 이 세상, 미디안을 정복할 수 있습니다. 기드온이 양털에 이슬이 내리기를 간구한 것처럼 자신의 힘으로는 아무것도 할 수 없는 존재임을 철저히 깨닫고 성령이 임하기를 간구해야 합니다. 기드온이 두 번째 구한 것은 양털은 마르고 주변에만 이슬이 내리는 것이었습니다. 이것이 바로 중보 기도입니다. 예수님께서 세상을 구하기 위해 중보하시는데 피 한 방울 남기지 않고 다 말리셨듯이 중보 기도는 나의 시간을 비롯해 나의 모든 것을 투자하고 말리면서 내 주변에는 이슬을 내리게 해달라는 것입니다. 이런 중보 기도를 통하여 하나님의 역사는 일어납니다.

하나님, 배우지 못해도 가진 것이 없어도 건강하지 못해도 젊지 않아도 하나님의 능력만 있으면 일할 수 있음을 깨닫게 해주셔서 감사합니다.

4월 27일 모이라 회개하라 부르짖으라 응답하리라

사무엘상 7:5-9

5사무엘이 이르되 온 이스라엘은 미스바로 모이라 내가 너희를 위하여 여호와께 기도하리라 하매 6그들이 미스바에 모여 물을 길어 여호와 앞에 붓고 그 날 종일 금식하고 거기에서 이르되 우리가 여호와께 범죄하였나이다 하니라 사무엘이 미스바에서 이스라엘 자손을 다스리니라 7이스라엘 자손이 미스바에 모였다 함을 블레셋 사람들이 듣고 그들의 방백들이 이스라엘을 치러 올라온지라 이스라엘 자손들이 듣고 블레셋 사람들을 두려워하여 8이스라엘 자손이 사무엘에게 이르되 당신은 우리를 위하여 우리 하나님 여호와께 쉬지 말고 부르짖어 우리를 블레셋 사람들의 손에서 구원하시게 하소서 하니 9사무엘이 젖 먹는 어린 양 하나를 가져다가 온전한 번제를 여호와께 드리고 이스라엘을 위하여 여호와께 부르짖으매 여호와께서 응답하셨더라

거대한 블레셋의 존재가 있다 해도 하나님의 교회가 힘을 잃지 않는다면 하나님께서는 교회를 통해 이 민족을 지켜주실 것입니다. 어려움의 때에 교회가 할 일은 첫째, 미스바^{파수대}로 모이라. 하나님을 기대하고 하나님 앞에 나오라 만약에 이스라엘이 이제는 끝이라고 생각하고 미스바로 모이지 않았다면 역사는 일어나지 않았을 것입니다. 둘째, 회개하라. 미스바에 모인 백성들은 금식하며 회개했습니다. 하나님께서는 회개하는 사람을 쓰십니다. 셋째, 부르짖으라. 넷째, 번제를 드리며 기도하라. 그리하면 반드시 응답하시리라. 사무엘은 젖 먹는 어린양을 취하여 온전한 번제를 드려 여호와께 부르짖고 하나님께서는 이에 응답하셔서 마침내 블레셋을 물리치게 하셨습니다. 어린양은 '예수 그리스도'를 상징하는 것으로 주님이 나의 영원한 번제가 되시기에 우리가 예수님의 이름으로 기도할 때 응답하신다는 뜻입니다. 하나님을 기대하며 진심으로 회개하고, 그리스도의 이름으로 간절히 구할 때 하나님은 응답하실 것입니다.

하나님, 오늘도 하나님을 기대하는 자리로 가기를 원합니다.
그곳에서 예수님의 이름으로 부르짖기를 원합니다.

4월 **28**일 놀라운 일을 경험하는 기도

사도행전 4:31
빌기를 다하매 모인 곳이 진동하더니 무리가 다 성령이 충만하여 담대히 하나님의 말
씀을 전하니라

기도는 하나님의 은혜입니다. 제자들이 기도하기 시작했을 때 하나님께서 약속하신 성령이 임했습니다. 하늘로부터 오는 급하고 강한 바람, 불의 혀같이 갈라지는 것, 성령이 말하게 하심을 따라 각기 다른 방언으로 말하는 것 등 상상하지도 못한 놀라운 일들을 제자들은 경험했습니다.^{행 2:1-4} 기도는 이렇게 놀라운 일을 경험하게 해줍니다. 놀라운 일을 경험한 그들은 보고 들은 것을 전하지 않고는 견딜 수가 없었습니다. 뛰어나가 외치기 시작했습니다. 주님을 증거했습니다. 그런데 이렇게 주님을 증거하는 베드로의 말씀을 듣고 삼천 명이나 회개하고 주님 앞으로 돌아오는 놀라운 일이 일어났습니다. 베드로와 요한은 이렇게 또 한 번 놀라운 것을 경험했기에 기도하기 위해 성전으로 올라갔습니다. 그곳에서 그들은 자신들이 예수 그리스도의 이름으로 앉은뱅이를 치유하는 놀라운 역사를 다시 경험하게 됩니다. 이 놀라운 역사를 경험하고서 베드로는 또 하나님을 증거하기 시작했습니다. 그 일로 인해 공회에 붙잡히게 되었지만, 말씀을 들은 자 중에 남자만 오천 명이나 믿게 되는 놀라운 일이 일어났습니다. 그리고 공회 앞에서도 담대하게 하나님을 증거하고 놓임을 받게 된 베드로와 요한이 다른 제자들에게 찾아가서 그동안의 일을 전했을 때 그들은 함께 놀라워하며 한마음으로 소리를 높여 기도하게 되었습니다. 그들이 빌기를 다하매 또 놀라운 일들이 일어났습니다. 모인 곳에 진동이 일어나고 모두 다 성령 충만함을 입었습니다. 그리고 담대하게 하나님의 말씀을 전하게 되었습니다. 핍박과 고난이 사라진 것도 아니고 상황이 달라진 것도 아니지만 그들에게는 담대함이 생겼습니다. 기도는 이렇게 놀라운 일의 연속입니다. 오늘도 기도를 통해 놀라운 역사를 체험하는 하루가 되기를 축복합니다.

오늘 제가 숨 쉬고 있는 것도, 기도의 자리에 앉아 있는 것도 놀라운 일입니다.
더 큰 놀라운 일을 경험하는 하루 되게 하소서.

4월 **29**일   모세의 기도

민수기 14:13-19

13모세가 여호와께 여짜오되 애굽인 중에서 주의 능력으로 이 백성을 인도하여 내셨
거늘 그리하시면 그들이 듣고 14이 땅 거주민에게 전하리이다 주 여호와께서 이 백성
중에 계심을 그들도 들었으니 곧 주 여호와께서 대면하여 보이시며 주의 구름이 그들
위에 섰으며 주께서 낮에는 구름 기둥 가운데에서, 밤에는 불 기둥 가운데에서 그들
앞에 행하시는 것이니이다 15이제 주께서 이 백성을 하나 같이 죽이시면 주의 명성을
들은 여러 나라가 말하여 이르기를 16여호와가 이 백성에게 주기로 맹세한 땅에 인도
할 능력이 없었으므로 광야에서 죽였다 하리이다 17이제 구하옵나니 이미 말씀하신
대로 주의 큰 권능을 나타내옵소서 이르시기를 18여호와는 노하기를 더디하시고 인자
가 많아 죄악과 허물을 사하시나 형벌 받을 자는 결단코 사하지 아니하시고 아버지의
죄악을 자식에게 갚아 삼사대까지 이르게 하리라 하셨나이다 19구하옵나니 주의 인자
의 광대하심을 따라 이 백성의 죄악을 사하시되 애굽에서부터 지금까지 이 백성을 사
하신 것 같이 사하시옵소서

많은 부모가 물질, 인적 자원을 통해 자녀의 능력을 계발하는 것
이 가능하다고 생각합니다. 그러나 이러한 물질 만능주의로 키
워진 자녀들은 하나님을 의뢰하는 마음을 상실하게 됩니다. 아무리 훌륭하게 성
장한다 해도 이것을 상실하면 아무 소용이 없습니다. 본문에서 모세는 하나님을 의뢰
하는 마음을 상실해 가는 백성들을 위해 간절히 기도하고 있습니다. 그가 기도하는
이유는 하나님께서 택한 백성으로 인해 하나님의 영광이 가려질까 염려하는 마음, 그
리고 백성을 불쌍히 여기는 마음입니다. 우리도 내 자녀가 하나님의 영광을 가리지
않도록, 또한 하나님을 의뢰하지 못하고 스스로 이겨내려고 애쓰며 좌절하는 자녀를
불쌍히 여기며 기도해야 합니다. 이것은 인간적인 방식의 계발로는 해결되지 않는 문
제입니다. 오직 기도만이 자녀를 위한 도움입니다.

부모에게 제사장적 권한을 주셨음을 기억하며 자녀를 위해 기도하게 하소서.

감람산의 기도

4월 **30**일

누가복음 22:39-41

39예수께서 나가사 습관을 따라 감람 산에 가시매 제자들도 따라갔더니 40그 곳에 이르러 그들에게 이르시되 유혹에 빠지지 않게 기도하라 하시고 41그들을 떠나 돌 던질 만큼 가서 무릎을 꿇고 기도하여

주님은 감람산에서 기도의 모범을 보이셨습니다. 기도가 얼마나 중요했으면 주님께서 죽음을 앞둔 날 유언처럼 제자들에게 기도를 당부하셨을까요? 우리는 주님의 기도하시는 모습을 통해 두 가지를 깨달을 수 있습니다. 하나는 주님은 우리와 가까운 곳에서 기도를 촉구하신다는 사실입니다. 제자들에게 기도를 명하시면서 그들로부터 '돌 던질 만큼'의 거리에서 기도하신 주님이십니다. 주님은 멀리 계시지 않습니다. 하늘 보좌에 계시지만 기도로 가는 그 세계는 결코 멀지 않습니다. 우리가 빛의 속도로 하늘을 간다면 수십억 광년이 걸릴 것입니다. 그러나 지금 이 순간 하나님께 기도하면 그 기도는 이내 하늘 보좌에 닿고 또 하나님의 응답도 이내 이루어집니다. 그만큼 기도는 빛의 속도와는 비교되지 않을 만큼 빠릅니다. 기도의 사람, 조지 뮬러도 가장 긴 기도 응답이 52년이 걸렸다고 합니다. 수십억 광년에 비하면 이 얼마나 짧은 시간입니까? 또 다른 깨달음은 기도만이 승리이고 기도가 없는 삶은 실패라는 것입니다. 감람산에서 기도하신 주님은 십자가를 지시고 온 인류를 구원시키는 승리를 하셨지만, 그 곁에 있었던 사람들은 기도하지 않았기에 시험에 빠지고 말았습니다. 영안을 떠서 '내가 맘껏 축복해주고 싶은 사람과 교회를 찾는다. 이 시대에 쓰고 싶은 사람, 교회를 내가 찾는다'는 주님의 광고를 보십시오. 주님은 기도하는 사람, 기도하는 교회를 찾으십니다.

오늘 제가 기도하는 사람, 기도하는 교회가 되기를 소망합니다.

May

5월

은혜와 사랑, 가정

주의 권능을 세우는 어린아이들

5월 1일

시편 8:2
주의 대적으로 말미암아 어린 아이들과 젖먹이들의 입으로 권능을 세우심이여 이는 원수들과 보복자들을 잠잠하게 하려 하심이니이다

본문에서는 대적을 물리칠 수 있는 자, 원수를 잠잠케 할 수 있는 자가 어린아이와 젖먹이라고 말씀합니다. 하나님의 관점에서 어린아이는 약한 자가 아닙니다. 블레셋과의 싸움에서 이스라엘 백성들은 왕을 비롯하여 훈련된 장수들까지도 골리앗 앞에 무서워 떨었지만 어린 다윗은 그 골리앗을 혼자 물리치겠다며 담대하게 나섰습니다. 그러나 어른들은 다윗에게 '네가 어찌 감히 할 수 있느냐?'고 오히려 핀잔을 주며 막았습니다. 하지만 결국 다윗은 사단의 입을 잠잠하게 하였습니다. 바벨론 포로로 잡혀간 다니엘과 세 친구는 환관장 앞에서 그들이 주는 음식과 포도주로 자신들을 더럽힐 수 없다고 당당하게 말하며 왕의 진미를 거부합니다. 그렇게 하나님 앞에 뜻을 정한 다니엘과 세 친구는 비록 어렸지만 하나님께로부터 높임을 받고 큰 역사를 이루는 도구로 쓰임 받았습니다. 이처럼 어린아이를 통해 주의 권능이 세워지며 대적이 물러나고 사단이 잠잠케 됩니다. 구체적으로 어떻게 해야 어린아이를 통해 주의 권능을 세울 수 있습니까? 첫째, 어린아이를 중심에 세워야 합니다. 가정, 사회, 교회에서 항상 아이를 중심에 세우고 그들을 존중해야 합니다. 둘째, 어려서부터 영적인 훈련을 시켜야 합니다. 사단은 자꾸 우리에게 '조금 더 큰 다음에, 혹은 성인이 된 다음에 해도 늦지 않다'고 속삭입니다. 하지만 아이들을 영적으로 가르치는 일은 아이들을 통해 하나님의 권능을 세우고 대적을 물리치는 일입니다. 셋째, 어린아이들에게 전도해야 합니다. 사단은 어린아이의 영혼만 묶어놓으면 자신이 세계를 지배할 수 있기 때문에 어린아이가 하나님께 나아오는 것을 철저히 방해합니다. 그렇기 때문에 우리는 어린이에게 전도하고 영적인 훈련을 시키며 중심에 세워야 합니다.

어린아이와 같이 되지 않으면 천국에 갈 수 없다고 하신 하나님, 오늘도 제 주변의 어린아이들을 귀하게 여기는 마음을 주소서.

5월 2일 자녀에게 에봇을 입히자

사무엘상 2:18-21

18사무엘은 어렸을 때에 세마포 에봇을 입고 여호와 앞에서 섬겼더라 19그의 어머니가 매년 드리는 제사를 드리러 그의 남편과 함께 올라갈 때마다 작은 겉옷을 지어다가 그에게 주었더니 20엘리가 엘가나와 그의 아내에게 축복하여 이르되 여호와께서 이 여인으로 말미암아 네게 다른 후사를 주사 이가 여호와께 간구하여 얻어 바친 아들을 대신하게 하시기를 원하노라 하였더니 그들이 자기 집으로 돌아가매 21여호와께서 한나를 돌보시사 그로 하여금 임신하여 세 아들과 두 딸을 낳게 하셨고 아이 사무엘은 여호와 앞에서 자라니라

부모 중 그 누구도 자녀교육에 대해 자신할 수 있는 사람은 없습니다. 돈이 많다고 해서, 권력이 있다고 해서, 많이 배웠다고 해서 자녀를 잘 키울 수 있는 것이 아닙니다. 또한 부모가 좋은 본을 보인다고 해서 자녀가 잘 자라는 것도 아닙니다. 그러기에 내 자식이 잘 컸다고 자만해서는 안 됩니다. 그것은 내 힘이 아니라 모두 하나님의 은혜이기 때문입니다. 하나님이 은혜 가운데 자식을 지켜주신 것입니다. 그렇다면 부모의 역할은 없을까요? 부모가 해야 할 중요한 일이 있습니다. 그것은 바로 에봇을 입히는 일입니다. 에봇은 '아름다움과 영광'의 뜻이 있습니다. 즉 아름다움과 영광의 옷을 입는 것은 그리스도로 옷을 입는 것입니다. 그것은 바로 그리스도의 영광에 붙들려 사는 것, 구원의 감격과 은혜에 붙들려 사는 것을 의미합니다. 본문에서 한나가 사무엘에게 어려서부터 에봇을 입혔듯이 우리도 자녀에게 에봇을 입혀야 합니다. 매일 매 순간 자녀에게 '예수 그리스도가 네 생애에 최고란다. 이보다 더 큰 영광은 없단다. 평생 너는 이 은혜를 붙잡고 살아가야 한다. 그리스도만이 유일한 구원의 주시다. 예수 그리스도가 없으면 네가 아무리 성공한다 해도 아무런 소용이 없단다'라고 축복하십시오. 날마다 자녀에게 에봇을 입히는 부모, 날마다 다음 세대에게 에봇을 입히는 교회가 될 때 이 땅에 소망이 있습니다.

하나님, 자녀에게 에봇을 입히는 부모가 이 땅에 많아지게 하소서.
제가 먼저 그런 부모가 되겠습니다.

5월 **3**일 어린아이를 보면서 무슨 생각을 합니까?

출애굽기 2:1-10

1레위 가족 중 한 사람이 가서 레위 여자에게 장가 들어 2그 여자가 임신하여 아들을 낳으니 그가 잘 생긴 것을 보고 석 달 동안 그를 숨겼으나 3더 숨길 수 없게 되매 그를 위하여 갈대 상자를 가져다가 역청과 나무 진을 칠하고 아기를 거기 담아 나일 강 가 갈대 사이에 두고 4그의 누이가 어떻게 되는지를 알려고 멀리 섰더니 5바로의 딸이 목욕하러 나일 강으로 내려오고 시녀들은 나일 강 가를 거닐 때에 그가 갈대 사이의 상자를 보고 시녀를 보내어 가져다가 6열고 그 아기를 보니 아기가 우는지라 그가 그를 불쌍히 여겨 이르되 이는 히브리 사람의 아기로다 7그의 누이가 바로의 딸에게 이르되 내가 가서 당신을 위하여 히브리 여인 중에서 유모를 불러다가 이 아기에게 젖을 먹이게 하리이까 8바로의 딸이 그에게 이르되 가라 하매 그 소녀가 가서 그 아기의 어머니를 불러오니 9바로의 딸이 그에게 이르되 이 아기를 데려다가 나를 위하여 젖을 먹이라 내가 그 삯을 주리라 여인이 아기를 데려다가 젖을 먹이더니 10그 아기가 자라매 바로의 딸에게로 데려가니 그가 그의 아들이 되니라 그가 그의 이름을 모세라 하여 이르되 이는 내가 그를 물에서 건져내었음이라 하였더라

어린아이를 보면서 무엇을 생각해야 할까요? 첫째, 천국을 생각해야 합니다. 예수님께서도 어린아이를 보면서 천국을 먼저 생각하셨습니다. 천국에 대한 확신이 있다면 학벌, 부, 명예보다는 천국을 생각하며 자녀를 양육해야 할 것입니다. 둘째, 세상을 생각해야 합니다. 애굽 왕세상을 상징은 어린아이들을 죽이도록 명령했습니다.출 1:15-16 세상은 이렇게 우리의 자녀를 가만두지 않고 늘 생명을 위협합니다. 그러나 우리는 하나님을 경외하는 히브리 산파처럼 그들의 생명을 살려야 합니다.출 1:17 그 비결은 복음 전파에 있습니다. 셋째, 하나님의 일꾼을 생각해야 합니다. '모세'는 히브리인의 관점에서는 '물에서 건짐 받았다'는 뜻으로 구원받은 하나님의 백성, 하나님의 일꾼이지만 애굽의 관점에서는 '내 아들'이라는 뜻입니다. 세상은 하나님의 일꾼을 자신의 일꾼으로 만들려고 온갖 수단을 동원합니다. 교회에 다니고 있는 아이들이 영적인 생명을 위협하는 세상에도 노출되어 있다는 사실을 기억하십시오. 늘 관심을 가지고 지켜보며 기도하는 어른이 되어야 합니다.

어린이들을 사단의 온갖 위협으로부터 지켜주시기를 원합니다.

5월 4일 어린아이와 같이 되라

마태복음 18:1-5

1그 때에 제자들이 예수께 나아와 이르되 천국에서는 누가 크니이까 2예수께서 한 어린 아이를 불러 그들 가운데 세우시고 3이르시되 진실로 너희에게 이르노니 너희가 돌이켜 어린 아이들과 같이 되지 아니하면 결단코 천국에 들어가지 못하리라 4그러므로 누구든지 이 어린 아이와 같이 자기를 낮추는 사람이 천국에서 큰 자니라 5또 누구든지 내 이름으로 이런 어린 아이 하나를 영접하면 곧 나를 영접함이니

본 문에서 예수님은 아이들을 제자들의 가운데 세우시고 아이들을 통해 제자들을 가르치기 원하셨습니다. 당시에 제자들은 서로 누가 더 큰 자인지 다투고 있었습니다. 그런 제자들에게 주님께서는 어린아이와 같아지라고 말씀하셨습니다. 첫째, 어린아이처럼 철저하게 의존하라는 것입니다.3절 아이들은 설혹 자신을 학대하는 부모라도 부모라는 것 때문에 본능적으로 그의 품에 안기고 의존합니다. 둘째, 겸손해지라는 것입니다.4절 서로 높다고 쟁론하던 제자들에게 주님은 너희가 바로 어린아이와 같다는 사실을 일깨워주셨습니다. 당시 어린아이와 여자는 사람 수에도 들어가지 않는 존재였습니다. 제자들도 모두 그렇게 보잘것없는 존재인데 하나님의 은혜로 쓰임 받을 뿐인데 왜 서로 크고 작음을 따지냐는 것입니다. 주님께서는 당신이 직접 그렇게 어린아이가 되셨습니다. 근본 하나님과 본체이시지만 하나님과 동등 됨을 취할 것으로 여기지 않으시고 자기를 비워 어린아이가 되신 것입니다. 이것이 겸손입니다. 셋째, 예수님을 영접하라는 것입니다.5절 이는 세상의 관심으로부터 예수님의 마음, 예수님의 관심으로 돌이키는 것을 의미합니다. 예수님의 관심은 소자 중 하나라도 실족케 하지 않는 것,마 18:6-10 하나님께서 맡겨주신 한 영혼도 빼앗기지 않는 것입니다. 오늘 우리는 무엇에 관심을 쏟고 있습니까? 높아지려는 것, 세상 것에 관심을 두고 있지는 않습니까?

하나님, 제가 어린아이와 같아지기를 원합니다. 어린아이처럼 철저하게 하나님을 의존하고 겸손해지고 예수님의 마음을 품기를 원합니다.

5월 5일　아이들을 주님께로

누가복음 18:15-17

15사람들이 예수께서 만져 주심을 바라고 자기 어린 아기를 데리고 오매 제자들이 보고 꾸짖거늘 16예수께서 그 어린 아이들을 불러 가까이 하시고 이르시되 어린 아이들이 내게 오는 것을 용납하고 금하지 말라 하나님의 나라가 이런 자의 것이니라 17내가 진실로 너희에게 이르노니 누구든지 하나님의 나라를 어린 아이와 같이 받아들이지 않는 자는 결단코 거기 들어가지 못하리라 하시니라

우리도 혹시 제자들처럼 주님께로 가는 아이들을 막아서는 사람은 아닙니까? 적극적으로 아이들을 주님 앞으로 인도하지 못하는 것만 막는 것이 아닙니다. 아이들에게 무관심하고 아이들을 위해 그 무엇도 하고 있지 않다면 그 역시 아이들이 주님께로 가는 것을 막아서는 사람입니다. 주님께서는 아이들을 불러 가까이하시면서 아이들이야말로 천국을 소유해야 할 자라고 말씀하십니다.16절 그들을 주님께로 인도할 때 예수님께서 만져주십니다.15절 만져준다는 것은 원어로 볼 때 머리에 손을 얹고 축복하신다는 뜻입니다. 주님께서는 당신 앞에 온 아이들의 마음을 만져주시고 비전을 주시며 기름 부으심으로 충만케 하십니다. 어린 시절 이런 복을 받음으로 하나님 나라의 큰 일꾼으로 쓰임 받게 된 조나단 에드워드, 진센도르프, 스펄전처럼 오늘 우리의 아이들도 주님 앞에 나아가면 그렇게 복을 받아 열방에 복음의 빛을 전하는 참된 일꾼이 될 수 있습니다. 또한 우리는 어린 아이들을 통해 천국을 배울 수 있게 되며 이 땅에 천국이 이루어질 것입니다. 사단은 수단과 방법을 가리지 않고 어린아이들이 주님 앞으로 오는 것을 막아서는 오늘날, 깨어 기도하며 아이들에게 관심을 가지고 그들을 주님 앞으로 데리고 나오는 복된 성도가 되기를 축복합니다.

하나님, 아이들에게 무관심했던 자신을 회개합니다. 하나님께로 나아갈 기회를 얻지 못하는 아이들을 찾아 나설 수 있는 용기를 주십시오.

5월 **6**일 　 사무엘 키우기

사무엘상 2:11, 18

11엘가나는 라마의 자기 집으로 돌아가고 그 아이는 제사장 엘리 앞에서 여호와를 섬기니라

18사무엘은 어렸을 때에 세마포 에봇을 입고 여호와 앞에서 섬겼더라

사무엘은 한나가 기도하여 낳은 아들이었습니다. 엘가나의 첩인 브닌나가 아들을 먼저 낳아 자신을 격동케 하자 거룩한 분노가 일어나서 식음을 전폐하며 목숨을 걸고 서원하여 오랜 시간 동안 기도함으로 결국 사무엘을 잉태하게 되었습니다.삼상 1:12,20 오늘날 세상이 우리의 자녀들을 모두 빼앗고 우리를 격동케 하는데 우리는 과연 한나와 같은 거룩한 분노가 있습니까? 옛날에 비해 교육 시스템과 프로그램도 좋아지고 부모들과 교회학교 교사들의 수준은 높아졌지만 우리는 사무엘을 기대할 수가 없습니다. 환경이 좋아진 탓에 기도의 필요성을 느끼지 못해 기도하지 않기 때문입니다. 사무엘은 성전에서 자랐습니다.11절 오늘날 우리의 아이들은 어떻습니까? 대부분 학교와 학원에서 자라고 있습니다. 혹자는 '교회에 맡기고 싶지만 교회가 너무 형편이 없습니다'라고 이야기할지 모릅니다. 그러나 사무엘을 맡았던 엘리 제사장은 영적인 분별력도 없었고 자녀 교육도 실패한 사람이었습니다. 그럼에도 한나는 사무엘을 성전에서 자라게 했습니다. 그것은 아이를 하나님께 맡긴 것입니다. 사무엘은 세마포 에봇을 입고 섬겼습니다.18절 에봇은 그 격식이 매우 복잡합니다. 에봇을 입었다는 것은 하나님 앞에서 예절과 질서를 지켰음을 의미합니다. 오늘 우리의 자녀들은 과연 하나님 앞에서 예절과 질서를 지키고 있습니까? 부모 된 우리가 먼저 그렇게 본을 보이고 있습니까? 사무엘은 그냥 얻어지는 것이 아닙니다. 우리의 자녀가 사무엘처럼 되기 원한다면 목숨을 거는 기도로 키워야 합니다. 자녀가 늘 성전에서 자랄 수 있도록 해야 합니다. 하나님 앞에서 예절과 질서를 지키는 아이로 키워야 합니다. 우리의 자녀가 이 시대의 사무엘이 되기를 축복합니다.

하나님, 사무엘의 신앙교육을 통해 우리 가정의 부족한 점을 돌아보게 해주셔서 감사합니다. 지금이라도 기도하면서 부족함을 메꾸어 나가겠습니다.

5월 **7**일   세상을 정복하는 자녀

여호수아 1:1-9

1여호와의 종 모세가 죽은 후에 여호와께서 모세의 수종자 눈의 아들 여호수아에게 말씀하여 이르시되 2내 종 모세가 죽었으니 이제 너는 이 모든 백성과 더불어 일어나 이 요단을 건너 내가 그들 곧 이스라엘 자손에게 주는 그 땅으로 가라 3내가 모세에게 말한 바와 같이 너희 발바닥으로 밟는 곳은 모두 내가 너희에게 주었노니 4곧 광야와 이 레바논에서부터 큰 강 곧 유브라데 강까지 헷 족속의 온 땅과 또 해 지는 쪽 대해까지 너희의 영토가 되리라 5너는 평생에 너를 능히 대적할 자가 없으리니 내가 모세와 함께 있었던 것 같이 너와 함께 있을 것임이니라 내가 너를 떠나지 아니하며 버리지 아니하리니 6강하고 담대하라 너는 내가 그들의 조상에게 맹세하여 그들에게 주리라 한 땅을 이 백성에게 차지하게 하리라 7오직 강하고 극히 담대하여 나의 종 모세가 네게 명령한 그 율법을 다 지켜 행하고 우로나 좌로나 치우치지 말라 그리하면 어디로 가든지 형통하리라 8이 율법책을 네 입에서 떠나지 말게 하며 주야로 그것을 묵상하여 그 안에 기록된 대로 다 지켜 행하라 그리하면 네 길이 평탄하게 될 것이며 네가 형통하리라 9내가 네게 명령한 것이 아니냐 강하고 담대하라 두려워하지 말며 놀라지 말라 네가 어디로 가든지 네 하나님 여호와가 너와 함께 하느니라 하시니라

자녀가 잘되면 부모는 당당합니다. 그러나 자녀는 부모 마음대로 되지 않기에 자녀 키우는 일을 농사에 비유하기도 합니다. 자녀 양육에는 반드시 하나님의 도우심을 구하는 기도의 무릎이 있어야 합니다. 그리고 네 가지를 가르쳐야 합니다. 첫째, 비전입니다.2-4절 하나님은 '가라'는 비전을 주십니다. 둘째, 하나님입니다.5-6절 하나님 없이는 아무 소망이 없습니다. 능하시고 함께 하시고 약속을 지키시는 하나님을 가르쳐야 합니다. 셋째, 성경입니다.8절 말씀은 영혼을 소생시키고 지혜롭게 하며 바른길로 인도합니다. 넷째, 기도입니다. 하나님의 권능을 덧입기 위해서는 약속을 믿고 기도해야 하니 기도를 가르쳐야 합니다. 기도하는 부모, 그리고 비전, 하나님, 성경, 기도를 가르치는 부모가 세상을 정복하는 자녀를 키워낼 수 있습니다.

하나님, 세상을 정복할 하나님의 일꾼이 제 가정에서, 우리 교회에서, 이 민족 가운데서 나오기를 간절히 소망합니다. 기도하며 잘 가르치도록 지혜와 힘을 허락하소서.

5월 **8**일 부모 공경

에베소서 6:1-3

1자녀들아 주 안에서 너희 부모에게 순종하라 이것이 옳으니라 2네 아버지와 어머니를 공경하라 이것은 약속이 있는 첫 계명이니 3이로써 네가 잘되고 땅에서 장수하리라

공경은 근본이며 뿌리이며 기초입니다. 뿌리 없는 무성한 나무가 있을 수 없고 겉모습이 아름다운 건물이라 해도 기초가 제대로 되어 있지 않다면 곧 무너지고 말 것입니다. 사람도 아무리 화려한 경력을 자랑하고 현재 훌륭한 일을 하고 있다 해도 근본이 되어 있지 않다면 그 사람의 모든 것은 아무 의미가 없습니다. 더욱이 하나님의 백성에게 있어서 공경은 진리입니다. 본문에서 부모 공경을 첫 계명이라고 한 것은 하나님을 공경하는 사람이 부모를 공경하게 되고 부모를 공경하지 않으면서 하나님을 공경한다는 것은 거짓이기 때문입니다. 하지만 부모를 공경하는 일은 쉽지 않습니다. 하나님께서도 이것을 모르실 리 없습니다. 그런데도 '이것이 옳으니라'고 하시며 '첫 계명'이라고까지 하실 때는 반드시 해야 한다는 것입니다. 선택 사항이 아니라는 것입니다. 하나님께서는 결코 우리가 할 수 없는 일을 시키시는 분이 아니기에 반드시 해야 한다는 것은 못 할 일이 아니며 우리가 할 수 있도록 해주시겠다는 말씀입니다. 그래서 방법까지 가르쳐 주십니다. '주 안에서 순종하라' 이것은 주님으로 인하여 순종하는 것을 의미합니다. 우리 힘으로는 도저히 순종할 수 없지만, 주님으로 인하여 가능하다는 것입니다. 순종과 공경은 사랑을 의미합니다. 부모를 사랑하는 것이 곧 순종하는 것이며 공경하는 것입니다. 사랑 또한 주 안에서의 사랑입니다. 혹시 부모로부터 사랑받지 못했다고 해도 주님께로부터 받은 사랑을 확신하는 사람은 나를 사랑하시는 주님의 그 큰 사랑으로 인하여 어떤 모습의 부모이든 사랑할 수 있습니다. 부모를 공경하고 사랑하는 것은 근본이지만 그마저도 우리는 자신의 힘으로 할 수 없습니다. 그러나 주 안에 있으면 가능합니다.

주 안에 거하면 제 힘으로 할 수 없는 공경도 순종도 사랑도 가능함을 배웠습니다. 주 안에 거하는 제가 되게 해주세요.

5월 9일 복 받는 비결

잠언 3:9-10
9네 재물과 네 소산물의 처음 익은 열매로 여호와를 공경하라 10그리하면 네 창고가
가득히 차고 네 포도즙 틀에 새 포도즙이 넘치리라

에베소서 6:2
네 아버지와 어머니를 공경하라 이것은 약속이 있는 첫 계명이니

사람들은 세상에서 복을 받기 위해 좋은 것에 투자를 하려고 합니다. 그런데 하나님께로부터 받는 복은 세상의 복과는 비교할 수도 없습니다. 최소 30배에서 최대 100배까지의 결실을 얻기 때문입니다.막 4:8 하나님께로부터 복을 받는 두 가지 길이 있습니다. 첫째는 하나님을 공경하는 것입니다. 우리는 하나님께서 우리에게 주신 모든 것을 하나님을 공경하는 데 사용해야 합니다. 건강을 주셨으면 건강으로, 재물을 주셨으면 재물로, 지혜와 지식을 주셨으면 지혜와 지식으로, 여호와를 공경하십시오. 여호와를 공경하는 사람은 하나님께서 내 인생의 운전대를 붙잡으시고 때로는 직선 코스로 빠르게, 때로는 낭만적인 코스로 즐기게 하시고, 때로는 어려운 코스에서 훈련시키시면서 우리를 인도하심을 믿습니다. 두 번째 복 받는 길은 부모를 공경하는 것입니다. 첫 계명은 으뜸 되는 계명, 기초가 되는 계명이라는 뜻입니다. 즉 모든 것이 갖춰져 있어도 기초가 깨어지면 다른 모든 것은 아무 소용이 없습니다. 나이 드신 부모님을 젊은 시절과 비교해서 이상해졌다고 할 것이 아니라 자연스러운 변화로 이해해드리며 그럼에도 불구하고 부모님의 권위를 인정해드리고 공경하십시오. 부모님을 공경하는 것에는 그 어떤 핑계도 댈 수 없습니다. 만약 부모님이 계시지 않는다면 이웃을 부모님으로 여기고 섬기십시오. 하나님으로부터 복을 받을 수 있는 좋은 기회를 놓치지 않는 성도가 되기를 축복합니다.

하나님을 공경하고 부모님을 공경하는 삶이 제 삶의 기본임을 고백합니다.
이 기본에서 벗어나지 않는 사람이 되도록 저를 이끌어주세요.

5월 **10**일 　 어머니의 마음

마가복음 7:24-30

24예수께서 일어나사 거기를 떠나 두로 지방으로 가서 한 집에 들어가 아무도 모르게 하시려 하나 숨길 수 없더라 25이에 더러운 귀신 들린 어린 딸을 둔 한 여자가 예수의 소문을 듣고 곧 와서 그 발 아래에 엎드리니 26그 여자는 헬라인이요 수로보니게 족속이라 자기 딸에게서 귀신 쫓아내 주시기를 간구하거늘 27예수께서 이르시되 자녀로 먼저 배불리 먹게 할지니 자녀의 떡을 취하여 개들에게 던짐이 마땅치 아니하니라 28여자가 대답하여 이르되 주여 옳소이다마는 상 아래 개들도 아이들이 먹던 부스러기를 먹나이다 29예수께서 이르시되 이 말을 하였으니 돌아가라 귀신이 네 딸에게서 나갔느니라 하시매 30여자가 집에 돌아가 본즉 아이가 침상에 누웠고 귀신이 나갔더라

어린 시절 배가 아플 때 어머니께서 배 위에 손을 얹어 쓰다듬어 주시면 약을 따로 사용한 것도 아니고 그저 손만 대어주셨을 뿐인데 통증이 사라지는 것을 경험한 사람이 많을 것입니다. '엄마 손은 약손'입니다. 자식을 향한 어머니의 마음은 누구도 따라갈 수 없을 만큼 크기 때문에 어떤 어려움도 이겨낼 수 있고, 어떤 상처도 씻어낼 수 있습니다. 그래서 어머니가 계신 곳에는 치유함이 있으며 활기가 있고 행복이 있고 생명이 있습니다. 본문에서는 이렇게 생명의 역사를 이루는 어머니의 마음이 잘 드러나 있습니다. 더러운 귀신 들린 딸이 고침받기 원하는 여인은 자신을 개 취급하는 예수님의 말씀에 전혀 흔들리지 않고 오히려 자신을 개라고 인정하면서까지 예수님께 은혜를 구하고 있습니다. 귀신 들린 자식은 정작 어머니의 그렇게까지 낮아지는 심정을 이해할 수도 없는 상태이지만 그런 부족한 자식이기에 여인은 더욱 안타까운 마음으로 주님께 간절히 호소했을 것입니다. 자식을 사랑하는 어머니의 마음은 본능적입니다. 그것은 인간에게서 나온 것이 아니라 하늘에서 온 것입니다. 어머니의 마음은 주님의 마음을 닮아 있습니다. 우리를 구원하기 위해 인간의 모습으로 가장 낮아지신 우리 주님의 마음입니다. 우리도 세상을 향해 이 사랑의 마음을 품을 수 있기를 소망합니다.

성령이여, 제가 어머니의 마음, 주님의 마음을 품게 하소서.
그리하여 이 땅에 치유의 역사를 일으키는 자로 살게 하소서.

5월 **11**일 　부모와 하나님

마가복음 7:25-30
25이에 더러운 귀신 들린 어린 딸을 둔 한 여자가 예수의 소문을 듣고 곧 와서 그 발 아래에 엎드리니 26그 여자는 헬라인이요 수로보니게 족속이라 자기 딸에게서 귀신 쫓아내 주시기를 간구하거늘 27예수께서 이르시되 자녀로 먼저 배불리 먹게 할지니 자녀의 떡을 취하여 개들에게 던짐이 마땅치 아니하니라 28여자가 대답하여 이르되 주여 옳소이다마는 상 아래 개들도 아이들이 먹던 부스러기를 먹나이다 29예수께서 이르시되 이 말을 하였으니 돌아가라 귀신이 네 딸에게서 나갔느니라 하시매 30여자가 집에 돌아가 본즉 아이가 침상에 누웠고 귀신이 나갔더라

　　수 로보니게 여인은 주님이 자신을 개 취급했지만 '옳습니다. 그러나 상 아래 개들도 아이들이 먹던 부스러기를 먹습니다'라고 답했습니다. 자식을 향한 헌신적인 사랑, 주님을 향한 절대적인 믿음을 보신 주님은 그 딸을 치료하셨습니다. 어머니의 간절한 마음이 결국 딸을 귀신으로부터 해방시켰습니다. 그런데 사실 이런 부모만 있는 것은 아닙니다. 자식을 버리는 부모, 학대하는 부모도 있습니다. 만약 부모를 떠올릴 때 사랑을 받은 기억은 없고 아픈 기억만 있고, 온갖 설움과 회한이 밀려옵니까? 그렇다면 오히려 부모를 안타까이 여기며 기도하십시오. 나의 나됨은 하나님의 은혜입니다. 우리는 때로 환난과 역경 속에서 하나님이 우리를 돌보지 않는다고 느낍니다. 아무리 기도를 해도 응답이 없으실 때는 하나님께서 내 기도를 외면하신다고 느끼기도 합니다. 본문의 여인도 주님이 자신을 외면한다고 생각했을지도 모릅니다. 그러나 하나님께서는 한 번도 외면하신 적이 없습니다. 지금도 나를 더 견고하고 강하게 영적인 사람으로 키우기 위해서 내 뒤에서 말없이 동행하시고 뒷바라지하고 계십니다. 하나님의 사랑을 기억하며 자녀를 양육하는 부모가 되기를, 부모의 부족함을 발견할 때도 하나님의 사랑을 기억하며 부모를 위해 기도하는 자녀가 되기를 축복합니다.

제 부르짖음을 결코 외면하지 않으시는 하나님의 사랑을 기억하며 부모로서, 자녀로서 기도하는 삶을 살게 하소서.

5월 **12**일   아버지가 원하시는 것

에스겔 36:24-28

24내가 너희를 여러 나라 가운데에서 인도하여 내고 여러 민족 가운데에서 모아 데리고 고국 땅에 들어가서 25맑은 물을 너희에게 뿌려서 너희로 정결하게 하되 곧 너희 모든 더러운 것에서와 모든 우상 숭배에서 너희를 정결하게 할 것이며 26또 새 영을 너희 속에 두고 새 마음을 너희에게 주되 너희 육신에서 굳은 마음을 제거하고 부드러운 마음을 줄 것이며 27또 내 영을 너희 속에 두어 너희로 내 율례를 행하게 하리니 너희가 내 규례를 지켜 행할지라 28내가 너희 조상들에게 준 땅에서 너희가 거주하면서 내 백성이 되고 나는 너희 하나님이 되리라

에스겔서 1장부터 36장까지를 보면 이스라엘이 하나님 앞에서 성실하게 살았다는 구절은 한 군데도 없습니다. 그들은 하나님 앞에서 무엇 하나 제대로 한 것이 없습니다. 하나님께 부르짖고 회개하지도 않았고 오히려 계속 우상을 섬기면서 하나님을 실망시킬 뿐이었습니다. 그럼에도 불구하고 하나님께서는 다시 그들을 모으시고 회복시키겠다는 놀라운 약속을 하셨습니다. 우리는 여전히 우상을 섬기고 세상 가운데 있지만 하나님께서는 은혜의 속성으로 우리를 구원시키시고 우리의 굳은 마음에 새 마음을 불어넣어 주시고 하나님의 영이 임하게 해주셨습니다. 이는 우리를 하나님의 백성, 자녀 삼아서 함께 하시고 싶기 때문입니다. 만왕의 왕께서 나 같은 죄인을 자녀 삼고자 회복시키시겠다고 하시니 이 얼마나 감사한 일입니까? 우리는 가끔 하나님이 우리에게 요구하시는 것이라 여겨 하나님의 뜻과는 무관하게 헌신한답시고 하나님과의 만남은 뒤로 하고 일만 열심히 하거나, 혹은 자신은 헌신을 못 하는 사람이라 여겨 하나님이 기뻐하지 않을 것이라고 생각하며 혼자 숨어서 고민합니다. 그런데 하나님께서는 말씀하십니다. '나는 너에게 그 무엇도 바라지 않는다. 어려우면 어려운 대로, 슬프면 슬픈 대로, 또한 기쁘면 기쁨으로 내게 모두 얘기하고 네 모든 상황과 생각을 나와 나누고 나와 함께 있지 않을래?' 이것이 바로 아버지께서 자녀인 우리에게 원하시는 것입니다.

하나님, 오늘도 저와 함께하시며 마음을 나누기 원하셔서 감사합니다.
아버지께 더 가까이 다가가는 자녀가 되도록 노력하겠습니다.

5월 13일   은혜를 기억하며 반응하는 삶

신명기 5:6

나는 너를 애굽 땅, 종 되었던 집에서 인도하여 낸 네 하나님 여호와라

본문은 하나님을 망각하고 있는 이스라엘 백성들에게 하나님이 어떤 분이신지, 그들을 위하여 무슨 일을 행하셨는지 하나님의 은혜를 일깨워 주시는 말씀입니다. 특별히 십계명을 언급하기 직전에 이 말씀을 하신 것에 주목할 필요가 있습니다. 십계명은 천국 백성 된 자에게 주시는 하나님의 명령입니다. 천국 백성으로서, 하나님의 통치권 아래 있는 자로서 하나님께서 명하시는 법을 따르는 것은 당연합니다. 하지만 십계명을 지키는 것은 참으로 어려운 일입니다. 그래서 하나님의 은혜를 기억하라는 것입니다. 십계명은 억지로, 힘들게 지키는 것이 아니라 은혜로 지킬 수 있다는 사실을 기억하라는 것입니다. 나 같은 사람을 천국으로 옮기셨고 하나님의 자녀로 삼아주셔서 하나님의 통치권 아래 살게 하신 하나님의 그 은혜 때문에 우리는 각종 우상을 버릴 수 있고, 주일도 지킬 수 있고, 물질도 드릴 수 있고, 헌신도 할 수 있고, 도무지 사랑할 수 없을 것 같은 사람까지도 사랑할 수 있습니다. 즉 하나님의 은혜를 더 깊게 알면 알수록 우리는 은혜에 반응하는 삶을 살아가게 됩니다. 하나님께서는 우리가 사람과의 사이에서도 은혜를 저버리지 않고 살아가기 원하시며 하나님의 은혜도 반드시 기억하기를 원하십니다. 한순간에 물질과 자녀를 모두 잃게 되었지만 '주신 이도 여호와시요 거두신 이도 여호와시니 여호와의 이름이 찬송을 받으실지니이다'욥 1:21라고 고백한 욥이야말로 진정 은혜를 아는 사람입니다. 하나님과 참된 관계 속에 있는 사람은 하나님께서 지금 우리에게 주신 것에 집중하지 않고 어떤 어려운 상황에 처한다 해도 욥처럼 이제까지 주신 것에 대한 은혜를 기억하며 그 은혜에 반응하며 살아갑니다.

하나님, 지금까지 베풀어주신 은혜에 감사합니다.
그 은혜를 잊지 않고 은혜에 반응하며 살아가기 원합니다.

5월 **14**일 　주님을 닮은 스승

누가복음 4:14-15

14예수께서 성령의 능력으로 갈릴리에 돌아가시니 그 소문이 사방에 퍼졌고 15친히 그 여러 회당에서 가르치시매 뭇 사람에게 칭송을 받으시더라

길을 분간할 수 없을 만큼 눈이 많이 내린 날에는 앞서간 누군가의 발자국이 있으면 고마운 생각이 듭니다. 그 발자국만 따라가면 길을 찾을 수 있기 때문입니다. 스승은 이렇게 길이 보이지 않는 곳을 위험을 무릅쓰고 앞서가는 사람입니다. 이 땅의 스승으로 오신 주님께서는 본문을 통해 어떤 스승이 되어야 하는지 보여주십니다. 첫째, 능력을 갖춘 스승이 되어야 합니다.14절 주님께서 성령의 권능으로 사역하셨듯이 우리 또한 이 세상의 능력 있는 스승이 되기를 주님은 원하십니다. 배운 것도 없고, 가진 것도 없고, 쓸 만한 경험도 없어서 나는 능력 있는 사람이 못 된다고 사람들은 말할지도 모릅니다. 요셉은 많이 배우지도 못했고, 어릴 때부터 노예로 팔려 간 사람이었습니다. 그러나 그는 한 가정의 살림을 도맡아 하는 총무 역할을 잘 감당했고, 마침내 한 나라의 살림을 맡아 관리하는 총리가 된 능력 있는 사람이었습니다. 무엇이 요셉을 이러한 능력의 사람으로 만들었을까요? 하나님이 함께하셨기 때문입니다. 하나님이 함께하심이 능력입니다. 둘째, 삶이 가르침이 되는 스승이어야 합니다.15절 스승은 삶으로 가르쳐야 합니다. 주님께서는 이 땅에서 사역하시는 동안 가르치시면서 삶으로 본을 보이셨습니다. 이런 스승이 있어야 이 세상에 소망이 있습니다. 셋째, 뭇사람에게 칭송받는 스승이어야 합니다.15절 그러나 중요한 것은 칭송 그 자체가 목적이 되어서는 안 됩니다. 주님께서 칭송을 받으신 목적은 사람들에게 복음을 전하기 위함이었습니다. 그렇습니다. 스승은 뭇사람에게 반드시 칭송을 받아야 하지만 칭송을 받는 목적은 복음의 씨앗을 뿌리기 위한 마음의 밭을 만들어가는 것이어야 합니다. 마음 문을 열기 위한 것이어야 합니다. 살아가는 날 동안 주님 닮은 스승으로 살아가기를 축복합니다.

주님, 제 스승이 되어주셔서 감사합니다.
저도 주님의 발자취를 좇는 스승으로 살기를 원합니다.

5월 **15**일 칭송받는 선생

누가복음 4:14-15
14예수께서 성령의 능력으로 갈릴리에 돌아가시니 그 소문이 사방에 퍼졌고 15친히 그 여러 회당에서 가르치시매 뭇 사람에게 칭송을 받으시더라

'**앤** 설리번'은 '헬렌 켈러'를 길러낸 선생으로 유명합니다. 그러나 앤 설리번의 불우했던 어린 시절, 오랜 시간 동안 인내하며 그의 곁을 지켜주었던 '로라'라는 간호사 선생이 있었다는 사실을 아는 사람은 많지 않습니다. 한 교사의 헌신이 훌륭한 제자를 길러내고 그 일은 생명처럼 이어질 수 있다는 사실을 우리는 기억해야 합니다. 특별한 사람만 교사가 되는 것이 아닙니다. 하늘의 권세로 임명받은 우리가 모두 교사입니다. 예수님은 뭇사람에게 칭송을 받는 교사의 본을 보이심으로 우리 또한 그러한 교사가 되기를 원하십니다. 본문을 통해 우리는 예수님께서 칭송받는 선생이 되셨던 것은 성령의 권능으로 행하셨기 때문이라는 사실을 알 수 있습니다. 또한 초대교회 제자들 역시 성령의 권능으로 행하여 온 백성에게 칭송을 받았다는 말씀행 2:47은 우리에게 도전이 되고 힘이 됩니다. 오늘날 이 땅의 청소년들은 우리와 다른 것이 너무 많습니다. 언어가 다르고 문화가 다르고 활동하는 시간대마저 다른 그들의 생활 방식은 마치 다른 나라 사람과 흡사하기 때문에 차세대를 위한 교육은 이제 단순히 교육의 차원을 넘어서서 선교라는 사실을 깨달아야 합니다. 이들을 위해 우리가 선교사가 되어 헌신하는 것이 중요하지만 그것이 우리 힘으로 이루어지는 것이 아니라 오히려 다행입니다. 성령께 맡기십시오. 성령의 권능을 사모하십시오. 성령이 우리에게 인내, 사랑, 소망을 부어주실 것입니다. 오늘 우리도 성령의 권능으로 행하는 칭송받는 선생이 될 수 있습니다.

하나님, 제 곁에는 선교해야 하는 젊은이들이 많습니다. 그들을 지나치지 않고 성령의 도우심으로 하나님께 인도하는 선생이 되기를 소망합니다.

5월 **16**일 　사랑

고린도전서 13:8-13

8사랑은 언제까지나 떨어지지 아니하되 예언도 폐하고 방언도 그치고 지식도 폐하리라 9우리는 부분적으로 알고 부분적으로 예언하니 10온전한 것이 올 때에는 부분적으로 하던 것이 폐하리라 11내가 어렸을 때에는 말하는 것이 어린 아이와 같고 깨닫는 것이 어린 아이와 같고 생각하는 것이 어린 아이와 같다가 장성한 사람이 되어서는 어린 아이의 일을 버렸노라 12우리가 지금은 거울로 보는 것 같이 희미하나 그 때에는 얼굴과 얼굴을 대하여 볼 것이요 지금은 내가 부분적으로 아나 그 때에는 주께서 나를 아신 것 같이 내가 온전히 알리라 13그런즉 믿음, 소망, 사랑, 이 세 가지는 항상 있을 것인데 그 중의 제일은 사랑이라

초대교회의 성령의 역사는 오늘날도 가능합니다. 그러나 초대교회 성도들이 하나님의 은혜를 받은 후 사랑의 공동체를 이루며 살았다는 사실을 놓쳐서는 안 됩니다. 하나님의 성품 자체가 사랑이기에 모든 성령의 역사는 반드시 사랑의 기초 위에서 일어납니다. 당신에게는 사랑의 은사가 있습니까? 주님을 구주로 영접한 사람들에게는 이미 사랑의 은사가 주어졌습니다. 그러나 우리가 이것을 키워가지 못하고 있는 것이 문제입니다. '오직 사랑 안에서 참된 것을 하여 범사에 그에게까지 자랄지어다'엡 4:15 사랑은 우리가 주님 나라에 이를 때까지 날마다 구하며 끊임없이 키워가야 하는 것입니다. 매 순간 기도하고 내게 부어 주신 만큼 다른 사람에게 사랑을 실천하면 그 사랑은 자라갈 수 있습니다. 사랑은 영원성을 가집니다.10절 사랑이 기초가 된 것은 영원한 아버지 나라와 연결된다는 뜻입니다. 사랑은 어린아이의 일을 버립니다.11절 사랑의 은사를 소유한 사람이 어른입니다. 사랑은 온전히 알게 됩니다.12절 사랑이 없으면 자기 편견, 자기 경험, 자기 지식으로밖에 볼 수 없지만, 사랑의 은사가 내 안에 들어오면 세상과 이웃을 향한 시선의 깊이가 달라집니다. 사랑은 믿음과 소망이 항상 함께합니다.13절 믿음도 소망도 모두 사랑이 기초가 되지 않는다면 아무런 의미가 없습니다. 사랑이 기초가 되어 있으면 믿음도 소망도 세워지고 뿌리가 박히고 터가 굳어지게 됩니다.엡 4:17

일을 시작하기 전, 먼저 사랑을 구하고 사랑의 기초 위에 행할 수 있기를 원합니다.

5월 **17**일　　내 평생에

시편 23:6
내 평생에 선하심과 인자하심이 반드시 나를 따르리니 내가 여호와의 집에 영원히 살리로다

 만약에 내게 일이 생겨서 아이를 누군가에게 맡겨야 한다면 단 얼마 동안이라도 그 아이를 지켜주고 돌봐주는 사람에게 우리는 참으로 고마운 마음을 가지게 되고 또 감사의 표현도 할 것입니다. 그런데 만물의 주재이신, 만물을 다스리시는 하나님이 선하심으로 우리를 평생 지켜주십니다. 대통령을 경호하는 데 연간 천억 원 이상이 들어간다고 합니다. 그런데 우리는 단 한 푼도 들이지 않고 천사의 경호를 받고 있습니다. 그리고 하나님께서는 평생을 인자하심으로 이끌어주십니다. 이것은 하나님께서 언약적 사랑으로 나를 이끄신다는 말씀입니다. 하나님이 내게 베푸시는 사랑과 은혜는 한계가 없습니다. 측량할 수 없는 사랑으로 우리에게 긍휼을 베풀어주시는 하나님이십니다. 이 얼마나 감사할 일입니까? 또한 여호와의 집에 영원히 거하게 하십니다. 세상에서 우리가 아무리 좋은 집에 산다고 해도 천국의 영원한 집과는 비교할 수 없을 것입니다. 그곳은 요술 집입니다. 그곳에 들어가기만 하면 사망이 없습니다. 애통도, 곡쏛도, 아픔도 없습니다. 혹자는 '천국은 존재하지 않는다'라고 말합니다. 하지만 모태에서 열 달 동안 사는 태아가 이 세상에서의 삶을 생각하면서 태어날까요? 세상에 나와 보니 그의 앞에는 엄마의 뱃속과는 또 다른 세상이 전개되는 것입니다. 마찬가지로 우리가 육신의 옷을 벗고 나면 천국이나 지옥, 영원한 세상으로 가게 되는 것은 분명히 정해진 사실입니다. 다만 하나님의 자녀가 되는 권세를 얻은 자는 천국으로 가서 영원한 집을 얻는 복을 누릴 것이며 그렇지 못한 자는 영원한 불못인 지옥에서 살게 됩니다. 나 자신의 공로가 아닌 하나님의 은혜로 내가 하나님의 자녀가 되어 영원한 천국에 들어갈 수 있으니 이 어찌 놀라운 일이 아닐까요?

이 땅에 사는 날 동안 선하심으로 한없는 은혜와 사랑으로 저를 이끄시고 천국까지 가게 하시는 하나님, 감사합니다.

5월 **18**일　　빚진 자

로마서 1:11-15

11내가 너희 보기를 간절히 원하는 것은 어떤 신령한 은사를 너희에게 나누어 주어 너희를 견고하게 하려 함이니 12이는 곧 내가 너희 가운데서 너희와 나의 믿음으로 말미암아 피차 안위함을 얻으려 함이라 13형제들아 내가 여러 번 너희에게 가고자 한 것을 너희가 모르기를 원하지 아니하노니 이는 너희 중에서도 다른 이방인 중에서와 같이 열매를 맺게 하려 함이로되 지금까지 길이 막혔도다 14헬라인이나 야만인이나 지혜 있는 자나 어리석은 자에게 다 내가 빚진 자라 15그러므로 나는 할 수 있는 대로 로마에 있는 너희에게도 복음 전하기를 원하노라

성 프란시스는 하나님께로부터 받은 은혜가 너무 커서 자신이 다른 사람에게 베푸는 것은 베푸는 것이라 할 수도 없다면서 자신을 '세상에서 가장 악한 자'라고 표현했습니다. 본문에서 바울은 자신을 '빚진 자'라고 고백합니다. 바울 역시 하나님께로부터 받은 은혜가 너무나 크다는 사실을 알기에 이런 고백을 했을 것입니다. 은혜를 받은 만큼, 받은 은혜를 깨달은 만큼 우리는 빚진 자의 삶을 살게 됩니다. 바울은 빚진 자로서 그 은혜를 갚기 위해 '할 수 있는 대로 복음을 전파하겠다'라고 고백합니다. 복음은 '주님께서 이 땅에 오셔서 십자가에 죽으셨지만 사망 권세를 깨뜨리고 승리하셔서 우리가 천국에 갈 수 있다'는 기쁜 소식입니다. 복음은 십자가패배와 부활승리이 함께 있는 것으로 그리스도 안에 있으면 패배도 승리로 바뀝니다. 바울은 은혜받은 자로서의 기쁨을 누리고 있었기에 승리의 소식을 알리는 것이 가능했습니다. 은혜가 식으면 패배만 보이기 때문에 승전의 소식을 전하는 것이 불가능합니다. 우리 역시 은혜를 깨달아 기쁨으로 충만하여 패배를 알리는 사람이 아니라 승리를 전하는 사람으로 살기를 축복합니다. 복음의 소식을 가지고 세상 끝까지 최선을 다해 뛰어가는 삶이 바로 빚을 갚는 사람의 모습입니다.

 오늘도 은혜에 빚진 자로서 복음을 들고 기쁨으로 나아가기를 원합니다.

5월 19일 주님께 사랑받는 자

사무엘상 18:1-5

1다윗이 사울에게 말하기를 마치매 요나단의 마음이 다윗의 마음과 하나가 되어 요나단이 그를 자기 생명 같이 사랑하니라 2그 날에 사울은 다윗을 머무르게 하고 그의 아버지의 집으로 다시 돌아가기를 허락하지 아니하였고 3요나단은 다윗을 자기 생명 같이 사랑하여 더불어 언약을 맺었으며 4요나단이 자기가 입었던 겉옷을 벗어 다윗에게 주었고 자기의 군복과 칼과 활과 띠도 그리하였더라 5다윗은 사울이 보내는 곳마다 가서 지혜롭게 행하매 사울이 그를 군대의 장으로 삼았더니 온 백성이 합당히 여겼고 사울의 신하들도 합당히 여겼더라

요나단은 하나님의 마음이 다윗에게 있음을 보았고 자신의 아버지 사울로부터 지켜주고 싶었기에 생명을 아끼지 않고 친구 다윗을 사랑했습니다. 예수님의 모습이 바로 요나단과 같습니다. 나의 영원한 친구이신 예수님은 하나님이 나를 얼마나 사랑하시는지 하나님의 마음을 발견하셨습니다. 그리고 마귀의 손으로부터 지키시려고 당신의 생명을 걸고 나를 사랑하셨습니다. 이렇게 사랑에 빠지신 주님은 첫째, 생명을 주십니다.1,3절 주님의 사랑은 죽음으로 끝나지 않고 부활로 이어져 생명의 능력이 언제나 나와 함께 하십니다. 둘째, 언약을 맺으십니다.3절 우리는 어려움을 겪을 때 하나님이 사랑하시지 않나? 나를 버린 것이 아닌가 의심하지만, 주님은 평생 버리지 않으시며 그 무엇도 주님의 사랑으로부터 끊을 수 없다는 것을 이미 약속하셨습니다. 셋째, 겉옷을 벗어 입혀주십니다.4절 주님은 우리에게 의의 옷을 입혀주셨습니다. 덕분에 우리는 천국에 갈 자격을 얻었습니다. 나를 위해 생명을 아끼지 않으시는 주님을 위해 우리가 일할 차례입니다. 최선을 다해 주님의 생명을 곳곳에 나누어 주어야 합니다.

하나님, 저는 주님께로부터 깊은 사랑을 받고 있는 존재입니다.
오늘도 사랑받는 자로서 그 사랑을 나눌 수 있기를 간절히 원합니다.

5월 20일 주님을 바라보는 삶

마태복음 14:25-32

25밤 사경에 예수께서 바다 위로 걸어서 제자들에게 오시니 26제자들이 그가 바다 위로 걸어오심을 보고 놀라 유령이라 하며 무서워하여 소리 지르거늘 27예수께서 즉시 이르시되 안심하라 나니 두려워하지 말라 28베드로가 대답하여 이르되 주여 만일 주님이시거든 나를 명하사 물 위로 오라 하소서 하니 29오라 하시니 베드로가 배에서 내려 물 위로 걸어서 예수께로 가되 30바람을 보고 무서워 빠져 가는지라 소리 질러 이르되 주여 나를 구원하소서 하니 31예수께서 즉시 손을 내밀어 그를 붙잡으시며 이르시되 믿음이 작은 자여 왜 의심하였느냐 하시고 32배에 함께 오르매 바람이 그치는지라

베드로는 자신의 상황과 처지에 따라 주님이 다르게 보였습니다. 평생을 어부로 살아온 그는 배 위에서 편안하게 있을 때는 풍랑에 대해 나름대로 대책을 세울 수 있다고 생각했을 것입니다. 그러니 곁에 다가오시는 주님이 주님으로 보이지 않고 유령으로 느껴진 것입니다. 그런데 주님이 가까이 오셔서 안심하라는 음성을 들려주시니 이제는 '만일 주님이시라면 …' 이렇게 조금 달라진 태도를 보였습니다. 하지만 그는 아직까지도 배 위에 있기에 주님에 대하여 확신하지 못하고 의심합니다. 결국 바다에 빠져들기 시작하자 그는 '주여, 나를 구원하소서'라고 외치게 됩니다. 그렇습니다. 우리가 주님을 유령으로 볼 때나 반신반의할 때나 확신 가운데서 주님을 외쳐 부를 때나 주님은 여전히 동일하십니다. 다만 상황 따라 우리가 변할 뿐입니다. 어려움의 파도 가운데서 우리는 출렁이는 바다를 바라보며 절망과 고통을 느끼지만, 주님은 여전한 모습으로 오셔서 주님을 바라보라고 하십니다. 주님을 바라보는 삶에는 희망이 있고 주님의 은혜와 사랑이 우리를 감싸며 생명의 능력이 나타나 생명의 역사를 이룰 수 있습니다.

하나님, 저는 상황 따라 변하지만 언제나 동일하신 주님이 곁에 계시며 두려워 말라 말씀하시니 감사합니다.

5월 **21**일 　종 되었던 것을 기억하라

신명기 16:9-12

9일곱 주를 셀지니 곡식에 낫을 대는 첫 날부터 일곱 주를 세어 10네 하나님 여호와 앞에 칠칠절을 지키되 네 하나님 여호와께서 네게 복을 주신 대로 네 힘을 헤아려 자원하는 예물을 드리고 11너와 네 자녀와 노비와 네 성중에 있는 레위인과 및 너희 중에 있는 객과 고아와 과부가 함께 네 하나님 여호와께서 자기의 이름을 두시려고 택하신 곳에서 네 하나님 여호와 앞에서 즐거워할지니라 12너는 애굽에서 종 되었던 것을 기억하고 이 규례를 지켜 행할지니라

컴퓨터를 이용할 때 필요한 정보와 필요치 않은 정보를 선택할 수 있듯이 나쁜 기억들, 불필요한 기억들은 기억 장치 속에 가둬버리고 꺼내지 않을 수 있습니다. 이렇게 불필요한 기억들을 가둬버리기 위해서는 본문의 말씀처럼 종 되었던 것을 기억해야 합니다. 종 되었던 것을 기억하는 사람은 첫째, 자신의 원래 모습을 기억합니다. 아무 가진 것도 없고 아무것도 할 수 없는 자임을 기억합니다. 둘째, 모든 것은 하나님의 사랑이며 결국 합력해서 선을 이루게 될 것을 믿습니다. 현재 처한 형편이 아무리 어둡고 힘들다고 할지라도 그것이 하나님의 사랑임을 확신하는 사람들은 나쁜 기억들을 가둬놓고 좋은 기억들을 끌어낼 수가 있습니다. 셋째, 미래를 향하여 길을 떠납니다. 실패하였습니까? 더는 어떻게 해 볼 수가 없습니까? 그래서 여기가 끝이라고 생각합니까? 종 되었던 것을 기억하는 사람은 지금 여기가 끝이 아니라 미래를 향하여 가는 출발점이라고 생각합니다. 실패를 끝이라고 생각하면 그것은 정말 실패이지만 실패가 시작이요 진행이라고 생각하는 사람에게는 실패는 끝이 아니라 진행입니다. 하나님께로부터 선택받은 백성은 어떤 상황에도 모든 것은 하나님의 계획이고 사랑임을 고백하며 그 자리에서 멈추지 않습니다. 상처가 되는 정보는 가둬버리고 하나님에 대한 정보만을 꺼내어 하나님 나라를 향해 앞으로 나아갑니다.

하나님, 저는 무익한 종이었습니다. 그러나 지금은 하나님의 은혜와 사랑에 힘입어 담대히 하늘나라를 향해 나아가는 용사입니다.

5월 **22**일 당신의 가치를 알고 있습니까?

이사야 49:5

이제 여호와께서 말씀하시나니 그는 태에서부터 나를 그의 종으로 지으신 이시요 야곱을 그에게로 돌아오게 하시는 이시니 이스라엘이 그에게로 모이는도다 그러므로 내가 여호와 보시기에 영화롭게 되었으며 나의 하나님은 나의 힘이 되셨도다

19 47년 한 목동이 동굴에서 두루마리로 된 책을 발견하여 골동품상에서 허름한 총 한 자루와 교환했습니다. 그것이 바로 2천 년 이상 된 성경, 쿰란 사본입니다. 지금은 그 가치를 돈으로 환산할 수도 없을 만큼 소중한 자료이지만, 그 가치를 모르는 사람은 총 한 자루와 맞바꾸고 만 것입니다. 오늘날 많은 사람이 자신의 가치를 모르기 때문에 생명을 소중하게 여기지 못합니다. 그러나 우리는 여호와 보시기에 영화롭게 된 자이니 존귀합니다. 우리가 우리의 존귀함을 깨닫지 못할 때 하나님께서 가장 아파하실 것입니다. 우리는 하나님의 작품입니다. 아무리 좋은 것이라 해도 똑같은 것을 여러 개 만들어내는 상품과는 달리 작품은 하나밖에 없는 것을 말합니다. 지구상의 62억 인구 중에 나와 똑같은 사람은 한 사람도 없습니다. 쌍둥이마저도 똑같을 수 없을 만큼 인간은 하나님께서 심혈을 기울여 만드신 작품입니다. 때로 우리가 실수할 때 그 실수까지도 합력하여 선을 이루게 하시니 하나님 손에 올려진 우리는 버릴 것이 없는 존귀한 존재입니다. 하나님은 나의 힘이 되시는 아버지이시고 나를 당신에게로 돌아오게 하시는 분입니다. 유한한 것은 가치가 없습니다. 영원해야 가치가 있습니다. 우리는 영생을 얻은 영원한 존재입니다. 이 땅에 사는 잠깐 동안만 천사보다 조금 못하게 하시고 하나님의 보좌 앞에 나아가는 순간 영광과 존귀의 관을 쓰게 되는 가치 있는 존재입니다.^{히 2:9}

하나님, 저를 존귀한 자로 여겨주시니 감사합니다. 저 자신도 저를 하나님이 보시는 눈으로 보게 해주소서.

5월 **23**일 하나님의 사랑

요한일서 4:16-21

16하나님이 우리를 사랑하시는 사랑을 우리가 알고 믿었노니 하나님은 사랑이시라 사랑 안에 거하는 자는 하나님 안에 거하고 하나님도 그의 안에 거하시느니라 17이로써 사랑이 우리에게 온전히 이루어진 것은 우리로 심판 날에 담대함을 가지게 하려 함이니 주께서 그러하심과 같이 우리도 이 세상에서 그러하니라 18사랑 안에 두려움이 없고 온전한 사랑이 두려움을 내쫓나니 두려움에는 형벌이 있음이라 두려워하는 자는 사랑 안에서 온전히 이루지 못하였느니라 19우리가 사랑함은 그가 먼저 우리를 사랑하셨음이라 20누구든지 하나님을 사랑하노라 하고 그 형제를 미워하면 이는 거짓말하는 자니 보는 바 그 형제를 사랑하지 아니하는 자는 보지 못하는 바 하나님을 사랑할 수 없느니라 21우리가 이 계명을 주께 받았나니 하나님을 사랑하는 자는 또한 그 형제를 사랑할지니라

마리 퀴리는 어렸을 적에 어머니 품에 안겨 입을 맞춘 적이 없어 어머니가 자신을 사랑하지 않는다고 생각하였는데, 어머니가 돌아가시고 난 후에야 어머니가 폐결핵을 앓고 있었음을 알고 어머니를 오해했던 것을 깨달았다고 합니다. 우리도 혹시 자기 자신에게만, 자신의 어려움에만 집중하기 때문에 하나님의 사랑을 깨닫지 못하는 것은 아닐까요? 하나님께서는 이렇게 깨닫지 못하는 백성들을 위해 십자가를 택하셨습니다. 십자가는 하나님 사랑의 극치입니다. 십자가 사랑을 생각하면서 오늘의 고통이 하나님의 사랑임을 믿으며 그 사랑의 힘으로 이겨내야 합니다. 하나님의 사랑을 아는 것만이 진정한 은혜이며 복입니다. 하나님의 사랑 안에 거하면서 영적으로 성장하고16절 담대하고 두려움이 없어지기 때문입니다.17-18절 사단은 끊임없이 하나님의 사랑을 의심하게 만들지만, 기도하고 선포함으로 사단을 물리치고 지금 도저히 하나님의 사랑이라고 받아들이지 못한다 해도 하나님의 사랑이라고 믿고 사랑을 베푼다면 실제로 더 깊은 하나님의 사랑을 깨닫게 될 것입니다.

🙏 하나님의 사랑은 없는 것이 아니라 제가 깨닫지 못할 뿐임을 알았습니다. 매 순간 하나님의 사랑을 믿고 선포하는 삶을 살겠습니다.

5월 **24**일   큰 은사를 사모하라

고린도전서 12:31
너희는 더욱 큰 은사를 사모하라 내가 또한 가장 좋은 길을 너희에게 보이리라

본문에서 '큰 은사'는 사랑을 말합니다. 하나님께서는 사랑의 은사를 사모하는 자에게 좋은 길을 보이시겠다고 약속하셨습니다. 우리가 사랑의 은사를 구해야 하는 이유는 첫째, 사랑이 없으면 우리가 가진 모든 것이 허사이고 의미가 없기 때문입니다. 사랑이 있을 때 방언도 천사의 말도 예언도 지식도 가치가 있습니다. 십자가에 사랑이 있었기에 하나님은 그 십자가를 통해 부활의 영광과 구원이라는 가장 좋은 길을 보여주셨습니다. 둘째, 하나님은 사랑의 은사가 있는 만큼 사용하십니다. 손양원 목사, 톨스토이, 링컨 … 이들은 모두 가슴에 사랑을 품었던 사람들로 결국 준비된 사랑만큼 하나님께 쓰임 받았습니다. 셋째, 사랑이 없으면 하나님께서 촛대를 옮기십니다.계 2:1-7 하나님께서 에베소 교회를 향해 칭찬을 하시면서도 처음 사랑을 버렸기에 촛대를 옮기시겠다고 무서운 경고를 하십니다. 이는 더 이상 하나님의 인도하심성령이 없다는 의미입니다. 하나님의 인도하심이 없는 교회, 성령이 역사하지 않는 교회는 아무것도 아닙니다. 아무것도 할 수 없습니다. 넷째, 사랑의 은사가 임해야 사역할 수 있습니다. 주님께서도 하나님의 사랑을 아셨기에 우리를 사랑하셨습니다. 바울도 그리스도의 사랑을 깨달았기에 그 사랑이 강권해서 복음을 전할 수 있었습니다. 마틴 루터도 말씀롬 1:17을 통해 하나님의 사랑을 깨닫고 종교 개혁을 주도하게 되었습니다. 사랑의 은사를 사모하는 자만이 하나님의 크신 사랑을 깨닫고 자신의 개혁, 교회의 개혁을 이룰 수 있습니다. 또한 하나님께서 그런 자들에게 제일 좋은 길을 보이실 것입니다.

오늘도 하나님의 사랑이 저에게 부은 바 되어서 그 사랑의 힘으로 살아가게 하소서.

5월 25일 　사랑이 제일 가치 있는 이유

고린도전서 13:8-13

8사랑은 언제까지나 떨어지지 아니하되 예언도 폐하고 방언도 그치고 지식도 폐하리라 9우리는 부분적으로 알고 부분적으로 예언하니 10온전한 것이 올 때에는 부분적으로 하던 것이 폐하리라 11내가 어렸을 때에는 말하는 것이 어린 아이와 같고 깨닫는 것이 어린 아이와 같고 생각하는 것이 어린 아이와 같다가 장성한 사람이 되어서는 어린 아이의 일을 버렸노라 12우리가 지금은 거울로 보는 것 같이 희미하나 그 때에는 얼굴과 얼굴을 대하여 볼 것이요 지금은 내가 부분적으로 아나 그 때에는 주께서 나를 아신 것 같이 내가 온전히 알리라 13그런즉 믿음, 소망, 사랑, 이 세 가지는 항상 있을 것인데 그 중의 제일은 사랑이라

사랑이 가장 가치 있는 것이기에 오늘 하나님께서 우리에게 요구하시는 것은 바로 사랑의 회복입니다. 사랑이 이렇게 가치 있는 이유가 무엇입니까? 첫째, 사랑만이 온전하기 때문입니다.8-10절 사랑이 없는 것은 부분적인 것이고 지극히 작은 것이며 결국 얼마 되지 않아 폐하게 됩니다. 영원히 남는 것은 사랑밖에는 없습니다. 둘째, 사랑할 때 비로소 어른이 되기 때문입니다. 나이가 많다고, 직분을 가졌다고 어른이 되는 것이 아닙니다. 사랑이 없을 때는 말하는 것도, 깨닫는 것도, 생각하는 것도 어린아이와 같지만, 사랑할 때는 어린아이의 일을 버리고 어른이 되는 것입니다. 셋째, 사랑만이 온전히 알 수 있기 때문입니다.12절 사랑이 없을 때는 거울로 보는 것처럼 희미하지만 사랑이 있을 때는 얼굴과 얼굴을 마주 대하는 것처럼 분명합니다. 사랑할 때 하나님을 마주 대하며 보는 것처럼 확실하게 보게 되며 형제자매에 대해서도 편견의 거울을 통하지 않고 사랑의 거울을 통해서 볼 때 정확하게 볼 수 있습니다. 또한 우리가 서로 사랑할 때 세상은 우리가 주님의 제자인 것을 알게 됩니다.요 13:34-35

하나님, 제가 가치 없는 일에 시간을 허비하지 않게 하소서. 사랑하며 살게 하소서. 사랑함으로 온전해지고 어른이 되며 하나님을 확실히 볼 수 있게 하소서.

5월 26일 하나님의 은혜

고린도전서 15:10
그러나 내가 나 된 것은 하나님의 은혜로 된 것이니 내게 주신 그의 은혜가 헛되지 아니하여 내가 모든 사도보다 더 많이 수고하였으나 내가 한 것이 아니요 오직 나와 함께 하신 하나님의 은혜로라

선교지를 나가보면 대단한 이력의 선교사님들이 참 많습니다. 더 좋은 환경에서 더 좋은 대우를 받으면서 살 수 있는데도 모든 것을 마다하고 타국에서 온갖 어려움을 이겨내며 사역하는 모습을 보면서 '무엇이 저들로 하여금 저런 헌신을 하게 했을까?'를 생각하게 됩니다. 그 답은 하나님의 은혜입니다. 그래서 '얼마나 많은 것을 소유했느냐?', '어떤 좋은 환경에서 살고 있느냐?', '무슨 큰 일을 맡고 있느냐?'보다는 얼마나 하나님의 은혜를 깨닫고 사느냐가 더 중요합니다. 사람은 하나님의 은혜를 느끼는 만큼 반응할 수 있습니다. 눈을 들어 세상을 바라보면 모든 것이 하나님의 은혜입니다. 세상 것은 공짜가 없는데 하나님이 우리에게 주신 것은 모두 공짜입니다. 병원에서 산소 호흡기를 사용해서 공기를 마시려면 돈이 필요하지만 하나님은 온 인류에게 공짜로 공기를 주셨습니다. 수도를 사용하게 되면 물값을 내야 하지만 이 세상에는 하나님이 공짜로 제공하신 물이 얼마나 많은지 모릅니다. 전등을 하나씩 밝힐 때마다 사용료를 내야 하지만 하나님이 주신 빛을 맘껏 사용하면서 돈을 내는 사람은 아무도 없습니다. 주님의 은혜가 크면 클수록 내가 가지고 있는 것은 너무 작기만 해서 모든 것을 다 드려도 부족할 뿐입니다. 사도 바울이 그렇게 소중히 여기던 자신의 지식, 명예, 유대의 율법을 분토처럼 여기게 된 것도 하나님의 은혜가 얼마나 큰지 깨달았기 때문입니다. 그리고 그는 본문의 고백을 했습니다. 오늘 내가 느끼는 하나님의 은혜는 무엇입니까? 그 은혜에 어떻게 반응하렵니까?

저를 구원해주신 하나님의 은혜에 감사합니다.
그리고 오늘 제가 누리고 있는 모든 것은 하나님의 은혜입니다.

5월 **27**일   은혜 속에서 살아가는 삶

출애굽기 14:26-31

26여호와께서 모세에게 이르시되 네 손을 바다 위로 내밀어 물이 애굽 사람들과 그들의 병거들과 마병들 위에 다시 흐르게 하라 하시니 27모세가 곧 손을 바다 위로 내밀매 새벽이 되어 바다의 힘이 회복된지라 애굽 사람들이 물을 거슬러 도망하나 여호와께서 애굽 사람들을 바다 가운데 엎으시니 28물이 다시 흘러 병거들과 기병들을 덮되 그들의 뒤를 따라 바다에 들어간 바로의 군대를 다 덮으니 하나도 남지 아니하였더라 29그러나 이스라엘 자손은 바다 가운데를 육지로 행하였고 물이 좌우에 벽이 되었더라 30그 날에 여호와께서 이같이 이스라엘을 애굽 사람의 손에서 구원하시매 이스라엘이 바닷가에서 애굽 사람들이 죽어 있는 것을 보았더라 31이스라엘이 여호와께서 애굽 사람들에게 행하신 그 큰 능력을 보았으므로 백성이 여호와를 경외하며 여호와와 그의 종 모세를 믿었더라

430년이라는 긴 세월 동안 애굽의 종살이를 하였던 이스라엘 백성들이 홍해를 건너 약속의 땅을 향한 걸음을 내딛는 은혜를 입었습니다. 그들의 모습을 통해 우리는 은혜 속에서 살아가는 삶이 무엇인지 알 수 있습니다. 첫째, 하나님이 베푸신 큰 은혜를 주목합니다.31절 당시 이스라엘 백성은 아무런 힘이 없었습니다. 해방될 가능성이 전혀 없었던 그들을 하나님께서 놀라운 기적의 역사를 통해 해방시켜주신 것입니다. 둘째, 베푸신 은혜를 붙듭니다. 은혜를 베푸신 하나님께서 지금도 은혜로 인도하심을 믿는 것이 바로 은혜를 붙드는 것입니다. 하지만 우리는 자칫 이것을 놓치기 쉽습니다. 그리스도 보혈의 공로를 믿는 백성이 홍해를 건넜음에도, 구원을 얻었음에도 그 은혜를 계속 붙들고 살아가지 못하고 불평과 불만 속에서 무기력하게 산다면 약속의 땅에 들어가지 못한 채 광야 가운데 비참하게 죽어갈 수밖에 없습니다. 셋째, 붙잡은 은혜를 선포합니다. 모세에게 손을 내밀라고 하신 것은 '너를 구원시킨 놀라운 기적의 역사를 네가 보고 기억하느냐? 그렇다면 지금의 어려운 상황 가운데서도 믿음으로 그 은혜를 선포하라'는 것입니다. 받은 은혜를 입술로 선포하는 삶은 더 큰 은혜를 얻게 됩니다.

 하나님, 오늘도 하나님이 제게 베푸신 은혜를 주목하고 붙들며 선포하며 살겠습니다.

5월 **28**일　영원한 하나님의 사랑

예레미야 31:1-3

¹여호와의 말씀이니라 그 때에 내가 이스라엘 모든 종족의 하나님이 되고 그들은 내 백성이 되리라 ²여호와께서 이같이 말씀하시니라 칼에서 벗어난 백성이 광야에서 은혜를 입었나니 곧 내가 이스라엘로 안식을 얻게 하러 갈 때에라 ³옛적에 여호와께서 나에게 나타나사 내가 영원한 사랑으로 너를 사랑하기에 인자함으로 너를 이끌었다 하였노라

본 문의 배경은 이스라엘 백성^{남유다와 북이스라엘}이 강대국^{바벨론과 앗수르}의 속국이 되어 더 이상 희망이 없이 살아가는 때에 주변국들도 그런 모습을 바라보면서 이스라엘이 섬기는 하나님이 이스라엘을 버렸다고 여기고 있는 상황이었습니다. 그러나 하나님께서는 이렇게 포로가 되어 멸망의 상태에 있는 그들을 버리지 않으셨기에 고통 가운데 있는 그들을 여전히 지켜보시다가 때가 되면 회복시키시겠다고 예레미야 선지자를 통해 말씀하신 것입니다. 왜 하나님은 이스라엘을 버리지 않으십니까? 첫째, 가족이기 때문입니다.^{1절} 둘째, 은혜를 주시는 아버지이시기 때문입니다.^{2절} 바로의 칼을 피하게 해 주신 은혜, 광야 길 40년 동안 불기둥과 구름 기둥으로 인도하신 은혜의 하나님을 기억한다면 결코 버리지 않는 하나님을 신뢰할 수 있을 것입니다. 셋째, 무궁한 사랑으로 인도하시는 하나님이시기 때문입니다.^{3절} 사람들은 내가 실수할 때, 실패할 때 내게 돌을 던지며 비난할 수 있습니다. 그러나 사랑이 무궁하신 내 아버지께서는 그로 인해 내가 상하게 되는 것을 먼저 생각하시며 마음 아파하십니다. 이렇게 무궁한 하나님의 사랑으로부터 우리를 끊을 수 있는 것은 아무것도 없습니다.^{롬 8:39} 이를 믿고 받아들일 때 우리는 참 자유를 얻을 수 있고 넉넉한 사람으로 살아갈 수 있습니다.

하나님, 저의 상처와 열등감을 치료할 수 있는 것은 오직 무궁하신 하나님의 사랑밖에 없음을 고백합니다. 감사합니다.

5월 **29**일   육신으로 오신 하나님 사랑

요한복음 1:1-3

1태초에 말씀이 계시니라 이 말씀이 하나님과 함께 계셨으니 이 말씀은 곧 하나님이시니라 2그가 태초에 하나님과 함께 계셨고 3만물이 그로 말미암아 지은 바 되었으니 지은 것이 하나도 그가 없이는 된 것이 없느니라

본문의 저자 사도 요한이 기록한 성경요한복음, 요한1,2,3서, 요한계시록의 주제를 한마디로 하자면 '하나님은 사랑이시라'는 것입니다. 그는 하나님의 사랑을 증거하기 원했고, 하나님의 사랑을 실천하기 원했고, 또한 모든 사람이 그 사랑을 깨닫기를 원했습니다. 본문도 이렇게 시작합니다. '태초에 말씀이 계시니라 이 말씀이 하나님과 함께 계셨으니 이 말씀은 곧 하나님이시니라' 이것은 곧 하나님이 누구신지 이 땅에 육신으로 오신 예수가 누구신지 그리고 우리 안에 거하시는 분이 누구신지 선포하는 것입니다. 말씀은 바로 예수 그리스도이시며 그분은 하나님이시며 또한 만물을 지으신 분입니다.3절 만물을 지으셨음은 그분이 만물보다 크다는 것을 말해줍니다. 이 만물에 비해서 지구는, 그리고 지구에 살고 있는 인간은 얼마나 작은 존재입니까? 지구는 태양계 안에 있고 태양계는 은하계 안에 있는데 이런 태양계가 약 2백만 개에서 천만 개가 있습니다. 그리고 은하계는 약 천억 개 정도라고 합니다. 이것이 바로 만물의 크기입니다. 이 만물을 창조하신 이래로 정확하고 질서 있게 움직이시는 하나님이 인간을 얼마나 사랑하셨으면 친히 육신을 입으셨을까요? 그 사랑이 어찌 인간의 생각으로 이해될 수 있습니까? 사랑은 사랑으로만 이해할 수 있습니다. 하늘 보좌를 버리고 당신의 모든 것을 포기하고 인간이 되신 하나님의 사랑을 정말 깨닫는 사람, 이 사랑에 감동된 사람은 삶이 달라집니다. 그리고 이 사랑을 이웃에게 전하지 않을 수 없습니다.

마치 인간이 개미가 되듯이 하나님은 그렇게 이 땅에 오셨음을 고백합니다. 오직 저를 사랑하셔서 ... 그 사랑에 반응하며 살아가는 제가 되기를 간절히 원합니다.

5월 **30**일 　 존재를 변화시킨 사랑

에베소서 2:3-4
3전에는 우리도 다 그 가운데서 우리 육체의 욕심을 따라 지내며 육체와 마음의 원하는 것을 하여 다른 이들과 같이 본질상 진노의 자녀이었더니 4긍휼이 풍성하신 하나님이 우리를 사랑하신 그 큰 사랑을 인하여

하나님의 사랑은 '큰 사랑'입니다. 한 마디로 '존재를 변화시킨 사랑'이라고 할 수 있습니다. 육체의 욕심을 따라 지내며 육체와 마음의 원하는 것을 하여 다른 이들과 같이 본질상 진노의 자녀이던 우리가 이제는 예수님과 연합하여 옛 모습은 십자가에 완전히 못 박고 장사 지낸 후 예수님과 함께 부활, 승천하여 하늘 보좌에 앉은 자로 신분이 바뀌었습니다. 예전에는 땅에 속했지만, 지금은 하늘에 속한 사람으로 소속 자체가 완전히 바뀐 것입니다. 이것이 바로 십자가 은혜, 십자가 사랑입니다. 이러한 존재의 변화를 분명하게 인식하고 있다면 우리는 그 큰 사랑에 반응하며 살 수밖에 없습니다. 결코 환경에 밀려 행동하지 않을 것입니다. 그러나 사단은 언제나 우리의 연약함을 들어 거짓말을 하며 우리를 넘어뜨리려고 합니다. '하늘 백성이라고 하면서, 하나님의 자녀라고 하면서, 신분이 완전히 바뀌었다고 하면서 너는 왜 항상 그 모양이냐? 무엇이 달라졌느냐?'고 사단은 우리를 공격합니다. 그러면 우리는 '맞아. 이렇게 형편없는 내가 무슨 하나님의 자녀야!'라고 쉽게 좌절하고 절망합니다. 하지만 내 삶이 쉽게 변화되지 못해도 여전히 하나님의 백성이라는 믿음이 흔들리지 않아야 합니다. 우리가 하늘에 소속된 것이 우리의 의로 말미암아 된 것이 아니고 믿음으로 된 것이기 때문입니다. 믿음은 선물입니다. 선물은 조건이 없습니다. 하나님께서 우리에게 믿음을 선물로 주실 때는 그 어떤 조건을 내걸지 않으셨습니다. 혹 내게 변화되지 않는 육의 것이 아직 자리 잡고 있어도 하나님의 자녀임을 믿음으로 선포해야 합니다. 주님만 바라보고 가다 보면 우리는 조금씩 변화되고 어느새 하나님이 나를 의로 여기시는 그 자리에 앉게 되는 날이 올 것입니다.

하나님의 큰 사랑으로 인해 소속이 바뀐 것을 감사합니다.
땅에 속해 있지 않고 하늘에 속한 자로 당당하게 살아가기를 원합니다.

5월 **31**일 　마지막은 사랑

요한복음 13:34-35

34새 계명을 너희에게 주노니 서로 사랑하라 내가 너희를 사랑한 것 같이 너희도 서로 사랑하라 35너희가 서로 사랑하면 이로써 모든 사람이 너희가 내 제자인 줄 알리라

오늘날 교회들이 능력을 상실했다고 합니다. 이제는 기도해도 더 이상 기적이 일어나지 않는다고들 합니다. 이유가 무엇입니까? 그것은 바로 교회가 세상과 똑같아져서 능력을 상실한 것입니다. 자신의 명예나 권위, 자존심을 지키기에 급급한 세상처럼 교회도 그렇습니다. 그러한 것들을 지키려고 세상 법정에까지 가는 것마저 똑같습니다. 사랑하는 법도 세상과 같습니다. 세상 사람들도 사랑을 받으면 사랑할 줄 압니다. 교회는 세상과는 달리 먼저 사랑하고 세상의 방식과는 다르게 사랑해야 함에도 그런 사랑을 하지 못하기에 교회 밖의 사람들이 우리가 예수님의 제자인 줄 알 수가 없습니다. 오늘날 교회들이 끝까지 지켜야 할 것은 돈이나 명예가 아니라 예수님이 보여주신 사랑입니다. 주님이 우리처럼 하나님의 아들로서의 자존심을 붙잡았다면 우리 모두는 멸망했을 것이지만 그분은 십자가 위에서 사랑을 붙잡으신 분입니다. 또한 예수님은 있는 모습 그대로 존중하십니다. 사랑의 핵심은 존재 가치를 그대로 인정해주는 존중입니다. 그리고 예수님은 사랑을 행하셨습니다. 제자들의 발을 씻기시면서 '내가 네 발을 씻기지 않으면 너와 아무런 상관이 없다'요 13:8고 하신 것은 우리가 주님의 사랑을 받지 않으면 주님과 아무런 관계가 없다는 말씀입니다. 즉 주님과 상관이 있는 자라면 분명 주님의 사랑을 받은 자입니다. 주님의 사랑을 받은 자로서 그 사랑을 흘려보내며 살기를 축복합니다.

예수님, 저를 존중해주시고 사랑해주셔서 감사합니다.
예수님의 사랑을 받은 자로서 다른 이들을 사랑하며 살겠습니다.

6월

예배, 영과 진리

6월 1일　나와 함께 하시는 성령님

요한복음 14:15-16
15너희가 나를 사랑하면 나의 계명을 지키리라 16내가 아버지께 구하겠으니 그가 또 다른 보혜사를 너희에게 주사 영원토록 너희와 함께 있게 하리니

제 아무리 믿음이 좋고 신앙의 연륜이 깊다고 해도 하나님께서 말씀하신 계명을 모두 제대로 지킬 수 있는 사람은 우리 중에 아무도 없을 것입니다. 그런데 주님께서는 '너희가 나를 사랑하면 나의 계명을 지키리라'15절 말씀하셨으니 계명을 지키지 못하는 자는 예수님을 사랑하지 않는 사람이 되는 것입니다. 그러나 우리의 이런 연약함을 아시기에 주님께서는 성령이 우리와 함께하시기를 간구해 주시겠다고 말씀하십니다. 보혜사 성령은 예수님의 또 다른 이름입니다. 성령이 우리에게 오셔서 하시는 사역은 여러 가지가 있지만 일차적으로 주님을 가르쳐 주시고 생각나게 하셔서 주님을 알게 해주십니다. 성령이 함께하시지 않으면 우리의 눈은 어둡고 우리의 귀는 막혀 있고 우리의 입은 닫혀 있어 그 무엇도 할 수가 없습니다. 답답하고 모든 것이 헛될 뿐입니다. 주님을 사랑할 수도 없고 계명을 지킬 수도 없습니다. 예배 자리에 나와 앉아 있어도 성령이 없으면 그건 종교 생활에 불과합니다. 그것이 바로 서기관과 바리새인의 모습입니다. 세상은 알면 알수록 허망해지지만, 주님은 알면 알수록 그 매력에 빠지게 되는 분입니다. 우리는 주님을 알면 알수록 그분이 얼마나 크고 위대하신 분인지 깨닫게 됩니다. 그리고 고아처럼 버려진 존재인 나를 돌보시는 주님의 사랑의 손길도 느끼게 됩니다. 이렇게 주님을 알게 된 자는 주님을 사랑할 수밖에 없습니다. 그리고 주님을 사랑하는 자는 행복하고 기쁘게 그의 계명에 순종하게 됩니다. 나와 함께 하시는 성령께서 이것을 가능케 해주십니다. 우리에게 성령을 보내시는 분은 하나님이시니 우리가 계명을 지킬 수 있는 것은 결국 하나님의 은혜입니다.

성령님, 제 눈이 열리게 하셔서 주님을 알아볼 수 있게 해주시니 감사합니다. 주님을 알게 되었으니 주님을 사랑하고 기쁘게 순종하는 자가 되게 도와주세요.

6월 2일   성령을 선물로

사도행전 2:37-39

37그들이 이 말을 듣고 마음에 찔려 베드로와 다른 사도들에게 물어 이르되 형제들아 우리가 어찌할꼬 하거늘 38베드로가 이르되 너희가 회개하여 각각 예수 그리스도의 이름으로 세례를 받고 죄 사함을 받으라 그리하면 성령의 선물을 받으리니 39이 약속은 너희와 너희 자녀와 모든 먼 데 사람 곧 주 우리 하나님이 얼마든지 부르시는 자들에게 하신 것이라 하고

오순절의 기적은 얼마든지 오늘날도 실현 가능한 이야기이지만 많은 이들이 옛날에 있었던 일이라고만 생각하거나 자기 자신과는 거리가 먼 신기한 일이라고 생각합니다. 그러나 성경의 모든 사건은 내 경험이 될 수 있습니다. 성령이 임하시면 그 모든 기적은 오늘도 똑같이 일어날 수 있기 때문입니다. 하나님의 이름을 부르는 자들뿐 아니라 자손까지도, 가까이 있는 자뿐 아니라 먼 곳에 있는 자들까지도 하나님께서 약속하신 성령을 반드시 부어주신다39절고 말씀합니다. 그러나 성령을 선물로 받으려면 두 단계가 필요합니다. '회개하여' 주님을 영접한 사람에게 성령은 선물로 임하는 것이며 우리 안에 한 번 들어오신 성령은 절대로 떠나지 않으십니다. 두 번째 단계로 '죄 사함을 얻으라'고 말씀합니다. 이것은 성령이 내 삶의 모든 영역에 들어와 통치하시는 것을 의미합니다. 우리가 영접하여 우리 안에 들어오신 성령은 어느 한곳에 가만히 머물러 있기를 원하시지 않고 나의 모든 영역에 방문하기를 원하십니다. 성령을 모든 영역에 받아들이는 것이 바로 성령 충만이며 우리가 성령 충만하면 성령의 능력으로 열방까지 복음을 전파하며 참 증인이 될 수 있습니다.

성령님, 제게 들어와 주세요. 제 생각, 마음, 육신 모든 곳에 임재하여 주세요. 당신을 간절히 기다리며 사모합니다.

6월 3일 하나님의 영에 사로잡힌 삶

사사기 6:15, 34

15그러나 기드온이 그에게 대답하되 오 주여 내가 무엇으로 이스라엘을 구원하리이까 보소서 나의 집은 므낫세 중에 극히 약하고 나는 내 아버지 집에서 가장 작은 자니 다 하니

34여호와의 영이 기드온에게 임하시니 기드온이 나팔을 불매 아비에셀이 그의 뒤를 따라 부름을 받으니라

살면서 우리는 무력함을 느낄 때가 많습니다. 본문의 기드온이 그 러했습니다. 이스라엘의 지도자로 하나님이 그를 부르셨건만 그는 자신에 대하여 절망적이었습니다. 보잘것없는 가문에서 태어나 집안에서도 지극히 작은 자로 아무것도 할 수 없는 사람임을 고백하고 있습니다. 그런 그에게 하나님의 영이 임하시니 그가 나팔을 불 때 사람들이 그를 좇게 되었습니다.34절 여호와의 영으로 인하여 그에게 마음이 생겨나서 능력이 주어진 것입니다. 출애굽 당시 하나님이 모세에게 '내가 너와 함께 하리라'고 말씀하신 것도 여호와의 영이 함께 하시면 무엇이든 할 수 있음을 의미합니다. 그렇습니다. 성령이 임하시면, 하나님의 영에 사로잡히면 내 마음은 예수님의 마음으로 바뀝니다. 사랑할 수 없었던 마음도 사랑할 수 있게 되고, 제대로 섬길 수 없었던 마음도 섬길 수 있는 마음으로 바뀝니다. 마음뿐 아니라 모든 일을 다 하실 수 있는 주님의 능력이 나의 능력이 됩니다. 하나님이 인간을 창조하실 때 불어넣으셨던 생기가 바로 성령입니다. 마른 흙을 생명 되게 했던 생기가 메마른 우리 삶에, 이 민족에게 불어오기를 갈망하십시오. 갈망하는 이들에게 하나님의 영은 반드시 임하실 것이며 하나님의 영에 사로잡힌 자는 놀라운 역사를 경험하고 능력 있는 삶을 살게 될 것입니다.

하나님, 저는 연약한 자입니다. 아무것도 할 수 없습니다. 그러나 하나님의 영이 임하시면 저도 기드온처럼, 예수님처럼 살아갈 수 있습니다. 저에게 임하소서.

6월 **4**일 주의 영이 내게 오사

이사야 61:1-3

1주 여호와의 영이 내게 내리셨으니 이는 여호와께서 내게 기름을 부으사 가난한 자에게 아름다운 소식을 전하게 하심이라 나를 보내사 마음이 상한 자를 고치며 포로된 자에게 자유를, 갇힌 자에게 놓임을 선포하며 2여호와의 은혜의 해와 우리 하나님의 보복의 날을 선포하여 모든 슬픈 자를 위로하되 3무릇 시온에서 슬퍼하는 자에게 화관을 주어 그 재를 대신하며 기쁨의 기름으로 그 슬픔을 대신하며 찬송의 옷으로 그 근심을 대신하고 그들이 의의 나무 곧 여호와께서 심으신 그 영광을 나타낼 자라 일컬음을 받게 하려 하심이라

성령의 능력은 우리의 삶을 완전히 새로운 것으로 바꿉니다. 첫째, 가난한 자에게 기쁜 소식이 됩니다. 성령이 임하면 심령이 가난한 자는 오늘 내 삶에 천국이 임하여 풍성하여지고 물질적인 어려움 속에서도 초대교회처럼 성령의 힘으로 서로 돕고 최선을 다해 살아가게 됩니다. 다 같이 잘살기 위해 부의 공평한 분배를 주장한 마르크스주의도 실패했고, 복지를 지향하는 유럽식 사회주의 체제도 문제점이 있습니다. 이론이나 체제로는 해결되지 않고 성령이 임하셔야 세상이 바뀝니다. 둘째, 마음이 상한 자를 고치십니다. 수선하는 정도가 아니라 완전히 새것이 되게 하십니다. 성령만이 우리의 모든 상처를 완전히 치유하십니다. 셋째, 포로 된 자에게 자유를 주십니다. 죄악, 마귀, 물질, 정욕, 이기심, 죄책, 질병 등 수없이 많은 것들에 갇혀 살아가는 현대인을 자유롭게 할 수 있는 것 역시 성령의 힘입니다. 생명의 능력 되시는 성령을 갈망하고 기대하십시오. 하나님께서는 우리에게 성령을 부어주시겠다고 약속하셨습니다.

성령님, 제게 오셔서 저의 가난함을, 상한 마음을 고치시고 오늘 저를 사로잡고 있는 것으로부터 해방시켜주소서.

6월 5일　성령이 알게 하시는 일

요한복음 3:5-8

5예수께서 대답하시되 진실로 진실로 네게 이르노니 사람이 물과 성령으로 나지 아니하면 하나님의 나라에 들어갈 수 없느니라 6육으로 난 것은 육이요 영으로 난 것은 영이니 7내가 네게 거듭나야 하겠다 하는 말을 놀랍게 여기지 말라 8바람이 임의로 불매 네가 그 소리는 들어도 어디서 와서 어디로 가는지 알지 못하나니 성령으로 난 사람도 다 그러하니라

많은 학문을 하고 성경에 대한 지식이 많다고 해서 영의 문제를 알 수 있는 것은 아닙니다. 영의 세계는 영에 의해서만 깨닫게 됩니다. 거듭남은 성령에 의해서만 가능합니다. 즉 성령은 우리를 거듭나게 하셔서 네 가지를 깨닫게 하십니다. 첫째, 하나님의 자녀 됨을 알게 됩니다. 깨닫지 못한 어제와 깨달은 오늘의 차이는 바로 이 신분의 차이입니다. 둘째, 하나님의 자녀 됨은 구속이나 두려움이 아니라 친밀한 사랑의 관계임을 알게 됩니다. '아바'라는 호칭은 예수님 당시에 불경스러운 것이었지만 예수님이 이 호칭을 쓴 것은 '하나님은 사랑이 많으신 우리 아빠'라는 사실을 가르쳐주시기 위함입니다. 셋째, 하나님의 사랑을 알 뿐만 아니라 직접 경험하고 전파하게 됩니다. 바울이 자신이 가진 모든 것을 배설물로 여기고 복음 전파에 그토록 헌신할 수 있었던 것은 하나님의 사랑을 경험했기 때문입니다. 넷째, 영광의 상속자임을 알게 됩니다. 육신의 아버지로부터의 상속은 아버지가 돌아가실 때 받습니다. 그러나 하나님으로부터 받는 상속은 우리가 죽을 때 받게 됩니다. 또한 그 상속은 그리스도와 함께 받는 영광의 상속이며 영원한 상속입니다. 성령으로 인하여 우리는 이 모든 사실을 알게 됩니다.

성령님, 제가 하나님의 사랑받는 자녀라는 사실을 알게 해주셔서 감사합니다. 날마다 때마다 하나님의 사랑을 경험할 수 있게 도와주세요.

6월 **6**일 성령으로 충만함을 받으라

에베소서 5:18-21

¹⁸술 취하지 말라 이는 방탕한 것이니 오직 성령으로 충만함을 받으라 ¹⁹시와 찬송과 신령한 노래들로 서로 화답하며 너희의 마음으로 주께 노래하며 찬송하며 ²⁰범사에 우리 주 예수 그리스도의 이름으로 항상 아버지 하나님께 감사하며 ²¹그리스도를 경외함으로 피차 복종하라

하 나님의 명령은 일반 사람이나 세상 권세자들의 명령과 비교할 수 없을 정도로 권위가 있습니다. 성령 충만을 받으라는 명령도 우리가 성령 충만을 받지 못하면 하나님 아버지와 아무 상관이 없고 생명이 없는 사람이라는 뜻이니 불복종할 수 없는 명령입니다. 많은 이들이 성령 충만은 무언가를 해야 얻어지는 것, 즉 노력의 결과라고 잘못 인식하고 있기에 항상 '나는 성령 충만하지 못한 사람'이라고 생각합니다. 그러나 성령 충만은 철저한 하나님의 주권적 역사입니다. 기도, 찬송, 예배의 자리에 나오는 것, 헌신 봉사도 성령 충만함이 이끌어야 가능한 것입니다. 그래서 우리는 그저 '네! 하나님께서 나를 이끄시는 줄 믿습니다'라고 순종하며 고백하기만 하면 됩니다. 성령 충만함을 받은 자의 모습은 첫째, 그 입술에 시와 찬미와 신령한 노래가 있습니다. 둘째, 모든 일에 감사합니다. 악이나 고통, 잘못 자체를 감사하라는 뜻이 아니라 그것들을 선으로 바꾸시는 하나님께 감사하라는 뜻입니다. 셋째, 주께 복종합니다. 위대하신 하나님께서 나를 인도하심에 대한 신뢰가 있다면 불순종은 있을 수 없습니다. 다윗은 이렇게 고백했습니다. '나의 하나님이여 내가 주의 뜻 행하기를 즐기오니'^{시 40:8} 하나님의 자녀 된 우리는 이미 성령 충만한 신분의 자리로 옮겨졌습니다. 이것을 믿음으로 고백하며 성령 충만한 사람의 모습을 드러내는 하루가 되기를 소망합시다.

하나님, 오늘도 성령 충만함을 받은 사람답게 살 수 있도록 도와주세요.

6월 **7**일 　안식일과 주일

창세기 1:31-2:3

³¹하나님이 지으신 그 모든 것을 보시니 보시기에 심히 좋았더라 저녁이 되고 아침이 되니 이는 여섯째 날이니라 ¹천지와 만물이 다 이루어지니라 ²하나님이 그가 하시던 일을 일곱째 날에 마치시니 그가 하시던 모든 일을 그치고 일곱째 날에 안식하시니라 ³하나님이 그 일곱째 날을 복되게 하사 거룩하게 하셨으니 이는 하나님이 그 창조하시며 만드시던 모든 일을 마치시고 그 날에 안식하셨음이니라

하나님께서 창조하신 작은 꽃 하나만 바라보아도 마음을 빼앗길 때가 많은데 천지를 만들고 바라보시는 순간 얼마나 좋으시면 심히 좋았더라고 표현하셨을까요? 이렇게 보시기에 심히 좋은 창조 이후에 하나님께서는 안식하셨습니다. 6일 동안 열심히 일한 후 하루 쉬는 것이 안식이라고 생각하지만, 그것이 아닙니다. 하나님의 관점에서 안식이란 더이상 피조물을 만들 필요도 없고 더이상 고칠 필요도 없을 만큼 완벽하게 아름다운 피조물 가운데 들어오셔서 그 피조물을 바라보며 기뻐하시고 행복해 하시는 것입니다. 이 안식일에 하나님은 아담에게 복을 주셨습니다. 사실 더이상의 복이 필요 없었습니다. 지금 주어진 아름다움만으로도 충분했습니다. 하지만 하나님께서는 그 아름다운 모든 것을 아담에게 다 주겠다고 하신 것입니다. 그리고 또한 거룩하게 하셨습니다. '거룩'이라는 것은 하나님께서는 이 모든 것이 너의 것이니 네가 다스리고 이 만물 가운데 충만하라고 선포하신 것입니다. 그러나 아담의 범죄로 인하여 안식이 상실되었습니다. 복과 거룩이 깨어지고 말았습니다. 그래서 예수님이 안식을 회복하기 원하시는 하나님의 뜻을 이루어드리기 위해 이 땅에 제2의 아담으로 오셨고 사단을 이기시고 사망을 이기시고 부활하심으로 안식을 회복하셨습니다. 이날을 기념하여 안식일은 주님이 부활하신 날, 주일이 되었습니다. 그래서 안식일을 지킨다는 것은 단순히 주일예배에 빠지지 않고 참석하는 것 이상을 의미합니다.

아담에게 그러했듯 사단은 항상 저의 안식을 빼앗으려고 하지만 사단을 물리치고 예수님이 승리하셨으니 저 또한 승리하고 하나님 앞에 나아가겠습니다.

6월 8일   안식과 예배

창세기 2:3
하나님이 그 일곱째 날을 복되게 하사 거룩하게 하셨으니 이는 하나님이 그 창조하시
며 만드시던 모든 일을 마치고 그 날에 안식하셨음이니라

믿음의 백성들에게 최고의 복은 무엇일까요? 하나님께서 안식하신 것입니다. 모든 창조 사역을 마치신 후 제7일째 되는 날에 안식하셨다고 하니 많은 사람들은 하나님께서 쉬셨다고 오해를 합니다. 그러나 하나님은 졸지도 주무시지도 않고 창조 사역을 계속 이루어 가시는 분, 쉴 필요도 없으신 분입니다. 하나님께서 엿새 동안 창조 사역을 하시고 일곱째 날을 거룩하게 하신 것은 '거룩한 곳에 내가 너희와 함께 있겠다'는 의미입니다. 이것이 하나님의 안식입니다. 그래서 하나님께서 창조하신 모든 것을 보호, 통치, 인도하시기 위해 이 창조의 세계 속에 들어오신 날, 안식일이 중요합니다. 일곱째 날을 거룩하게 하시고 복되게 하신 하나님, 그 하나님이 함께하시기에 첫째 날, 둘째 날 … 다른 모든 날들도 복이 되는 것입니다. 아무리 아름다운 세계라 해도 하나님이 그 가운데 계시지 않으면 아무 의미가 없습니다. 능력 있는 아버지가 초호화 주택을 지어서 그 집을 유지할 능력이 없는 자식에게 가지라고 한들 그것은 그림의 떡에 불과합니다. 반드시 아버지가 함께 살면서 그 집을 유지하는 데 드는 모든 비용을 감당해줄 때 자식에게 그 집은 소용이 됩니다. 이처럼 하나님이 우리 가운데 함께 계실 때만이 우리가 소유한 모든 것, 우리의 구원까지도 의미가 있는 것입니다. 그러니 하나님의 안식이 우리에게 얼마나 큰 복인지 알 수 있습니다. 하나님이 내 안에서 영과 진리로 안식하시면서 쉬는 것이 아니라 나와 함께 하시면서 나를 통치하시며 이끌어 가십니다. 그러니 감사하고 감격스러워서 언제, 어디에서나, 어떤 상황이든지 기꺼이 하나님 앞에 무릎을 꿇을 수밖에 없습니다. 이것이 예배입니다. 그래서 예배는 지금, 그리고 날마다 삶 속에서 드려지는 것입니다.

저와 함께하시며 저를 이끌어가시는 하나님, 감사합니다.
날마다 당신께 무릎 꿇어 예배하는 제가 되겠습니다.

6월 **9**일　　　　말씀을 씨에 비유하심

마태복음 13:18-23

18그런즉 씨 뿌리는 비유를 들으라 19아무나 천국 말씀을 듣고 깨닫지 못할 때는 악한 자가 와서 그 마음에 뿌려진 것을 빼앗나니 이는 곧 길 가에 뿌려진 자요 20돌밭에 뿌려졌다는 것은 말씀을 듣고 즉시 기쁨으로 받되 21그 속에 뿌리가 없어 잠시 견디다가 말씀으로 말미암아 환난이나 박해가 일어날 때에는 곧 넘어지는 자요 22가시떨기에 뿌려졌다는 것은 말씀을 들으나 세상의 염려와 재물의 유혹에 말씀이 막혀 결실하지 못하는 자요 23좋은 땅에 뿌려졌다는 것은 말씀을 듣고 깨닫는 자니 결실하여 어떤 것은 백 배, 어떤 것은 육십 배, 어떤 것은 삼십 배가 되느니라 하시더라

본문의 '씨 뿌리는 자의 비유'는 척박한 땅을 가지고 있는 이스라엘의 현실을 바라보며 주님께서 실질적인 교훈을 주신 말씀으로 이 비유를 통해 씨는 말씀이고 땅은 그 말씀을 받는 우리의 마음이라는 것을 알 수 있습니다. 주님께서 말씀을 씨에 비유한 것에는 세 가지 이유가 있습니다. 하나는 씨가 곧 생명이기 때문입니다. 생명이 없는 씨는 뿌려도 자라지 못하며 열매를 맺을 수도 없습니다. 다른 이유는 씨가 능력이기 때문입니다. 씨 하나만을 볼 때 그것은 아주 작고 보잘것없지만 나중에는 큰 열매를 맺고 변화를 가져오는 능력을 발휘합니다. 말씀을 씨에 비유한 또 다른 이유는 씨가 반드시 열매를 맺기 때문입니다. 아무리 작은 씨라 해도 어떤 것은 백 배, 육십 배, 삼십 배의 열매를 맺기도 합니다. 이와 마찬가지로 말씀은 생명이기에 우리에게 뿌려져 우리를 거듭나게 합니다.벧전 1:23 또한 말씀은 능력이기에 살았고 운동력이 있어서 우리의 영과 혼과 골수를 쪼개기까지 합니다.히 4:12 그리고 하나님의 말씀은 반드시 전도의 열매롬 1:13, 거룩한 열매롬 6:22, 성령의 열매갈 5:22-23, 찬송과 간증의 열매히 13:15가 열립니다. 우리에게는 말씀의 씨가 뿌려져 있습니까?

하나님, 제게 뿌려진 말씀의 씨가 생명이고 능력이며 반드시 열매를 맺는다는 것을 믿습니다.

6월 **10**일 말씀에 주목하는 삶

데살로니가전서 4:15
우리가 주의 말씀으로 너희에게 이것을 말하노니 주께서 강림하실 때까지 우리 살아
남아 있는 자도 자는 자보다 결코 앞서지 못하리라

어려움이 있을 때 사단은 어려움을 보게 함으로 말씀에 주목하지 못하게 만듭니다. 하지만 오병이어의 기적을 통해 예수님이 주목하셨던 것은 그들의 배고픈 현실이 아니라 영적인 필요였습니다. 그래서 주님은 기적 자체보다는 그 기적을 일으키신 주님께 주목하고 의지함으로 구원받기를 원하셨습니다. 데살로니가 교인들이 어려움을 당해 좌절에 빠져 있을 때 바울은 그들에게 소망이 없고 그 무엇도 위로가 될 수 없으며 그들에게 필요한 것은 오직 말씀뿐이라는 사실을 깨달았습니다. 그래서 '우리가 주의 말씀으로 너희에게 말하노니'라고 합니다. 그렇습니다. 말씀에 주목하지 않으면 즉 주님께 주목하지 않으면 그 어떤 문제도 해결될 수 없습니다. 우리가 말씀에 주목해야 하는 이유는 첫째, 말씀만이 절대적이기 때문입니다. 하나님의 말씀은 그 무엇과도 비교할 수 없고 대신할 수 없기에 문제를 진단하는 기준입니다. 말씀을 상실하는 것은 기준을 상실하는 것과 같습니다. 둘째, 말씀은 반드시 이루어지기 때문입니다. 한 번 말씀하신 하나님은 언젠가는 반드시 그 말씀을 이루십니다. 결코 다시 돌아가는 법이 없습니다. 우리가 먼저 절대적인 말씀, 반드시 이루어지는 말씀에 주목하고 어려움에 빠져 있는 자들도 그 말씀에 주목하여 문제를 해결할 수 있도록 이끌어주는 참된 증거자의 삶을 살 수 있기를 축복합니다.

제 삶 가운데 일어나는 문제에 집중하지 않고 말씀을 통해 저와 함께 계시는
주님께 집중하는 하루 되게 하소서.

6월 **11**일   성경

시편 119:24
주의 증거들은 나의 즐거움이요 나의 충고자니이다

오늘날의 모든 문제는 생명을 생명 되게 하시며 삶의 방향타가 되시는 하나님을 모르고 하나님의 계획을 모르기 때문에 생겨납니다. 즉 사람들이 삶 가운데 하나님이 없기 때문에 세상은 문명을 향해 점점 더 발달해 가는데 인생의 길은 점점 더 어두워져만 갑니다. 무엇을 통해 하나님을 알 수 있습니까? 그분의 계획을 알 수 있습니까? 성경을 통해서입니다. 하지만 사단은 우리가 성경을 통해 하나님을 발견하지 못하도록 끊임없이 방해하고 우리로 하여금 성경을 필요할 때만 뽑아 사용할 글로 취급하게 만듭니다. 그러기에 하나님께서 내 눈을 열어주시지 않으면 말씀을 깨달을 수가 없습니다.시 119:18 우리 삶에 너무 중요한 성경은 하나님의 메시지이며 하나님의 마음입니다. 그분의 마음이 내게 전달될 때 나는 새롭게 변화됩니다. 성경은 하나님이 만유의 주재이시며 창조주이시며 통치자이심을 알게 합니다. 그리고 지금도 나를 통치하신다는 사실을 알게 합니다. 또한 성경은 인간에 대한 하나님의 계획 — 구원의 계획, 삶의 열매를 맺어가게 하시는 계획, 역경을 통해 우리를 인도하시는 계획 — 을 알게 합니다. 그래서 본문의 기자는 성경이 즐거움이요 충고자라고 고백합니다. 당신도 성경에 대해 그렇게 고백할 수 있습니까? 시간을 따로 떼어서 성경을 읽고 묵상하고 배우고 듣는 일에 헌신한다면 하나님과 더 가까이 소통하며 우리의 24시간 전체가 생명이 될 것입니다.

하나님, 날마다 성경을 통해 하나님을 더 알아가기를 소망하며 성경을 읽고 묵상하는 시간을 가질 수 있도록 제 마음을 주장해주소서.

6월 **12**일　최고의 지식

요한복음 4:28-30, 46-48

28여자가 물동이를 버려두고 동네로 들어가서 사람들에게 이르되 29내가 행한 모든 일을 내게 말한 사람을 와서 보라 이는 그리스도가 아니냐 하니 30그들이 동네에서 나와 예수께로 오더라
46예수께서 다시 갈릴리 가나에 이르시니 전에 물로 포도주를 만드신 곳이라 왕의 신하가 있어 그의 아들이 가버나움에서 병들었더니 47그가 예수께서 유대로부터 갈릴리로 오셨다는 것을 듣고 가서 청하되 내려오셔서 내 아들의 병을 고쳐 주소서 하니 그가 거의 죽게 되었음이라 48예수께서 이르시되 너희는 표적과 기사를 보지 못하면 도무지 믿지 아니하리라

요한복음 4장에는 두 부류의 사람들이 등장합니다. 표적과 기사를 보지 못하면 도무지 믿지 않는 사람들입니다. 이들은 자신의 선입견을 가지고 주님을 육적으로만 보기에 주님에 대한 진실 된 지식을 소유할 수 없습니다. 우리도 때로는 '주님은 내가 아는 지식 그 이상의 분이심'을 모르고 이런 오류를 범할 때가 있습니다. 반면에 아무런 기사 이적을 보지 않고 예수님과 몇 마디 대화만 나누었음에도 자신이 혼혈 민족인 사마리아인이며 다섯 번씩이나 결혼했으며, 더러운 죄인이라는 사실을 인식하고 예수님이 메시아이심을 깨닫게 된 수가성의 여인이 있습니다. 우리가 바로 이 여인처럼 본래 혼혈된 족속, 죄의 자녀, 부끄러운 존재임을 알고 있습니까? 이것을 고백하는 사람은 그 어떤 기적을 체험하지 않아도 주님의 말씀이 산 지식이 되어서 주님이 어떤 분이신지 바로 이해하고 깨닫게 됩니다. 이것이 바로 최고의 지식입니다. 이 지식을 가진 사람만이 수가성의 여인처럼 주님의 사랑에 감격하고 주님을 증거하고 주님께 온전한 예배를 드릴 수 있습니다. 그의 삶은 주님께 영광이 될 것입니다.

매일 매 순간 제가 어떤 존재인지 고백하게 하시고 주님에 대한 참 지식을 갈망하게 하소서.

6월 **13**일   내 마음의 밭은?

마태복음 13:18-23

18그런즉 씨 뿌리는 비유를 들으라 19아무나 천국 말씀을 듣고 깨닫지 못할 때는 악한 자가 와서 그 마음에 뿌려진 것을 빼앗나니 이는 곧 길 가에 뿌려진 자요 20돌밭에 뿌려졌다는 것은 말씀을 듣고 즉시 기쁨으로 받되 21그 속에 뿌리가 없어 잠시 견디다가 말씀으로 말미암아 환난이나 박해가 일어날 때에는 곧 넘어지는 자요 22가시떨기에 뿌려졌다는 것은 말씀을 들으나 세상의 염려와 재물의 유혹에 말씀이 막혀 결실하지 못하는 자요 23좋은 땅에 뿌려졌다는 것은 말씀을 듣고 깨닫는 자니 결실하여 어떤 것은 백 배, 어떤 것은 육십 배, 어떤 것은 삼십 배가 되느니라 하시더라

말씀의 씨가 뿌려졌지만 열매를 맺지 못하는 것은 밭, 즉 마음이라는 것을 본문은 가르쳐줍니다. 세 종류의 마음 상태를 어떻게 기경해야 할까요? 첫째, 길가에 뿌린 씨를 악한 자가 와서 빼앗는다는 것은19절 우리 마음 가운데 말씀이 뿌리내리지 못하도록 늘 사단이 방해하는 것을 말합니다. 우리의 힘으로는 사단을 이길 수가 없기에 말씀을 들을 때마다 예배를 드릴 때마다 하나님의 도우심을 간구해야 합니다. 둘째, 우리의 마음은 자신만의 패러다임으로 굳어져 있고 자신만의 색안경을 끼고 세상을 바라보는 교만한 돌밭입니다. 이렇게 굳어진 마음을 부드럽게 할 수 있는 것은 오직 성령의 능력뿐입니다. 셋째, 세상의 염려와 재리의 유혹에 빠져 있는 마음은 가시떨기입니다. 이 염려의 가시덤불을 제거하는 길은 오직 날카로운 검, 바로 말씀입니다. 나를 안전히 거하게 하시는 하나님시 4:8 나를 푸른 초장, 쉴 만한 물가로 인도하시는 하나님시 23:2, 안전히 인도하셔서 두려움을 없애 주시는 하나님시 78:53을 의지하는 것이, 말씀을 의지하는 것이 가시와 엉겅퀴가 옭아매고 있는 세상을 이길 수 있는 유일한 방법입니다. 마음의 밭을 기경하여 좋은 땅이 되기를 축복합니다.

길가도, 돌밭도, 가시덤불도 그 어떤 땅도 기경해 주시는 하나님, 감사합니다. 당신께서 허락하신 도구를 사용하여 좋은 땅이 되겠습니다.

6월 **14**일 　모든 것을 받은 자로서

히브리서 13:16

오직 선을 행함과 서로 나누어 주기를 잊지 말라 하나님은 이같은 제사를 기뻐하시느니라

하나님께 예배한다는 것은 마음으로 엎드린다는 것입니다. 하나님께로부터 받기 위해 엎드리는 것이 아니라 받았기 때문에 엎드릴 수 있습니다. 받은 것이 너무 많아서, 아니 모든 것을 다 받았기 때문에 마음으로 엎드릴 수 있습니다. 이것이 예배입니다. 본문의 말씀은 자칫 이렇게 오해할 수 있습니다. '선을 행함과 나눠주기를 잊지 말라. 이 같은 제사는 하나님이 기뻐하신다' 하셨으니 그것도 '오직'이라고 되어 있으니 '반드시 이렇게 해야겠구나. 내가 안 하면 하나님이 기뻐하시지 않겠구나. 내가 선을 행하면, 나눠주면, 반드시 그렇게 살면 하나님이 기뻐하시겠구나'라고 생각할 수 있습니다. 이런 마음으로 우리가 무조건 나눠주기만 하면, 이런 생각에 선을 행하면 하나님이 기뻐하시는 제사입니까? 본문에서 말씀하시는 것도 모든 것을 받은 자로서 선행하고 나누고 예배하라는 것입니다. 받은 자로서의 책임, 사명을 다하는 것, 그것이 하나님께서 기뻐하시는 제사라는 것입니다. 하나님께서는 독생자 예수 그리스도를 십자가에 달려 죽게 할 정도로 우리를 사랑하십니다. 우리는 예수 그리스도를 받았으니 모든 것을 다 받은 것입니다. 무엇이 더 필요합니까? 우리가 받은 사랑이 이처럼 큰데 어찌 예배하지 않을 수 있으며 어찌 선을 행하지 않을 수 있으며 나누지 않을 수 있을까요? 내가 예배드리는 것, 찬양, 봉사, 다른 성도들을 섬기는 것, 선을 행하는 것, 가지고 있는 것을 나누는 것의 동기가 무엇입니까? "하나님께서 모든 것을 내게 주셨습니다. 나는 그 모든 것을 다 받았습니다. 그래서 오늘 내가 책임을 다하고 있습니다." 이런 마음의 자세가 바로 하나님과 나 사이에 사랑으로 이루어진 관계입니다. 이렇게 사랑의 관계로 오늘 내가 예배하고, 선행하고 나눌 때, 그것이 하나님께서 기뻐 받으시는 예배입니다.

하나님께로부터 받은 그 큰 사랑으로 인하여 오늘도 저는 하나님께 무릎 꿇습니다.

6월 **15**일 그러므로 이제는

여호수아 24:14-15

14그러므로 이제는 여호와를 경외하며 온전함과 진실함으로 그를 섬기라 너희의 조상들이 강 저쪽과 애굽에서 섬기던 신들을 치워 버리고 여호와만 섬기라 15만일 여호와를 섬기는 것이 너희에게 좋지 않게 보이거든 너희 조상들이 강 저쪽에서 섬기던 신들이든지 또는 너희가 거주하는 땅에 있는 아모리 족속의 신들이든지 너희가 섬길 자를 오늘 택하라 오직 나와 내 집은 여호와를 섬기겠노라 하니

이름만 대면 누구나 알 수 있는 영국의 물리학자가 있습니다. 그는 위대한 과학자이지만 '우주는 신이 창조한 것이 아니라 무無에서 자연적으로 발생했다'고 주장하는 어리석은 사람입니다. 어찌 이 세상의 모든 것이 무에서 나왔다고 말을 할 수 있습니까? 이 세상에는 우연한 것이, 당연한 것이 있을 수 없습니다. 아무리 뛰어난 사람이라 해도 신을 모르고 만물이 당연하다고 생각하면, 혹은 우연이라고 생각하면 감사가 없습니다. 그렇게 감사하지 못하는 사람의 진짜 비극은 존재를 부인하는 것입니다. 본문의 '그러므로'는 무엇을 의미합니까? 하나님께서는 이스라엘 백성에게 '너희가 가나안에 들어온 것은 내가 여러 족속을 너희의 손에 넘겨주셨기 때문'이라는 것입니다.수 24:11 '가나안 족속들을 쫓아낸 것도 너희의 칼, 활로 한 것이 아니라 내가 왕벌을 너희 앞에 보내어 쫓아내었다'는 것입니다.수 24:12 즉 '너희의 지혜로, 노력으로, 헌신으로 한 것이 아니라, 혹은 당연히 얻어진 것이 아니라 모든 것은 내가 해주었다. 그러므로 너희는 이것을 기억하라'는 것입니다. 우리는 삶 가운데서 '그러므로'를 찾아 어떤 상황에서도 '모든 것은 하나님께서 주셨음으로, 하나님께서 행하셨음으로, 하나님께서 이끄심으로 …'라고 고백해야 합니다. 이렇게 '그러므로'의 고백이 있는 사람에게 '이제는'의 삶이 다가옵니다. '이제는 여호와를 경외하며 … 그를 섬기라'14절고 말씀하십니다. 하나님이 하셨음을 고백했다면 이제 우리는 우리의 상황과는 무관하게 지금 바로 하나님께 감사하면서 하나님을 섬기고 사랑해야 합니다.

제 삶 가운데 하나님이 행하신 일들을 찾아내어 감사하고 지금 하나님을 섬기는 일을 미루지 않는 제가 되기를 소망합니다.

6월 16일 누구에게 무엇을 위해 예배합니까?

신명기 5:8-10

8너는 자기를 위하여 새긴 우상을 만들지 말고 위로 하늘에 있는 것이나 아래로 땅에 있는 것이나 땅밑 물 속에 있는 것의 어떤 형상도 만들지 말며 9그것들에게 절하지 말며 그것들을 섬기지 말라 나 네 하나님 여호와는 질투하는 하나님인즉 나를 미워하는 자의 죄를 갚되 아버지로부터 아들에게로 삼사 대까지 이르게 하거니와 10나를 사랑하고 내 계명을 지키는 자에게는 천 대까지 은혜를 베푸느니라

우 리는 우상을 형상으로만 생각합니다. 그러나 우상은 '자기를 위하는 것'이 출발입니다. 본문에서 '하늘에 있는 것이나, 땅에 있는 것이나'라고 말씀하신 것은 우리가 자신의 욕심으로 하나님까지도, 예수님까지도 형상화하여 우상으로 만들 수 있다는 것을 의미합니다. 오늘 예배드리는 목적이 '예배를 드려야 마음 편하니까, 자식들이 잘되니까, 좋은 사업 파트너를 만날 수 있으니까 …' 등 자신의 유익과 평안함에 있다면 그는 하나님이라는 형상을 만들어 놓고 우상으로 섬기면서 하나님께 예배드린다고 착각하고 있는 것입니다. 교회의 중직이라도, 심지어는 목회자, 선교사들까지도 그럴 수 있습니다. 하나님이 목적이 아니라 수단이 되는 것, 그것은 분명 예배가 아니라 우상을 섬기는 것입니다. 진정한 예배는 자기 자신을 십자가에 못 박고, 나를 구원해 주신 그 은혜, 그 사랑, 그 감격에 초점을 맞추고 그에 대해 반응하는 것입니다. 하나님의 구속의 사랑을 깨닫고 기억하여 그 은혜에 반응하는 것, 그 사랑에 대한 고백으로 시간과 물질과 삶과 자기 자신을 드리는 것입니다. 이렇게 진정으로 예배하는 자에게 하나님께서는 천대까지 은혜를 베풀어 주신다 약속하십니다. 천대까지라 함은 하나님의 사랑은 그만큼 무궁하다는 것을 의미합니다. 언제, 어디서나 하나님의 사랑 때문에 예배드리며 봉사하고 헌신하고 헌금하며 찬양하는, 하나님의 사랑에 반응하는 삶을 살기를 간절히 소망할 때 무궁하신 하나님의 사랑이 우리와 함께하실 것입니다.

예배 자리에 앉아 있으면서도 우상을 섬기는 것일 수도 있음을 깨닫게 해주셔서 감사합니다. 하나님의 사랑에 반응하는 진정한 예배자가 될 수 있기를 소망합니다.

6월 **17**일 　예배는 자신을 드리는 것

창세기 22:12
사자가 이르시되 그 아이에게 네 손을 대지 말라 그에게 아무 일도 하지 말라 네가 네
아들 네 독자까지도 내게 아끼지 아니하였으니 내가 이제야 네가 하나님을 경외하는
줄을 아노라

창세기 12장에서는 하나님께로부터 선택받은 아브라함의 이야기
가 시작됩니다. 우상을 섬기는 집안에서 태어난 그는 뛰어난 사
람도, 큰 장점이 있는 사람도 아니었지만, 하나님은 그를 불러 아무것도 없는 빈손
인 상태에서 지시할 땅을 향해 걸음을 내딛게 하셨습니다. 그리고 순간순간 예비하신
놀라운 은혜를 경험케 하시며 그의 빈손을 채우기도 하시고 다시 또 빈손이 되게도
하시면서 그를 인도하시는 이야기가 21장까지 펼쳐집니다. 드디어 22장에 이르러
하나님께서 이제 마지막 시험을 하시는 내용이 본문입니다. 그 시험은 바로 독자 이
삭을 하나님께 바치라는 것입니다. 이에 아브라함은 순종하여 산 정상을 향하여 올라
갑니다. 성경에서 최초로 '예배'라는 단어가 사용되는 대목입니다.창 22:5 아브라함이
21장까지의 삶을 넘어서서 22장의 예배의 삶으로 오기를 하나님은 산 정상에서 기
다리고 계셨던 것입니다. 하나님의 관심은 아브라함이 물질적으로 풍성해지는 것, 전
쟁에 승리하는 것, 100세의 나이에 아들을 얻는 것 등에 있는 것이 아니라 오직 하나
님을 예배하는 것에 있다는 사실을 알 수 있습니다. 아브라함은 하나님께 순종하여
이삭을 데리고 산 정상으로 올라가 예배를 드리기 위해 아들에게 칼을 대었습니다.
예배는 바로 이렇게 하나님께 순종하며 최선을 다하는 것, 그리고 자신이 가장 사랑
하는 것, 가장 가치 있게 여기는 것, 소중한 것에 칼을 대는 것입니다. 하나님은 이삭
을 받기 원하셨던 것이 아닙니다. 이삭이라는 그릇에 담긴 아브라함 자신을 원하셨습
니다. 하나님께 최선을 다하여 예배하는 자, 자신을 드려 예배하는 자는 하나님께서
준비하신 번제, 즉 나를 위해 대신 죽으신 어린 양, 예수 그리스도의 깊은 사랑을 경험
하는 은혜를 얻게 됩니다.

하나님, 저도 아브라함처럼 창세기 22장의 자리에 설 수 있는 예배자가 되기를
간절히 소망합니다.

6월 **18**일　마귀도 예배자를 찾는다

마태복음 4:8-10

8마귀가 또 그를 데리고 지극히 높은 산으로 가서 천하 만국과 그 영광을 보여 9이르되 만일 내게 엎드려 경배하면 이 모든 것을 네게 주리라 10이에 예수께서 말씀하시되 사탄아 물러가라 기록되었으되 주 너의 하나님께 경배하고 다만 그를 섬기라 하였느니라

하 나님께서는 예배자를 간절히 찾으십니다. 그런데 사단도 예배자를 찾는다는 사실을 알고 있습니까? 하나님은 예수 그리스도의 십자가 희생을 통해서 예배자를 찾으시지만 사단은 세상 만물을 마치 자신의 것인 양 속이면서 우리를 미혹하고 예배자를 찾습니다. 사단의 궁극적인 목적은 우리의 예배의 대상을 바꾸는 놓는 것입니다. 본문 이전에 예수님을 두번에 걸쳐 시험한 사단은 이제 더 이상 그 어떤 말로도 하나님과 예수님의 관계를 끊을 수 없음을 알게 되어 마지막 시험으로 자신의 목적을 드러내고 있습니다. '네가 나에게 경배하면 천하 만물을 주겠다' 천하 만물은 분명 하나님 소유인데 사단은 자신의 것도 아닌 것을 가지고 거짓을 행합니다. 그런데도 수많은 사람들이 이런 거짓에 넘어갑니다. 사단은 우리에게 미끼를 던질 때 늘 우리의 행복, 안위, 유익되는 것을 제시하기 때문입니다. 주님은 이러한 사단을 대적해 물리치는 모범을 보이셨습니다. '사단아! 물러가라 … 주 너의 하나님께 경배하고 다만 그를 섬기라' 사단이 아무리 예배의 대상을 바꾸려고 온갖 책략을 동원해도 우리의 예배 대상은 오직 하나님 한 분이십니다. 예배는 우리에게 영생을 주신 하나님의 은혜, 날마다 선한 길로 이끄시는 사랑을 기억하며 매일 매 순간 삶 속에서 그리고 거룩한 주일, 성전에 나와서 하나님에 대한 사랑을 표현하는 것입니다. 사단은 온갖 수단을 이용하여 우리에게 거래를 제안하며 예배자를 찾고 있지만, 속지 않아야 합니다. 하나님께서 간절히 찾으시는 진정한 예배자가 되십시오. 경배와 섬김으로 날마다 예배할 때 하나님께서는 약속하신 상을 반드시 주실 것입니다.신 6:13-19 하나님과 교환하는 것은 100% 보증수표입니다.

제 예배의 대상은 오직 하나님이십니다. 삶의 자리에서 사단과 타협하여 예배 대상을 바꾸는 일이 없도록 제 마음을 지켜주세요.

6월 **19**일   최상의 예배

역대하 1:1-6

¹다윗의 아들 솔로몬의 왕위가 견고하여 가며 그의 하나님 여호와께서 그와 함께 하사 심히 창대하게 하시니라 ²솔로몬이 온 이스라엘의 천부장들과 백부장들과 재판관들과 온 이스라엘의 방백들과 족장들에게 명령하여 ³솔로몬이 온 회중과 함께 기브온 산당으로 갔으니 하나님의 회막 곧 여호와의 종 모세가 광야에서 지은 것이 거기에 있음이라 ⁴다윗이 전에 예루살렘에서 하나님의 궤를 위하여 장막을 쳐 두었으므로 그 궤는 다윗이 이미 기럇여아림에서부터 그것을 위하여 준비한 곳으로 메어 올렸고 ⁵옛적에 훌의 손자 우리의 아들 브살렐이 지은 놋 제단은 여호와의 장막 앞에 있더라 솔로몬이 회중과 더불어 나아가서 ⁶여호와 앞 곧 회막 앞에 있는 놋 제단에 솔로몬이 이르러 그 위에 천 마리 희생으로 번제를 드렸더라

솔로몬이 일생 동안 가장 잘한 일은 예배에 성공한 것이고 가장 잘못한 일은 예배에 실패한 것이라는 사실을 알고 있습니까? 본문에 기록된 대로 그가 하나님께 드린 예배는 최상이었습니다. 그때 하나님께서는 그 예배를 받으시고 솔로몬에게 큰 은혜와 복으로 응답하셨습니다. 그러나 솔로몬이 이방 여인들을 사랑하게 되어 이스라엘로 데리고 들어와 그들이 각자의 신들을 섬기면서부터 솔로몬은 예배를 잃어가게 되고 결국 예배의 실패자가 되고 말았습니다.왕상 11장 이렇게 예배에 실패하여 여호와를 떠난 솔로몬에게 하나님께서는 '네게서 나라를 빼앗을 것이라'고 말씀하셨습니다.왕상 11:11-13 오늘날 예배를 잃어가고 있는 우리에게 하나님께서는 안타까운 심정으로 동일한 말씀을 하실 것입니다. 우리는 예배에 성공해야 합니다. 하나님께서 응답하시는 예배는 온 회중이 함께한 예배입니다.3절 하나님이 행하신 일에 대한 반응으로 드리는 예배입니다.3-5절 우리 역시 솔로몬처럼 예배할 수 있습니다. 세계 열방이 함께 하나님 앞에 예배하기를 갈망하는 마음으로, 습관으로 드리는 예배가 아닌 내게 베푸신 하나님의 은혜를 기억하며 준비된 마음으로 예배드릴 때 최상의 예배가 될 것입니다.

하나님, 솔로몬처럼 예배에 성공할 수도 실패할 수도 있다는 사실을 기억하며 겸손하게 하나님 앞에 나아가기를 원합니다.

6월 **20**일   후회 없는 인생

누가복음 5:3-6

3예수께서 한 배에 오르시니 그 배는 시몬의 배라 육지에서 조금 떼기를 청하시고 앉으사 배에서 무리를 가르치시더니 4말씀을 마치시고 시몬에게 이르시되 깊은 데로 가서 그물을 내려 고기를 잡으라 5시몬이 대답하여 이르되 선생님 우리들이 밤이 새도록 수고하였으되 잡은 것이 없지마는 말씀에 의지하여 내가 그물을 내리리이다 하고 6 그렇게 하니 고기를 잡은 것이 심히 많아 그물이 찢어지는지라

많은 사람이 후회 없는 인생을 바라지만 후회 없이 살아가는 사람은 없습니다. 지나온 날들을 바라보며 후회하고서 다시는 그렇게 살지 않겠다고 결단해 보지만 우리는 앞으로 오게 될 날들도 또 후회하면서 살 것입니다. 그러나 후회하지 않고 사는 방법이 있습니다. 시몬 베드로 일행이 밤이 새도록 수고했으나 고기를 얻지 못하고 그물을 씻고 있을 때 주님께서 찾아오셔서 시몬의 배에 올라 말씀을 전하셨습니다. 주님께서는 배에 오르지 않고 그냥 호숫가에서 말씀하실 수도 있었을 텐데 왜 굳이 배에 오르셨을까요? 배에 오르셨다는 것은 오늘날 교회라는 배에 주님이 타고 계심을 의미합니다. 주님께서는 교회라는 방주 안에서 말씀하십니다. 하지만 많은 사람들이 방주 안에서 선포되는 주님의 말씀을 경홀히 여깁니다. 이스라엘 백성이 요단강을 건널 때 제사장들이 언약궤를 메고 앞서서 발을 내딛으니 흐르던 요단강물이 끊어져 뒤따르는 모든 무리가 건널 수 있었습니다. 언약궤는 하나님의 말씀입니다. 그런데 이 언약궤는 싯딤나무^{아카시아 나무}로 만들어져 있어 겉으로는 보잘것없는 것처럼 보입니다. 방주 바깥에 있는 세상 사람들은 하나님의 말씀을 이처럼 별것 아닌 것으로 경홀히 여길 수 있습니다. 그러나 사실 언약궤는 싯딤나무에 금을 입힌 것입니다. 주님과 함께 배에 타고 있는 우리들은 말씀이 금으로 입혀진 귀한 것임을 알아야 합니다. 즉 우리가 후회 없는 인생을 살려면 이렇게 교회 안에서 선포되는 주님의 말씀을 경홀히 여기지 않아야 합니다. 언제나 '오늘 내게 말씀하소서'라고 간절한 마음으로 주시는 말씀을 붙잡는 성도가 되기를 축복합니다.

하나님, 교회 안에서 드려지는 예배를 사모하고 선포되는 말씀을 소홀히 여기지 않겠습니다.

6월 21일 예배에 집중하기

사도행전 13:1-3

1안디옥 교회에 선지자들과 교사들이 있으니 곧 바나바와 니게르라 하는 시므온과 구레네 사람 루기오와 분봉 왕 헤롯의 젖동생 마나엔과 및 사울이라 2주를 섬겨 금식할 때에 성령이 이르시되 내가 불러 시키는 일을 위하여 바나바와 사울을 따로 세우라 하시니 3이에 금식하며 기도하고 두 사람에게 안수하여 보내니라

 본문에 나타나 있는 안디옥 교회는 너무 힘들고 어려운 상황이었습니다. 스데반 집사가 돌에 맞아 죽었고 사도 야고보도 죽었습니다. 핍박을 피해 예루살렘에서 나와 세운 교회였지만 거기까지도 핍박이 계속된 것입니다. 또한 교회 구성원들의 영적 수준이 제각각이었기 때문에 예배에 집중하는 것이 쉽지 않았을 것입니다. 그럼에도 불구하고 그들은 금식까지 해가며 악한 세력들의 방해를 뛰어넘어 예배에 집중하는 삶을 살았습니다.2절 그 결과 그들은 성령의 음성을 들을 수 있었습니다. 사실 예배에 집중하는 것은 인간의 힘으로 되는 것이 아닙니다. 집중한다고 해도 그것은 한계가 있는 것이고 진정한 집중이 될 수 없습니다. 참된 집중은 하나님께서 주신 은혜를 경험하고 그 은혜로 인하여 벅찬 감격으로 하나님 앞에 나아올 때 가능한 것입니다. 예배에 집중하면, 즉 하나님 앞에 집중하면 성령께서는 우리가 감히 생각할 수 없었던 일들을 말씀하십니다. 그리고 안디옥 성도들이 그 음성에 순종하기 위해 금식하며 기도했듯이 성령을 따라 사는 자들은 성령께서 말씀하신 것에 즉시 반응을 보입니다. 사단은 언제나 우리의 예배를 방해합니다. 그러나 하나님의 은혜를 깊이 묵상하면 예배에 집중할 수 있습니다. 그리고 성령의 음성도 듣게 됩니다. 그 음성에 순종하는 것이 쉽지는 않겠지만 성령을 따라 살겠다고 결단하면 성령께서 도와주시고 짐을 함께 져 주십니다.

하나님, 예배드리기 전 하나님께서 베푸신 은혜를 묵상하겠습니다. 은혜에 이끌려 예배에 집중하는 제가 되게 해주세요.

6월 22일 예배

시편 51:19
그 때에 주께서 의로운 제사와 번제와 온전한 번제를 기뻐하시리니 그 때에 그들이 수소를 주의 제단에 드리리이다

한 문둥병자가 주님께 나와 꿇어 엎드렸을 때 주님께서는 그를 치유해주시면서 먼저 제사장에게 보이고 그 깨끗케 됨으로 인하여 모세의 명한 것을 드리라고 말씀하셨습니다.막 1:40-45 '꿇어 엎드렸다'는 말은 '프로스케네오'로 예배, 경배의 뜻입니다. 즉 이 문둥병자는 주님 앞에 경배함으로써 깨끗이 치유되어 지금까지는 부정한 자, 죄인으로 취급받아 격리되고레 13:44-46, 민 12:10-15, 대하 26:21 제대로 예배를 드리지 못했으나 이제는 온전한 예배를 드릴 수 있게 되었음을 성경은 전하고 있습니다. 이 문둥병자가 바로 우리의 모습이 아닐까요? 주님이 오시지 않았다면 감히 하나님께 예배드릴 수도 없었던 문둥병자인 우리에게 주님으로 인해 하나님께 예배드릴 수 있는 길이 열린 것입니다. 예배는 믿지 않는 자에게는 믿음의 길이 열리는 것이며 믿는 자에게는 하나님과 함께 할 수 있는 길이 열리는 복된 자리입니다. 아벨이 하나님께서 기뻐하시는 예배를 드림으로 그의 육신은 비록 죽었지만, 영은 살아서 오늘 우리에게까지 흘러왔듯이 예배에 성공한 사람은 그 어떤 상황 가운데서도 영이 살고 육은 죽어서 감사와 찬양이 넘칩니다. 반면에 가인처럼 예배에 실패한 자는 영은 죽고 육만 살아 온통 불평과 분노만 가득합니다. 아벨은 죽은 것 같지만 그의 영은 살았고 가인은 산 것 같지만 그의 영은 죽었습니다. 이것이 예배의 성공자와 실패자의 차이입니다.

하나님, 저는 과연 예배의 성공자로 살고 있습니까? 형식만 남은 제 예배의 모습을 회개합니다. 성령이여, 하나님이 기뻐하시는 예배를 드릴 수 있도록 저를 도와주소서.

6월 **23**일 하나님이 찾으시는 예배자

요한복음 4:23
아버지께 참되게 예배하는 자들은 영과 진리로 예배할 때가 오나니 곧 이 때라 아버지
께서는 자기에게 이렇게 예배하는 자들을 찾으시느니라

예배가 얼마나 소중하면 하나님께서 예배하는 자를 찾는다고 말씀하실까요? 주일 예배드리겠다고 성전에 수천 명이 모여 있다고 해서 모두가 다 예배를 드리는 것은 아닙니다. 그 중에는 하나님이 찾으시는 자가 있습니다. 진정한 예배를 드리는 자입니다. 하나님께서 예배하는 자를 이렇게 찾으시는 이유는 그에게 복을 주시기 위함입니다. 예배는 우리가 하나님께 영광을 드리는 사랑과 헌신의 표현이기도 하지만 하나님께서 우리에게 말씀하시고 기도에 대한 응답을 해주시며 복을 내려주시는 통로이기도 합니다. 솔로몬이 일천 번제를 드렸다고 하는 것은 천 번이라는 횟수가 문제가 아니라 그만큼 최선의 예배, 즉 하나님이 응답하시는 예배를 드렸다는 것입니다. 그 최선의 예배를 받으신 하나님께서는 솔로몬에게 '내가 너에게 무엇을 줄꼬 너는 구하라'고 하시더니 솔로몬이 구한 그 이상의 것을, 전무후무한 복을 내리실 것을 약속하셨습니다.왕상 3:4-15 우리가 최선의 예배를 드리기 위해서 기억해야 할 것은 첫째, 깨어 있어야 합니다. 예배가 소중함을 누구보다 잘 알고 있는 사단이 예배를 막기 때문입니다. 둘째, 잘 준비해야 합니다. 많은 이들이 예배에 집중하지 못한다면 예배를 철저히 준비하지 못했기 때문은 아닌지 우리의 예배 모습을 돌아볼 필요가 있습니다. 먼저 기도로 하나님의 은혜를 구하며 성실함으로 준비해야 합니다. 셋째, 삶으로 예배를 드려야 합니다. 삶 자체가 예배이어야 하고 주일 예배는 그 예배의 절정이라는 사실을 기억하십시오.

저는 과연 하나님이 찾으시는 진정한 예배자인지 생각해 봅니다.
깨어 있고 기도로 준비하고 제 삶 자체가 예배가 되도록 노력하겠습니다.

6월 **24**일 예배하는 삶

11모세가 하나님께 아뢰되 내가 누구이기에 바로에게 가며 이스라엘 자손을 애굽에서 인도하여 내리이까 12하나님이 이르시되 내가 반드시 너와 함께 있으리라 네가 그 백성을 애굽에서 인도하여 낸 후에 너희가 이 산에서 하나님을 섬기리니 이것이 내가 너를 보낸 증거니라 13모세가 하나님께 아뢰되 내가 이스라엘 자손에게 가서 이르기를 너희의 조상의 하나님이 나를 너희에게 보내셨다 하면 그들이 내게 묻기를 그의 이름이 무엇이냐 하리니 내가 무엇이라고 그들에게 말하리이까

모세를 출애굽하는 이스라엘의 지도자로 세우신 것은 하나님의 계획하심입니다. 모세는 그 부르심에 자신 없어 했지만11절 그의 부족함을 아시는 하나님께서는 '내가 반드시 너와 함께 있으리라'고 말씀하십니다. 또한 출애굽한 이스라엘 백성들이 하나님을 섬기게 되는 것이 모세를 지도자로 세우신 증거라고 하십니다.12절 즉 하나님께서 이스라엘을 애굽에서 이끌어내신 것은 그들로 하여금 하나님을 섬기게 하기 위해서입니다. 그저 애굽에서 나온 것만으로 만족할 수 있겠지만 하나님께서 진정 원하시는 것은 하나님을 섬기는 것, 예배하는 것입니다. 이 말씀은 오늘 우리에게도 적용이 됩니다. 하나님께서 죄악이라는 애굽에서 우리를 이끌어내신 것은 하나님을 예배하도록 하기 위함입니다. 죄악에서 구원받았다고 가만히 있는 것이 아니라 하나님을 예배하는 것이 하나님의 뜻이고 우리가 예배할 때 하나님의 자녀 됨의 증표가 있습니다. 애굽에서 나왔다 해도 예배드리지 않으면 애굽에서 사는 것과 같습니다. 구원받았다 해도 예배 없는 삶은 지옥에서의 삶과 같습니다. 예배 있는 곳이 에덴동산이고 하나님이 계시는 곳, 천국입니다. 하나님께서는 예배를 통해 영광을 받으시고 우리에게 복을 주십니다.

하나님, 제가 하나님께 예배드릴 수 있는 복을 누릴 수 있어서 참 감사합니다. 평생 예배가 제 기쁨이 되게 하소서.

6월 25일 우리의 사령탑

다니엘 2:10-16

10갈대아인들이 왕 앞에 대답하여 이르되 세상에는 왕의 그 일을 보일 자가 한 사람도 없으므로 어떤 크고 권력 있는 왕이라도 이런 것으로 박수에게나 술객에게나 갈대아인들에게 물은 자가 없었나이다 11왕께서 물으신 것은 어려운 일이라 육체와 함께 살지 아니하는 신들 외에는 왕 앞에 그것을 보일 자가 없나이다 한지라 12왕이 이로 말미암아 진노하고 통분하여 바벨론의 모든 지혜자들을 다 죽이라 명령하니라 13왕의 명령이 내리매 지혜자들은 죽게 되었고 다니엘과 그의 친구들도 죽이려고 찾았더라 14그 때에 왕의 근위대장 아리옥이 바벨론 지혜자들을 죽이러 나가매 다니엘이 명철하고 슬기로운 말로 15왕의 근위대장 아리옥에게 물어 이르되 왕의 명령이 어찌 그리 급하냐 하니 아리옥이 그 일을 다니엘에게 알리매 16다니엘이 들어가서 왕께 구하기를 시간을 주시면 왕에게 그 해석을 알려 드리리이다 하니라

모든 전쟁에는 사령탑이 있습니다. 영적 전쟁도 마찬가지입니다. 사단과 하나님, 둘 중 하나입니다. 사단은 아주 매끄러운 말로 우리에게 지시하지만, 그것은 결국 우리를 넘어지게 만들고 하나님의 영광을 가로막는 지시입니다. 그러나 하나님은 우리를 세워주시고 용기를 주시고 승리하게 하시는 사령탑이십니다. 본문에서 다니엘은 갈대아 술사들에게는 불가능했던 일 ─ 느부갓네살 왕이 꾼 꿈의 내용을 말하고 해석하는 것 ─ 을 자신 있게 할 수 있었습니다. 이처럼 다니엘이 용감하게 나설 수 있었던 것은 자신의 사령탑이 누구인지, 세상을 움직이는 분이 누구인지, 온 백성을 이끄시는 분이 누구인지를 알고 있었기 때문입니다. 하나님께서는 다니엘의 이 믿음을 보시고 꿈을 해석할 수 있는 지혜를 주셨습니다. 또한 다니엘은 사령탑을 바꾸도록 끊임없는 압력을 받았지만 결코 굴복하지 않고 마침내 승리의 큰 기쁨을 맛볼 수 있었습니다.단 3장, 6장 우리는 하늘나라의 대표로서 세상이라는 전쟁터에 보내진 사람들입니다. 사단은 마치 자신이 우리의 사령탑인 양 우리에게 지시하려고 달려들지만 속지 않아야 합니다. 언제 어떤 순간에도 우리의 사령탑은 하나님이시라는 사실을 잊지 않을 때 우리는 승리할 수 있습니다.

오늘도 저의 사령탑이 되시는 하나님을 의지하여 세상의 전쟁터에서 담대하게 살아가게 하소서.

6월 26일 사단의 책략을 분별하자

로마서 12:2

너희는 이 세대를 본받지 말고 오직 마음을 새롭게 함으로 변화를 받아 하나님의 선하시고 기뻐하시고 온전하신 뜻이 무엇인지 분별하도록 하라

하나님은 우리와 아름다운 사랑의 관계를 이루기 원하시며 지금도 끊임없이 우리를 사랑하고 계십니다. 그런데 사단은 언제나 하나님과 우리의 관계를 질투하고 방해해서 깨어지게 만듭니다. 본문에서는 이러한 사단의 책략을 분별해야 한다고 말씀합니다. 무엇을 분별해야 합니까? 첫째, 하나님의 뜻은 언제나 선하십니다. 사단은 '네 환경을 보아라. 이게 최선이냐?'라고 공격하지만 어떤 상황을 만나도 그것이 하나님의 최선임을 믿어야 합니다. 둘째, 하나님의 뜻은 언제나 기쁨이 됩니다. 사단은 말씀대로 살면 손해 본다고 인생이 엉망이 된다고 거짓말하지만 우리는 속지 않아야 합니다. 셋째, 하나님의 뜻은 언제나 온전하십니다. 하나님은 결코 실패하시지 않고 현재 상황을 더 이상 좋게 할 수 없을 만큼 완벽하신 하나님입니다. 그런데 사단은 그것을 부정하며 인간의 힘으로 보다 더 좋게 만들 수 있다고 느끼게 합니다. 사단은 끊임없이 우리를 공격하며 의심케 합니다. 예수님도 말씀을 통해 사단을 이기셨음을 기억하며 우리도 말씀이라는 무기를 사용하여 사단을 물리쳐야 합니다. 또한 하나님의 사랑을 선포하며 우리를 향하신 하나님의 뜻은 언제나 선하시고 기쁨이 되고 온전하시다고 고백할 때 사단의 책략을 이길 수 있습니다.

하나님, 사단은 오늘도 저를 미혹할 것입니다. 제가 가장 공격당하기 쉬운 연약한 부분을 방어할 수 있도록 저에게 지혜를 주시고 힘을 주세요.

6월 **27**일   이렇게 정복하자

여호수아 6:1-7

1이스라엘 자손들로 말미암아 여리고는 굳게 닫혔고 출입하는 자가 없더라 2여호와께서 여호수아에게 이르시되 보라 내가 여리고와 그 왕과 용사들을 네 손에 넘겨 주었으니 3너희 모든 군사는 그 성을 둘러 성 주위를 매일 한 번씩 돌되 엿새 동안을 그리하라 4제사장 일곱은 일곱 양각 나팔을 잡고 언약궤 앞에서 나아갈 것이요 일곱째 날에는 그 성을 일곱 번 돌며 그 제사장들은 나팔을 불 것이며 5제사장들이 양각 나팔을 길게 불어 그 나팔 소리가 너희에게 들릴 때에는 백성은 다 큰 소리로 외쳐 부를 것이라 그리하면 그 성벽이 무너져 내리리니 백성은 각기 앞으로 올라갈지니라 하시매 6눈의 아들 여호수아가 제사장들을 불러 그들에게 이르되 너희는 언약궤를 메고 제사장 일곱은 양각 나팔 일곱을 잡고 여호와의 궤 앞에서 나아가라 하고 7또 백성에게 이르되 나아가서 그 성을 돌되 무장한 자들이 여호와의 궤 앞에서 나아갈지니라 하니라

우리에게 여리고성은 사단입니다. 사단은 무적의 두려운 존재 같지만 사실 사단이 강한 성을 쌓고 있는 것도 모두 우리 때문입니다.1절 하나님께서는 우리를 군사로 삼으셔서3절 놀라운 무기를 주셨습니다. 첫 번째 무기는 '말씀'입니다.4절 일곱 제사장이 일곱 양각나팔을 잡고 언약궤 앞에서 일곱째 날까지 매일 돌라고 하신 것은 사단이 완전히 점령될 때까지 매일 말씀을 붙잡으라는 것입니다. 말씀이 견고한 진을 파할 수 있는 강력한 무기입니다. 두 번째 무기는 '기도'입니다.5절 온 백성이 다 큰 소리로 외쳐 부르라고 명령하신 것은 장벽을 만났을 때 하나님 앞에 부르짖으라는 뜻입니다. 내 심령 깊은 곳에서 하나님의 말씀이 들린 후에는 이제 큰 소리로 기도해야 합니다. 하나님께서는 그 기도 소리를 외면치 않으시고 응답하실 것입니다. 세 번째 무기는 '순종'입니다.6절 언약궤는 하나님의 임재를 의미하는 것으로 우리가 하나님의 임재를 믿으면서 명령하신 것에 순종할 때 역사는 이루어집니다.

하나님, 사단을 점령할 수 있도록 저를 군사로 삼아주시고 무기를 주신 것에 감사합니다.

6월 **28**일 사단은 정복된 적이다

누가복음 10:17-20

17칠십 인이 기뻐하며 돌아와 이르되 주여 주의 이름이면 귀신들도 우리에게 항복하더이다 18예수께서 이르시되 사탄이 하늘로부터 번개 같이 떨어지는 것을 내가 보았노라 19내가 너희에게 뱀과 전갈을 밟으며 원수의 모든 능력을 제어할 권능을 주었으니 너희를 해칠 자가 결코 없으리라 20그러나 귀신들이 너희에게 항복하는 것으로 기뻐하지 말고 너희 이름이 하늘에 기록된 것으로 기뻐하라 하시니라

사단의 목표는 우리의 물질이나 건강을 빼앗고 가정을 파괴하고 사업을 실패하게 하는 것 등 단순한 것이 아닙니다. 그런 어려움을 통해 우리를 절망하게 하고 포기하게 하는 것이 사단의 궁극적인 목표입니다. 그러나 우리는 복음을 통하여 사단을 이길 수 있으니 절망할 필요가 없습니다. 혹시 하늘의 권세를 제대로 사용하지 못하고 절망으로 신음할 때가 있지 않습니까? 기억하십시오. 주님이 제자들을 세상에 파송할 때처럼 하나님은 우리를 이 땅에 보내실 때 이미 모든 것에서 승리하시고 그 승리의 권세를 우리에게 주셨습니다. 그러니 절망은 우리의 것이 아닙니다. 사단은 절망하지 않는 우리 앞에 절망합니다. 우리가 이 땅에 파송 받은 이유는 어둠 가운데 있는 영혼들에게 주님의 빛을 전하고 사망의 수렁에서 헤매는 자들에게 주님의 생명을 전하기 위해서입니다. 우리는 목적대로 일을 잘 수행하고 파송을 받았던 하늘나라로 돌아가게 됩니다. 아무리 이 땅이 좋다 해도 천국만큼 좋겠습니까? 또한 이 땅의 어려움이 아무리 크다 해도 영원하지 않습니다. 반드시 그 어려움이 끝나는 날이 올 것이며 돌아갈 천국이 있으니, 그리고 그곳에 우리 이름이 기록되어 있으니 이 얼마나 감사할 일입니까?

하나님, 저는 이 땅에 파송된 자입니다. 사단을 제어할 힘도 제게 있습니다. 파송 받은 목적을 잊지 않고 잘 수행할 수 있도록 저에게 힘을 주세요.

6월 **29**일 너희는 나를 찾으라

아모스 5:4-9
4여호와께서 이스라엘 족속에게 이와 같이 말씀하시기를 너희는 나를 찾으라 그리하면 살리라 5벧엘을 찾지 말며 길갈로 들어가지 말며 브엘세바로도 나아가지 말라 길갈은 반드시 사로잡히겠고 벧엘은 비참하게 될 것임이라 하셨나니 6너희는 여호와를 찾으라 그리하면 살리라 그렇지 않으면 그가 불 같이 요셉의 집에 임하여 멸하시리니 벧엘에서 그 불들을 끌 자가 없으리라 7정의를 쓴 쑥으로 바꾸며 공의를 땅에 던지는 자들아 8묘성과 삼성을 만드시며 사망의 그늘을 아침으로 바꾸시고 낮을 어두운 밤으로 바꾸시며 바닷물을 불러 지면에 쏟으시는 이를 찾으라 그의 이름은 여호와시니라 9그가 강한 자에게 갑자기 패망이 이르게 하신즉 그 패망이 산성에 미치느니라

여로보암 2세 때 경제, 정치, 군사적으로 안정되고 풍요를 누리기 시작하니 이스라엘은 서서히 하나님께로부터 등을 돌리고 멀어져갔습니다. 물질적인 안정과 풍요와는 달리 심령이 황폐해진 그들을 향해 하나님께서는 '너희는 나를 찾으라'는 음성을 들려주십니다.4절 오늘날 한국 교회도 하나님으로부터 너무 멀어져 가고 있습니다. 이제는 만 명이 천 명이 되고 천 명이 백 명이 되고 백 명이 열 명이 되어3절 마침내 교회는 문을 닫을 수도 있을 것입니다. 하나님이 야곱에게 약속하시고 축복하신 곳, 언약궤가 있던 곳인 벧엘을 찾지 말라고, 여호수아가 하나님의 음성을 듣고 모든 전쟁을 준비하여 승리하였던 곳, 사울이 기름부음을 받았던 곳인 길갈로 들어가지 말라고 하십니다. 또한 부와 축복의 상징인 우물이 있던 곳 브엘세바로 나아가지 말라고 하십니다.5절 이는 물질, 자녀, 건강, 권력 등을 주신 하나님은 바라보지 못하고 그것들에 매여서, 그것들이 우상이 되어 허무한 인생을 살아가는 모습을 안타까워하시는 사랑입니다. 그러나 '나를 찾으라'고 말씀하실 때는 아직은 우리에게 기회를 주시는 것입니다. 우리가 여호와를 전심으로 찾고 찾으면 만날 수 있습니다.잠 8:17, 렘 29:13 자신이 과연 여호와를 찾는 자인지 스스로를 점검하며 세상으로부터 하나님께로 돌아서는 은혜가 있기를 축복합니다.

'나를 찾으라'고 말씀하시는 하나님, 저에게 기회를 주셔서 감사합니다.
오늘 하루도 세상을 보지 않고 하나님을 바라보겠습니다.

6월 **30**일 　우상 숭배

갈라디아서 5:18-21

18너희가 만일 성령의 인도하시는 바가 되면 율법 아래에 있지 아니하리라 19육체의 일은 분명하니 곧 음행과 더러운 것과 호색과 20우상 숭배와 주술과 원수 맺는 것과 분쟁과 시기와 분냄과 당 짓는 것과 분열함과 이단과 21투기와 술 취함과 방탕함과 또 그와 같은 것들이라 전에 너희에게 경계한 것 같이 경계하노니 이런 일을 하는 자들은 하나님의 나라를 유업으로 받지 못할 것이요

예수 그리스도의 사람들은 육체 가운데 사는 동안 예수님과 함께 십자가에 못 박아야 하는 것들이 몇 가지 있습니다. 탐욕, 음행, 더러운 것, 방탕, 그리고 우상 숭배가 바로 그것들입니다. 특히 우상 숭배는 하나님께서 엄히 경고하시는 것으로 첫째, 하나님을 형상화하여 신앙의 대상으로 섬기는 것입니다. 하나님은 눈으로 보이는 분이 아니며요 1:18 형상화할 수 있는 대상이 아닙니다. 더욱이 어떤 한 대상을 하나님처럼 형상화하여 섬긴다면 이것이야말로 우상 숭배이며 회개해야 할 큰 죄악입니다. 둘째, 하나님 외에 다른 것을 더 사랑하여 그것을 신뢰하는 것입니다. 세상을 살아가는 동안 우리에게는 돈, 명예, 권력, 지식, 건강 등 모두 필요합니다. 그렇지만 이것들을 하나님보다 더 사랑하게 되면 우리는 어느 틈에 이것들을 더 신뢰하고 의지하게 되고 그 순간부터 그것은 바로 우상 숭배가 됩니다. 셋째, 귀신을 섬기는 것입니다. 믿는 사람들 중에서도 죽은 귀신에게 절하거나 소원을 비는 사람이 있습니다. 또한 어떤 이들은 우환이 생기면 점괘를 보러 가거나 귀신을 쫓아내겠다고 굿을 하는 등 귀신을 섬기는데 이것이 바로 우상 숭배입니다. 귀신이 귀신을 쫓아낼 수 없습니다. 귀신을 쫓아낼 수 있는 분은 예수님 한 분밖에 없습니다. 그래서 우리 역시 예수님의 이름으로 귀신을 쫓아낼 수 있습니다.막 16:17 어떤 모양의 우상이라도 물리칠 수 있기를 축복합니다.

혹시 제 삶 가운데 하나님보다 더 의지하는 것이 있는지 돌아보게 됩니다. 어떤 종류의 우상이라도 물리치는 믿음의 사람으로 살겠습니다.

July

7월

하나님의 일

7월 **1**일   첫 열매

출애굽기 23:16
맥추절을 지키라 이는 네가 수고하여 밭에 뿌린 것의 첫 열매를 거둠이니라 수장절을 지키라 이는 네가 수고하여 이룬 것을 연말에 밭에서부터 거두어 저장함이니라

많은 교회들이 해마다 7월 첫째 주를 맥추절로 지키고 있습니다. 일 년 중 반을 보낸 시점에 기념하는 절기라 사람들은 지난 6개월 동안 무사히 보낼 수 있도록 지켜주심에, 혹은 본문에 나와 있듯이 보리를 첫 수확한 것에 대해 하나님께 감사드리는 뜻으로 헌금하는 절기라고 생각합니다. 온 천지를 주관하시는 하나님께서 단순히 몇 푼의 헌금을 받기 위해 이런 명령을 하셨을까요? 아닙니다. 맥추절은 더 깊고 중요한 의미를 지닙니다. 하나님께서는 이미 구약에서부터 계속 첫 열매를 강조하셨고 이는 앞으로 오실 예수 그리스도가 첫 열매가 되셔서 고전 15:20 바쳐지게 될 것을 예표하신 것입니다. 그리고 그리스도뿐 아니라 주님이 강림하실 때 붙어 있는 자들, 즉 예수를 그리스도로 시인하는 자들 모두가 처음 익은 열매입니다. 그러기에 맥추절은 우리가 첫 열매로 살아가기를 촉구하는 절기라고 할 수 있습니다. 우리가 첫 열매로 하나님 앞에 드려질 때 또 다른 열매가 맺혀질 것이며 우리 교회가 첫 열매로 드려질 때 또 다른 교회가, 이 민족이 드려질 때 또 다른 민족이 하나님 앞에 드려질 것입니다. 어떻게 첫 열매로 하나님께 드려질 수 있을까요? 우리 자신이 이웃을 위해 쓰일 때 가능합니다. 하나님께서 사랑하시는 백성을 위해 드려지는 것이 곧 아버지께 드려지는 것이기 때문입니다. 첫 열매로 드려지는 참된 복을 누리고 우리를 통해 또 다른 열매가 드려지기를 소망합시다.

하나님, 저를 첫 열매 삼아주셔서 감사합니다. 오늘도 제 삶이 하나님 앞에 드려지기를 간절히 원합니다.

7월 **2**일 맥추절 - 생명 주심에 감사

요한복음 3:17
하나님이 그 아들을 세상에 보내신 것은 세상을 심판하려 하심이 아니요 그로 말미암
아 세상이 구원을 받게 하려 하심이라

애굽의 종살이로부터 해방된 것에 감사하여 광야에서 기념했던 유월절과는 달리 맥추절은 가나안 땅에 들어가서 시작된 절기 입니다. 가나안은 하나님께서 이스라엘 백성을 구원시켜 최종적으로 들어가게 하신 약속의 땅입니다. 이곳에서 그들은 첫 열매를 거둔 후에 감사의 제물을 드렸습 니다. 한 알의 씨앗이 땅에 떨어져 죽음으로 열매를 거두게 되는 과정을 통해 하나님 께서는 이스라엘 백성이 '잠자는 자들의 첫 열매 되신 예수 그리스도의 희생과 사랑 으로 풍성한 생명의 열매를 얻게 되었다'는 사실을요 12:24-25 기억하기 원하셨습니다. 예수님의 죽으심은, 즉 첫 열매 되심은 상상할 수도 없을 만큼 많은 사람들에게 생명 을 주셨습니다. 그래서 본문에서는 예수님이 죄인을 심판하시기 위해 이 땅에 오신 것이 아니라 구원하시기 위해, 생명을 주기 위해 오셨다고 말씀합니다. 레위기에서는 첫 열매를 수확한 후 제사장에게 드리고 제사장은 그 제물이 여호와 앞에 기쁘게 받 으심이 되도록 흔들라는 명령이 기록되어 있습니다.레 23:10-11 죽은 것은 움직이지 않 습니다. 흔든다는 것은 '그 제물이 살아 있음, 생명임'을 의미합니다. 결국 하나님 앞에 서 절기를 지킨다는 것은 첫 열매예수 그리스도로 말미암아 영원한 생명을 얻어 가나안 땅에 들어간 자들이 생명의 열매를 가지고 감사하며 하나님 앞에 잔치하고 그 사랑 에 항복하는 것입니다. 맥추절기가 우리에게 특별히 더 감사한 것은 대대로 지킬 영 원한 규례이기 때문입니다.레 23:14 인생은 유한한 존재로서 우리의 자손은 언젠가는 끊어지기에 이 말씀은 영적인 의미가 있습니다. 즉 한번 가나안 땅에 들어간 자, 생명 의 열매를 가진 자는 영원한 생명의 열매를 맺고 살아가게 된다는 것입니다. 우리에 게 생명을 주신 하나님의 은혜와 사랑을 기억하며 감사로 예배드리는 맥추절기가 되 기를 축복합니다.

의무감에서 절기를 지키는 것이 아니라 하나님의 사랑을 기억하여 감사함으로 지키게 하소서.

7월 **3**일 하나님의 일

마태복음 16:21-24

21이 때로부터 예수 그리스도께서 자기가 예루살렘에 올라가 장로들과 대제사장들과 서기관들에게 많은 고난을 받고 죽임을 당하고 제삼일에 살아나야 할 것을 제자들에게 비로소 나타내시니 22베드로가 예수를 붙들고 항변하여 이르되 주여 그리 마옵소서 이 일이 결코 주께 미치지 아니하리이다 23예수께서 돌이키시며 베드로에게 이르시되 사탄아 내 뒤로 물러 가라 너는 나를 넘어지게 하는 자로다 네가 하나님의 일을 생각하지 아니하고 도리어 사람의 일을 생각하는도다 하시고 24이에 예수께서 제자들에게 이르시되 누구든지 나를 따라오려거든 자기를 부인하고 자기 십자가를 지고 나를 따를 것이니라

우리는 교회에서 일을 하는 것이, 교회와 관련된 일을 하는 것만이 하나님의 일이라고 착각합니다. 그러나 하나님의 일과 사람의 일을 구분하는 기준은 장소에 있지 않습니다. 그것은 하나님의 뜻이냐 아니냐에 있습니다. 하나님의 뜻대로 일하면 하나님의 일이고 하나님의 뜻이 아니라 자기 생각대로 일하면 사람의 일입니다. 교회에서 봉사하고 헌신하는 것은 하나님의 일일 수도 있지만 사람의 일일 수도 있습니다. 선교 현장에서 선교사로 온갖 고생을 하며 몇십 년 일했는데도 사람의 일일 수 있습니다. 목회자로 평생 사역했지만, 하나님의 뜻대로 일하지 않았다면 그것은 사람의 일입니다. 주님의 십자가에 대해서 이러한 이해를 하지 못한 베드로는 사람의 생각대로 성급하게 말을 했습니다. 주님이 지신 십자가는 하나님의 뜻이었습니다. 십자가가 위대한 것은 주님이 당하신 고난 때문이 아니라 하나님의 뜻대로 순종하셨기 때문입니다. 그래서 십자가는 하나님께 영광이고 결국 온 천하를 구원하는 역사가 된 것입니다. 예수님이 아무리 고초를 당했어도 하나님의 뜻이 아니었으면 그건 영광이 아닙니다. 오늘 나에게 아무리 부끄러운 일, 고통이 있어도, 그로 인해 내가 멸시를 당한다 해도 하나님의 뜻이라면 순종할 때 그것이 진정한 십자가이며 하나님의 일이며 아버지께 영광이 됩니다.

무엇을 하든지 하나님의 뜻을 따르면 하나님의 일임을 기억하게 하소서.

7월 **4**일 인생의 목적

요한복음 6:38-39

38내가 하늘에서 내려온 것은 내 뜻을 행하려 함이 아니요 나를 보내신 이의 뜻을 행하려 함이니라 39나를 보내신 이의 뜻은 내게 주신 자 중에 내가 하나도 잃어버리지 아니하고 마지막 날에 다시 살리는 이것이니라

대부분의 사람들은 현재 자신이 처해있는 문제를 해결하는 것을 목적으로 삼고 살아갑니다. 이것은 좋은 환경이든지 어려운 환경이든지 환경의 자극을 통해 만들어지는 근시안적인 목적입니다. 이 목적은 쉽게 변질되고 쉽게 사라집니다. 반면에 멀리 내다보는 목적, 변함이 없는 목적이 있는데 하늘로부터 오는 목적입니다. 인류를 구원하기 원하시는 하나님의 뜻대로 사는 것이 이 목적입니다. 예수님은 하늘에서 오실 때부터 이 목적을 가지고 오셨습니다. 주님은 이 목적을 이루시기 위해 사시다가 이 목적을 위해 죽으시고 이 목적과 함께 살아나셔서 하늘에 오르시고 하나님 보좌 우편에 앉아 계십니다. 세상 것으로부터 오는 목적, 환경에 의해 만들어지는 목적은 단기적으로는 혹은 겉보기에는 유익이 되는 것 같지만 결국 후회만을 남기게 되고 다른 이에게 해를 끼칠 수도 있습니다. 그러나 하나님 아버지의 뜻대로 사는 것, 즉 하늘로부터 오는 목적은 나 자신도 살리고 온 백성도 살리는 놀라운 유익을 가져다주며 인생의 마지막이 허무하지 않습니다. 이 목적을 가지고 살아가는 길이 바로 천국 가는 길이고 그 삶 자체가 영원한 행복이기 때문입니다. 마 7:21, 요일 2:17 주님은 이 목적을 가지고 계셨기에 십자가라는 두려운 상황에서도 담대할 수 있었고 하늘의 평안을 누릴 수 있었습니다. 하나님께서는 오늘 우리에게 말씀하십니다. '세상 것에 목적을 두지 말아라. 내가 준 목적을 가지고 살아라' 하나님의 목적, 즉 영혼 구원을 인생의 목적으로 가지고 있는 사람은 평생 자신을 통해 하나님의 뜻이 이루어지도록 기도하며 말씀의 빛이 자신에게 역사하도록 말씀을 묵상하며 무엇을 하든 주님의 마음으로 영혼 구원에 초점을 맞추어 살아갑니다.

하나님, 제가 하나님의 뜻을 막아서는 사람이 되지 않고 그 뜻을 이루는 사람이 되기를 소원합니다.

7월 **5**일 3부^不 3생^生의 삶

로마서 6:6-9

6우리가 알거니와 우리의 옛 사람이 예수와 함께 십자가에 못 박힌 것은 죄의 몸이 죽어 다시는 우리가 죄에게 종 노릇 하지 아니하려 함이니 7이는 죽은 자가 죄에서 벗어나 의롭다 하심을 얻었음이라 8만일 우리가 그리스도와 함께 죽었으면 또한 그와 함께 살 줄을 믿노니 9이는 그리스도께서 죽은 자 가운데서 살아나셨으매 다시 죽지 아니하시고 사망이 다시 그를 주장하지 못할 줄을 앎이로라

우리의 삶은 3부^不 3생^生입니다. 3부란 세 가지가 아니라는 뜻으로 첫째, 죄의 종이 아닙니다. 옛사람이 그리스도와 함께 십자가에 못 박힌 우리는 죄의 몸이 멸하여 다시는 죄에 종노릇하지 않습니다. 사단이 우리를 유혹해서 죄의 자리에 들어가게 만들지만, 그 어떤 죄도 우리를 정죄할 수 없습니다. 그렇다고 마구 죄를 범해도 되는 것은 아닙니다. 믿음의 사람들은 죄로부터 멀어질 수밖에 없습니다. 둘째, 더 이상 죽지 않습니다. 물론 우리의 육신은 죽지만 우리가 육체 가운데 거하다가 하나님 나라로 다시 가는 것이니 사망이 우리를 결코 주장하지 못합니다. 셋째, 더 이상 땅에 속한 사람이 아닙니다. 많은 이들이 사단의 거짓에 넘어가 자신이 땅에 속한 사람이라 여겨 땅의 것에 소망을 두고 세상 걱정에 얽매여 살아가지만 사도 바울의 고백처럼 우리는 십자가 외에는 자랑할 것이 없는 자들로^{갈 6:14} 땅에 속한 사람이 아닙니다. 3생이란 첫째, 하늘에 속한 자로 삽니다.^{골 1:13} 이는 세상 것을 얻기 위해 살거나 세상의 정사와 싸우는 것이 아니라 악한 영과 싸우는 삶, 지금 내가 가진 것이 없다 해도 만물 위에 계셔 만물을 다스리시는 그리스도와 연합한 자로 살아가는 삶을 말합니다. 둘째, 생명을 살리는 자로 살아갑니다. 그리스도께서 살려주는 영이 되심같이^{고전 15:45} 우리 또한 살려 주는 영을 가진 자이기에 내가 가는 곳은 어디나 살아납니다. 그렇습니다. 우리는 영원히 죽지 않고 사는 영으로 삽니다. 셋째, 사명의 사람으로 삽니다. 어떤 사명입니까? 하나님의 나라를 이루는 것, 세계 선교를 이루는 것, 예수 그리스도를 드러내는 것입니다.

저는 죄의 종이 아니고 더 이상 죽지 않고 땅에 속한 자가 아님을 믿습니다.
하늘에 속한 자로 생명을 살리는 자로 사명의 사람으로 살겠습니다.

7월 6일   세상에 빛을 비추자

이사야 60:1-3
1일어나라 빛을 발하라 이는 네 빛이 이르렀고 여호와의 영광이 네 위에 임하였음이
니라 2보라 어둠이 땅을 덮을 것이며 캄캄함이 만민을 가리려니와 오직 여호와께서
네 위에 임하실 것이며 그의 영광이 네 위에 나타나리니 3나라들은 네 빛으로, 왕들은
비치는 네 광명으로 나아오리라

'**너**희는 세상의 빛이라'마 5:14 이 얼마나 감격스러운 선언입니
까? 그러나 우리는 원래부터 빛인 존재가 아니었습니다. '너
희가 전에는 어두움이더니 이제는 주 안에서 빛이라'엡 5:8 하나님께서는 어둠에
속해 있던 우리를 이제는 어둠이 조금도 섞이지 않은 완벽한 보름달로 만드신 것입
니다. 이렇게 보름달이 된 우리는 당연히 세상에 빛을 비춰야 합니다. 하지만 이 말씀
에 전혀 동의하고 싶지 않은 사람이 많을 것입니다. 물론 내가 하려고 하면 어렵습니
다. 그러나 기억하십시오. 달은 자체 발광체가 아닙니다. 빛의 주체가 아닙니다. 태양
빛을 받아서 그 빛을 반사하는 역할을 하는 것입니다. 마찬가지로 우리는 스스로 빛
을 발할 수 없습니다. 빛의 주체는 하나님입니다. 우리는 하나님으로부터 받은 빛을
반사하는 역할만 할 뿐입니다. 본문에서도 말씀합니다. 네 위에 빛이 임했다. 네 위에
여호와의 영광이 나타났다. 그러니 너는 일어나서 그 빛을 바라보고 빛을 발해라. 하
나님께서 생명의 빛을 주셨기 때문에 우리는 생명의 빛을 반사할 수 있습니다. 그리
스도로부터 생명을 받지 않았으면 그 누구도 생명의 빛을 발할 수 없습니다. 그리스
도께서 은혜의 빛, 사랑의 빛, 섬김의 빛을 주셨으니 은혜를 반사할 수 있고 사랑을,
섬김을 반사할 수 있습니다. 그리고 빛은 어두울수록 더욱 빛나는 법입니다. 상황이
어려울수록, 환난이 심할수록 우리는 더욱 빛을 발할 수 있습니다. 가장 힘들 때가 가
장 큰 빛을 발할 수 있는 기회입니다.

하나님으로부터 빛을 받아서 세상에 빛을 비추는 존재임을 알게 되었습니다.
세상에 빛을 비추는 일이 제 힘과 노력으로 하는 것이 아니라서 감사합니다.

7월 **7**일 엘리 앞에서

사무엘상 2:11

엘가나는 라마의 자기 집으로 돌아가고 그 아이는 제사장 엘리 앞에서 여호와를 섬기니라

본 문에서는 어린 사무엘이 제사장 엘리 앞에서 여호와를 섬겼다고 기록하고 있습니다. 오늘날 신앙생활을 하는 우리도 여호와를 섬기는 사람들이기에 사무엘의 섬김은 특별한 것이 아니라고 생각할지 모릅니다. 하지만 그의 섬김은 우리의 섬김과 사뭇 다릅니다. 엘리 제사장은 어떤 인물입니까? 그에게는 두 아들이 있었는데 모두 불량자였습니다. 불량자는 원어로 마귀의 새끼들이라는 뜻입니다. 그들은 하나님 앞에 드려야 할 제물까지 탐하는, 여호와를 모르는 자들이었습니다. 하지만 엘리는 그런 아들들로 인해 애통해하며 회개하지도 않았고 하나님을 두려워하기보다는 사람들의 소문을 두려워하는 사람이었습니다. 그런 제사장을 비난하기는 쉬워도 그 앞에서 섬김의 도를 다한다는 것은 결코 쉽지 않은 일이었을 것입니다. 섬길 수 없는 상황에서, 섬길 수 없는 사람을 섬겼기 때문에 사무엘의 섬김은 대단한 것입니다. 자신을 사랑하는 사람을 사랑하기는 쉽습니다. 그것은 아무나 할 수 있는 것입니다. 그래서 그러한 사랑은 상이 없습니다.마 5:46 마찬가지로 섬길 수 있는 사람을 섬기는 것은 누구나 하는 것입니다. 참된 섬김은 사무엘처럼 섬길 수 없는 상황에서 섬기는 것입니다. 겸손하게 섬기는 자는 재물과 영광과 생명을 얻게 됩니다.잠 22:4 예수께서 이 땅에 오셔서 인류를 섬기셨기에 온 땅이 주님의 것이 되었고 모든 무릎이 주 앞에 꿇었습니다. 그리고 온 인류가 생명의 구원을 이루게 되었습니다. 섬길 수 없는 상황에서 섬기는 성도가 되기를 축복합니다.

저에게 있어서 엘리는 누구인지 생각해 봅니다. 엘리까지도 섬길 수 있고, 사랑할 수 있는 자가 되기를 원합니다.

7월 **8**일 심고 거둠의 법칙

갈라디아서 6:7
스스로 속이지 말라 하나님은 업신여김을 받지 아니하시나니 사람이 무엇으로 심든지 그대로 거두리라

본문에서는 심는 그대로 거둔다고 말씀합니다. 그렇다면 무엇을 심어야 할까요? 선을 심어야 합니다. 주님께서 이 땅에 오셔서 가난한 자를 먹이시고 입히시고 병든 자를 치유하시는 선을 심으셨습니다. 그러나 주님이 심으신 선 가운데 최고의 선은 바로 구원입니다. 그렇습니다. 우리는 선을 심되 최고의 선, 복음을 심어야 합니다. 보내심을 받은 사람들의 증표는 바로 복음을 전하는 것이며 이렇게 복음을 심는 자들의 발걸음을 하나님께서는 아름답게 여기십니다.롬 10:15 작은 생명체 하나도 심어야 거둘 수 있고 심지 않으면 잡초가 생겨나고 심은 대로 거두게 됩니다. 그러니 주님이 심으신 것은 100% 거두게 될 것입니다. 즉 예수님이 나를 향해 말씀으로 심으신 것, 당신의 몸을 다 주시기까지 약속하시며 심으신 것은 하나도 헛되지 않고 반드시 열매가 있을 것입니다.사 55:11 다시 오시겠다고 말씀하셨으니 다시 오실 것이고 우리를 사랑하셔서 형통케 하신다고 말씀하셨으니 반드시 형통케 하실 것입니다. 우리가 할 일은 주님처럼 이 땅에 심는 것입니다. 때를 얻든지 못 얻든지 계속 심어야 합니다.딤후 4:2 범사에 낙심치 말고 심어야 합니다.갈 6:9 많이 심어야 합니다.고후 9:6 사단은 늘 의심하게 하고 잊어버리게 하여 심지 못하게 하지만 우리는 기회를 놓치지 말고 복음의 선한 씨를 심어야 합니다. 그 씨앗이 무성하게 자라서 장차 좋은 열매를 맺는 역사가 일어날 것입니다.

하나님, 오늘도 최고의 선, 복음을 심는 자가 되기를 간절히 원합니다.

7월 **9**일   사랑이 먼저입니다

골로새서 3:14
이 모든 것 위에 사랑을 더하라 이는 온전하게 매는 띠니라

오늘날은 물질적으로 옛날에 비해 훨씬 풍부해졌지만, 삶에 있어서 가장 중요한 사랑이 점점 사라지고 있는데도 그다지 심각하게 받아들이지 않는 것 같습니다. 그러나 사랑이 없으면 정말 문제가 되는 것은 바로 사랑이 없는 곳에는 지도자, 어른이 없다는 것입니다. 우리가 사랑하지 않을 때는 말하는 것, 깨닫는 것이 어린아이와 같지만, 사랑할 때 비로소 어린아이의 일을 버리고 장성한 사람이 되기에 그렇습니다. 하나님 앞에서 실수하고 범죄한 다윗이었지만 그가 이스라엘의 영원한 지도자가 될 수 있었던 것은 사랑할 줄 아는 사람이었기 때문입니다. 끊임없는 역경 속에서도 원망과 불평보다는 자기 안에 사랑을 키웠던 요셉은 가정은 물론 한 나라의 지도자로 우뚝 설 수 있었습니다. 손양원 목사님이 훌륭한 목회자로 기억되는 것은 아들을 죽인 원수를 사랑으로 품은 사람이었기 때문입니다. 사랑할 수 있는 사람만이 지도자이고 어른이 될 수 있습니다. 우리 한 사람, 한 사람을 위해 피 한 방울 남기지 않고 십자가에 달려 돌아가실 만큼 인류를 사랑하신 예수님이야말로 우리의 가장 큰 어른, 지도자입니다. 그래서 사랑이 없는 곳에는 예수님도 없습니다. 예수님과 사랑은 동등한 관계입니다. 내 안에 사랑이 없다면 예수님도 없는 것이고 교회 안에 사랑이 없다면 예수님 역시 없습니다. 그러기에 우리는 무엇보다 사랑을 우선으로 여겨야 합니다. 우리가 지켜야 할 것은 자존심도 명예도 물질도 아니고 사랑입니다. 모든 것 위에 사랑을 더하는 사람이 참 능력의 소유자입니다.

하나님, 제가 지켜야 할 것은 사랑입니다. 사랑으로 행하는 어른이 되게 해주세요.

7월 10일   주는 삶

마태복음 25:33-40

33양은 그 오른편에 염소는 왼편에 두리라 34그 때에 임금이 그 오른편에 있는 자들에게 이르시되 내 아버지께 복 받을 자들이여 나아와 창세로부터 너희를 위하여 예비된 나라를 상속받으라 35내가 주릴 때에 너희가 먹을 것을 주었고 목마를 때에 마시게 하였고 나그네 되었을 때에 영접하였고 36헐벗었을 때에 옷을 입혔고 병들었을 때에 돌보았고 옥에 갇혔을 때에 와서 보았느니라 … 40임금이 대답하여 이르시되 내가 진실로 너희에게 이르노니 너희가 여기 내 형제 중에 지극히 작은 자 하나에게 한 것이 곧 내게 한 것이니라 하시고

마태복음 24-25장은 말세를 살아가는 우리의 자세가 어떠해야 하는지 기록하고 있습니다. 본문에서 최후의 심판 주로 오실 주님은 양과 염소를 분별하여 따로 둔다고 말씀하는데 이것은 우리에게 주시는 경고의 메시지입니다. 초림의 주님은 모든 이에게 영원한 생명을 주시기 위해, 기회를 주시기 위해 오셨습니다. 그러나 심판 주로 오실 재림의 주님은 우리에게 더 이상의 기회를 주시지 않습니다. 양과 염소를 완전히 분류하시기 때문에 그때 가서는 누구도 기회를 얻을 수가 없습니다. 그래서 우리는 오른편 양의 삶을 살아야 합니다. 오른편 양의 삶은 '주는 삶'입니다. 혹자는 가진 것이 없어서 줄 것도 없다고 말할지 모르나 하나님께서는 우리를 창조하실 때부터 만물이 나를 통해 복을 받도록, 나를 통해 땅이 충만케 되도록 하셨습니다.창 1:28 그러나 사단으로 인해 모든 것을 상실하고 에덴동산에서 쫓겨난 이후 우리의 삶은 이기적으로 바뀌어 자신에게만 집중하고 '주는 삶'을 살 수 없게 되어 버렸습니다. 그러나 그리스도께서 이 땅에 오셔서 인류를 위해 당신의 모든 것을 다 주심으로 우리를 회복시키셨으며 우리에게 '주는 삶'의 본을 보이셨습니다. 오른편 양의 삶은 이렇게 회복시키시고 본을 보이신 주님의 오른손에 붙잡혀 창조의 원형대로 '주는 삶'을 사는 것입니다. 주님이 함께하시니 우리에게는 줄 수 있는 것이 너무 많습니다.

제가 이기적이지 않고 제 시간과 물질을 나누고 줄 수 있는 삶을 살게 도와주세요.

7월 **11**일　　축복

민수기 6:22-27

22여호와께서 모세에게 말씀하여 이르시되 23아론과 그의 아들들에게 말하여 이르기를 너희는 이스라엘 자손을 위하여 이렇게 축복하여 이르되 24여호와는 네게 복을 주시고 너를 지키시기를 원하며 25여호와는 그의 얼굴을 네게 비추사 은혜 베푸시기를 원하며 26여호와는 그 얼굴을 네게로 향하여 드사 평강 주시기를 원하노라 할지니라 하라 27그들은 이같이 내 이름으로 이스라엘 자손에게 축복할지니 내가 그들에게 복을 주리라

하나님께서는 모세에게 아론과 그의 아들들에게 고하라고 말씀하십니다. '이스라엘 자손을 위하여 이렇게 축복하라' 제사장이었던 그들에게 하신 말씀은 오늘날 왕 같은 제사장인 우리에게도 하시는 말씀입니다. 하나님은 왜 우리가 축복하기를 원하실까요? 세상이 아닌 나를 통해 축복의 말이 나가기를 원하시기 때문입니다. 세상이 말하는 것과 제사장인 내가 말하는 것은 분명 다릅니다. 내가 축복의 말을 아끼면 세상은 복을 받을 수 없습니다. 축복의 말은 나침반과도 같습니다. 인생의 방향을 제시해주기 때문입니다. 어려서부터 축복의 말을 듣는 아이들은 그 말대로 자라납니다. 혹 잘못된 길로 들어서려고 했다가 부모로부터 들은 축복의 말을 되새기며 다시 제 방향을 찾기도 합니다. 왕 같은 제사장으로서 우리가 축복의 말을 하는 것은 곧 하나님의 약속에 대한 선포이기도 합니다. 사단은 언제나 약점만을 보게 하여 축복할 수 없도록 만들지만, 약점을 볼 때마다 오히려 축복의 말을 선포하면 그 약점은 복 받을 장점으로 변화될 것입니다. 가족, 교회, 민족을 향해 '너는 복 받을 만한 사람이라고, 너는 하나님의 빛을 받는 사람이라고, 하나님께서는 너를 향해 얼굴을 들고 평강을 주신다고 …' 마음껏 축복하십시오. 당신이 축복한 대로 세상은 복을 받고 밝아질 것입니다.

하나님, 저는 축복의 권세를 가진 왕 같은 제사장입니다.
그 권세를 사용하는 복된 자가 되겠습니다.

7월 **12**일 행함으로 선생이 되라

요한복음 13:12-17

12그들의 발을 씻으신 후에 옷을 입으시고 다시 앉아 그들에게 이르시되 내가 너희에게 행한 것을 너희가 아느냐 13너희가 나를 선생이라 또는 주라 하니 너희 말이 옳도다 내가 그러하다 14내가 주와 또는 선생이 되어 너희 발을 씻었으니 너희도 서로 발을 씻어 주는 것이 옳으니라15내가 너희에게 행한 것 같이 너희도 행하게 하려 하여 본을 보였노라 16내가 진실로 진실로 너희에게 이르노니 종이 주인보다 크지 못하고 보냄을 받은 자가 보낸 자보다 크지 못하나니 17너희가 이것을 알고 행하면 복이 있으리라

종교별 신뢰도와 호감도를 조사한 최근의 한 설문에서 기독교가 타 종교에 비해 현저하게 낮은 수치를 기록하였습니다. 오늘날 교회는 왜 이렇게 영향력을 잃어버렸을까요? 기독교가 참 종교가 아니어서입니까? 그렇지 않습니다. 이 땅에 길이요, 진리요, 생명 되신 분은 오직 예수 그리스도밖에는 없습니다. 기독교가 세상으로부터 외면당하는 이유는 바로 선생이 없어서입니다. 수없이 많은 목사가 배출되고 박사 학위를 취득한 목사도 많은 오늘날 왜 선생이 없습니까? 왜 기독교는 세상의 선생이 되지 못하고 있습니까? 선생은 단지 가르치는 역할만 하는 사람이 아니며 경험이 많고 지식이 많다고 해서 되는 것이 아니기 때문입니다. 선생은 행하는 사람입니다. 이것이 바로 주님이 말씀하신 선생의 정의입니다. 그래서 이 땅에 선생으로 오신 주님은 우리에게 선생으로서의 본을 보이시면서 너도 이렇게 행함으로 선생이 되라고 하셨습니다. 본문에서 주님은 잡히시기 전날 제자들의 발을 씻기셨습니다. 유다가 은 삼십에 주님을 팔 것과 제자들이 배반하고 떠날 것도 이미 다 알고 계셨지만, 주님은 제자들을 사랑하셨기에 끝까지 섬김의 본을 보여 주셨습니다. 사실 십자가의 고통을 앞두고 주님 안에 갈등이 없었을 리 만무하지만, 주님은 사랑으로 내적인 갈등을 해결하신 것입니다. 오늘날 세상 가운데서 우리가 이렇게 주님처럼 사랑하는 자가 될 때 우리는 행하는 자가 되고 선생이 될 수 있습니다. 교회들마저 잘못을 바로잡겠다고, 정의를 세우겠다고 서로 싸우며 세상 법정까지 가는 요즈음 주님은 십자가를 통해 진정한 정의는 바로 사랑이라고 말씀하십니다.

 저도 주님을 본받아 사랑을 실천하며 이 땅의 진정한 선생으로 살기를 간절히 소망합니다.

7월 13일 사랑과 선행을 격려하며

히브리서 10:23- 24

23또 약속하신 이는 미쁘시니 우리가 믿는 도리의 소망을 움직이지 말며 굳게 잡고 24서로 돌아보아 사랑과 선행을 격려하며

믿는 자로서 우리가 반드시 해야 할 일이 있습니다. 서로를 격려해주고 칭찬하는 일입니다. 예수 그리스도의 피를 힘입어 성소에 들어갈 담력을 얻은 하나님의 백성, 한 가족 된 우리에게 하나님께서 말씀하셨기 때문입니다. 그러나 우리에게는 옛사람의 습성이 깊이 들어와 있어서 의도적으로 애를 쓰지 않으면 칭찬과 격려의 말이 쉽게 나오지 않습니다. 몸에 배어있지 않은 새로운 습관을 형성하려면 계속 노력을 해야 할 것입니다. 본문에서도 주님은 사랑과 선행을 격려하라고 말씀하고 있습니다. 무엇이 사랑이고 선입니까? 주님은 선하신 분은 하나님이고 선한 일을 하시는 분도 하나님이시라고 말씀하셨습니다.마 19:16-17 결국 하나님이 사랑과 선이시며 하나님의 일이 사랑과 선입니다. 그렇다면 하나님의 일과 사람의 일을 어떻게 구분할 수 있을까요? 하나님의 일은 하나님의 뜻대로 하는 것입니다. 예수님께서 인류를 구원하시기 위해 십자가를 지시는 것이 하나님의 뜻이었습니다. 이 하나님의 뜻에 순종하는 것이 바로 하나님의 일을 하는 것이고 사랑이며 선입니다. 하나님의 일에는 십자가가 따르기 때문에 하나님의 뜻대로 사는 것은 결코 쉽지 않습니다. 손해를 입을 수도 있고 핍박을 당할 수도 있고 모든 것이 무너져 버리고 목숨마저 위험해질 수 있습니다. 그래서 주님께서는 말씀하십니다. '약속하신 이는 미쁘시니 우리가 믿는 도리의 소망을 움직이지 말며 굳게 잡고'23절 어떤 환경 가운데 있다 해도 이렇게 믿음의 도리를 굳게 붙잡고 나아가는 사람만이 다른 이들을 격려해주고 세워주고 이끌어줄 수 있습니다. 하나님은 우리를 반드시 사랑과 선으로 인도하시니 어려움을 만나도 하나님의 뜻대로 소망을 잃지 말자고 서로를 격려하는 성도로 살기를 축복합니다.

 어려움의 때에도 소망을 잃지 않고 사랑과 선행을 격려하는 사람으로 살기를 원합니다.

7월 **14**일　하나님의 것을 하나님께

역대하 31:5-10

5왕의 명령이 내리자 곧 이스라엘 자손이 곡식과 포도주와 기름과 꿀과 밭의 모든 소산의 첫 열매들을 풍성히 드렸고 또 모든 것의 십일조를 많이 가져왔으며 6유다 여러 성읍에 사는 이스라엘과 유다 자손들도 소와 양의 십일조를 가져왔고 또 그들의 하나님 여호와께 구별하여 드릴 성물의 십일조를 가져왔으며 그것을 쌓아 여러 더미를 이루었는데 7셋째 달에 그 더미들을 쌓기 시작하여 일곱째 달에 마친지라 8히스기야와 방백들이 와서 쌓인 더미들을 보고 여호와를 송축하고 그의 백성 이스라엘을 위하여 축복하니라 9히스기야가 그 더미들에 대하여 제사장들과 레위 사람들에게 물으니 10사독의 족속 대제사장 아사랴가 그에게 대답하여 이르되 백성이 예물을 여호와의 전에 드리기 시작함으로부터 우리가 만족하게 먹었으나 남은 것이 많으니 이는 여호와께서 그의 백성에게 복을 주셨음이라 그 남은 것이 이렇게 많이 쌓였나이다

히스기야 왕이 우상을 타피하고 그 자리에 하나님의 사람을 세우고 백성들로 하여금 그곳을 하나님의 것으로 넉넉하게 채우게 하여 여호와를 송축하고 백성들을 축복하니 여호와께서 백성에게 복을 주셨습니다. 하나님께서는 이처럼 교회를 통해 더 많은 복이 흘러갈 수 있도록 하십니다. 그래서 교회는 넉넉하게 채워져야 합니다. 어떻게 채워질까요? 하나님을 먼저 생각하고 하나님을 하나님의 자리에 모시는 성도들을 통해서 채워집니다. 먼저, 첫 열매는 하나님의 것이니 하나님께 돌려드립니다. 최고의 것, 최상의 것을 하나님께 드린다는 것은 마음이 하나님께 있음을 의미합니다. 그리고 십의 일조를 드립니다.5-6절 십일조는 하나님께서 모든 것을 다 주셨음에 감사하여 그 중 십분의 일을 드리는 것입니다. 그것은 감사의 표시이기도 하며 물질의 유혹에 빠지지 않았다는 믿음의 표시이기도 합니다. 이처럼 모든 것은 하나님께로부터 왔음을 고백하며 주의 전을 넉넉하게 채운다면 하나님께서는 하늘 문을 여시고 지혜와 능력과 물질을 더욱 부어주시며 우리의 가정을, 일터를, 자녀를 보호하실 것입니다.

하나님, 첫 열매와 십의 일조를 하나님 앞에 반드시 드리겠습니다.
하나님이 하나님 되심을 인정하며 하나님께 영광을 돌려드립니다.

7월 15일 주의 일을 내려놓고 싶을 때

마태복음 11:28-29

28수고하고 무거운 짐 진 자들아 다 내게로 오라 내가 너희를 쉬게 하리라 29나는 마음이 온유하고 겸손하니 나의 멍에를 메고 내게 배우라 그리하면 너희 마음이 쉼을 얻으리니

주의 일을 감당하는 사람들을 보면 신비롭다고 생각하게 됩니다. 좋은 학벌, 좋은 능력을 갖추고도 생활비 한 푼 나오지 않는 선교 단체에서 일하는 젊은이들, 좋은 직장을 포기하고 주의 종으로의 부르심에 응답하는 사람들, 교회 구석구석을 챙기는 사람들, 주일이면 교사, 성가대 등 여러 분야의 봉사자로 하루 종일 헌신하는 사람들, 세상의 관점으로 보면 도저히 이해할 수 없지만 정작 본인들은 기쁨으로 사역을 감당하고 있으니 참 신비한 일이 아닐 수 없습니다. 그러나 우리가 주의 사역을 감당할 때 사단의 방해로 쉬고 싶다는 생각이 들 때가 있습니다. 그동안 최선을 다해 일했음에도 자신에게 돌아오는 것은 없고 주변으로부터 괜히 말만 듣는 것 같아 섭섭해지고 낙심되어 이제 그만 사역을 내려놓고 쉬어야겠다는 생각, 심지어는 사역을 자꾸 권면하는 교회로부터 멀어지고 싶다는 생각까지 합니다. 그러나 본문은 사역을 그만두고 육신이 편해진다고 해서 진정한 쉼이 아니라는 것을 일깨워줍니다. 오히려 주님께 가까이 오라고, 멍에를 메고 배우라고 말씀하십니다. 그래야 쉼을 얻는다고 말씀하십니다. 그렇습니다. 우리가 짐이라 생각하는 것들을 벗어버리면 우리는 주님께로부터 배울 수가 없습니다. 진정한 쉼을 얻을 수가 없습니다. 사역을 내려놓는 것이 쉼이 아니라 오히려 주님께 더 가까이 갈 때 우리는 세상의 그 무엇으로도 얻을 수 없는 참된 쉼을 얻게 됩니다.

하나님, 주의 일을 짐이라 생각하여 벗어버리면 주님께로부터 배울 수 없음을 깨달았습니다. 내려놓고 싶을 때 더 잘 감당할 수 있는 힘을 주세요.

7월 16일　　하나님이 보내신 일꾼

누가복음 10:1-2

1그 후에 주께서 따로 칠십 인을 세우사 친히 가시려는 각 동네와 각 지역으로 둘씩 앞서 보내시며 2이르시되 추수할 것은 많되 일꾼이 적으니 그러므로 추수하는 주인에게 청하여 추수할 일꾼들을 보내 주소서 하라

본 문에서는 추수하기 위해 일꾼을 보낸다고 말씀합니다. 하나님이 보내시는 일꾼은 추수영혼구원, 곧 하나님 나라를 이루어가는 목적을 가지고 있기에 그 무엇을 해도 오직 하나님 나라에만 초점을 맞추고 살아갑니다. 어떤 환난이 찾아올지라도 하나님 나라를 생각하면서 문제를 해결해갑니다. 그런 그를 하나님께서는 더욱 높이십니다. 사람이나 교회나 스스로 높아진 것, 인간의 힘으로 쌓은 것은 바벨탑처럼 언젠가는 무너지고 말지만, 하나님께서 세우시고 높여주신 것은 반석 위에 세운 집처럼 그 무엇도 무너뜨릴 수가 없습니다. 또한 하나님이 보내신 일꾼은 싸우지 않습니다. 하나님만 바라보며 묵묵히 순종합니다. 어린양으로 보냄 받았기 때문입니다. 어린양은 선하고 어려서 다투지 않고 그저 목자를 따르기만 합니다. 이 땅에 어린양으로 오신 주님은 자신의 뜻을 관철하기 위해 다투지 않고 그냥 묵묵히 채찍에 맞으시며 조롱받으시고 십자가의 고통까지도 감내하시면서 하나님만 바라보았습니다. 주님은 그 모든 것들을 거부할 수 있는 힘도 있고 능력이 있으신 분이었지만 묵묵히 순종하셨습니다. 이렇게 이 땅에 어린양으로 오신 주님은 우리에게 말씀하십니다. '나는 너를 하나님의 나라를 위한 목적으로 보냈지만 어린양으로 보냈다. 네 삶의 목적은 하나님의 나라이지만 그것을 위해 싸우고 쟁취하려고 하지 말고 목자인 나만 바라보고 의지하고 순종하며 따라 오너라' 나는 하나님 나라만을 생각하고 순종의 본을 보이신 주님을 바라보는 하나님의 일꾼이 맞습니까? 혹시 하나님 나라를 위한다는 미명 아래 내 방법으로 무언가를 하려고 하지는 않습니까?

하나님, 저를 하나님의 나라를 이루기 위한 목적을 가지고 이 땅에 보내셨음에 감사합니다. 이 목적을 늘 기억하며 영혼 구원을 위해 순종하며 살게 하소서.

7월 **17**일 　사명을 깨닫는 출생

마태복음 6:10
나라가 임하시오며 뜻이 하늘에서 이루어진 것 같이 땅에서도 이루어지이다

예수 믿는 사람은 반드시 세 번 태어납니다. 육신의 출생, 그리스도를 영접함으로 거듭나게 되는 중생의 출생, 그리고 마지막은 평생 자신이 무엇을 위해 살아가야 하는지 사명을 깨닫게 되는 출생입니다. 22살의 젊은 나이에 자신의 사명을 깨달았던 철학자 키에르케고르는 '온 세계가 다 무너진다 해도 내가 붙들고 놓을 수 없는 이 진리, 나는 그것을 위해 죽고 그것을 위해 산다'고 했습니다. 즉 사명이란 자신이 그것을 위해 죽을 수도 있고 그것을 위해 살 수도 있는 것이기에 사명을 아는 자는 삶의 진정한 맛을 알고 행복하게 살 수 있습니다. 당신은 왜 삽니까? 사명이 무엇입니까? 주님은 이 땅에 오실 때부터, 자라시면서, 사역하시면서, 그리고 마지막 십자가에 달리실 때도 이것에 대한 분명한 답을 가지고 계셨습니다. 주님의 사명은, 그리고 주님의 양식은 바로 하나님의 뜻을 행하는 것이었습니다.요 6:38-39, 요 4:34 우리가 하루 세끼 먹으면서도, 경제력이 있음에도, 지위를 가졌음에도, 모든 것에 부족함이 없을 만큼 복을 누리는데도 배부름이 없는 것은 우리의 삶 가운데 주님이 말씀하신 이 양식이 빠져 있기 때문입니다. 이것을 먹지 않고는, 알지 못하고는, 행하지 아니하고는 배고픔 속에 살아갈 수밖에 없습니다. 본문에서도 주님은 하나님의 뜻을 알고자 기도를 하고 계십니다. 사도 바울도 하나님의 뜻 가운데 완전하고 확신 있게 서기를 간구했습니다.골 4:12 이 기도는 반드시 해야 하고 하루도 쉬어서는 안 되는 우리의 일용할 양식입니다.

하나님, 지금까지 제 사명이 무엇인지 깊이 생각해 보지 못했습니다.
저도 주님처럼 하나님의 뜻을 행하는 것이 제 사명임을 깨닫게 해주세요.

7월 **18**일　　천국을 향하여

신명기 1:6-8

6우리 하나님 여호와께서 호렙 산에서 우리에게 말씀하여 이르시기를 너희가 이 산에 거주한 지 오래니 7방향을 돌려 행진하여 아모리 족속의 산지로 가고 그 근방 곳곳으로 가고 아라바와 산지와 평지와 네겝과 해변과 가나안 족속의 땅과 레바논과 큰 강 유브라데까지 가라 8내가 너희의 조상 아브라함과 이삭과 야곱에게 맹세하여 그들과 그들의 후손에게 주리라 한 땅이 너희 앞에 있으니 들어가서 그 땅을 차지할지니라

모세는 이스라엘 백성이 가나안 땅을 향해 떠날 생각을 하지 않고 호렙산에 계속 머물러 있는 것을 안타깝게 여기면서 약속의 땅을 향한 하나님의 명령을 상기시키고 있습니다. 안주하고자 하는 마음은 혹시 오늘 우리의 마음은 아닙니까? 택함 받은 백성으로서 우리는 이 땅에서 나그네 삶을 살고 있습니다. 나그네의 삶은 첫째, 가볍게 살아갑니다. 무거우면 힘이 들 뿐입니다. 가지고 있는 것에 집착하지 않고 모든 것은 아버지의 것이니 아버지께 맡기는 심정으로 사는 사람이 가볍게 사는 사람입니다. 둘째, 불편하게 삽니다. 이 세상의 것은 아무리 좋고 훌륭하다 해도 우리를 편안하게 해주지는 않습니다. 모든 시설이 갖추어진 특급 호텔에서 머문다 해도 자신이 살고 있는 집보다는 편하지 않을 것입니다. 그러니 우리는 적당한 지점에서 멈추는 지혜가 필요합니다. 셋째, 사명을 위해서 삽니다. 출장을 간 사람이 자신 본래의 목적은 망각하고 즐기고 먹고 마시는 일에만 열중한다면 그것은 잘못된 일입니다. 우리가 정말 천국의 사람, 하늘에 소속된 사람으로서 이 땅에서 나그네로 살고 있다면 반드시 사명이 있습니다. 이 사명을 따라서 살다가 하나님 품으로 가는 것입니다. 우리에게 많은 것이 주어진다 해도 이 땅의 삶은 결국 나그네의 삶이며 영원히 살 곳이 아님을 기억하십시오.

하나님, 이 땅은 제가 언젠가는 떠나야 할 곳입니다. 오늘도 본향을 기억하며 가볍게, 불편하게, 사명을 위해서 살아가기를 원합니다.

기억하고 생각하고 묻고 들으라

7월 19일

신명기 32:7
옛날을 기억하라 역대의 연대를 생각하라 네 아버지에게 물으라 그가 네게 설명할 것이요 네 어른들에게 물으라 그들이 네게 말하리로다

세상을 살다 보면 다시는 기억하고 싶지 않은 일들이 생기기도 합니다. 반면에 꼭 기억해야 할 일도 있습니다. 하나님께서도 기억하지 않으시는 것과 반드시 기억하시는 것이 있습니다. 우리의 죄와 허물과 불법은 완벽하게 잊어버리십니다.히 10:17, 사 44:22 그러나 생명을 살리는 일은 반드시 기억하십니다. 하나님께서 아브라함을 기억하시고 조카 롯을 구원시키셨으며창 19:29 한나를 기억하시더니 자녀를 주셨습니다.삼상 1:11 또한 히스기야를 기억하셔서 그를 질병으로부터 깨끗케 하셨습니다.왕하 20:1-6 우리 또한 기억해야 할 것이 있습니다. 하나님께서 우리를, 이 민족을 너무도 사랑하신다는 사실입니다. 이스라엘을 애굽으로부터 건지실 때 하나님께서는 그들이 광야에만 머무는 것이 아니라 광야를 벗어나 가나안을 향하기 원하셨고 또한 가나안에만 머무는 것이 아니라 가나안을 넘어서 세계 열방까지 하나님의 나라를 이뤄가기를 원하셨습니다. 전쟁의 폐허로 도움을 받던 이 민족을 이제는 도움을 주는 나라로, 가난에 허덕이던 우리들을 이제는 세계 10위권 안에 드는 나라로, 또한 짧은 기독교 역사 가운데 이렇게 큰 부흥을 이루도록 하나님께서 이끄신 것은 반드시 우리가 해야 할 일이 있기 때문입니다. 이제 우리는 그것을 하나님께 묻고 그 대답을 들어야 합니다. 하나님께서는 우리에게 대답하실 것입니다. '너희가 하나님을 마음껏 예배할 수 있기를 원한다. 너희가 세계를 책임지기를 원한다. 그리고 북한을 책임지기를 원한다.' 이 민족이 북한과 세계를 복음으로 책임질 수 있도록 눈물과 기도의 씨를 뿌려야 할 사명이 우리에게 있습니다.

하나님께서 이 민족에게 부흥을 허락하심은 하나님을 맘껏 예배하고 북한과 세계를 복음으로 책임지기 위함입니다. 이 일을 위해 기도하게 하소서.

7월 **20**일 너희는 세상의 빛이라

마태복음 5:14-16

14너희는 세상의 빛이라 산 위에 있는 동네가 숨겨지지 못할 것이요 15사람이 등불을
켜서 말 아래에 두지 아니하고 등경 위에 두나니 이러므로 집 안 모든 사람에게 비치
느니라 16이같이 너희 빛이 사람 앞에 비치게 하여 그들로 너희 착한 행실을 보고 하
늘에 계신 너희 아버지께 영광을 돌리게 하라

주님께서 말씀하신 대로 우리가 정말 빛이라면 우리를 통해 세
상은 밝아져야 합니다. 만약 내가 있는 곳이 밝아지지 않고 오
히려 어둠 가운데 있다면, 내가 빛을 비추고 있지 않다면 나는 빛의 자녀가 아닐
지 모릅니다. 혹은 내 심지가 기름을 계속 공급받지 못해 말라비틀어져 빛을 내지 못
하고 있는지도 모릅니다. 그러나 우리는 그 사실조차도 깨닫지 못하고 무감각하게 세
상 사람과 별로 다를 것 없는 모습으로 살고 있습니다. 주님께서 먼저 세상의 빛이 되
셔서 우리의 어두운 눈을 밝히시고 우리에게 세상의 빛이라는 엄청난 특권을 주시며
세상을 밝힐 사명을 주셨습니다. 그러나 많은 그리스도인들이 그 사명을 잃어버린 채
살고 있는 것이 오늘의 현실입니다. 우리는 불을 밝혀야 합니다. 가정에서부터, 직장,
삶의 터전에서 불을 밝혀야 합니다. 우리가 빛의 자녀라면 착한 행실을 세상 모든 사
람 앞에 보여야 합니다. 신앙은 가르치는 것이 아니라 보여주는 것이기에 세상을 밝
히는 것은 말로 하는 것이 아니라 내가 세상을 위해 무언가를 행할 때 가능합니다. 주
님께서는 말로만 사랑한다고 하시지 않고 직접 십자가를 지심으로 우리를 위한 사랑
을 실천하셨고 말로만 겸손하라 하시지 않고 하늘의 영광을 버리고 직접 낮은 인간
의 자리에 오심으로 겸손을 보이셨습니다. 우리 또한 행함과 진실함으로 빛을 드러낼
수 있기를 축복합니다. 우리의 빛으로 주변이 환해지기를 축복합니다.

하나님, 저는 세상의 빛입니다. 이 빛이 드러날 수 있도록 행함으로, 진실함으로
살아가게 하소서.

7월 **21**일　이 시대의 요셉

창세기 41:8-16

8아침에 그의 마음이 번민하여 사람을 보내어 애굽의 점술가와 현인들을 모두 불러 그들에게 그의 꿈을 말하였으나 그것을 바로에게 해석하는 자가 없었더라 ⋯ 15바로가 요셉에게 이르되 내가 한 꿈을 꾸었으나 그것을 해석하는 자가 없더니 들은즉 너는 꿈을 들으면 능히 푼다 하더라 16요셉이 바로에게 대답하여 이르되 내가 아니라 하나님께서 바로에게 편안한 대답을 하시리이다

작은 일에도 위축이 되고 마음이 심란해지며 번민하게 될 때 사람마다 해결하는 방법은 다를 것입니다. 어떤 이는 운동을 할 것이고 등산이나 여행을 택하는 사람도 있을 것입니다. 또는 술을 먹고 잊어버리려고 하는 사람도 있을 것입니다. 본문에서 바로왕도 마음이 심란했습니다. 당시 애굽의 왕은 세상이 모두 자기 것과 다름없었기에 심란할 이유가 없는 사람입니다. 하지만 이렇게 모든 것을 소유한 바로왕도 지난밤의 꿈 하나 때문에 마음이 뒤숭숭해진 것입니다. 그리고 그는 많은 술객들을 불러 모아 그 문제를 해결하려고 합니다. 바로는 오늘날 세상 사람들의 모습을 보여줍니다. 우리나라에서 무당이나 역술인이 해마다 증가하여 이제는 백만이 넘어섰다고 합니다. 놀라운 것은 기독교인 중에 30%가 해마다 운세를 보러 가고, 정기적으로 가지는 않지만 가끔 가는 사람은 80%라고 하니 오늘날 많은 사람들이 문제를 해결하려고 하는 방식을 짐작할 수가 있습니다. 세상의 대표라고 할 수 있는 바로왕은 그럴 수 있습니다. 하지만 하나님의 말씀을 따라 살아가야 하는 우리들은 바로의 삶을 좇아가서는 안 됩니다. 오히려 하나님께서는 우리를 문제 앞에 선 번민자로 부르신 것이 아니라 해결자로 부르셨습니다. 마치 바로왕에게 요셉이 해결자로 나선 것처럼 말입니다. 하나님께서는 우리를 이 시대의 요셉, 번민하는 자들의 문제를 해결해 줄 수 있는 사람으로 부르셨습니다. 우리는 세상 사람들과 달라야 합니다. 하나님께 시선을 고정함으로 미래를 깨닫는 요셉, 우리의 미래는 하나님께서 책임져 주실 것을 믿는 요셉으로 살아가십시오.

하나님께 시선을 고정하고 무엇이든 하나님께서 해결해주실 것을 믿는 자로 살아가기를 간절히 소원합니다.

7월 22일   선행과 나눔

히브리서 13:16
오직 선을 행함과 서로 나누어 주기를 잊지 말라 하나님은 이 같은 제사를 기뻐하시느니라

내게 건강이 있어서, 물질이 있어서, 또는 환경이 허락되어 누군가에게 도움을 줄 수 있다면 그보다 더 감사하고 행복한 일이 어디 있을까요? 혹자는 이렇게 말할지도 모릅니다. '나는 정말 돕고 싶습니다. 그런데 지금 내 형편은 그럴 힘이 없습니다' 그러나 할 수 없다고 말하는 그때가 바로 선행과 나눔을 실천할 수 있는 시간이라는 것을 우리는 시르밧 과부의 이야기를 통해서 알 수 있습니다.왕상 17:8-16 가루 한 움큼과 약간의 기름밖에는 남지 않은 과부가 그것을 가지고 마지막으로 아들과 함께 음식을 만들어 먹고 죽으려고 하던 때에 엘리야 선지자가 나타났습니다. 선지자는 그러한 과부의 형편은 생각지도 않고 떡을 요구합니다. 그것을 받아들일 수 없는 과부는 자신의 처지를 털어놓지만, 엘리야는 오히려 더 어려운 처방, 두 가지를 내어놓습니다. 하나는 두려워 말라는 것입니다. 내가 지금 가지고 있는 것은 너무 적은데 이것마저 누군가와 나눈다면 이제 정말 나는 죽을 수밖에 없다는 두려움은 늘 우리를 선행과 나눔의 삶을 살지 못하게 합니다. 이 두려움에서 벗어날 때 우리는 선을 행하고 나누며 살아갈 수 있습니다. 또 다른 처방은 먼저 엘리야를 위해 떡을 만들라는 것입니다. 할 수 없다고 생각하는 그때에 먼저 누군가를 위해 베푸는 삶을 살라는 것입니다. 사르밧 과부가 엘리야의 말씀대로 순종했을 때 그 가정은 통의 가루가 다하지 않고 병의 기름이 없어지지 않는 복을 받게 되었습니다. 이것이 바로 천국의 삶의 원리입니다. 남에게 웃음을 주면 그 웃음이 내게로 돌아오고 남의 문제를 먼저 해결해주면 내 문제도 결국 해결되는 법입니다.

 하나님, 제게도 사르밧 과부의 믿음을 허락해주세요.

7월 **23**일 　고향으로 가자

룻기 1:19-22

19이에 그 두 사람이 베들레헴까지 갔더라 베들레헴에 이를 때에 온 성읍이 그들로 말미암아 떠들며 이르기를 이이가 나오미냐 하는지라 20나오미가 그들에게 이르되 나를 나오미라 부르지 말고 나를 마라라 부르라 이는 전능자가 나를 심히 괴롭게 하셨음이니라 21내가 풍족하게 나갔더니 여호와께서 내게 비어 돌아오게 하셨느니라 여호와께서 나를 징벌하셨고 전능자가 나를 괴롭게 하셨거늘 너희가 어찌 나를 나오미라 부르느냐 하니라 22나오미가 모압 지방에서 그의 며느리 모압 여인 룻과 함께 돌아왔는데 그들이 보리 추수 시작할 때에 베들레헴에 이르렀더라

성공해 보겠다고 떠나온 고향을 빈털터리가 되어 찾아가는 나오미, 그의 발걸음은 무겁기만 했을 것입니다. 나오미는 자신에게 일어난 일들을 생각하면 분노와 좌절, 모욕감으로 견딜 수가 없었을 것입니다. 모든 일은 그에게 깊은 상처만 남겼습니다. 그런데 나오미는 이 아픈 상처를 내어던지고 돌아가기로 결심한 것입니다. 인간의 마음이나 생각 속에는 마음의 상처, 아픈 경험, 행복했던 일, 소망 등 일평생 보아도 다 볼 수 없을 만큼 많은 정보가 쌓여 있습니다. 이 정보들 중에서 우리는 그때그때 필요한 것, 보고 싶은 것을 꺼내어 보는데 만약 자신의 아픈 경험이나 상처 등을 선택한다면 우리는 주저앉아 고향에 못 가고 결국 영혼과 마음과 육체는 죽어가게 됩니다. 나오미처럼 아픈 상처를 내던지고 일어나는 것을 선택해야 합니다. 우리가 가야 할 고향은 하나님의 약속의 땅이고 하나님의 계획하심이 있는 곳이기에 아픈 상처를 버리고 하나님의 약속을 확신하면서 그곳을 향해 일어나야 합니다. 죄로 인해 사람들 앞에 설 수 없으니 이것이 해결되기까지는 아무것도 할 수 없다고 생각하지는 않습니까? 미루지 마십시오. 주저하지 마십시오. 굳은 결단으로 일어나 고향으로 돌아간다면 하나님께서는 나오미처럼 우리를 통해 예수 그리스도의 역사가 계속되게 하실 것입니다.

하나님, 오늘 제 모습이 어떠하든지 돌아가야 할 고향을 향해 담대하게 걸음을 내어딛기를 간절히 원합니다.

7월 **24**일 예수님을 감동시키는 삶

누가복음 5:17-26

17하루는 가르치실 때에 갈릴리의 각 마을과 유대와 예루살렘에서 온 바리새인과 율법교사들이 앉았는데 병을 고치는 주의 능력이 예수와 함께 하더라 18한 중풍병자를 사람들이 침상에 메고 와서 예수 앞에 들여놓고자 하였으나 19무리 때문에 메고 들어갈 길을 얻지 못한지라 지붕에 올라가 기와를 벗기고 병자를 침상째 무리 가운데로 예수 앞에 달아 내리니 20예수께서 그들의 믿음을 보시고 이르시되 이 사람아 네 죄 사함을 받았느니라 하시니 21서기관과 바리새인들이 생각하여 이르되 이 신성모독 하는 자가 누구냐 오직 하나님 외에 누가 능히 죄를 사하겠느냐 22예수께서 그 생각을 아시고 대답하여 이르시되 너희 마음에 무슨 생각을 하느냐 23네 죄 사함을 받았느니라 하는 말과 일어나 걸어가라 하는 말이 어느 것이 쉽겠느냐 24그러나 인자가 땅에서 죄를 사하는 권세가 있는 줄을 너희로 알게 하리라 하시고 중풍병자에게 말씀하시되 내가 네게 이르노니 일어나 네 침상을 가지고 집으로 가라 하시매 25그 사람이 그들 앞에서 곧 일어나 그 누웠던 것을 가지고 하나님께 영광을 돌리며 자기 집으로 돌아가니 26모든 사람이 놀라 하나님께 영광을 돌리며 심히 두려워하여 이르되 오늘 우리가 놀라운 일을 보았다 하니라

예수님을 감동시키는 곳에는 놀라운 기적의 역사가 일어납니다. 어떻게 해야 예수님을 감동시킬 수 있습니까? 첫째, 사랑입니다. 본문의 네 사람은 귀찮고 부담스러운 중풍 병자를 불쌍히 여기고 긍휼히 여겼고 수고를 마다하지 않았습니다. 사랑은 어려운 일 앞에서 장애물을 넘어서게 합니다. 사랑은 포기하지 않기 때문입니다. 둘째, 믿음이 주님을 감동시킵니다. 중풍병자를 주님께 데리고 가기만 하면 고침을 받을 것이라는 믿음이 그들에게는 있었습니다. 이처럼 누군가에게 사랑을 베풀고, 주님을 향한 믿음을 가진 사람에게서 주님은 감동을 하십니다. 믿음은 하나님을 기쁘시게 하는 것입니다. 독자 이삭을 아낌없이 바친 아브라함의 믿음, 오직 하나님만 의지하며 골리앗을 향해 나아간 다윗의 믿음, 병에 걸린 하인이 주님의 말씀만으로도 나을 것이라는 백부장의 믿음. 지금 어려움이 있습니까? 주님께 사랑과 믿음을 보여드리고 감동시켜 기적의 역사를 체험할 수 있는 기회입니다.

하나님, 저는 다른 이들에게 그리고 주님께 감동을 주는 사람일까 생각해 봅니다. 그러한 삶이 되기 위해 저를 돌아보고 바꿀 부분이 있다면 바꾸기를 소망합니다.

7월 **25**일　　하나님께서 기뻐하시는 금식

이사야 58:6-8

6내가 기뻐하는 금식은 흉악의 결박을 풀어 주며 멍에의 줄을 끌러 주며 압제 당하는 자를 자유하게 하며 모든 멍에를 꺾는 것이 아니겠느냐 7또 주린 자에게 네 양식을 나누어 주며 유리하는 빈민을 집에 들이며 헐벗은 자를 보면 입히며 또 네 골육을 피하여 스스로 숨지 아니하는 것이 아니겠느냐 8그리하면 네 빛이 새벽 같이 비칠 것이며 네 치유가 급속할 것이며 네 공의가 네 앞에 행하고 여호와의 영광이 네 뒤에 호위하리니

하나님이 기뻐하시는 금식은 흉악의 결박을 풀고 멍에를 풀고 압제로부터 자유롭게 하는 것입니다. 그런데 우리 중에서는 이 일을 할 수 있는 사람은 아무도 없습니다. 오직 사단을 이기시고 승리하신 예수님밖에 없습니다. 즉 하나님이 기뻐하시는 금식은 예수 그리스도를 증거 하여 그리스도의 권세로 세상의 모든 결박을 푸는 것이며 교회의 본질은 바로 이것입니다. 하나님이 기뻐하시는 금식 또 하나는 베푸는 삶입니다. 많은 이들이 자신은 가진 것이 없다고 시간이 없다고 마음은 있지만 정말 줄 것이 없다고 말합니다. 그러나 베푸는 것은 하나님 앞에 그 어떤 말로도 핑계 댈 수가 없습니다. 그저 한 번의 웃음만으로도, 칭찬하는 말 한마디만으로도 다른 사람을 격려하고 위로하고 세워줄 수 있습니다. 우리가 그런 삶을 살지 못하는 것은 결국 이기적인 욕망 때문입니다. 시간이 없다는 것은 세상 사람들이 하는 말입니다. 우리는 영원한 시간을 소유한 자이니 다른 사람을 위하여 시간을 내어줄 수 있고 삶을 나눌 수 있는 사람들입니다. 우리는 하나님이 기뻐하시는 금식을 드릴 수 있는 복된 자입니다.

아버지, 오늘도 그리스도를 증거함으로 세상의 결박을 풀어주고 제가 가지고 있는 것들을 이웃과 나눔으로 하나님이 기뻐하시는 금식을 올려드리기 원합니다.

7월 26일 두려워 말라, 담대하라

여호수아 1:9
내가 네게 명령한 것이 아니냐 강하고 담대하라 두려워하지 말며 놀라지 말라 네가 어디로 가든지 네 하나님 여호와가 너와 함께 하느니라 하시니라

역사에는 단절성과 연속성의 두 개념이 존재한다는 것을 아는 사람은 혹 과거의 죄 때문에 하나님이 나를 멀리하실까를 염려하지 않습니다. 인간은 어제의 일 때문에 보응하지만 하나님은 그런 분이 아닙니다. 어제는 어제, 오늘은 오늘, 내일은 내일입니다. 그래서 주님은 내일 일을 염려하지 말라고 하셨습니다. 본문에서도 모세의 시대가 끝을 맺고 여호수아의 새 시대가 오고 있습니다. 이것이 바로 '매일 새롭다'고 말할 수 있는 역사의 단절성입니다. 그런데 역사의 연속적인 측면에서 보면 모세와 함께하셨던 하나님이 여호수아와 함께하시니 시대가 바뀌었다고 해도 염려할 것이 없습니다. 즉 어느 시대에나 언제나 함께하시는 하나님은 바로 역사의 연속성을 말해줍니다. 그 하나님이 오늘 우리와 함께하시니 어떤 상황이 찾아와도 두렵지 않습니다. 그리고 한 단계 더 나아가 강하고 담대하게 목적지를 향해 주님과 함께 갈 수 있습니다. 큰 풍랑이 일어날 때 두려워하지 않을 뿐 아니라 그 풍랑을 헤치고 담대하게 나아가는 것을 주님은 원하십니다. 우리가 탄 배는 쪽배가 아니라 우주보다 크신 하나님께서 타신 큰 배이기 때문입니다. 여호수아가 이스라엘 백성을 이끌고 가나안 땅을 향해 갈 때 요단강과 여리고성이 막았지만, 하나님이 함께하시니 놀라거나 두려워하지 않았습니다. 오히려 담대하게 앞을 향해 나아갔을 때 강의 흐름이 멈추고 여리고성이 무너져 내렸습니다. 모세와 여호수아와 함께하셨던 하나님은 절대로 우리 곁을 떠나지 않습니다.

하나님, 어떤 풍랑이 온다 해도 항상 기뻐하며 범사에 감사하며 쉬지 않고 기도하며 담대하게 풍랑을 넘어서서 전진하겠습니다.

7월 27일   너도 이와 같이 하라

누가복음 10:30-37

30예수께서 대답하여 이르시되 어떤 사람이 예루살렘에서 여리고로 내려가다가 강도를 만나매 강도들이 그 옷을 벗기고 때려 거의 죽은 것을 버리고 갔더라 31마침 한 제사장이 그 길로 내려가다가 그를 보고 피하여 지나가고 32또 이와 같이 한 레위인도 그 곳에 이르러 그를 보고 피하여 지나가되 33어떤 사마리아 사람은 여행하는 중 거기 이르러 그를 보고 불쌍히 여겨 34가까이 가서 기름과 포도주를 그 상처에 붓고 싸매고 자기 짐승에 태워 주막으로 데리고 가서 돌보아 주니라 35그 이튿날 그가 주막 주인에게 데나리온 둘을 내어 주며 이르되 이 사람을 돌보아 주라 비용이 더 들면 내가 돌아올 때에 갚으리라 하였으니 36네 생각에는 이 세 사람 중에 누가 강도 만난 자의 이웃이 되겠느냐 37이르되 자비를 베푼 자니이다 예수께서 이르시되 가서 너도 이와 같이 하라 하시니라

"**어**떻게 해야 영생을 얻을 수 있느냐?"는 한 율법사의 도전적인 질문에 예수님은 여리고 도상에서 강도 만난 사람의 비유를 통해 결론을 내려주셨습니다. ① 불쌍히 여기라. 강도 만난 이웃을 그냥 지나친 제사장, 레위인의 냉정함이 내게 있지는 않습니까? ② 가까이 접근하라. 단순하게 불쌍히 여기는 마음은 가질 수 있습니다. 그러나 가까이 가는 것은 용기가 필요합니다. ③ 기름과 포도주를 사용하라. 포도주는 그리스도의 보혈, 즉 복음을 말합니다. 또한 기름은 성령을 상징하는 것입니다. 복음을 들고 찾아갔을 때 상대방의 마음을 열 수 있는 것은 오직 성령의 힘으로만 가능합니다. ④ 싸매주라. 약을 바르고 난 후 잘 싸매어 약의 효과를 최대한 높여야 합니다. ⑤ 자기 짐승에 태우라. 강도 만난 사람을 자기 짐승에 태우려면 자신은 당연히 내려와야 할 것입니다. 그런데 우리는 내려오지 못하고 평생을 혼자 타고 가려고 합니다. ⑥ 주막으로 데려가라. 주막은 쉼이 있고, 치유가 있는 교회를 의미합니다. 교회는 하나님의 쉼터입니다. ⑦ 돌보아주라. 그런데 내 것을 가지고 하라는 것이 아니라 두 데나리온을 주시면서 돌보아주라고 하시니 참으로 감사합니다. 또한 주님이 주신 것을 내 몫으로 챙기지 말고 그가 살아날 때까지 돌보아주라는 책임을 말씀하시는 것이기도 합니다. 영혼을 향한 7가지 처방을 기억하는 삶을 살기를 축복합니다.

하나님. 영혼을 향한 사랑의 마음으로 사마리아인처럼 행할 수 있기를 간절히 원합니다.

7월 28일 소경의 기적

마태복음 9:27-31

27예수께서 거기에서 떠나가실새 두 맹인이 따라오며 소리 질러 이르되 다윗의 자손
이여 우리를 불쌍히 여기소서 하더니 28예수께서 집에 들어가시매 맹인들이 그에게
나아오거늘 예수께서 이르시되 내가 능히 이 일 할 줄을 믿느냐 대답하되 주여 그러
하오이다 하니 29이에 예수께서 그들의 눈을 만지시며 이르시되 너희 믿음대로 되라 하
시니 30그 눈들이 밝아진지라 예수께서 엄히 경고하시되 삼가 아무에게도 알리지 말
라 하셨으나 31그들이 나가서 예수의 소문을 그 온 땅에 퍼뜨리니라

예수님 당시에 소경은 아무런 소망 없이 거지로 살 수밖에 없는 막
10:46 비참한 환경 가운데 있었습니다. 소경이 된 것만 해도 서
글픈데 그들은 죄로 인해 심판을 받는 것이라 여겨졌고요 9:2 제사장에게 제물을
가지고 갈 수도 없었습니다.레 21:18 즉 예배를 드릴 수 없었습니다. 그러던 어느 날 주
님에 대한 소문을 듣고 소망을 가지게 된 소경은 결국 주님을 통해 치유 받는 기적을
체험하게 되었습니다. 이 소경의 기적은 어떻게 가능할 수 있었을까요? 첫째, 본인이
소경이었고 이를 인식하고 있었기 때문입니다. 소경은 한 치 앞도 볼 수 없기 때문에
아무것도 할 수 없는 사람입니다. 하나님께서 사용하셨던 위대한 인물들은 모두 이렇
게 '자신은 아무것도 할 수 없다' 고백하며 하나님께 손들고 나온 사람들입니다. 둘째,
소문을 들어야 합니다. 본문의 소경은 예수 그리스도에 대한 소문을 들었습니다. 그
소문은 인생의 끝자락에 있던 그에게 소망이 되었습니다. 셋째, 간절히 기다리며 부
르짖었습니다. 소경은 주님을 만나게 되기를 간절히 원했습니다. 그리고 주님이 가까
이 오시자 온 힘을 다해 주님께 부르짖었습니다. 이 순간을 놓치면 다시는 예수님을
만날 수 없다는 절박한 심정으로 주님을 향해 외쳤습니다. 오늘 우리는 어떻습니까?
소경의 간절함이 있습니까?

하나님, 저도 소경입니다. 아무것도 할 수 없는 존재입니다. 이런 저를 사용하여
주시니 감사합니다. 오늘도 그 감사함을 주변에 널리 전하겠습니다.

7월 **29**일   왜 하나님께 인정받지 못할까?

마태복음 25:24-30

²⁴한 달란트 받았던 자는 와서 이르되 주인이여 당신은 굳은 사람이라 심지 않은 데서 거두고 헤치지 않은 데서 모으는 줄을 내가 알았으므로 ²⁵두려워하여 나가서 당신의 달란트를 땅에 감추어 두었나이다 보소서 당신의 것을 가지셨나이다 ²⁶그 주인이 대답하여 이르되 악하고 게으른 종아 나는 심지 않은 데서 거두고 헤치지 않은 데서 모으는 줄로 네가 알았느냐 ²⁷그러면 네가 마땅히 내 돈을 취리하는 자들에게나 맡겼다가 내가 돌아와서 내 원금과 이자를 받게 하였을 것이니라 하고 ²⁸그에게서 그 한 달란트를 빼앗아 열 달란트 가진 자에게 주라 ²⁹무릇 있는 자는 받아 풍족하게 되고 없는 자는 그 있는 것까지 빼앗기리라 ³⁰이 무익한 종을 바깥 어두운 데로 내쫓으라 거기서 슬피 울며 이를 갈리라 하니라

앞 구절은 다섯 달란트와 두 달란트 받은 자가 하나님께로부터 인정받는 이야기가 나오고 본문은 하나님께로부터 인정받지 못하는 사람의 이야기가 등장합니다. 그는 주인이 굳은 사람⁽²⁴절⁾이라고 생각합니다.²⁴절 즉 하나님께로부터 인정받지 못하는 사람은 하나님을 오해하는 사람입니다. 열심히 봉사했는데 하나님께로부터 받은 것은 아무것도 없다고 생각하는 사람, 평생을 기도했는데도 하나님은 응답해주시지 않는다고 생각하는 사람, 그렇게 오해하면서 자신이 해오던 것을, 하나님이 주신 달란트를 모두 땅에 묻어버리는 사람입니다. 그리고 세상일에 바빠집니다. 그런 사람을 향해 주님께서는 '악하고 게으른 종이라'고 말씀하십니다. 그는 또한 현재 가지고 있는 것마저 빼앗기게 되며 내어 쫓김을 당할 것입니다. 이것은 하나님께서 주신 귀한 기회들을 묻어두고 세상일에 더욱 관심을 쏟으며 뛰어다니는 오늘날 한국 교회들과 성도들을 향한 경고입니다. 혹시 하나님을 오해하여 섭섭하게 여기는 때는 없습니까? 주님 오시는 날까지 오해 없이 끝까지 사명을 감당하기를 축복합니다.

주어진 일에 핑계 대지 않고 끝까지 최선을 다해 감당하는 제가 되겠습니다. 그리고 주님이 오시는 날, 하나님의 즐거움에 동참하고 싶습니다.

7월 **30**일 하나님의 약속

사도행전 2:1-4

¹오순절 날이 이미 이르매 그들이 다같이 한 곳에 모였더니 ²홀연히 하늘로부터 급하고 강한 바람 같은 소리가 있어 그들이 앉은 온 집에 가득하며 ³마치 불의 혀처럼 갈라지는 것들이 그들에게 보여 각 사람 위에 하나씩 임하여 있더니 ⁴그들이 다 성령의 충만함을 받고 성령이 말하게 하심을 따라 다른 언어들로 말하기를 시작하니라

스펄전 목사님은 하나님의 약속을 곡물 창고에 비유했습니다. 하나님께서는 이미 모든 것을 다 준비하고 계시기에 약속하시면 반드시 이루신다는 것입니다. 우리 눈에 보이는 현실 뒤에는 우리가 생각할 수 없을 만큼 엄청난 하나님의 약속응답이 숨어 있습니다. 오병이어 뒤에는 장정만 오천 명을 먹이고도 열두 광주리가 남을 정도의 풍성한 하나님의 약속이 숨어 있고 십자가 뒤에는 독생자를 내어놓기까지 우리를 사랑하신 하나님의 놀라우신 사랑의 약속이 숨어 있습니다. 우리가 하나님의 자녀라면 하나님께서 주시는 약속을 붙잡고 살아가야 합니다. 약속을 붙잡고 있는 한 우리에게는 슬픔도 염려도 두려움도 없습니다. 아브라함도 하나님께서 주신 약속을 붙잡았을 때는 비록 모든 것을 잃는 것 같았지만 결국 하나님께서 그를 인정하시고 아브라함을 통해 하나님의 영광이 드러났습니다. 그러나 약속을 잠시 놓았을 때 그는 기근을 피해 애굽으로 내려가 아내를 누이라고 속이는 일을 해야 했고 약속의 자녀 대신 이스마엘을 낳아 괴로움에 처하기도 했습니다. 예수님의 제자들도 마찬가지입니다. 예수님께서 그들과 함께 계실 때 끊임없이 죽음과 부활에 대해서 말씀하시고 약속하셨지만, 그들은 그 약속을 붙잡지 못했습니다. 십자가와 부활에 대한 약속을 붙잡지 못한 그들에게 십자가와 부활은 오히려 두려움의 대상이 되었고 결국 그들은 시험에 빠져 주님 곁을 떠나게 되었습니다. 하지만 주님께서 승천하시면서 보혜사 성령을 약속하셨을 때는행 1:8 그 약속을 붙잡고 예루살렘을 떠나지 않고 기도하고 있었더니 모두에게 성령 충만한 역사가 일어났습니다. 오늘 내게 주신 약속은 무엇입니까? 그것을 잘 붙들고 기도하고 있습니까?

하나님, 비록 지금은 약속의 성취가 더딘 것 같아도 분명히 응답하시는 날이 올 것을 믿습니다.

7월 **31**일　제십일시의 일꾼

마태복음 20:9-16
9제십일시에 온 자들이 와서 한 데나리온씩을 받거늘 10먼저 온 자들이 와서 더 받을 줄 알았더니 그들도 한 데나리온씩 받은지라 11받은 후 집 주인을 원망하여 이르되 12나중 온 이 사람들은 한 시간밖에 일하지 아니하였거늘 그들을 종일 수고하며 더위를 견딘 우리와 같게 하였나이다 13주인이 그 중의 한 사람에게 대답하여 이르되 친구여 내가 네게 잘못한 것이 없노라 네가 나와 한 데나리온의 약속을 하지 아니하였느냐 14네 것이나 가지고 가라 나중 온 이 사람에게 너와 같이 주는 것이 내 뜻이니라 15내 것을 가지고 내 뜻대로 할 것이 아니냐 내가 선하므로 네가 악하게 보느냐 16이와 같이 나중 된 자로서 먼저 되고 먼저 된 자로서 나중 되리라

예수님께서는 포도원의 비유를 들어 십일시의 일꾼이 되어야 천국을 소유할 수 있다고 말씀합니다. 십일시의 일꾼은 오후 5시, 하루 일과가 끝나기 불과 1시간 전에 들어온 일꾼입니다. 불과 한 시간 일하고 다른 사람과 똑같은 품삯을 받게 되었으니 일찍부터 온 일꾼들이 불평하는 것은 당연합니다. 그러나 주님은 '내 뜻'이라고 엄하게 말씀하십니다. 주님께서는 우리가 십일시의 일꾼의 마음으로 살아가기를 원하십니다. 어떤 마음일까요? 첫째, 선택받은 것에 감사합니다. 일찍 선택받은 사람은 자칫 교만할 수 있지만 뒤늦게야 뽑혔으니 놀라운 감격 속에 살아갈 수 있습니다. 둘째, '적게 일했습니다. 시간이 없습니다. 그러니 최선을 다하겠습니다'라는 마음을 가집니다. 시간이 충분하다고 생각하면 내일로 미루지만 십일시 일꾼의 마음을 가진 자는 오늘이 곧 미래를 만드는 시간임을 기억하며 오늘 최선을 다합니다. 셋째, '이것이 웬 은혜입니까?'라는 마음을 가집니다. 뽑힌 것만으로도 감사한데 다른 사람과 똑같은 품삯을 받게 되니 은혜를 고백할 수밖에 없을 것입니다. 받은 은혜를 생각하며 예배하는 사람, 기도하는 사람, 받은 은혜로 인하여 헌신하는 사람, 그가 바로 십일시의 일꾼의 마음으로 살아가는 자입니다. 그는 시작은 늦었지만 먼저 되고 결국 천국을 소유하게 될 것입니다.

하나님, 제가 제십일시의 일꾼처럼 살게 하소서.

August

8월

공동체, 화평

8월 1일   교회의 참모습

사도행전 2:42-47

42그들이 사도의 가르침을 받아 서로 교제하고 떡을 떼며 오로지 기도하기를 힘쓰니라 43사람마다 두려워하는데 사도들로 말미암아 기사와 표적이 많이 나타나니 44믿는 사람이 다 함께 있어 모든 물건을 서로 통용하고 45또 재산과 소유를 팔아 각 사람의 필요를 따라 나눠 주며 46날마다 마음을 같이하여 성전에 모이기를 힘쓰고 집에서 떡을 떼며 기쁨과 순전한 마음으로 음식을 먹고 47하나님을 찬미하며 또 온 백성에게 칭송을 받으니 주께서 구원 받는 사람을 날마다 더하게 하시니라

교회는 세상 속에 있지만 세상과 달라야 합니다. 노아의 방주가 물 위에 떠다녀야 하지만 물이 방주 안으로 들어와서는 안 됩니다. 물이 들어오면 방주는 가라앉아버리기 때문입니다. 그래서 하나님께서는 물이 스며드는 것을 막기 위해 안팎으로 역청을 바르게 하셨습니다. 역청은 속죄, 속량의 의미로 예수 그리스도의 보혈을 뜻합니다. 즉 교회는 안팎으로 예수 그리스도의 보혈로 덮어져야 합니다. 그러한 교회의 모델이 바로 초대교회였습니다. 본문에서는 구체적으로 교회의 모습을 그리고 있습니다. 첫째, 세상이 두려워합니다.43절 오늘날 많은 교회들이 세상과 구별되지 못해 세상이 두려워하지 않지만, 교회의 참모습을 지닌 교회는 세상이 함부로 하지 못합니다. 둘째, 진정한 나눔이 있습니다.44-45절 말로만 나누는 것이 아니라 자기 재산과 소유까지도 팔아서 각 사람의 필요를 채워주는 나눔이 있습니다. 셋째, 자꾸 모이고 싶어집니다.46절 마음을 같이 하기에 모일 때마다 기쁨이 있어서 언제나 함께하고 싶어집니다. 넷째, 구원받는 사람의 수가 늘어납니다.47절 하나님을 찬미하고 사람들로부터 칭찬을 받으면서 교회는 날마다 구원받는 사람의 수가 늘어나게 됩니다. 교회는 교회다워야 합니다. 예수 그리스도의 보혈과 부활로 무장하고 예수 그리스도를 가르치고 배우며 마음을 함께 하여 기도하는 교회를 통해 위기의 세상은 희망을 가지게 될 것입니다.

 하나님, 저는 교회입니다. 교회다운 교회가 되도록 저를 회복시켜주세요.

8월 **2**일 하나 됨

요한복음 17:22
내게 주신 영광을 내가 그들에게 주었사오니 이는 우리가 하나가 된 것 같이 그들도 하나가 되게 하려 함이니이다

주님께서 십자가에 달리시기 직전에 간절하게 바라시던 것은 '하나 됨'입니다. '하나 됨'에는 두 가지 의미가 있습니다. 먼저 하나님과 온 인류가 하나 되는 것입니다. 하나님의 형상 따라 지음 받은 인간에게 사단이 들어와 죄를 범하게 함으로 하나님과 인간 사이에 담이 생겨났습니다. 그때부터 하나님께서는 사람과 하나 되는 것을 소원하셨습니다. 아버지의 소원을 아시는 주님께서는 이 소원을 위해 하늘 보좌를 버리고 이 땅에 오셨습니다. 성령께서도 우리에게 오셔서 하나님과 인간이 하나 될 수 있도록 돕고 계십니다. 즉 성부, 성자, 성령 삼위일체 하나님께서는 인간과 하나 되는 것을 간절히 소원하십니다. 예수님께서는 부활하시고 난 후에도 '너희는 온 천하에 다니며 만민에게 복음을 전파하라' 막 16:15고 명령하셨습니다. 이것은 하나님의 소원에 우리가 동참하기를 원하시는 하나님의 마음입니다. 하나님께서는 오늘도 우리에게 말씀하십니다. '내가 속히 온 인류와 하나가 되고 싶다. 그 일을 너와 함께하고 싶구나' 하나 됨의 또 다른 의미는 사람들끼리 하나가 되는 것입니다. '우리가 하나 된 것같이 저희도 하나 되게 하려 함이니이다' 여기에서 '우리'는 삼위일체 하나님을 가리킵니다. 즉 성부, 성자, 성령 하나님이 하나 된 것처럼 우리도 하나가 되라는 말씀입니다. 삼위가 하나가 된 것은 도저히 말로는 설명이 되지 않는 일치입니다. 신비하게, 사랑으로, 진리 안에서 하나가 된 것입니다. 우리가 삼위일체 하나님처럼 하나가 될 때 하나님의 영광이 우리를 통해 나타나게 됩니다. 십자가 아래에서 자신을 내려놓고 다른 이들과 하나가 되기를 축복합니다.

하나님, 제가 속한 공동체가 저로 인해 언제나 하나가 되기를 원합니다.

8월 3일 # 나오미처럼

룻기 1:6-8

6그 여인이 모압 지방에서 여호와께서 자기 백성을 돌보시사 그들에게 양식을 주셨다 함을 듣고 이에 두 며느리와 함께 일어나 모압 지방에서 돌아오려 하여 7있던 곳에서 나오고 두 며느리도 그와 함께 하여 유다 땅으로 돌아오려고 길을 가다가 8나오미가 두 며느리에게 이르되 너희는 각기 너희 어머니의 집으로 돌아가라 너희가 죽은 자들 과 나를 선대한 것 같이 여호와께서 너희를 선대하시기를 원하며

만약 우리의 가정이 나오미와 같은 상황에 처했다면 우리는 어떤 반응을 했을까요? 많은 이들은 '내가 당신을 어떻게 섬겼는데 이게 당신을 섬긴 결과입니까?'라고 하나님을 향해 울부짖으며 원망했을 것입니다. 또 어떤 이들은 며느리가 잘못 들어와서 이런 엄청난 일을 겪게 되었노라고 며느리를 탓했을 것입니다. 불평이 극에 달합니다. 이렇게 불평하는 순간 사단이 틈을 타서 우리에게 들어옵니다. 결국 사단의 피가 우리 가운데 흐르게 되고 우리는 사단에게 점령당하여 헤어 나오지 못하게 됩니다. 그러나 본문의 나오미는 절망과 낙심을 하나님 앞에서 처리했습니다. 며느리들이 자신과 죽은 아들들에게 은혜를 베풀었으니 하나님께서도 그들에게 은혜 베푸시기를 축복해 주었습니다. 어려운 환경 가운데 갈등이 일어날 때 사단이 우리에게 침투하지 못하도록 하는 방법은 바로 나오미처럼 하는 것입니다. 좋은 점만을 바라보고 은혜만을 생각하는 것입니다. 이때 우리에게는 사단의 피가 흐르지 않고 예수의 생명의 피가 흐르게 됩니다. 내 안에 예수의 생명의 피가 흐를 때 나를 통해 예수가 드러나고 예수 생명의 역사가 일어나게 됩니다. 진정으로 잘되는 가정, 잘되는 교회와 사회는 부모 세대가 나오미처럼 자녀 세대의 장점만을 바라보며 그것만을 기억하며 하나님께서 갚아주시기를 축복합니다. 부모 세대가 자녀 세대를 축복하지 않으면 둘 사이에는 휘장이 가로막고 있는 것입니다. 이 휘장을 거둬내지 않으면 우리의 가정은, 교회는, 사회는 소망이 없습니다.

저를 비롯하여 우리 공동체가 모두 나오미의 마음을 품고 살아가기를 간절히 소망합니다.

하나님의 영광의 렌즈

8월 **4**일

신명기 4:27-31

27여호와께서 너희를 여러 민족 중에 흩으실 것이요 여호와께서 너희를 쫓아 보내실 그 여러 민족 중에 너희의 남은 수가 많지 못할 것이며 28너희는 거기서 사람의 손으로 만든 바 보지도 못하며 듣지도 못하며 먹지도 못하며 냄새도 맡지 못하는 목석의 신들을 섬기리라 29그러나 네가 거기서 네 하나님 여호와를 찾게 되리니 만일 마음을 다하고 뜻을 다하여 그를 찾으면 만나리라 30이 모든 일이 네게 임하여 환난을 당하다가 끝날에 네가 네 하나님 여호와께로 돌아와서 그의 말씀을 청종하리니 31네 하나님 여호와는 자비하신 하나님이심이라 그가 너를 버리지 아니하시며 너를 멸하지 아니하시며 네 조상들에게 맹세하신 언약을 잊지 아니하시리라

본 문에서 모세는 하나님의 영광의 렌즈를 통해 이스라엘 백성들이 장차 우상을 섬기게 될 것을 보았습니다.28절 홍해를 건너 이미 구원받은 백성들이 이런 헛된 우상을 섬기게 될 것을 미리 보게 되니 모세는 얼마나 절망하고 좌절했을까요? 오늘날 우리 역시 주변을 돌아보면 우상을 섬기는 사람들을 쉽게 볼 수 있습니다. 우상은 어떤 형상만을 의미하는 것이 아니기 때문입니다. '자기를 위하여' 하는 것은 모두 우상입니다.신 5:8 하나님의 영광의 렌즈를 통해서 세상을 보면 이렇게 우상을 섬기는 모습이 다 드러납니다. 그러나 하나님의 영광의 렌즈를 통해 모세는 하나님께서 이스라엘을 버리지도 멸하지도 않으시고 언젠가는 하나님께로 돌아오게 하실 것을 보았습니다.30-31절 하나님께서 끝 날에는 이스라엘 백성에게 영광의 옷을 입혀주실 것을 미리 보고 있는 모세는 우상을 섬기는 이스라엘 백성의 모습을 보고도 결코 좌절하지 않았습니다. 우리는 어떻습니까? 가정에서, 혹은 내가 속해 있는 공동체에서 자기만을 생각하는 인간들의 모습, 멸망 받을 모습, 우상을 섬기는 모습을 보고 낙심하고 있지는 않습니까? 하나님의 영광의 렌즈를 통해 보는 사람은 그런 모습뿐 아니라 변화되는 모습, 장차 영광의 옷을 입게 될 모습도 동시에 보게 되어 결코 낙심하지 않고 소망을 가집니다.

 하나님, 저에게도 하나님의 영광의 렌즈를 통해 볼 수 있는 눈을 허락해 주세요.

무너진 성전을 재건하자

8월 **5**일

느헤미야 2:17, 3:1

2:17후에 그들에게 이르기를 우리가 당한 곤경은 너희도 보고 있는 바라 예루살렘이
황폐하고 성문이 불탔으니 자, 예루살렘 성을 건축하여 다시 수치를 당하지 말자 하고
3:1그 때에 대제사장 엘리아십이 그의 형제 제사장들과 함께 일어나 양문을 건축하여
성별하고 문짝을 달고 또 성벽을 건축하여 함메아 망대에서부터 하나넬 망대까지 성
별하였고

느헤미야는 예루살렘 성전이 무너진 것에 대해 가슴 아파하며 왕
의 허락을 받아 예루살렘으로 내려가 성전을 점검하기에 이릅
니다. 왜 그는 성전이 무너진 것에 아파했을까요? 성전이 무너지면 수치를 당하기
때문입니다.17절 오늘 이 시대에도 마찬가지입니다. 교회가 무너지면 아무런 희망이
없고 모든 분야에서 수치를 당할 수밖에 없습니다. 교회가 무너진 것은 '신앙의 고백
되시는 예수 그리스도가 무너진 것'입니다. 교회는 신앙의 고백, 즉 예수 그리스도의
반석 위에 세워진 것이기 때문입니다. 오랜 세월 동안 교회는 다녔지만, 그 입술에 예
수님을 증거하는 일이 사라졌다면, 그 삶 속에서 예수님이 빠져 있다면 그 사람의 성
전은 무너진 것입니다. 교회에 성도들은 가득 차 있지만 강대상에서 예수 그리스도에
대한 말씀이 선포되지 않는다면, 성도들의 삶 가운데 주님이 살아계시지 않는다면 그
성전은 이미 무너진 것입니다. 그래서 느헤미야도 성전을 재건하면서 가장 먼저 했던
일이 바로 양의 문을 건축하는 일이었습니다.느 3:1 제사를 위해 사용하던 양들이 지나
가는 문을 사람이 다니는 문보다 먼저 건축한 것은 양의 문은 바로 예수 그리스도라
는 것을 말해줍니다.요 10:7 오늘날 무너져 가는 개인의 성전을, 이 땅의 성전을 재건하
기 위해 우리가 먼저 해야 할 일은 내 안의 예수 그리스도를 세우는 일입니다. 살아계
신 그리스도가 증거되고 십자가의 도가 증거될 때 무너진 성전은 재건될 것입니다.

하나님, 제 성전이 무너지는 것도 모르고 살았습니다. 제 안에 예수 그리스도의
살아계심을 확신하고 무너진 성전을 재건하게 하소서.

8월 6일   하나님을 앞세우는 교회

사무엘상 4:5-11

5여호와의 언약궤가 진영에 들어올 때에 온 이스라엘이 큰 소리로 외치매 땅이 울린지라 6블레셋 사람이 그 외치는 소리를 듣고 이르되 히브리 진영에서 큰 소리로 외침은 어찌 됨이냐 하다가 여호와의 궤가 진영에 들어온 줄을 깨달은지라 7블레셋 사람이 두려워하여 이르되 신이 진영에 이르렀도다 하고 또 이르되 우리에게 화로다 전날에는 이런 일이 없었도다 8우리에게 화로다 누가 우리를 이 능한 신들의 손에서 건지리요 그들은 광야에서 여러 가지 재앙으로 애굽인을 친 신들이니라 9너희 블레셋 사람들아 강하게 되며 대장부가 되라 너희가 히브리 사람의 종이 되기를 그들이 너희의 종이 되었던 것 같이 되지 말고 대장부 같이 되어 싸우라 하고 10블레셋 사람들이 쳤더니 이스라엘이 패하여 각기 장막으로 도망하였고 살륙이 심히 커서 이스라엘 보병의 엎드러진 자가 삼만 명이었으며 11하나님의 궤는 빼앗겼고 엘리의 두 아들 홉니와 비느하스는 죽임을 당하였더라

 이스라엘은 블레셋과의 1차 전쟁에서 패하여 4천 명의 군사를 잃었습니다. 이에 몇몇 장로들이 언약궤가 없어서 패했다는 의견을 내자 백성들은 그에 동의하며 실로에서 언약궤를 가져오기로 결정하였습니다. 그들은 언약궤로 인하여 성공했던 경험을 가지고 있었기 때문입니다. 이렇게 언약궤의 엄청난 위력을 경험한 이스라엘은 실로에서 언약궤가 들어온 날, 이제는 승리했다는 생각에 땅이 울리도록 소리치며 좋아했습니다. 그러나 이스라엘은 언약궤가 있음에도 불구하고 싸움에 크게 패했습니다. 하나님의 언약궤는 빼앗기고 엘리 제사장의 두 아들, 홉니와 비느하스도 죽임을 당하였고 엘리는 그 충격으로 목뼈가 부러져 죽고 말았습니다. 이것이 바로 경험으로 일을 한 결과입니다. 오늘날 많은 교회들이 똑같은 잘못을 범하고 있습니다. 어느 교회가 어떤 프로그램으로 부흥했다고 하면 그 경험을 무조건 따라 합니다. 심지어 목회자들마저도 설교를 잘하는 목사님들이 설교 준비를 무엇으로 어떻게 하는지 궁금해하면서 그 경험을 얻고자 애를 씁니다. 경험은 자산이고 복이지만 경험만을 가지고 일한다면 하나님은 그 현장에서 모습을 감추실 것입니다. 경험보다는 그 경험이 있기까지 역사하신 하나님을 앞세우고 하나님께 초점을 맞추는 교회가 되기를 축복합니다.

제 경험으로 많은 일들을 감당해왔음을 고백합니다.
앞으로는 경험보다는 하나님의 뜻을 먼저 생각하겠습니다.

8월 7일 서로의 짐을 지는 공동체

갈라디아서 6:1-2

¹형제들아 사람이 만일 무슨 범죄한 일이 드러나거든 신령한 너희는 온유한 심령으로 그러한 자를 바로잡고 너 자신을 살펴보아 너도 시험을 받을까 두려워하라 ²너희가 짐을 서로 지라 그리하여 그리스도의 법을 성취하라

하나님께서는 여자는 남자의 짐을 함께 지고^{돕는 배필} 남자는 여자를 격려하고 세워주는^{내 뼈중의 뼈, 살 중의 살이라는 고백} 짐을 지도록 창조하셨습니다. 그런데 인간은 죄를 범한 이후에 서로의 짐을 지기 보다는 오히려 다른 이에게 책임을 전가하고 짐이 될 것 같아 보이면 피하는 존재로 살게 되었습니다. 하나님께서는 서로의 짐을 져 주도록 창조된 우리의 본성을 회복시키시려고 예수님을 보내셨습니다. 예수님은 우리 한 사람 한 사람의 연약함에 대해 짐을 져주심으로 아름다운 새 공동체를 형성하셨습니다. 그 곳이 바로 교회입니다. 교회는 사람들이 그냥 모인 공동체가 아니라 예수님을 머리로 둔 하나의 몸입니다. 눈, 코, 입이 모두 기능은 하고 있는데 제각각이라면 얼마나 흉한 얼굴일까요? 몸 안의 기관들도 모두 정상적으로 움직이기는 하지만 각기 제 맘대로 움직인다면 어떻게 될까요? 어느 한 부분이 다른 한 부분을 향해 너는 나와 상관없다고 하며 도려낼 수 없습니다. 너는 부족하다고 업신여겨서도 안 됩니다. 너는 나와 다르다고 해서 등을 돌리거나 버릴 수도 없습니다. 한 지체를 이루는 너와 나는 모두 서로의 짐을 져야 그 몸이 조화롭고 온전해지고 하나님 보시기에 아름다운 모습이 될 수 있습니다. 본문에서는 짐을 지는 것이 그리스도의 법, 곧 사랑의 법을 성취하는 것이라고 말씀합니다. 짐을 지지 않으면 우리는 그리스도의 사랑을 이룰 수 없고 그리스도의 장성한 분량까지 자랄 수도 없습니다. 주님께서는 교회가 된 우리가 서로의 짐을 지고, 또한 세상의 짐을 짐으로써 주님과 함께 이 세상을 아름다운 공동체로 만들기 원하십니다.

저에게 교회 공동체를 주셔서 감사합니다. 지체들을 돌아보며 필요를 채워주는 사람으로 살게 해주세요.

8월 8일 모이기를 힘쓰는 교회

히브리서 10:24-25

24서로 돌아보아 사랑과 선행을 격려하며 25모이기를 폐하는 어떤 사람들의 습관과 같이 하지 말고 오직 권하여 그 날이 가까움을 볼수록 더욱 그리하자

'그 날이 가까움을 볼수록'에서 그날은 어떤 날입니까? '주님이 오시는 날, 또는 오늘날처럼 사람들이 세상으로 빠져나가고 교회 오기를 즐겨하지 않는 날'의 뜻이 있습니다. 즉 사람들이 교회를 떠나가는 오늘날 우리가 반드시 회복해야 할 것이 있다는 말씀입니다. 첫째, 서로 돌아보는 것입니다. 서로 경계하고 자신만의 성을 쌓기에 급급한 현대 사회에서 교회는 서로 깊이 생각해주고 살펴주는 본질을 회복해야 합니다. 돌아보아 주는 기쁨이 있어야 하는데 교회마저도 이기주의, 개인주의, 합리주의적 사고가 팽배해져 세상과 다를 바 없기 때문에 사람들이 점점 멀어져 가는 것입니다. 누군가를 돕지 않으면, 또한 도움을 받지 않으면 살 수 없는 것이 인간의 삶입니다. 서로 돌보지 않는 한 행복해질 수 없고 돌보는 것이 회복되지 않으면 모이는 것도 회복되지 않습니다. 둘째, 격려하는 것입니다. 격려는 단점보다는 장점을 부각시키며 자극을 주고 용기를 주는 것입니다. 비행기를 타고 높이 올라갈수록 세상이 점점 보이지 않듯 우리가 하나님께로 가까이 갈수록 사람의 단점은 작아 보이고 아예 보이지 않을 수도 있습니다. 상대방과 가까워질수록 그의 단점이 잘 보이지만 그때 내가 하나님께로 가까이 간다면 우리는 충분히 격려해줄 수 있습니다. 돌봄과 격려가 살아날 때 교회는 사람들이 가고 싶어지는 곳, 늘 함께하고 싶은 곳이 될 것입니다. 이것이 교회가 감당할 사명입니다.

저와 제가 속한 공동체는 과연 돌봄과 격려가 살아 있는 성전입니까? 그런 성전이 되기를 소망합니다.

8월 9일 북한을 위한 기도

고린도전서 12:26
만일 한 지체가 고통을 받으면 모든 지체가 함께 고통을 받고 한 지체가 영광을 얻으면 모든 지체가 함께 즐거워하느니라

북한이 우리와 한 지체라는 사실을 생각하며 살아갑니까? 그들을 위해 우리는 기도하고 있습니까? 본문은 우리에게 북한을 위해 기도해야 하는 이유에 대해 말해줍니다. 우리 자신도 고통에서 벗어나고 북한과 함께 복을 받기 위해서입니다. 사실 우리는 북한의 문제를 내 문제로 연결해서 생각하지 못하고 북한만의 문제라고 생각합니다. 북한의 고통과 아픔이 내 것으로 느껴지지 않습니다. 어쩌면 북한과 남한은 모두가 다 마취 상태인지도 모릅니다. 북한은 북한대로 자신들의 이념과 체제에 전신마취가 되어 고통을 고통으로 느끼지 못하는 무감각의 상태이고 남한은 물질적인 편안함과 이기주의에 부분 마취가 되어 지체인 북한의 고통이 마치 남의 것인 양 여겨지는 상태입니다. 북한의 형제자매가 수없이 굶어 죽고 이념과 체제 때문에 짓밟히고 종교적인 박해를 당하고 있는 현실에 대해 우리는 아픔을 전혀 느끼지 못합니다. 하나님께서는 우리가 북한의 고통을 함께 느끼기를 원하십니다. 고통을 함께 느낄 때 우리는 그들을 위해 기도할 수 있습니다. 한 백부장은 병들어 죽게 된 종의 아픔을 마치 자신의 아픔처럼 느꼈고 예수님의 소문을 듣고 찾아와 주님께 간청했습니다. 결국 그는 예수님을 만나는 복을 얻었고 주님으로부터 믿음을 인정받게 되고 그의 종 역시 나음을 입게 되었습니다.눅 7:1-10 그렇습니다. 우리가 고통받는 북한을 위해 간절한 마음으로 기도할 때 주님을 만나게 될 것입니다. 주님을 만남으로 우리는 자신의 고통도 해결 받고 북한도 함께 복을 받는 역사를 체험하게 될 것입니다.

지금까지 북한의 문제가 제 문제가 아니었음을 고백합니다. 북한에 대해 관심을 가지고 북한을 지체로 느끼며 아픈 마음으로 기도하기를 소망합니다.

8월 **10**일   연합의 복

시편 133:1-3

1보라 형제가 연합하여 동거함이 어찌 그리 선하고 아름다운고 2머리에 있는 보배로운 기름이 수염 곧 아론의 수염에 흘러서 그의 옷깃까지 내림 같고 3헐몬의 이슬이 시온의 산들에 내림 같도다 거기서 여호와께서 복을 명령하셨나니 곧 영생이로다

역사 이래 형제와 연합하는 자에게 하나님은 그의 이름에 귀한 값을 주시지 않은 적이 없습니다. 그럼에도 불구하고 연합이 쉽지 않은 것은 인간의 죄성이 우리를 다른 사람들과 동화되지 않도록 만들기 때문입니다. 그리고 사단이 온갖 계략을 써서 연합을 방해합니다. 하지만 우리는 죄로부터 승리하게 하시고 합력하여 선을 이루시는 하나님을 믿으며 연합하는 사신으로 살아가야 합니다. 연합할 때 주의할 점은 반드시 그리스도 안에서 연합해야 한다는 것입니다. 즉 그리스도가 연합의 이유이어야 합니다. 인간은 모두가 다르기 때문에 그리스도를 중심으로 할 때 진정한 연합을 할 수 있습니다. 또한 연합주의자가 되어서는 안 됩니다. 연합주의자는 연합이 우상이 된 것입니다. 우리에게 있어서 사랑의 대상은 연합이 아니라 사람입니다. 주의와 사랑은 다릅니다. 연합이 수단이 되어서도 안 되며 성령의 힘으로 이루어져야 합니다. 이렇게 연합하는 자들에게 하나님께서는 복을 주십니다. 첫째, 하나님 임재의 복입니다. 둘째, 생명의 복입니다. 셋째, 영생의 복입니다. 언제 어디서나 연합을 이루며 살아가는 자는 그 이름이 귀하게 남을 것입니다.

 오늘도 제가 처한 환경에서 연합을 도모하는 자로 살게 하소서.

8월 11일   전능하신 하나님께 구하기

에스더 4:16-17

16당신은 가서 수산에 있는 유다인을 다 모으고 나를 위하여 금식하되 밤낮 삼 일을 먹지도 말고 마시지도 마소서 나도 나의 시녀와 더불어 이렇게 금식한 후에 규례를 어기고 왕에게 나아가리니 죽으면 죽으리이다 하니라 17모르드개가 가서 에스더가 명령한 대로 다 행하니라

태양이 발산하는 에너지는 우리의 상상을 초월할 정도로 엄청난 양이라고 합니다. 1㎡의 넓이에서 13만 마력이 발산되는데 이것은 지금까지 인류가 만들어서 사용한 에너지의 양보다 훨씬 큰 양이라고 합니다. 이런 힘을 가지고 있는 것이 태양인데 그 태양을 만드신 분이 누구십니까? 창조주이신 하나님, 그분에게는 불가능한 것이 없습니다. 인간의 힘으로는 도저히 고칠 수 없는 질병도 치유하실 수 있고 육적, 영적인 모든 어려움을 해결하실 수 있는 전능하신 분입니다. 우리는 그분의 자녀이니 그분 앞에 나아가 무엇이든 구할 수 있습니다. 예수님은 말씀하셨습니다. '나를 믿는 자는 내가 하는 일을 그도 할 것이요 더 큰 일도 할 것이라 너희가 내 이름으로 무엇을 구하든지 내가 시행하겠다' 요 14:12-13 특히 오늘날 이 땅에 남과 북의 대립 구도가 심각해져 가고 있습니다. 또한 경제적인 상황이 너무 어려워 앞날도 걱정이 됩니다. 이때 우리가 할 수 있는 것은 기도하는 것입니다. 본문에서 유대민족은 민족 자체가 말살되는 위험 앞에서 모두가 일어서서 에스더와 더불어 기도했을 때 그들을 모함했던 하만이 오히려 죽게 되고 그들은 살아났습니다. 민족의 어려움을 놓고 하나님께 간구하십시오. 모든 것을 주관하시고 지금까지 이 민족을 지켜주신 하나님이 우리가 구하는 것을 은혜로 응답해 주실 것입니다. 하나님만을 의지하면서 필요한 것을 끝까지 구하여 응답을 체험하는 복된 성도가 되기를 바랍니다.

모든 것을 하실 수 있는 전능하신 하나님을 믿습니다.
오늘도 하나님의 전능하심을 체험하는 날이 되기를 기대합니다.

8월 **12**일 분노에 대해 믿음으로 반응하기

사도행전 7:59-60
59그들이 돌로 스데반을 치니 스데반이 부르짖어 이르되 주 예수여 내 영혼을 받으시
옵소서 하고 60무릎을 꿇고 크게 불러 이르되 주여 이 죄를 그들에게 돌리지 마옵소서
이 말을 하고 자니라

대부분의 사람들은 분노에 대해 분노로 반응합니다. 스데반은 하나님을 모욕했다는 죄목으로 공회에 붙잡혀갔습니다. 그러나 그는 공회 앞에서 사람들의 마음을 찌르면서 아주 담대하게 설교를 하였고 이런 스데반의 말씀을 듣고 마음에 찔림을 받은 사람들은 회개하고 돌아서는 것이 아니라 오히려 돌을 들어 스데반을 쳤습니다. 이처럼 분노로 반응하면 다른 사람뿐만 아니라 자기 자신까지도 상처를 입게 됩니다. 또한 분노는 중독성이 있습니다. 분을 내야만 마음이 해결되는 사람은 이미 분노에 중독이 된 것입니다. 그리고 사람이 분을 한 번씩 낼 때마다 뇌세포가 100여 개씩 파괴된다고 합니다. 그러니 계속 분을 내게 되면 그는 이미 정상적인 생활을 할 수가 없습니다. 이렇게 해서 가정이 망가지고 사회가 망가지게 됩니다. 또 어떤 사람들은 분노에 대해 원망으로 반응하기도 합니다. 분노보다 소극적인 원망 역시 해로운 것은 마찬가지입니다. 분노는 밖으로 표출되는 것인 반면에 원망은 남을 탓하고 불평하는 감정을 자신 안에서 키우는 것입니다. 그러나 스데반은 자신을 돌로 치는 사람들의 분노에 대해 믿음으로 반응하고 있습니다. 자신의 영혼을 맡길 수 있는 하나님에 대한 믿음입니다. 하나님이 나를 사랑하신다는 믿음, 손해 보시지 않는 하나님의 뜻이 이 상황 가운데 반드시 이루어질 것을 믿는 믿음, 천국에 대한 믿음을 가지고서 반응한 것입니다. 이 시대에는 '분노를 품고 살아가는 사람들을 위해 불쌍히 여기소서'라고 기도하는 한 사람이 필요합니다. 분노를 하나님의 깊은 사랑의 강물, 은혜의 강물에 던져 버릴 수 있어야 합니다. 스데반처럼 믿음으로 반응하는 자가 결국 승리하는 자입니다.

하나님, 오늘 분이 나는 상황을 만나게 된다 해도 그 분을 하나님의 사랑의
강물에 던져 버리고 믿음으로 반응하는 제가 되게 해주세요.

8월 **13**일   **알곡과 가라지**

마태복음 13:24-30

24예수께서 그들 앞에 또 비유를 들어 이르시되 천국은 좋은 씨를 제 밭에 뿌린 사람과 같으니 25사람들이 잘 때에 그 원수가 와서 곡식 가운데 가라지를 덧뿌리고 갔더니 26싹이 나고 결실할 때에 가라지도 보이거늘 27집 주인의 종들이 와서 말하되 주여 밭에 좋은 씨를 뿌리지 아니하였나이까 그런데 가라지가 어디서 생겼나이까 28주인이 이르되 원수가 이렇게 하였구나 종들이 말하되 그러면 우리가 가서 이것을 뽑기를 원하시나이까 29주인이 이르되 가만 두라 가라지를 뽑다가 곡식까지 뽑을까 염려하노라 30둘 다 추수 때까지 함께 자라게 두라 추수 때에 내가 추수꾼들에게 말하기를 가라지는 먼저 거두어 불사르게 단으로 묶고 곡식은 모아 내 곳간에 넣으라 하리라

이 세상에는 선과 악이, 알곡과 가라지가, 선택받은 백성과 그렇지 못한 백성이 공존합니다. 왜 하나님께서는 가라지를 가만두라고 하실까요? 첫째, 세상에 가라지가 존재함을 인정하신다는 뜻입니다. 하나님이 인정하시는 존재에 대해 불평한다면 오히려 우리는 기쁨을 누리지 못하게 됩니다. 둘째, 알곡을 사랑하시기 때문에 알곡이 다칠까 봐 가라지를 가만두라고 하십니다. 셋째, 가라지를 없애는 것은 우리의 일이 아니라 하나님의 주권이라는 뜻입니다. 우리는 그저 가만히 서서 하나님께서 우리를 위해 행하시는 구원을 바라보기만 하면 됩니다.출 14:13 '가만히 서서'는 스스로 굳게 잡고 자리를 지키는 것을 말합니다. 물론 가라지가 많은 세상에서 이 일은 쉽지 않습니다. 또한 가라지로 인하여 곤고해지고 쓰러질 수도 있지만 하나님께서는 우리가 알곡으로서 사명을 감당하기 원하십니다. 가라지로 인하여 감추어져 있는 알곡, 지쳐있는 알곡, 자신이 알곡인 줄 모르고 있는 알곡들을 찾아내어 주님 앞으로 인도하는 것이 우리의 사명입니다. 이러한 우리에게 주님께서는 '세상 끝날까지 항상 함께 있으리라'라고 약속하셨습니다. 어차피 가라지는 추수 때까지만 허용됩니다.

 오늘도 알곡 된 자로서의 사명을 잊지 않고 삶의 자리를 굳건하게 지키게 하소서.

8월 14일 악을 선용하시는 하나님

창세기 50:18-21

18그의 형들이 또 친히 와서 요셉의 앞에 엎드려 이르되 우리는 당신의 종들이니이다 19요셉이 그들에게 이르되 두려워하지 마소서 내가 하나님을 대신하리이까 20당신들은 나를 해하려 하였으나 하나님은 그것을 선으로 바꾸사 오늘과 같이 많은 백성의 생명을 구원하게 하시려 하셨나니 21당신들은 두려워하지 마소서 내가 당신들과 당신들의 자녀를 기르리이다 하고 그들을 간곡한 말로 위로하였더라

사람들은 제각각 자신이 만난 하나님이 다를 것입니다. 오늘 요셉이 만난 하나님은 '형들이 자신을 해하려 했지만, 그것을 선으로 바꾸신 하나님'이십니다. 세상에는 어려운 환경, 사람, 우리의 죄 등 우리를 해하려 하는 것들이 많이 있습니다. 그러나 하나님께서는 이러한 것들을 선하게 바꾸셔서 생명을 구하는 데 사용하십니다. 이 땅에 오신 예수님은 이스라엘 민족에 의해 해를 당하고 십자가에 죽으셨지만 하나님은 그 악한 것을 선으로 바꾸셔서 만민의 생명을 구원하셨습니다. 해를 수없이 만난 다윗이었지만 하나님께서는 결국 그를 성군으로 기억되게 하셨습니다. 하만이 이스라엘 백성을 말살하려고 계획을 세웠지만, 하나님은 그것을 바꾸셔서 모르드개뿐 아니라 이스라엘 전체를 살리셨습니다. 하나님은 악을 선으로 바꾸시는 분입니다. 그 하나님을 만난 자의 삶은 어떠한지 우리는 요셉의 모습을 통해 배울 수 있습니다. 자신이 깨달은 하나님을 전하고 있습니다. 형들의 자녀를 기르겠다고 말합니다. 그리고 두려워하는 형들을 간곡한 말로 위로합니다. 악을 선으로 바꾸시는 하나님을 경험했습니까? 그렇다면 오늘도 그 하나님을 전하고, 많은 사람들을 책임지며, 위로하는 자리에 있기를 축복합니다.

삶에서 만나게 되는 악함을 선으로 바꾸시는 하나님을 믿습니다.
오늘도 그 하나님을 전하게 하소서.

8월 **15**일 　좋은 일꾼

로마서 16:1-16

¹내가 겐그레아 교회의 일꾼으로 있는 우리 자매 뵈뵈를 너희에게 추천하노니 ²너희는 주 안에서 성도들의 합당한 예로로 그를 영접하고 무엇이든지 그에게 소용되는 바를 도와 줄지니 이는 그가 여러 사람과 나의 보호자가 되었음이라 ³너희는 그리스도 예수 안에서 나의 동역자들인 브리스가와 아굴라에게 문안하라 ⁴그들은 내 목숨을 위하여 자기들의 목까지도 내놓았나니 나뿐 아니라 이방인의 모든 교회도 그들에게 감사하느니라 ⁵또 저의 집에 있는 교회에도 문안하라 내가 사랑하는 에배네도에게 문안하라 그는 아시아에서 그리스도께 처음 맺은 열매니라 … ⁸또 주 안에서 내 사랑하는 암블리아에게 문안하라 … ¹⁶너희가 거룩하게 입맞춤으로 서로 문안하라 그리스도의 모든 교회가 다 너희에게 문안하느니라

본 문은 사도 바울이 자신의 사역에 동참한 일꾼들에게 감사하며 문안 인사를 하는 내용입니다. 우리는 어떤 성도라고 소개가 될까요? 혹시 개척할 때, 10년 전, 20년 전에 헌신했다고 말하는 사람이 있다면 지금은 어떠한지 묻고 싶습니다. 지금도 당신은 좋은 일꾼이라고 일컬어지고 있습니까? 좋은 일꾼은 여건과 관계없이 목숨을 걸고 헌신하는 사람입니다. 시대의 위기 상황에도 복음 전파에 협력하는 사람입니다. 첫 열매가 되는 사람입니다. 8절에 나오는 암블리아는 노예를 의미하는데 바울이 사랑하는 암블리아에게 문안하라고 합니다. 이는 교회 안에서 계층을 가리지 않고 출신을 따지지 않고 누구든지 함께 하는 사람이 좋은 일꾼임을 이야기하는 것입니다. 그리고 거룩한 입맞춤을 할 수 있는 사람이 좋은 일꾼입니다. 먼저는 십자가 사랑과 보혈의 능력에 입맞춤하고 성도끼리는 하나가 되기 위한 입맞춤이 필요합니다. 그리고 하나님께서 죽어 있는 흙덩어리에 불과한 인간에게 거룩한 입맞춤으로 생기를 불어넣어 생명이 되게 하셨듯이 세상과의 입맞춤을 통해 그들에게 생명을 전하는 사람이 좋은 일꾼입니다.

 저에게 섬길 수 있는 교회를 주셔서 감사합니다. 오늘도 그리고 앞으로도 좋은 일꾼으로 공동체를 섬길 수 있는 은혜를 허락해주세요.

8월 **16**일

천국의 삶이 오늘 여기에

마태복음 6:10
나라가 임하시오며 뜻이 하늘에서 이루어진 것 같이 땅에서도 이루어지이다

 우 리를 향하신 하나님의 뜻은 '천국의 삶이 오늘 여기에 이루어 지는 것'입니다. 기독교는 관념적 기원이나 현상학적인 것만 강조하는 종교가 아닙니다. 본질과 현실이 구별되는 종교가 아니라는 말입니다. 즉 기독교인의 삶은 저 천국의 삶이 바로 오늘의 삶과 연결되는 것으로 우리는 끊임 없이 오늘 내 삶에 천국이 이루어지기를 갈망해야 합니다. 주님은 우리가 이 땅에 사는 동안 하늘의 평안, 즉 천국의 삶을 누리기를 간절히 원하십니다. 어떻게 이 땅에서 천국의 삶을 살아갈 수 있을까요? 첫째, 천국의 존재를 믿고 천국을 갈망해야 합니다. 믿지 못하면 결코 갈망할 수 없기 때문입니다. 둘째, 천국이 어떤 곳인지 알고 갈망해야 합니다. 천국은 하나님의 영광의 빛으로 가득 차고 죄와 어둠이 없는 곳입니다. 이렇게 좋은 천국을 왜 우리는 내일 가는 곳이라고만 생각합니까? 오늘 내 가정에, 교회에 이 천국이 이루어져 주변에 있는 모든 어둠과 악의 영들이 물러가고 하나님의 권세가 세상을 지배하는 역사가 있기를 갈망할 때 그 일은 현실로 이루어집니다. 셋째, 천국의 삶은 만들어가며 갈망해야 합니다. 우리는 모든 것을 하나님이 다 해주시니까 그저 가만히 있어도 되는 것으로 잘못 생각할 때가 많습니다. 물론 모든 일은 100% 하나님께서 역사하십니다. 그러나 100% 사람을 통해서 일하신다는 사실도 잊어서는 안 됩니다. 천국은 분명히 하나님이 주시는 것이지만 매일매일 삶 가운데 우리가 만들어가는 곳이기도 합니다.

하나님, 오늘도 제가 있는 이 자리가 천국이 되게 해주세요. 그리하여 저를 통해 하나님의 뜻이 이루어지게 해주세요.

8월 **17**일 　정직

역대상 29:17
나의 하나님이여 주께서 마음을 감찰하시고 정직을 기뻐하시는 줄을 내가 아나이다 내가 정직한 마음으로 이 모든 것을 즐거이 드렸사오며 이제 내가 또 여기 있는 주의 백성이 주께 자원하여 드리는 것을 보오니 심히 기쁘도소이다

하 나님께서는 우리가 완벽하기보다는 솔직하기를 원하십니다. 그러기에 우리 삶의 목표는 정직이 되어야 합니다. 구체적인 이유는 첫째, 하나님이 정직을 기뻐하시기 때문입니다. 하나님은 정직의 본질이시기에 시 25:8 우리가 정직할 때 기뻐하십니다. 본문에서도 성전을 짓기 위해 이스라엘 백성들이 정직하게 드린 예물을 하나님께서 기뻐하셨다고 기록하고 있습니다. 정직한 예물이란 최선을 다해 드리는 것이며, 주님이 주신 것을 다시 주님께 돌려드리는 마음으로 드리는 것이며, 무엇을 드리든지 자신의 믿음 없음을 고백하며 안타까운 마음으로 드리는 것입니다. 둘째, 정직은 창조의 질서이기 때문입니다. 생명체 하나가 자라는데도 얼마나 분명하고 정직해야 하는지 모릅니다. 인간이 환경을 파괴하면 그 영향은 그대로 인간에게 되돌아올 정도로 자연은 정직합니다. 셋째, 정직만이 복이요, 힘이요, 행복이기 때문입니다.신 6:18-19 예수님께서 나다나엘을 향해서 참 이스라엘이라고 하신 것은 정직한 사람이라는 의미인데Here comes an honest man. 요 1:47 그 정직한 나다나엘에게 하늘이 열리고 하나님의 사자들이 인자 위에 오르락내리락하는 것을 보리라고 말씀하셨습니다. 이는 하나님께서 정직한 자에게, 참 진리를 따르는 자에게 하늘 문을 여시고 기도에 응답하심을 의미합니다. 정직히 행함으로 하나님께 기쁨이 되고 복을 얻고 기도 응답을 경험하는 성도가 되십시오.

하나님, 오늘 하루도 제가 저 자신에게, 이웃에게, 그리고 하나님께 정직히 행하게 도와주세요.

8월 18일 양보

창세기 13:14-18

14롯이 아브람을 떠난 후에 여호와께서 아브람에게 이르시되 너는 눈을 들어 너 있는 곳에서 북쪽과 남쪽 그리고 동쪽과 서쪽을 바라보라 15보이는 땅을 내가 너와 네 자손에게 주리니 영원히 이르리라 16내가 네 자손이 땅의 티끌 같게 하리니 사람이 땅의 티끌을 능히 셀 수 있을진대 네 자손도 세리라 17너는 일어나 그 땅을 종과 횡으로 두루 다녀 보라 내가 그것을 네게 주리라 18이에 아브람이 장막을 옮겨 헤브론에 있는 마므레 상수리 수풀에 이르러 거주하며 거기서 여호와를 위하여 제단을 쌓았더라

대부분의 갈등, 분쟁은 인간의 탐욕과 이기심에서 비롯됩니다. 아브라함의 경우도 예외가 아니었습니다. 소유가 많아져 조카 롯과 아브람의 가축을 치는 목자들끼리 다툼이 생긴 것입니다.창 13:6-7 이런 현실을 바라보며 아브라함은 다투지 않겠다고 결단한 후 선택권을 롯에게 주었습니다. 모든 것을 양보한 것입니다. 이처럼 모든 것을 다 내어준 아브라함은 심령이 가난한 자였고 긍휼히 여기는 자였고 청결한 마음을 소유한 자였고 화평케 하는 자였음을 우리는 알 수 있습니다. 그런 그에게 복이 임하고 천국이 그의 것이 되며 하나님을 보게 되고 하나님의 아들이라 일컬음을 받게 되는 것은 당연한 일입니다.마 5:3-9 또한 하나님께서는 아브라함이 눈을 들어 바라보는 그곳을 영원히 주시겠다고 말씀하셨습니다. 그리고 자손을 티끌과 같게 하실 것이며 아브람이 종과 횡으로 행하는 그곳을 주시겠다고 말씀하신 것은 그만큼 하나님의 약속이 확실함을 입증하시는 것입니다. 사실 양보하는 것, 내가 먼저 희생하는 것은 쉽지 않은 일입니다. 그러나 양보를 통해 우리는 더 큰 하나님의 은혜를 얻을 수가 있습니다. 하나님은 결코 손해 보게 하시지 않는 분입니다.

하나님, 오늘도 제가 먼저 양보하고 손해 보는 삶을 살겠습니다.
화평케하는 자로 살겠습니다.

8월 19일   허물을 덮는 사랑

창세기 9:20-27

20노아가 농사를 시작하여 포도나무를 심었더니 21포도주를 마시고 취하여 그 장막 안에서 벌거벗은지라 22가나안의 아버지 함이 그의 아버지의 하체를 보고 밖으로 나가서 그의 두 형제에게 알리매 23셈과 야벳이 옷을 가져다가 자기들의 어깨에 메고 뒷걸음쳐 들어가서 그들의 아버지의 하체를 덮었으며 그들이 얼굴을 돌이키고 그들의 아버지의 하체를 보지 아니하였더라 24노아가 술이 깨어 그의 작은 아들이 자기에게 행한 일을 알고 25이에 이르되 가나안은 저주를 받아 그의 형제의 종들의 종이 되기를 원하노라 하고26또 이르되 셈의 하나님 여호와를 찬송하리로다 가나안은 셈의 종이 되고27하나님이 야벳을 창대하게 하사 셈의 장막에 거하게 하시고 가나안은 그의 종이 되게 하시기를 원하노라 하였더라

본 문에서 노아는 포도주에 취해 자식들 앞에서 하체를 보이는 실수를 범했습니다. 이것을 본 막내아들 함은 그 허물을 감춰주기는커녕 형들에게 고합니다. 그러나 그 얘기를 들은 두 아들, 셈과 야벳은 아비의 허물을 보지 않기 위해 뒤로 걸어 들어가 하체를 덮어주었습니다. 그렇습니다. 사랑은 허다한 죄를 덮는 것입니다.벧전 4:8 그들은 사랑의 보자기로 아버지를 덮어주었습니다. 하나님께서는 사랑하는 자녀들이 다른 이의 허물과 실수와 부족함에 대해 어떻게 반응하는지 보고 계십니다. 자신의 허물에 대해 각기 다른 반응을 보인 자녀들을 향해 기도한 노아의 마음이 바로 하나님의 마음입니다. 아비의 허물을 가려주지 못했던 함에게 기도하며 그의 아들 가나안이 종이 될 것이라는 저주를 내렸습니다. 허물에 대한 반응에 따라 삶의 방향은 전혀 달라집니다. 허물을 용서하면 영광을 얻게 됩니다.잠 19:11 셈과 야벳이 복을 받았고 우리의 모든 허물을 사랑으로 덮어주신 예수님께서도 지금 하늘 보좌에 앉으셔서 마땅히 받으실 영광을 받고 계십니다. 허물을 덮는 사랑이 우리에게도 있기를 축복합니다.

하나님, 저도 실수가 많은 사람인 것을 생각하며 다른 사람의 실수나 허물을 드러내지 않고 덮어주는 사랑이 있기를 원합니다.

8월 **20**일 저들을 사하여 주옵소서

누가복음 23:34

이에 예수께서 이르시되 아버지 저들을 사하여 주옵소서 자기들이 하는 것을 알지 못함이니이다 하시더라 그들이 그의 옷을 나눠 제비 뽑을새

예수님께서 조롱받으시고 채찍에 맞으시며 십자가에 달리신 것을 생각해 보면 우리는 나 자신이 얼마나 형편없는 사람인지 깨닫게 됩니다. 우리는 아주 작은 비난도 견디지 못하지만, 주님은 아무런 죄가 없으신데도 그렇게 고난을 당하셨습니다. 그 주님이 끔찍한 십자가의 고통 속에서 하신 첫마디가 본문입니다. 이 말씀에는 주님의 세 가지 선언이 담겨 있습니다. 첫째, '나는 온 인류의 죄를 용서하기 위해서 왔다'는 선언입니다. 예수님께서 하늘 보좌를 버리시고 이 낮은 곳, 천한 곳에 육신을 입고 오신 것은 나를 용서하기 위해서, 온 인류의 죄를 용서하기 위해서 오신 것입니다. 용서를 받아들이지 않고 주님과 상관없는 사람으로 사는 자, 용서받을 죄가 없다고 생각하며 주님을 외면하는 자, 죄가 너무 많아 주님도 나를 어찌할 수 없다고 절망하는 자, 이런 모든 이를 위해 주님은 오셨습니다. 주님의 두 번째 선언은 '용서받지 못할 죄는 하나도 없다'입니다. 예수님께서는 십자가의 그 처참한 고통 가운데서도 당신을 그렇게 고통에 몰아넣은 자들까지도, 주님 십자가 곁에 함께 달린 행악자까지도 용서하셨습니다. 그런 자들까지 용서하시는 주님으로부터 용서하지 못할 사람이 어디 있겠습니까? 세 번째 선언은 '너도 이와 같이 용서하라'입니다. 내가 주님께로부터 용서받았으니 그 감격으로 인해 나도 다른 사람을 용서할 수밖에 없습니다. 용서할 때 우리는 비로소 하나님 품에 안길 수 있습니다. 그러나 용서는 결코 쉽지 않습니다. 주님도 '아버지!'라고 하신 것은 하나님 앞에 서신 것입니다. 용서는 하나님 아버지 앞에 서는 것입니다. 그리고 아버지를 바라보며 용서 못 할 그 사람을 보는 것, 그를 위해 기도하는 것입니다.

하나님, 용서가 쉽지 않지만, 하나님 앞에 서서 하나님을 바라보며 용서 못 할 사람을 바라보겠습니다. 하나님께서 용서할 수 있는 은혜를 베풀어주세요.

8월 21일 용기 있는 자

출애굽기 4:27-31

27여호와께서 아론에게 이르시되 광야에 가서 모세를 맞으라 하시매 그가 가서 하나님의 산에서 모세를 만나 그에게 입맞추니 28모세가 여호와께서 자기에게 분부하여 보내신 모든 말씀과 여호와께서 자기에게 명령하신 모든 이적을 아론에게 알리니라 29모세와 아론이 가서 이스라엘 자손의 모든 장로를 모으고 30아론이 여호와께서 모세에게 이르신 모든 말씀을 전하고 그 백성 앞에서 이적을 행하니 31백성이 믿으며 여호와께서 이스라엘 자손을 찾으시고 그들의 고난을 살피셨다 함을 듣고 머리 숙여 경배하였더라

하나님께서는 용기 없는 자를 부르셔서 용기를 주시는 분이시기에 믿음의 백성들은 반드시 용기가 있어야 합니다. 그래서 신앙은 용기 있는 결단이라고 할 수 있습니다. 본문의 모세는 본래 용기 없는 사람이었습니다. 40년 동안을 좌절과 절망 속에서 그저 양이나 치면서 미디안 광야에 숨어 살고 있는 그를 하나님은 부르셔서 용기를 주셨습니다. 그의 나이 80세, 지금의 나이로 보면 이미 60 이상이 되어 나무에 비한다면 고목이 된 때에 그는 하나님의 부르심에 용기를 내어 결단하였고 그런 그를 하나님께서는 이스라엘 백성을 이끄는 지도자로 사용하셨습니다. 그리고 그에게 용기 있는 동역자를 붙여주셨습니다.27절 모세에게 용기를 주시며 그를 세우신 이후에 하나님께서는 아론에게 모세를 맞이하라 말씀하십니다. 이렇게 용기는 용기를 낳습니다. 가정에서나 교회에서나 용기를 가진 사람은 다른 사람을 격려하고 용기를 줍니다. 우리가 용기를 내어 결단하는 순간 하나님께서는 다른 곳에서 나와 함께 할 동역자를 불러주시고 일으켜 주십니다. 뿐만 아니라 그 동역자와 함께 이제는 또 다른 동역자를 모으게 되어 더 많은 공동체가 힘을 발하게 됩니다.28-29절 또한 용기는 기적을 일으키고30절 하나님께 경배하게 합니다.31절 우리도 모세처럼 주님으로부터 용기를 받은 자입니다.

오늘도 용기 내어 동역자들과 함께 믿음의 기적을 일으키는 자리에 있기를 소망합니다.

8월 **22**일 　첫 문을 여는 사람

사도행전 10:1-6

1가이사랴에 고넬료라 하는 사람이 있으니 이달리야 부대라 하는 군대의 백부장이라 2그가 경건하여 온 집안과 더불어 하나님을 경외하며 백성을 많이 구제하고 하나님께 항상 기도하더니 3하루는 제 구 시쯤 되어 환상 중에 밝히 보매 하나님의 사자가 들어와 이르되 고넬료야 하니 4고넬료가 주목하여 보고 두려워 이르되 주여 무슨 일이니이까 천사가 이르되 네 기도와 구제가 하나님 앞에 상달되어 기억하신 바가 되었으니 5네가 지금 사람들을 욥바에 보내어 베드로라 하는 시몬을 청하라 6그는 무두장이 시몬의 집에 유숙하니 그 집은 해변에 있다 하더라

모 든 것의 첫 문을 여는 사람은 하나님께서 특별히 사용하시는 사람입니다. 교회를 개척하는 사람, 어려움을 해결하는 첫 문을 여는 사람, 행복한 가정을 만드는 첫 문을 여는 사람, 민족을 행복하게 살아가도록 첫 문을 여는 사람은 기념비가 세워지는 복을 얻게 됩니다. 고넬료가 그런 사람이었습니다. 그는 이방 백성에게 복음을 전파하는 첫 문을 여는 자, 성경에 기록되는 기념비가 되는 아름다운 자의 복을 얻게 되었습니다. 이것은 그가 로마 시민권을 가졌기 때문도 아니었고 백부장이었기 때문도 아니었고 지식이나 부를 소유한 사람이었기 때문도 아니었습니다. 본문은 그가 복을 받을 수 있었던 이유를 분명히 가르쳐 줍니다. 첫째, 그는 하나님을 경외하는 사람이었습니다. 하나님을 경외하는 자는 반드시 하나님께로부터 쓰임을 받습니다. 둘째, 구제하는 자였습니다. 사람들은 구제를 물질만으로 하는 것으로 생각하고 나는 가진 것이 없어서 구제할 수 없다고 말합니다. 그러나 하나님의 백성들은 줄 수 있는 것이 너무 많습니다. 기도를 통해서, 위로의 말을 통해서, 친절을 통해서, 봉사를 통해서 우리는 얼마든지 구제할 수 있습니다. 셋째, 항상 기도하는 사람이었습니다. 하나님을 경외하는 자는 기도할 수밖에 없습니다. 또한 그렇게 기도하는 자에게 하나님께서는 반드시 만남의 복을 주십니다.

하나님, 복음을 모르는 제 이웃과 가족에게 복음의 첫 문을 여는 자가 되기를 간절히 원합니다.

8월 **23**일   나라를 위한 기도

하박국 3:1-2

¹시기오놋에 맞춘 선지자 하박국의 기도라 ²여호와여 내가 주께 대한 소문을 듣고 놀랐나이다 여호와여 주는 주의 일을 이 수년 내에 부흥하게 하옵소서 이 수년 내에 나타내시옵소서 진노 중에라도 긍휼을 잊지 마옵소서

 본문을 기록할 당시 이스라엘은 실망을 넘어서서 절망할 수밖에 없는 상황이었습니다. 종교 개혁을 단행하였던 요시야 왕의 죽음 이후 이스라엘은 끊임없는 우상 숭배로 여호와 보시기에 악을 행하였고 애굽의 종노릇을 하는 중에 바벨론의 침공을 받게 되는 불운이 겹쳤습니다.^{왕하 23-24장} 그 어디를 보아도 소망이 없는 어려운 환경 가운데 놓인 것입니다. 이곳저곳에서 죽겠다는 소리, 아우성, 실망스러운 소식밖에는 들려오지 않았습니다. 그러나 하박국 선지자가 어려운 중에도 남다른 소망을 가질 수 있었던 까닭은 주님에 대한 소문을 들었기 때문입니다. 남이 보지 못하는 것을 보고 듣지 못하는 소리를 듣는 사람을 통해 하나님은 일하십니다. 그리고 곧이어 그는 소망의 자리, 기도의 자리로 나아갔습니다. 하나님의 세계에 대해 듣고 알게 되었지만, 주변을 돌아보니 감당할 수 있는 힘이 전혀 없었기에 하나님께 무릎을 꿇을 수밖에 없었습니다. 하나님께서 보여주시고 들려주신 것은 하나님만이 하실 수 있다는 것을 믿고 기도한 것입니다. 기도할 때만이 자유로울 수 있고 생명을 얻을 수 있으며 무거운 짐을 내려놓을 수 있고 그 순간만이 예수님을 가장 닮는 시간입니다. 한 사람의 기도가 민족을 움직입니다. 우리나라에도 곳곳에 어려움의 소리가 많이 들립니다. 하박국처럼 주께 대한 소문을 듣고 하나님 앞에 나아가 나라와 민족을 위해 기도하는 성도가 되기를 축복합니다.

하나님, 나라가 어려울 때 불평불만을 토로하기보다는 기도하는 한 사람이 되기를 소망합니다.

8월 **24**일 　문제는 기회

요엘 2:18-20

18그 때에 여호와께서 자기의 땅을 극진히 사랑하시어 그의 백성을 불쌍히 여기실 것이라 19여호와께서 그들에게 응답하여 이르시기를 내가 너희에게 곡식과 새 포도주와 기름을 주리니 너희가 이로 말미암아 흡족하리라 내가 다시는 너희가 나라들 가운데에서 욕을 당하지 않게 할 것이며 20내가 북쪽 군대를 너희에게서 멀리 떠나게 하여 메마르고 적막한 땅으로 쫓아내리니 그 앞의 부대는 동해로, 그 뒤의 부대는 서해로 들어갈 것이라 상한 냄새가 일어나고 악취가 오르리니 이는 큰 일을 행하였음이니라 하시리라

하나님께서는 이 민족을 마지막 때에 쓰시기 위해 지금까지 많은 투자를 하며 키워오셨습니다. 이 민족이 오늘 이 자리에 서기까지 많은 생명이 순교했고 많은 분들이 기도했습니다. 모든 것이 다 하나님의 사랑입니다. 우리를 향한 여호와의 중심이 뜨거우셔서 이만큼 성장시키신 것입니다. 우리를 긍휼히 여기셔서 고통스럽고 연약했던 시대를 능히 겪어내게 하시고 이제는 주변의 강대국들 앞에 당당하게 세우셨습니다. 또한 북한이 아무리 핵을 준비한다 해도 그들로부터 우리를 지키실 것입니다. 하나님께서 하시겠다고 하면 지금이라도 북한을 단번에 해결하실 수 있지만 그대로 용납하시고 있는 것은 우리의 성숙함을 위해서입니다. 우리가 더욱 성숙해지고 근신하면서 할 일을 다 한다면 북한을 계속 두어야 할 이유가 없습니다. 중요한 것은 그 어떤 문제 앞에서도 당당하게 문제를 기회로 만들 수 있는 우리의 자세입니다. 메뚜기 떼의 습격으로 땅이 황폐해지고 앗수르의 침입으로 위험에 처한 상황에서 고민하거나 불평하지 않고 하나님께 나아간 요엘 선지자는 하나님께서 이스라엘 백성을 얼마나 사랑하시는지 음성을 먼저 듣게 되었습니다. 이것이 바로 문제를 기회로 만드는 자의 자세입니다. 문제를 통해 하나님의 음성을 듣게 되기를 축복합니다.

문제가 있을 때 불평보다는 하나님께 나아가서 그 문제를 통해 하나님이 전하시고자 하는 메시지를 듣는 제가 되겠습니다.

8월 **25**일   땅끝까지 이르러

사도행전 1:8

오직 성령이 너희에게 임하시면 너희가 권능을 받고 예루살렘과 온 유대와 사마리아와 땅 끝까지 이르러 내 증인이 되리라 하시니라

본문은 교회를 다니면서 수없이 듣게 되는 말씀이지만 그저 그렇게 받아들이거나 자신과는 너무 거리가 먼 말씀으로 생각하기 쉽습니다. '세계는 하나'라고 하는 시대를 살아가는 우리도 이 말씀에 아멘 하기가 쉽지 않은데 2000년 전 제자들은 어떠했겠습니까? 낮고 천한 어부 출신이며 유대인인 제자들의 입장에서 '땅끝까지'라는 사실이 가능한 얘기로 받아들여졌을 리 만무합니다. 본문은 그만큼 우리의 한계를 뛰어넘는 말씀으로 세가지의 놀라운 선언입니다. 첫째, 이미지 갱신 선언입니다. 눈만 감으면 실패, 상처, 죄악된 생각만 떠오르는 제자들에게 과거의 망령된 이미지를 백지화하고 이미지 갱신을 하라고 선언하신 것입니다. 둘째, 이미지 실천 선언입니다. 사람들은 비전을 크게 가져야 한다고 말을 하면서 그 비전을 이루기 위해서는 무언가 큰일을 해야 한다고 생각합니다. 그러나 우리가 이미지 갱신을 하고 작은 일 하나부터 소홀히 여기지 않고 실천할 때 하나님께서는 우리에게 큰일을 맡기실 것입니다. 땅끝까지 이르러 증인이 되게 하실 것입니다. 셋째, 이미지 확장 선언입니다. 우리의 한계는 늘 '여기까지'입니다. 이제는 나이가 들었으니 여기까지, 더 이상 배운 것이 없으니 여기까지, 가진 것이 없으니 여기까지 …. 그러나 하나님의 한계는 땅끝입니다. 우리의 이미지도 넓혀져야 합니다. 이미지를 갱신하고 갱신된 이미지를 가지고 작은 것부터 실천하고 그 이미지를 계속 확장해가는 성도가 되십시오.

하나님, 지금까지 저 자신을 너무 제한된 범위에서만 생각했습니다. 하나님께서 땅끝이라고 말씀하셨으니 그 범위까지 확장시킬 수 있기를 간절히 소망합니다.

하나님의 일은 어떻게 감당할까?

8월 **26**일

로마서 12:3-8

3내게 주신 은혜로 말미암아 너희 각 사람에게 말하노니 마땅히 생각할 그 이상의 생각을 품지 말고 오직 하나님께서 각 사람에게 나누어 주신 믿음의 분량대로 지혜롭게 생각하라 4우리가 한 몸에 많은 지체를 가졌으나 모든 지체가 같은 기능을 가진 것이 아니니 5이와 같이 우리 많은 사람이 그리스도 안에서 한 몸이 되어 서로 지체가 되었느니라 6우리에게 주신 은혜대로 받은 은사가 각각 다르니 혹 예언이면 믿음의 분수대로, 7혹 섬기는 일이면 섬기는 일로, 혹 가르치는 자면 가르치는 일로, 8혹 위로하는 자면 위로하는 일로, 구제하는 자는 성실함으로, 다스리는 자는 부지런함으로, 긍휼을 베푸는 자는 즐거움으로 할 것이니라

우리가 하나님의 일을 감당하려고 할 때 사단은 갖가지 방법으로 방해하지만, 본문에서 주시는 말씀대로 감당할 때 사단은 우리를 넘어뜨릴 수 없습니다. 첫째, 주님이 주시는 은혜 따라 일합니다.3,6절 하나님의 일은 경험으로, 지식으로, 내 힘으로 하는 것이 아닙니다. 하나님의 은혜가 아니면 우리는 단 한순간도, 그 무엇도 감당할 수 없습니다. 은혜를 구하며 주신 은혜 따라 일할 때 잘 감당할 수 있습니다. 둘째, 함께 일해야 합니다.4,7-8절 하나님의 일은 혼자 감당할 수 있는 것이 아닙니다. 사도 바울에게 항상 동역자가 있었듯이 우리도 지체들과 더불어 일해야 합니다. 셋째, 교회의 비전을 따라 일해야 합니다.5절, 엡 1:22 교회는 그리스도를 중심으로 모인 공동체입니다. 그리스도가 머리가 되고 우리는 그 지체입니다. 성숙한 사람은 자신의 생각과 조금 다르다 해도 실망하거나 피하지 않고 기도하며 인내하며 교회의 비전에 따라 움직입니다. 이렇게 하나님의 일을 감당하는 사람들에게 사단은 감히 접근할 수 없습니다. 이런 사람들을 통해 건강한 교회, 하나님의 나라가 이루어집니다.

하나님께서 제게 맡겨주신 일을 은혜를 구하며 지체들과 동역하며 교회의 비전을 따라 잘 감당할 수 있기를 원합니다.

8월 **27**일   참된 성숙

시편 84:12

만군의 여호와여 주께 의지하는 자는 복이 있나이다

성도나 교회가 성장하면 '내 힘으로 무언가를 할 수 있다' 혹은 '나 아니면 안 된다'고 생각하기 쉽습니다. 그러나 참된 성숙은 하나님께 100% 의지하는 어린아이가 되는 것입니다. 다윗을 하나님께서 세우셨던 것은 그가 하나님을 온전히 의지하는 사람이었기 때문입니다. 모세가 애굽의 궁궐에 있을 때 소명을 받지 않고 미디안 광야에서 양을 칠 때 부르심을 받은 것은 애굽의 왕자로서 궁궐에서 누리고 배웠던 것은 아무 소용이 없으며 자신은 아무것도 할 수 없는 존재임을 광야 생활 가운데서 철저하게 인식하고 하나님만 바라보게 된 때에 부르신 것을 의미합니다. 또한 참된 성숙은 주님을 바라보고 자신이 가진 오병이어를 주님 손에 올려 드리는 것이며 이때 그는 기적에 동참하는 복을 얻습니다. 오병이어 기적의 현장에 함께 있었던 빌립은 합리적이고 계산이 빠른 사람인지라 각 사람에게 조금씩만 준다 해도 이백 데나리온의 떡이 부족하다고 대답했습니다. 소망보다는 염려가 많은 안드레는 오병이어만으로는 많은 사람을 먹일 수가 없다고 대답했습니다. 그러나 그들 곁의 한 어린아이는 계산도 모르고 염려도 없고 오직 주님만을 바라보았기에 자신이 가지고 있는 오병이어를 주님의 손에 올려드렸습니다. 자신의 물질, 지식, 경험으로 인해 하나님을 바라보지 못하는 자는 성숙하지 못한 사람이며 그를 통해서는 기적이 일어날 수 없습니다. 그러나 100% 주님만을 바라보고 의지하는 어린아이 같은 사람이 성숙한 자이며 그는 하나님의 기적의 역사에 동참하는 복을 얻습니다.

하나님, 저도 제가 가진 것들을 의지하지 않고 오직 주님만 의지하는 어린아이로 살고 싶습니다. 그리고 제 것을 주님께 선뜻 내어드리는 어린아이로 살고 싶습니다.

8월 28일 꿈을 빼앗는 사람

창세기 37:18-24

18요셉이 그들에게 가까이 오기 전에 그들이 요셉을 멀리서 보고 죽이기를 꾀하여 19서로 이르되 꿈 꾸는 자가 오는도다 20자, 그를 죽여 한 구덩이에 던지고 우리가 말하기를 악한 짐승이 그를 잡아먹었다 하자 그의 꿈이 어떻게 되는지를 우리가 볼 것이니라 하는지라 21르우벤이 듣고 요셉을 그들의 손에서 구원하려 하여 이르되 우리가 그의 생명은 해치지 말자 22르우벤이 또 그들에게 이르되 피를 흘리지 말라 그를 광야 그 구덩이에 던지고 손을 그에게 대지 말라 하니 이는 그가 요셉을 그들의 손에서 구출하여 그의 아버지에게로 돌려보내려 함이었더라 23요셉이 형들에게 이르매 그의 형들이 요셉의 옷 곧 그가 입은 채색옷을 벗기고 24그를 잡아 구덩이에 던지니 그 구덩이는 빈 것이라 그 속에 물이 없었더라

요셉만 꿈을 꾸는 사람이 아닙니다. 하나님께서는 인간을 이 땅에 보내시면서 모두 꿈을 가지고 태어나게 하십니다. 그런데 우리는 꿈을 빼앗는 사람을 만날 수가 있고 우리 자신이 그런 사람이 될 수도 있습니다. 어떤 자가 꿈을 빼앗는 사람일까요? 미움으로 인해 사단의 도구가 되는 사람입니다.18-20절 요셉의 형들은 요셉을 죽이기를 꾀합니다. 이것은 사단의 계략입니다. 사단은 우리 안에 미워하는 마음을 심어서 그 미움 때문에 분노하거나 저주하게 만들고 일을 그르치고 결국 꿈까지 죽이는 결과를 가져오게 합니다. 또한 인간적인 반응을 하는 사람입니다.21-22절 즉 의무감으로 살아가는 사람입니다. 본문에서 르우벤이 그러했습니다. 그는 동생을 죽이고서 아버지를 볼 면목이 없었기에 다른 형제들을 말렸습니다. 르우벤은 의무감으로 요셉의 목숨은 구했지만, 요셉을 구덩이에 던지게 함으로 그의 꿈을 살리지는 못했습니다. 그런 르우벤에게는 늘 괴로움이 있었습니다.창 42장 혹시 아직도 극복하지 못한 미움이 있거나 의무감만으로 살아가는 것은 아닌지 자신을 돌아보십시오.

제가 주변 사람들의 꿈이나 제 자신의 꿈에 대해 어떻게 반응했는지 돌아보게 됩니다. 사랑의 마음으로 꿈을 응원하는 자가 되기를 원합니다.

8월 **29**일 분이 날 때

느헤미야 5:6-12

⁶내가 백성의 부르짖음과 이런 말을 듣고 크게 노하였으나 ⁷깊이 생각하고 귀족들과 민장들을 꾸짖어 그들에게 이르기를 너희가 각기 형제에게 높은 이자를 취하는도다 하고 대회를 열고 그들을 쳐서 ⁸그들에게 이르기를 우리는 이방인의 손에 팔린 우리 형제 유다 사람들을 우리의 힘을 다하여 도로 찾았거늘 너희는 너희 형제를 팔고자 하느냐 더구나 우리의 손에 팔리게 하겠느냐 하매 그들이 잠잠하여 말이 없기로 ⁹내가 또 이르기를 너희의 소행이 좋지 못하도다 우리의 대적 이방 사람의 비방을 생각하고 우리 하나님을 경외하는 가운데 행할 것이 아니냐 ¹⁰나와 내 형제와 종자들도 역시 돈과 양식을 백성에게 꾸어 주었거니와 우리가 그 이자 받기를 그치자 ¹¹그런즉 너희는 그들에게 오늘이라도 그들의 밭과 포도원과 감람원과 집이며 너희가 꾸어 준 돈이나 양식이나 새 포도주나 기름의 백분의 일을 돌려보내라 하였더니 ¹²그들이 말하기를 우리가 당신의 말씀대로 행하여 돌려보내고 그들에게서 아무것도 요구하지 아니하리이다 하기로 내가 제사장들을 불러 그들에게 그 말대로 행하겠다고 맹세하게 하고

사람은 누구나 분을 낼 수가 있습니다. 그러나 분노를 다스리지 못하면 평생 후회할 일을 만들 수도 있습니다. 현대 의학에서는 질병의 71%가 마음의 분에서 일어나는 것이라고 말합니다. 인간이기에 어쩔 수 없이 분을 품게 되었을 때 '분노를 어떻게 제어하는가'가 중요합니다. 본문의 느헤미야를 통해 그 방법을 배울 수 있습니다. 느헤미야는 예루살렘 성벽을 재건하기 위해 자신의 모든 것을 바쳐 열정을 쏟고 있었는데 백성들의 원망과 울부짖음이 여기저기서 터져 나왔습니다. 먹을 것을 얻기 위해 그리고 성벽 재건을 위한 세금을 내기 위해 백성들은 가진 것들을 전당 잡히고 빚을 내게 되었는데 높은 이자로 인해 빚을 갚기는커녕 자식까지 종으로 팔아야 하는 상황이 되어 버린 것입니다. 이때 느헤미야가 성벽을 재건한다면서 분을 내고 일을 처리했다면 외적인 성벽은 건설할 수 있었을지 모르지만, 내적인 성벽은 무너지고 말았을 것입니다. 그는 깊이 생각했습니다.⁷절 즉, 자신의 내면과 조용히 의논했습니다. 이는 하나님 앞에서 생각했다는 의미도 됩니다. 그리고 하나님을 경외하는 마음으로 자신이 먼저 본을 보이는 제안을 했습니다.⁹⁻¹⁰절 그로 인해 지혜롭게 일은 해결되었습니다.

분이 나는 상황에도 제 자신의 내면과 조용히 의논하고 하나님 앞에서 생각하게 하소서.

문제를 만났을 때

8월 **30**일

역대하 20:1-4

1그 후에 모압 자손과 암몬 자손들이 마온 사람들과 함께 와서 여호사밧을 치고자 한 지라 2어떤 사람이 와서 여호사밧에게 전하여 이르되 큰 무리가 바다 저쪽 아람에서 왕을 치러 오는데 이제 하사손다말 곧 엔게디에 있나이다 하니 3여호사밧이 두려워하여 여호와께로 낯을 향하여 간구하고 온 유다 백성에게 금식하라 공포하매 4유다 사람이 여호와께 도우심을 구하려 하여 유다 모든 성읍에서 모여와서 여호와께 간구하더라

사람은 누구나 문제를 만나 암울한 순간을 경험할 수 있습니다. 신앙생활을 잘하는 사람이라 해도, 기도 생활을 많이 하는 사람이라 해도, 목회자라 해도 살아가면서 어려움 앞에 설 때가 있습니다. 이렇게 우리는 모두가 문제를 만날 수 있지만 문제 앞에서 어떻게 반응하느냐에 따라 믿음의 성공자가 될 수도 있고 실패자가 될 수도 있습니다. 하나님께서는 우리가 믿음의 성공자가 되길 원하셔서 본문을 통해 그 방법을 가르쳐주십니다. 본문의 배경은 여호사밧 왕 시대에 모압, 암몬, 마온 백성이 연합하여 유다를 공격하려고 진을 치고 있는 때입니다. 처음에 여호사밧은 전쟁의 위험에 대한 소식을 듣고 두려워하였습니다. 이런 상황에서 두려워하지 않을 사람은 없을 것입니다. 두려워하는 것이 오히려 인간다운 모습입니다. 그러나 두려움만으로 끝난다면 그는 실패자가 되지만 여호사밧을 보십시오. 어떠했습니까? 여호와께로 낯을 향하여 간구하고 온 유다 백성에게 금식을 선포했습니다. 그리하여 온 유다 백성이 하나님의 도우심을 구하려 함께 모여 기도하였습니다.3-4절 그리고 모든 전쟁은 하나님께 달려 있으니 두려워하거나 놀라지 말라는 응답을 듣습니다.15절 전쟁의 위험과 같은 어려움, 아니 그 보다 더한 문제를 만날 수 있습니다. 그러나 이러한 문제 앞에서 하나님을 향해 간구하며 주변에 있는 믿음의 사람들에게 기도 요청을 하는 사람이 진정한 신앙인입니다.

하나님, 어려움 앞에서 두려워하지 않고 믿음의 동역자들과 함께 기도하게 하소서.

8월 31일 다툼을 다스리는 자

잠언 20:3
다툼을 멀리 하는 것이 사람에게 영광이거늘 미련한 자마다 다툼을 일으키느니라

우리가 정말 믿음의 사람이라면 다툼 없는 삶을 살아야 합니다. 그렇다고 다툼 없는 곳을 찾아 여기저기 이동하는 것이 아니라 다툼을 다스리는 삶을 살아야 합니다. 어떻게 다툼을 다스릴 수 있을까요? 첫째, 다툼을 일단 피해야 합니다. 물론 다투지 말아야 합니다. 특히 교회는 세상 앞에서 하나님의 영광을 가리지 않도록 다툼이 없어야 합니다. 그러나 어쩔 수 없이 다툼이 생겼다면 일단 그 상황을 피하는 것이 최선입니다. 피한다는 것은 멀리서 보는 것입니다. 이것은 소극적인 방법이지만 때로는 멀리 떨어져서 보는 것이 필요합니다. 둘째, 큰 다툼을 최소화해야 합니다. 다툼이 있을 때 상대방과 맞서게 되면 다툼이 커지기만 합니다. 다툼을 최소화하려면 우리의 감정은 언제나 은혜의 단비로 촉촉해져야 합니다. 성령이 우리의 삶에 늘 간섭하시고 동행하시도록 하나님의 말씀으로 나를 채우고 입술에 찬양을 담고 살아가야 합니다. 셋째, 적극적인 방법으로 다툼을 십자가에 못 박는 것입니다. 십자가에 못 박았으니 다툼을 하면 할수록 고통스럽기만 합니다. 빨리 십자가에 죽어야 합니다. 그리고 예수님과 함께 장사 되어 흔적조차 없어진 후 이제는 주님과 함께 부활 승천하여서 하늘의 기쁨을 누리는 자로 살아가게 됩니다. 다툼을 다스리는 자는 위대한 일을 하는 사람입니다. 옳고 그름만을 판단하는 것이 아니라, 정의만을 외치는 것이 아니라, 정정당당하게 산다고 다른 이들을 정죄하며 사는 것이 아니라, 주님의 마음을 품고 살아가는 사람입니다. 주님이 우리를 불쌍히 여기시고 용납하고 사랑하시듯 혹 나에게 해를 끼치는 사람일지라도 용서하고 또한 늘 관대한 마음을 가지고 한 영혼을 주님의 마음으로 깊이 사랑하는 사람이 위대한 일을 하는 사람입니다.

제가 공동체에서 다툼을 다스리는, 위대한 일을 하는 사람으로 살기를 소망합니다.

September

9월

그리스도인의 품징

9월 1일 그리스도인의 표징 1 - 항상 기뻐하라

데살로니가전서 5:16
항상 기뻐하라

그리스도인으로서 첫 번째 표징은 항상 기뻐하는 것입니다. 그런데 사단은 우리의 기쁨을 앗아가는 것을 목표로 삼고 있기에 언제나 좋은 일보다는 좋지 않은 일에, 하나님께 맡기고 기도하는 일보다는 근심하는 일에, 가지고 있는 것보다는 가지지 못한 것에 집중케 하여 기뻐할 수 없게 만듭니다. 아담과 이브가 누리게 된 것은 실로 엄청난 것이었지만 사단은 그들이 가진 많은 것에 집중하기보다는 오히려 누릴 수 없는 선악과에만 집중하게 만들어서 결국 아담과 이브는 모든 것을 잃어버렸습니다. 오늘 우리는 어떻습니까? 영원한 것을 소유했음에도 현세적이고 일시적인 것에만 눈을 돌리고 그것을 누리지 못해 안타까워하다가 결국 하나님이 주시는 놀라운 기쁨을 잃어버립니다. 세상 것은 모두 마약과 같이 중독성이 있어서 만족에 대한 욕구가 끝이 없기 때문에 아무리 좋은 것이라 해도 그것을 취한 기쁨은 일주일이 채 가지 않고 자꾸만 더 좋은 것을 원하게 됩니다. 그렇다고 세상 것을 모두 버릴 수는 없습니다. 중요한 것은 영원한 것 속에서 이 세상을 소유하는 정신입니다. 항상 기뻐하라는 말씀은 오늘이 바로 주의 날임을 선포하라는 것입니다. 사단은 우리가 오늘 행복할 수 없도록 내일이 있다고 말하며 내일로 미루게 합니다. 상황이 해결되면 행복해지는 것이 아니라 문제 가운데서도 오늘이 주의 날이라고 선포할 때 우리는 기뻐할 수 있고 행복할 수 있습니다. 오늘 주의 날인 사람에게만 내일도 주의 날이 약속됩니다.

문제가 해결되는 그때가 주의 날이 아니라 오늘이 주의 날임을 선포하며 살게 하소서.

9월 **2**일

그리스도인의 표징 2 - 쉬지 말고 기도하라

데살로니가전서 5:17
쉬지 말고 기도하라

그 리스도인으로서 두 번째 표징은 쉬지 말고 기도하는 것입니다. 사단은 우리를 늘 속여서 아무것도 하지 못하도록 결박하고 있습니다. 이 결박으로부터 놓임 받는 길은 쉬지 않고 기도하는 것입니다. 예수님과 함께 변화산에 갔던 세 제자는 예수님의 변형된 모습을 보고서 계속 그곳에 머물기를 바랄 정도로 큰 기쁨을 얻었습니다. 그러나 동네에 남아있던 아홉 명의 제자들은 귀신 들린 아이에게서 귀신을 쫓기 위해 온 힘을 다했지만 결국은 성공하지 못하고 사람들에게 둘러싸여 논쟁하고 있었습니다. 그런 상황에 처한 제자들은 물론 기뻐할 수 없었을 것입니다. 주님이 돌아오셔서 귀신을 쫓아내고 모든 문제를 해결하셨을 때 제자들은 어찌하여 자기들은 귀신을 쫓아낼 수 없었는지 물었습니다. 주님은 '기도 외에 다른 것으로는 이런 종류가 나갈 수 없느니라'고 하셨습니다.^{막 9:29} 그렇습니다. 기도 없이는 사단의 그 어떤 결박도 풀 수가 없습니다. 기도 없이는 사단의 묶임에 의해 상실된 기쁨을 찾을 수가 없습니다. 반면에 변화산에 주님과 함께 올라갔던 제자들에게 기쁨이 있었다는 것은 '기도는 주님의 존전에 나아가는 것임'을 말해줍니다. 기도는 주님께 나아가는 것, 주님과 함께하는 것입니다. 기도하게 되면 부족함 때문에 잃어버린 기쁨도 찾을 수 있게 됩니다. 주님은 우리의 모든 부족함을 채우시는 분입니다. 부족함 때문에 기쁨을 잃어버릴 것이 아니라 주님 앞에 구하면 반드시 사단의 결박이 풀어지고 응답받는 역사가 있으며 기쁨도 회복됩니다.

사단의 결박으로부터 놓임 받기 위해서는 쉬지 않고 기도하는 것임을 알았습니다. 기도가 삶이 되게 하소서.

9월 3일 그리스도인의 표징 3 - 범사에 감사하라

데살로니가전서 5:18
범사에 감사하라 이것이 그리스도 예수 안에서 너희를 향하신 하나님의 뜻이니라

그리스도인으로서 세 번째 표징은 범사에 감사하는 것입니다. 사단은 우리로 하여금 자꾸 하지 말라는 것에 집중하게 하고 오늘 주의 날인 것을 선포하지 못하게 하면서 내일로 미루게 하고 우리를 결박하려고 주변을 맴돌고 있지만 우리가 기도할 때 그 결박은 풀어지고 맙니다. 그런데 감사하게 되면 사단은 완전히 무릎을 꿇습니다. 영안을 떠서 감사할 일을 찾으십시오. 상황과는 무관하게 감사하며 긍정적으로 살았던 에디슨의 일화는 유명합니다. 사고로 인해 청력을 잃었던 그는 성공 이후에 이렇게 고백했습니다. "아무리 시끄러워도 듣지 못한 덕분에 연구에만 몰두할 수 있었기에 오히려 귀가 먼 것에 대해 하나님께 감사합니다." 또한 축전기를 만들기 위해 만 번 이상이나 실험에 실패했을 때도 "그것은 실패가 아닙니다. 축전기를 만들지 못하는 만 가지의 방법을 깨닫게 된 것입니다."라고 말했습니다. 그는 가지지 못한 것, 실패한 것에 집중하지 않는 감사의 사람이었습니다. 우리가 감사하려고 할 때 사단은 마지막 힘을 다해 막아설 것입니다. 지금까지 아무것도 얻지 못했다고 생각하게 하며 얻은 것이 있다면 그것은 나 자신의 힘으로 얻은 것이니 당연하다 여기게 만들며 우리로 하여금 감사하지 못하게 할 것입니다. 그러나 어떤 상황에서도 감사해야 합니다. 범사에 감사해야 합니다. 하나님께로부터 온 세상을 받았다는 사실에 집중하십시오. 받아 누리고 있는 것에 집중하여 감사를 선포해야 합니다. 또한 그 감사를 하나님 앞에 표현할 때 사단은 깨끗이 정복되고 하나님의 선하심과 인자하심이 영원토록 우리와 함께하실 것입니다.

제가 가지고 있는 것, 누리고 있는 것에 집중하기를 원합니다.
항상 감사를 선포하고 살겠습니다.

9월 **4**일 하나님으로 가득 차 있는 사람

창세기 47:7-12

7요셉이 자기 아버지 야곱을 인도하여 바로 앞에 서게 하니 야곱이 바로에게 축복하매 8바로가 야곱에게 묻되 네 나이가 얼마냐 9야곱이 바로에게 아뢰되 내 나그네 길의 세월이 백삼십 년이니이다 내 나이가 얼마 못 되니 우리 조상의 나그네 길의 연조에 미치지 못하나 험악한 세월을 보내었나이다 하고 10야곱이 바로에게 축복하고 그 앞에서 나오니라 11요셉이 바로의 명령대로 그의 아버지와 그의 형들에게 거주할 곳을 주되 애굽의 좋은 땅 라암셋을 그들에게 주어 소유로 삼게 하고 12또 그의 아버지와 그의 형들과 그의 아버지의 온 집에 그 식구를 따라 먹을 것을 주어 봉양하였더라

야곱은 험난한 인생을 살았지만 하나님께서는 그 세월 동안 그를 하나님으로 만족하는 사람, 하나님으로 가득 차 있는, 진정한 실력자가 되도록 이끄셨습니다. 창세기 45장에 이르러 야곱은 죽은 줄 알았던 아들 요셉이 살아있다는 소식을 들으며 애굽으로 초청을 받았습니다. 당장 달려가고 싶었을 텐데 그는 46장에서 하나님 앞에 희생제물을 드리며 가도 되는지를 먼저 묻습니다. 이렇게 하나님으로 가득 채워져 있던 야곱은 세상 것으로는 바로와 비교할 수 없이 초라한 자였으나 실상은 하나도 부족함이 없었기에 바로 앞에 섰을 때 세상 것을 다 가졌으나 하나님의 생명이 없는 바로가 불쌍해 보여 그를 축복했습니다. 가장 부요한 나라인 애굽의 최고 권력자인 바로 앞에 선 야곱은 그에게 무언가 소원을 이야기할 수도 있었을 것입니다. 그러나 그가 다른 아무것도 바라지 않고 그저 바로를 축복하고 나올 때 하나님께서 그를 채우시는 것을 볼 수 있습니다. 하나님께서 가장 좋은 땅, 라암셋을 주시며 온 집에 먹고살 수 있는 것을 충분하고 넉넉하게 채워주셨습니다.11-12절 마태복음 6장에서는 우리가 하나님과 재물을 겸하여 섬기지 못한다고 말씀합니다.마 6:24 우리가 하나님만 섬길 때 하나님께서는 사랑과 은혜로 우리를 채우시고 필요에 따라 라암셋도 주실 것입니다.

하나님, 제가 라암셋을 먼저 구하지 않고 하나님만을 먼저 구하는 진정한 실력자가 되기를 간절히 원합니다.

9월 **5**일

왕 같은 제사장

베드로전서 2:9

그러나 너희는 택하신 족속이요 왕 같은 제사장들이요 거룩한 나라요 그의 소유가 된 백성이니 이는 너희를 어두운 데서 불러 내어 그의 기이한 빛에 들어가게 하신 이의 아름다운 덕을 선포하게 하려 하심이라

당신은 크리스천이냐는 질문을 받으면 당당하게 그렇다고 대답할 수 있습니까? 혹시 망설이지는 않습니까? 우리가 그리스도인임을 당당하게 드러내지 못하고 자랑스럽게 여기지 못한다면 그것은 그리스도인의 정체성을 확실히 모르기 때문입니다. 본문에서는 하나님의 백성을 향해 '왕 같은 제사장'이라고 말씀합니다. 이는 단순히 '하나님과 인간 사이에 중보자 역할을 하는 사람'정도를 의미하는 것이 아니라 그보다 훨씬 큰 뜻으로, 하나님이 받으실만한 수준의 백성이라는 것입니다. 명문대학에 입학한 사람들이 자랑스러워하는 까닭은 자신을 그 대학에 들어와서 공부할 만한 수준의 사람으로 인정해주었기 때문입니다. 하나님께서 우리를 받으실만한 수준으로 인정해주셨다는 사실이 명문대학에 들어간 것과 비교할 수 있는 일입니까? 세상에서 무엇을 얻은 것, 무엇이 된 것보다도 훨씬 영광스럽고 자랑스러운 일입니다. 그래서 바울은 그리스도를 아는 지식이 가장 고상하기에 지금까지 유익하게 생각하였던 모든 것을 배설물로 여기게 되었다고 고백하고 있습니다.빌 3:7-9 바울에게는 그리스도인이라는 사실이 세상 무엇과도 비교할 수 없는 최고의 자랑이었고 영광이었던 것입니다. 이 사실을 바로 인식하고 있는 사람은 어떤 상황에서도 섭섭함이나 불평이 생기지 않고 오히려 넉넉한 마음이 되어 다른 이들을 축복합니다. 궁핍함과 곤고함을 느낄 때마다 내 귓가에서 '왕 같은 제사장아!'라고 부르시는 음성을 들으십시오. 온 우주 만물을 창조하신 아버지께서 왕 같은 제사장으로, 아버지의 수준으로 받아들이신다는 이 기적에 대해 떨리는 마음으로 감격하십시오. 제사장으로서의 정체성을 놓치지 않고 축복할 때 기쁨과 평안이 넘치고 놀라운 역사가 일어날 것입니다.

하나님, 저는 왕 같은 제사장입니다. 힘들고 어렵더라도 다른 이들을 축복하며 살겠습니다.

9월 6일 하나님이 부르시는 곳으로

사도행전 16:6-10

6성령이 아시아에서 말씀을 전하지 못하게 하시거늘 그들이 브루기아와 갈라디아 땅
으로 다녀가 7무시아 앞에 이르러 비두니아로 가고자 애쓰되 예수의 영이 허락하지
아니하시는지라 8무시아를 지나 드로아로 내려갔는데 9밤에 환상이 바울에게 보이니
마게도냐 사람 하나가 서서 그에게 청하여 이르되 마게도냐로 건너와서 우리를 도우
라 하거늘 10바울이 그 환상을 보았을 때 우리가 곧 마게도냐로 떠나기를 힘쓰니 이는
하나님이 저 사람들에게 복음을 전하라고 우리를 부르신 줄로 인정함이러라

본문에서 사도 바울은 자신의 계획과는 달리 마게도냐로 가라는 주님의 음성을 들었습니다. 지혜롭고 학식이 풍부했던 바울은 아시아 쪽으로 가는 것이 복음을 전하기에 훨씬 수월하다는 것을 이미 알고 있었겠지만, 하나님의 부르심대로 정반대 방향인 마게도냐를 향해 출발했습니다. 이것은 정말 어렵고도 생소한 출발, 깊은 골짜기의 출발이었습니다. 이스라엘 백성을 이끌고 물이 넘실거리는 요단강을 믿음으로 건넌 여호수아, 85세의 나이임에도 거대한 아낙 자손이 있는 헤브론 땅을 취하겠다고 다짐을 한 갈렙, 이들은 모두 자신의 힘으로는 감당할 수 없는 일이었지만 하나님께서 그곳에서 부르시니, 하나님만 바라보며 깊은 골짜기의 출발을 감행했습니다. 비전은 내 생각, 내 뜻, 내 꿈으로 가는 것이 아니라 하나님께서 앞서서 나를 부르시는 곳으로 나아가는 것입니다. 자신은 모두 내려놓고 철저하게 하나님만 의지하고 바라보는 골짜기의 출발입니다. 비전의 사람으로 살기를 원한다면 골짜기에 있을지라도 그곳에서 부르시는 하나님의 음성을 들으십시오. 자신을 내려놓고 담대하게 골짜기의 출발을 하십시오. 그때 여러분은 열방을 향한 세계 선교의 주역으로 아름답게 쓰임 받을 것입니다.

에스겔의 마른 뼈 골짜기를 생각합니다. 그곳은 어려움의 장소였지만 하나님께서 뼈들에게 생기를 불어넣어 일으키는 비전을 주셨던 곳입니다. 오늘 저도 그러한 골짜기에서 하나님의 비전을 보겠습니다.

9월 **7**일 나는 양

시편 23:1-2
¹여호와는 나의 목자시니 내게 부족함이 없으리로다 ²그가 나를 푸른 풀밭에 누이시며 쉴 만한 물 가로 인도하시는도다

행복하기를 원합니까? 부족함이 없기를 원합니까? 푸른 풀밭에 눕고 쉴만한 물가로 인도함 받기를 원합니까? 그렇다면 나 자신이 양이라는 사실을 고백해야 합니다. '내가 누구인지' 깨닫고 나답게 사는 사람은 그리 흔치 않습니다. 성경에서는 우리를 양이라고 말씀하고 있습니다.시 100:3, 사 53:6, 마 9:36 자신이 양이라는 사실을 분명하게 안다면 양으로서 어떻게 살아야 할지도 알 수 있게 될 것입니다. 대부분의 생명체들은 자기방어 능력이 있는데 양은 자기방어 능력이 없고 누군가가 보호해 주어야 합니다. 또한 양은 보기에는 깨끗하지만 실제로는 더럽습니다. 스스로 깨끗해질 수 없고 누군가가 정결하게 해 주어야 합니다. 그리고 양은 방향 감각이 없고 시야가 좁아 3미터 이상은 볼 수 없어서 한번 길을 잃어버리면 되돌아올 수가 없습니다. 이러한 양의 모습 — 자기 방어력도 없고 스스로 정결하게 할 수도 없고 방향 감각도 없어 길을 잃어버릴 수밖에 없는 — 이 바로 나 자신의 모습이라는 사실을 안다면 우리는 목자가 반드시 필요하다는 사실을 고백할 수밖에 없습니다. 그런데 세상에는 삯꾼 목자가 있으니 조심해야 합니다.요 10:12 돈을 받고 고용된 목자는 양을 돌보는 데 생명을 바치지 않고 양을 잘못 인도합니다. 그러나 양을 위해 생명을 바치신 주님께서는요 10:15 영원한 선한 목자이십니다. 하나님께로 우리를 인도하실 분은 오직 예수 그리스도밖에는 없습니다. 예수님은 우리를 죄악으로 끌고 가는 모든 사단의 역사로부터 생명을 걸고 건져주십니다.

자기 보호도 못 하고 깨끗하지도 않으며 방향 감각도 없는 양이 바로 저입니다. 주님께서 제 목자라서 감사합니다.

겸손한 자가 누리는 은혜

9월 8일

에베소서 3:7-9
7이 복음을 위하여 그의 능력이 역사하시는 대로 내게 주신 하나님의 은혜의 선물을 따라 내가 일꾼이 되었노라 8모든 성도 중에 지극히 작은 자보다 더 작은 나에게 이 은혜를 주신 것은 측량할 수 없는 그리스도의 풍성함을 이방인에게 전하게 하시고 9영원부터 만물을 창조하신 하나님 속에 감추어졌던 비밀의 경륜이 어떠한 것을 드러내게 하려 하심이라

예수님을 만나기 전에 바울은 예수님을 죽이려 했던 사람, 그 누구도 함부로 대할 수 없는 교만하기 짝이 없었던 사람이었습니다. 그런 그가 예수님을 만난 이후에 자신은 '모든 성도 중에 지극히 작은 자보다 더 작은 나'라고 고백하게 되었습니다.8절 이렇게 자신을 작은 자로 여기며 고백하는 바울에게 하나님은 상상할 수 없는 큰 은혜를 베풀어주셨습니다. 첫째, 크신 은혜를 고백하고 크신 은혜 속에 살게 하셨습니다.7-8절 하나님의 은혜를 깨달으면 그것을 입으로 고백하게 되고 그 고백 속에서 살게 됩니다. 그래서 그는 어떤 경우에도 하나님의 은혜만을 생각했습니다. 또한 은혜를 깨닫는 만큼 더 많은 수고를 아끼지 않았습니다. 둘째, 더욱 풍성해지고 그 풍성함을 나누게 됩니다.8절 자신이 작은 자라는 사실을 발견하는 사람, 겸손한 사람은 말씀 한 구절이라도 붙들기 위해 낮은 마음으로 청종하므로 하나님 나라의 엄청난 진리를 발견하고 그 풍성함을 누릴 수밖에 없습니다. 셋째, 하나님께서 감추인 비밀을 그를 통해 드러내십니다.9절 여기에서 비밀은 바로 하나님의 구원 계획입니다. 즉 자신이 지극히 작은 자라고 고백하는 사람을 통해 하나님의 구원 계획이 드러난다는 것입니다. 우리도 사도 바울처럼 예수님을 만났다면, 그분의 빛 앞에 서 있다면 겸손한 자로 살 수 있습니다.

하나님, 지극히 작은 저에게 풍성한 은혜를 베풀어주셔서 감사합니다. 언제 어디서나 어떤 상황에서나 제가 작은 자임을 잊지 않게 해주세요.

하나님이 찾으시는 사람

9월 **9**일

사무엘상 16:7
여호와께서 사무엘에게 이르시되 그의 용모와 키를 보지 말라 내가 이미 그를 버렸노
라 내가 보는 것은 사람과 같지 아니하니 사람은 외모를 보거니와 나 여호와는 중심을
보느니라 하시더라

하나님께서는 이스라엘의 2대 왕을 뽑으려 할 때 사무엘 선지자에게 '내가 너의 행할 일을 가르치리니 내가 네게 알게 하는 자에게 기름을 부으라'삼상16:3고 명령하셨습니다. 그러나 사무엘은 인간적인 생각대로 행하려 했습니다. 하나님께서는 이런 그에게 '용모와 키를 보지 말라 … 사람은 외모를 보거니와 나 여호와는 중심을 보느니라'7절고 말씀하십니다. 우리는 성경에 나타난 다윗의 삶을 통해 하나님이 찾으시는 사람을 알 수 있습니다. 첫째, 일하는 사람입니다. 사무엘이 기름 부을 자를 찾으려고 이새의 집을 방문했을 때 집 안에 있었던 다른 형제들과는 달리 다윗은 양을 치고 있었습니다.삼상16:11 둘째, 자기 목숨을 두려워하지 않는 사람입니다. 다윗은 어린 시절부터 자기의 양을 지키기 위해 사자와 곰과 싸우며 자기 목숨을 두려워하지 않았고삼상17:34-35 블레셋의 골리앗 앞에 당당하게 맞서 싸울 수 있었습니다. 셋째, 하나님을 두려워하는 사람입니다. 다윗은 골리앗이 하나님의 군대를 모욕하는 것을 듣고 참을 수 없었습니다.삼상17:26 하나님을 두려워할 줄 아는 다윗이었기에 블레셋은 두렵지 않았습니다. 넷째, 용서할 힘을 키우는 사람입니다. 다윗은 사울의 온갖 핍박과 죽음의 위협까지도 용서할 수 있었습니다. 다섯째, 겸손하여 높은 데 마음을 두지 않는 사람입니다. 사울이 다윗을 사위 삼겠다고 했지만, 자신은 가난하고 천한 사람이라고 말하며 정중하게 거절을 합니다. 하나님이 찾으시는 사람이 되기를 원합니까? 우리의 삶에서 변화되어야 할 부분은 무엇일까요?

다윗의 삶을 보면서 하나님이 찾으시는 사람에 대해서 알게 되었습니다.
제게 부족한 부분들이 무엇인지 깨닫고 담대하게 바꾸기를 원합니다.

9월 **10**일　낮은 곳에 물이 고인다

빌립보서 2:5-11

⁵너희 안에 이 마음을 품으라 곧 그리스도 예수의 마음이니 ⁶그는 근본 하나님의 본체시나 하나님과 동등됨을 취할 것으로 여기지 아니하시고 ⁷오히려 자기를 비워 종의 형체를 가지사 사람들과 같이 되셨고 ⁸사람의 모양으로 나타나사 자기를 낮추시고 죽기까지 복종하셨으니 곧 십자가에 죽으심이라 ⁹이러므로 하나님이 그를 지극히 높여 모든 이름 위에 뛰어난 이름을 주사 ¹⁰하늘에 있는 자들과 땅에 있는 자들과 땅 아래에 있는 자들로 모든 무릎을 예수의 이름에 꿇게 하시고 ¹¹모든 입으로 예수 그리스도를 주라 시인하여 하나님 아버지께 영광을 돌리게 하셨느니라

성 어거스틴은 인생을 살아가면서 가장 중요한 덕목이 무엇이냐는 제자들의 질문에 첫째도 겸손, 둘째도 겸손, 셋째도 겸손이라고 대답했다고 합니다. 그렇습니다. 이 세상에는 중요해 보이는 많은 것들이 존재하지만 우리가 정말 중요하게 여겨야 하는 것은 '겸손'입니다. 겸손은 '근본 하나님의 본체시나 하나님과 동등됨을 취할 것으로 여기지 아니하시고 낮은 이 땅에 내려오신 예수 그리스도의 마음'입니다. 겸손한 자에게는 하나님이 주시는 특별한 복이 있음을 본문은 전하고 있습니다. 첫째, 지극히 높여 뛰어난 이름을 주십니다.⁹절 여기에서 높여주신다는 의미는 세상적으로 높아지는 것 이상을 말합니다. 하늘나라에 그 이름이 기록되는 것이며 하늘나라에서 높임을 받는 것입니다. 둘째, 하늘과 땅과 땅 아래 있는 모든 것들이 무릎을 꿇게 됩니다.¹⁰절 내가 겸손할 때, 낮은 곳에 있을 때 하늘의 보고가 그 낮은 곳으로 계속 흘러내려 나의 힘과 능력이 되는 것입니다. 셋째, 하나님 아버지께 영광을 돌리게 됩니다.¹¹절 예수 그리스도께서 십자가를 지기까지 낮아지셨기에 모든 입이 그를 주라 시인함으로 하나님께 영광을 돌렸듯이 겸손한 자들은 진정한 그리스도인이라 일컬음을 받게 되고 그것은 곧 하나님께 영광이 됩니다. 겸손함으로 옷 입는 그리스도인이 되기를 축복합니다.

하나님, 첫째도 겸손, 둘째도 겸손, 셋째도 겸손임을 늘 기억하며 살아가기 원합니다.

9월 11일 겨자씨

마태복음 13:31-32

31또 비유를 들어 이르시되 천국은 마치 사람이 자기 밭에 갖다 심은 겨자씨 한 알 같으니 32이는 모든 씨보다 작은 것이로되 자란 후에는 풀보다 커서 나무가 되매 공중의 새들이 와서 그 가지에 깃들이느니라

겨자씨는 숨만 크게 쉬어도 날아가 버릴 정도로 아주 작습니다. 주님은 최초의 겨자씨로 우리 곁에 오셨습니다. 온 우주의 통치자가 아주 작은 모습으로 오셔서 멸시받으시고 간고를 겪으시며 우리의 죄악을 담당하셨습니다. 방황하는 우리 영혼이 깃들일 수 있는 곳을 마련해주신 것입니다. 겨자씨처럼 작다는 것은 구체적으로 '겸손한 마음', 주님의 마음입니다. 겸손은 자신이 얼마나 무가치한 존재인지를 깨닫고 하나님의 거룩하심과 의를 깨닫는 것입니다. 예레미야 선지자는 하나님의 절대주권 앞에 자신은 '녹로 위의 진흙'이라고 고백했습니다. 겸손은 또한 하나님의 크신 은혜와 사랑을 깨닫는 것입니다. 하나님의 사랑이 너무 커서 그 사랑 앞에서 나 자신은 한없이 작아질 수밖에 없습니다. 바울은 지식으로나 행함으로나 누구도 따라갈 수 없는 뛰어난 사람이었지만 자신을 '죄인 중의 괴수'라고 고백했습니다. 작은 보리떡, 보잘것없는 물고기가 주님의 손에 들려졌을 때 놀라운 역사를 일으켰듯이 작은 겨자씨가 되는 것이 주님을 만난 사람들의 첫 단계입니다. 작아졌던 주님을 통해 우리가 쉼을 얻은 것처럼 우리 또한 그분과 함께 작아질 때 하나님께서는 우리를 세상에서 방황하는 새들이 깃들일 수 있는 존재가 되도록 복 주시고 이끌어 가실 것입니다.

하나님, 저는 비록 작고 보잘것없는 존재이지만 하나님께서 저를 붙들고 계시기에 오늘도 쓰러지지 않고 잘 버티겠습니다.

9월 12일 제사장이 되는 길

출애굽기 19:5-6

5세계가 다 내게 속하였나니 너희가 내 말을 잘 듣고 내 언약을 지키면 너희는 모든 민족 중에서 내 소유가 되겠고 6너희가 내게 대하여 제사장 나라가 되며 거룩한 백성이 되리라 너는 이 말을 이스라엘 자손에게 전할지니라

마지막 때에 우리 모두 제사장이 되었으면 좋겠습니다. 하지만 아무나 그렇게 되는 것은 아닙니다. 본문에서는 제사장이 될 수 있는 길을 가르쳐주고 있습니다. 첫째, 세상은 모두 아버지의 것이라고 고백할 수 있어야 합니다. 시편 기자도 세상이 모두 하나님의 것임을 말하고 있습니다. '땅과 거기 충만한 것과 세계와 그중에 거하는 자가 다 여호와의 것이로다'시 24:1 둘째, 나 자신이 하나님의 소유가 되어야 합니다. 하나님의 소유가 되려면 전제 조건이 있습니다. 하나님의 말을 잘 듣고 언약을 지키는 것입니다. 본문 서두에서 이미 세계가 다 내 것이라고 말씀하셨음에도 다시 또 너희가 내 말을 잘 듣고 언약을 지킬 때 너희는 열국 중에 내 소유가 되고 제사장이 된다고 말씀하신 것은 하나님과 나 사이가 언약관계인 것을 인정하고 붙잡는 자만이 하나님의 소유가 되고 제사장이 될 수 있다는 의미입니다. 셋째, 하나님께서 주신 것들을 하나님의 뜻대로 사용해야 합니다. 하나님께서 세상 것을 내게 잠시 맡겨 주신 것은 나를 거룩한 백성 되게 하시기 위함입니다. 자신의 마음대로 쓰는 것이 아니라 반드시 하나님의 뜻을 먼저 구합니다. 제사장이 되는 사람은 자신의 소유뿐 아니라 자기 자신까지도 하나님의 영광을 위해 하나님의 뜻대로 쓰이도록 내어 놓습니다.

하나님, 저를 당신 앞에 내어놓습니다. 제 뜻을 내려놓습니다.
저를 하나님의 도구로 써 주십시오.

9월 13일 제자에게 따르는 것 - 순종

마가복음 16:19-20

19주 예수께서 말씀을 마치신 후에 하늘로 올려지사 하나님 우편에 앉으시니라 20제자들이 나가 두루 전파할새 주께서 함께 역사하사 그 따르는 표적으로 말씀을 확실히 증언하시니라

교회에는 예나 지금이나 두 종류의 사람이 있습니다. 무리와 제자입니다. 무리는 주님의 수많은 기사이적의 현장에 늘 쫓아다니던 사람들입니다. 자신이 추구하는 바에 따라 주님을 좇고 교회에 출석하는 자들이 바로 무리입니다. 그러나 제자는 다릅니다. 그들은 주님으로부터 부름을 받은 사람들입니다. 부름 받았다는 특권을 가진 자들이지만 철저한 순종이 요구되는 사람들이 바로 제자입니다. 안타깝게도 오늘날 구원은 받았지만, 제자가 된 사람은 많지 않습니다. 교회 안에서 순종을 찾아보기가 힘들어졌기 때문입니다. "순종 없는 기독교는 예수 그리스도가 없는 기독교이다."라고 한 본회퍼의 말에서 알 수 있듯이 순종은 영성의 출발점이라고 할 수 있을 만큼 크리스천의 삶에서 중요합니다. 그래서 주님은 순종하는 자들에게 이런 약속을 하십니다. 첫째, 주님이 함께 하십니다. '제자들이 나가 두루 전파할새 주께서 함께 역사하사' 둘째, 표적이 따라옵니다. '그 따르는 표적으로' 셋째, 하나님의 증거가 드러나고 하나님의 나라가 전파됩니다. '말씀을 확실히 증거하시니라' 하나님의 말씀 앞에서는 이유가 따로 없습니다. 그저 순종뿐입니다. 만약 예수님이 순종하지 않으셨다면, 십자가에 달려 돌아가시지 않았다면 인류를 위한 구원의 역사와 표적은 결코 이루어질 수 없었을 것입니다. 이 땅에 하나님의 나라가 전파될 수 없었을 것입니다. 말씀을 마치신 후 하나님 우편에 올라가신 주님은 무엇을 기다리고 계십니까? 우리의 순종을, 한국 교회의 순종을 기다리십니다.

하나님, 오늘도 하나님의 뜻을 구하며 그 뜻에 순종하는 삶이 되기를 원합니다.

9월 14일 하나님이 함께하시는 자

창세기 39:1-3

1요셉이 이끌려 애굽에 내려가매 바로의 신하 친위대장 애굽 사람 보디발이 그를 그리로 데려간 이스마엘 사람의 손에서 요셉을 사니라 2여호와께서 요셉과 함께 하시므로 그가 형통한 자가 되어 그의 주인 애굽 사람의 집에 있으니 3그의 주인이 여호와께서 그와 함께 하심을 보며 또 여호와께서 그의 범사에 형통하게 하심을 보았더라

본문에서는 요셉이 형통한 자가 되었다고 말합니다. 대부분의 사람들이 생각하는 '형통'은 사업이 성공하고 자식이 잘되고 건강하고 등등 자신이 원하는 대로 모든 것이 잘 이뤄지는 것입니다. 그런 측면에서 보면 요셉의 삶은 결코 형통하지 않았습니다. 어린 나이에 집을 떠나 애굽으로 팔려가야만 했던 삶이 형통입니까? 보디발의 집에서 열심히 일해 나름대로 인정을 받았던 것도 잠깐, 이내 누명을 쓰고 감옥살이를 하게 된 것이 형통입니까? 인간적인 생각으로 그것은 절대 형통일 수 없습니다. 하지만 그는 형통한 삶을 살았습니다. 형통이란 내 삶의 주권을 하나님께서 가지고서 이끌어 가심을 인정하고 그 이끄심에 순종하며 살아가는 것이기 때문입니다. 혹 우리의 삶이 어려움을 만난다 해도 하나님의 주권을 인정하는 사람은 그 어려움 자체가 형통임을 알게 됩니다. 지름길을 만들기 위해 터널을 뚫듯이 인생의 어두운 터널은 하나님께서 원하시는 목적지로 가기 위한 지름길입니다. 하나님이 함께하시는 사람은 무슨 일을 만나든지 그 현실이 형통이라고 고백합니다. 하나님이 함께하시는 사람은 무엇을 해도 하나님이 들으시고 보고 계심을 알기에 함부로 살지 않습니다. 그래서 다른 사람들이 그에게 하나님이 함께하시며 형통하게 하시는 것을 볼 수 있게 됩니다. 요셉이 바로 그런 자였습니다. 우리의 삶은 어떻습니까? 하나님이 함께하심이, 하나님이 형통케 하심이 드러나고 있습니까?

하나님은 늘 제 곁에 살아계십니다. 그 하나님을 믿음으로 보고 느끼면서 하나님과 대화하며 살겠습니다.

9월 **15**일 진정한 쉼

마태복음 11:28-30
28수고하고 무거운 짐 진 자들아 다 내게로 오라 내가 너희를 쉬게 하리라 29나는 마음이 온유하고 겸손하니 나의 멍에를 메고 내게 배우라 그리하면 너희 마음이 쉼을 얻으리니 30이는 내 멍에는 쉽고 내 짐은 가벼움이라 하시니라

현대인은 누구나 짐이 있습니다. 어린아이들까지도 피곤하다고 할 정도로 쉬지 않고 돌아가는 일정 때문에 혹은 삶의 무게 때문에 다들 힘들어합니다. 가진 자이거나 가지지 못한 자이거나 배운 자이거나 배우지 못한 자이거나 모두 지쳐서 쉼을 얻고 싶어 합니다. 어떤 사람은 평생 소원이 지겨운 일에서 벗어나 쉬는 거라고 말할 정도로 일에 지쳐 있고 스트레스 가운데 살아가는 것이 오늘날의 삶입니다. 그런데 하고 있는 일손을 놓는다고 쉼을 얻을 수 있을까요? 진정한 쉼은 첫째, 예수님께 나아가는 것입니다. 목자 되시는 주님은 인생길에서 지쳐있는 우리를 잘 아시기에 '내게로 오라 쉬게 하리라'고 말씀하시며 기다리고 계십니다. 우리에게 짐이 있을 때 문제가 있을 때 그것을 가지고 주님께 나아가는 것이 쉼을 얻는 것입니다. 둘째, 주님께 배우는 것이 진정한 쉼입니다. 우리는 평생을 배우면서 살아가야 합니다. 이제 더 이상 배울 것이 없다고 생각하는 사람은 교만한 사람입니다. 배우려는 자세가 되어 있는 사람은 희망이 있고 모든 것을 통해 배웁니다. 좋지 않은 상황 가운데서도, 어려움 중에도 그 일을 통해 하나님이 주시는 교훈을 발견하며 살아갑니다. 셋째, 멍에를 지는 것입니다. 소에게 멍에를 메게 하는 것은 논밭을 가는 데 수월하게 하기 위해서입니다. 멍에를 메기 싫어하는 소에게 멍에 대신 다른 밧줄을 묶어서 논밭을 갈게 한다면 더욱 힘들고 괴로워할 뿐입니다. 멍에는 우리를 힘들게 하는 것이 아니라 오히려 살 수 있게 합니다. 더욱이 주님이 주시는 멍에는 쉽고 가볍다고 말씀합니다. 쉼을 얻을 수 있는 곳을 찾기 어려운 오늘날 진정한 쉼은 주님께 나아가는 것, 주님께 배우는 것, 주님의 멍에를 지는 것임을 기억하십시오.

제 삶의 무게가 너무 버겁다고 느껴지는 순간에 주님께 나아가고 주님이 주시는 교훈에 귀를 기울이고 주님이 주시는 멍에를 멜 수 있는 제가 되고 싶습니다.

9월 16일 사랑의 설계도에 따라

에베소서 4:15-16

15오직 사랑 안에서 참된 것을 하여 범사에 그에게까지 자랄지라 그는 머리니 곧 그리스도라 16그에게서 온 몸이 각 마디를 통하여 도움을 받음으로 연결되고 결합되어 각 지체의 분량대로 역사하여 그 몸을 자라게 하며 사랑 안에서 스스로 세우느니라

인간의 몸에는 약 60조 개의 세포가 있습니다. 이 세포는 나름대로 설계도를 가지고 있어 그에 따라 각자가 머물러야 할 공간에 머물면서 세포끼리 유기적인 관계를 맺고 있어 어느 한 부분에 문제가 생기면 서로 도와서 제 기능을 할 수 있게 해 줌으로 생명체가 유지됩니다. 그런데 세포가 자기 설계도를 망각하고 마음대로 세포를 증식하여 자신의 자리를 넘어서서 다른 조직의 공간까지 침범하게 되는데 이것이 바로 암세포입니다. 세포 간의 유기적인 관계가 잘 이뤄지지 못할 때는 이 암세포를 퇴치할 수 없게 되어 결국 생명을 잃게 됩니다. 우리가 주님 안에 있으면서 주님의 설계도, 즉 말씀대로 살지 않고 자기 멋대로, 자기 생각대로 살게 되면 그것이 바로 영적인 암에 걸린 상태입니다. 불순종함으로 우리에게 이런 문제가 생기면 예수님이 우리의 머리가 되시고 우리는 모두 그분의 지체이기 때문에 우리 자신만 고통스러운 것이 아니라 주님께서 함께 아파하십니다. 요나가 니느웨로 가라는 말씀에 순종하지 못하고 다시스로 도망갔을 때 그는 3일 동안 스올의 뱃속에 들어가는 고통을 당하게 되었습니다. 이때 하나님께서는 함께 그 고통의 자리에 계셨습니다. 예수님께서 십자가의 사건을 통해 요나의 표적밖에는 보여줄 것이 없다고 한 말씀이 바로 이것을 의미합니다. 주님의 설계도를 따르지 않고 마음대로 살아갈 때 찾아오는 고통은 자신에게, 주님께, 그리고 가족, 이웃 등 주변 모두에게 영향을 미칩니다. 그리스도의 사랑의 설계도에 따라 순종하며 그리스도의 장성한 분량까지 자라가는 성도가 되기를 축복합니다.

하나님, 제 뜻을 내려놓고 주님의 설계도에 따라 순종하며 살아가는 제가 되기를 원합니다.

9월 17일 예수 그리스도 닮기

로마서 8:28-30

28.우리가 알거니와 하나님을 사랑하는 자 곧 그의 뜻대로 부르심을 입은 자들에게는 모든 것이 합력하여 선을 이루느니라 29하나님이 미리 아신 자들을 또한 그 아들의 형상을 본받게 하기 위하여 미리 정하셨으니 이는 그로 많은 형제 중에서 맏아들이 되게 하려 하심이니라 30또 미리 정하신 그들을 또한 부르시고 부르신 그들을 또한 의롭다 하시고 의롭다 하신 그들을 또한 영화롭게 하셨느니라

우리에게 아무런 어려움도 생기지 않는 것, 그것이 우리를 향한 하나님의 목표라면 우리는 정말 아무 어려움 없이 세상을 살아갈 수 있습니다. 평생을 건강하게 사는 것이 하나님의 목표라면 우리는 죽는 그날까지 아주 건강하게 살 것입니다. 모두가 부자 되는 것이 하나님의 목표라면 이 땅에 물질 때문에 고통받는 사람은 없을 것입니다. 하나님의 목표가 실패라면 우리 모두는 실패할 수밖에 없습니다. 그러나 하나님의 목표는 그런 것이 아닙니다. 세상적인 관점과는 전혀 다르게 하나님의 목표는 '선'입니다. 하나님의 백성들에게는 모든 것가난, 부요, 건강, 질병, 성공, 실패, 슬픔, 행복이 합력하여 선을 이루는 것, 이것이 하나님의 목표입니다. 그리고 '선'은 바로 예수 그리스도를 닮는 일입니다.29절, 그 아들의 형상을 본받게 하기 위하여 미리 정하셨으니 즉 어떤 상황에서도 예수 그리스도를 닮아가는 것이 우리를 향한 하나님의 목표입니다. 예수 그리스도를 닮는 것은 내 삶의 현장에서 예수의 마음과 생각으로 반응하는 것입니다. 어려운 일을 만났을 때 예수님의 마음과 생각으로 반응하는 사람은 이 어려움을 통해서 하나님이 나에게 주시는 메시지가 무엇일까 생각합니다. 그리고 나를 향한 하나님의 변함없는 사랑을 확신하며 오히려 찬양합니다. 이 사람이 예수 그리스도를 닮아가는 사람입니다. 우리를 향한 하나님의 목표는 우리가 이런 사람이 되는 것입니다. 이렇게 예수 그리스도를 닮아 가는 자를 하나님께서는 영화롭게 하십니다.30절 자신이 가지고 있는 삶의 목표에 '예수 그리스도 닮기'를 올려놓고 살아가기를 축복합니다.

모든 상황에서 예수님의 마음과 정신으로 반응하며 살아가는 제가 되기를 간절히 소망합니다.

9월 18일 하나님께 드리는 삶

로마서 12:1
그러므로 형제들아 내가 하나님의 모든 자비하심으로 너희를 권하노니 너희 몸을 하나님이 기뻐하시는 거룩한 산 제물로 드리라 이는 너희가 드릴 영적 예배니라

대부분의 성도들이 많은 것을 하나님께 드리고 있습니다. 하지만 두려움으로 율법적으로 혹은 의무감에서 드린다면 그것은 언젠가는 한계를 드러내게 될 것입니다. 그렇다면 어떻게 드려야 할까요? 하나님께 드리는 것은 하나님을 사랑하는 것입니다. 사랑없이 드리는 것은 진정한 드림이 아니기 때문입니다. 하나님을 사랑하는 사람은 첫째, 시간을 드립니다. 나의 24시간을 모두 그분을 위해 쓴다 해도 아깝지 않을 것입니다. 둘째, 소유를 드립니다. 우리에게 주신 것은 모두 하나님의 것임을 기억한다면 십일조를 비롯하여 물질을 드리는 것은 당연하게 여겨질 것입니다. 셋째, 보고 듣고 말하고 행동하는 것을 드립니다. 우리의 모든 감각은 사랑하는 하나님만을 위해 드려지고 사용되어야 합니다. 하나님을 위하는 일이 아니라면 하나님을 기쁘시게 하는 일이 아니라면 거부할 수 있는 용기가 필요합니다. 넷째, 값을 지불합니다. 사랑하는 사람을 위해서 값을 지불하는 것 자체가 기쁨이고 복입니다. 정말 하나님을 사랑한다면 값을 지불하는 것이 어렵지 않습니다. 값을 지불하는 것은 무엇입니까? 짐을 지는 것입니다. 사랑하는 하나님을 위해 짐을 지는 것이 오히려 행복으로 느껴지는 삶이 되기를 축복합니다.

하나님, 사랑합니다. 오늘도 하나님을 향한 사랑을 마음껏 표현하며 살고 싶습니다. 저의 시간도 소유도 보고 듣고 말하고 행동하는 것도 모두 하나님을 위해 사용하기 원합니다. 그리고 하나님을 위해 짐을 지기 원합니다.

새 사람을 입으라

9월 19일

에베소서 4:22-24

22너희는 유혹의 욕심을 따라 썩어져 가는 구습을 따르는 옛 사람을 벗어 버리고 23오 직 너희의 심령이 새롭게 되어 24하나님을 따라 의와 진리의 거룩함으로 지으심을 받 은 새 사람을 입으라

하버드대에서 세계를 이끌어가는 최상위 3%에 속하는 사람들을 연구한 적이 있습니다. 그 사람들의 대부분이 좋은 가정 출신에 일류 대학을 나오는 등, 배경이 좋은 사람들일 것이라는 예상과는 달리 그들은 자 신이 태어난, 혹은 자라온 환경과는 무관하게 모두가 적어도 30년이라는 장기간의 목표를 정하고 그대로 달려온 사람들이었다고 합니다. 이처럼 목표를 정하는 것은 참 으로 중요합니다. 그런데 어떤 목표를 정하고 그 목표를 어떻게 이루어 가느냐는 더 욱 중요합니다. 우리가 추구해야 하는 목표는 예수 그리스도를 닮는 일입니다. 예수 그 리스도를 닮지 않고서 좋은 일을 목표로 세우면 그것을 이루고 나서 사람들은 교만 해집니다. 다른 사람들을 정죄하게 됩니다. 그러기에 아무리 하나님께서 인정하시고, 세상 사람들이 환영하는 좋은 일을 목표로 삼는다 해도 우선되어야 할 목표는 바로 예수님을 닮아가는 것입니다. 예수님을 닮으려면 옛사람을 벗어버리고 마음이 새로 워져야 한다고 본문은 말씀합니다. 기독교라는 옷을 입고 있다고 해서 옛사람을 벗 고, 마음이 새롭게 되는 것은 아닙니다. 그 일은 결코 내 힘으로 되는 것이 아닙니다. 예수님을 닮기 위해서는 가난해져야 합니다.마 5:3 어떻게 심령이 가난해질까요? 하나 님 앞에 서야 합니다. 모세도 처음부터 좋은 성품의 소유자가 아니었습니다. 그는 살 인자였고, 40년이나 그를 키워준 왕궁을 뛰쳐나온 자였고 광야에서 40년을 살았던 거친 성격의 소유자였습니다. 그러나 출애굽하여 이스라엘 백성을 이끄는 동안 그는 문제가 있을 때마다 여호와 하나님 앞에 나아갔습니다. 이렇게 여호와 앞에서 살았기 에 하나님께서는 '그의 온유함이 지면의 모든 사람보다 더하다'고 인정하셨습니다. 새 사람을 입는 목표를 위해 늘 하나님 앞에 서는 성도가 되기를 축복합니다.

하나님, 모든 일에 앞서서 예수님을 닮는 것이 제 일의 목표가 되게 해주세요.

9월 **20**일 하나님께 사랑 고백하기

시편 84:10
주의 궁정에서의 한 날이 다른 곳에서의 천 날보다 나은즉 악인의 장막에 사는 것보다
내 하나님의 성전 문지기로 있는 것이 좋사오니

우리의 삶에 있어서 사랑은 중요합니다. 누구를, 무엇을 사랑하든, 사랑하는 그것이 내가 추구하는 가치, 목적이 되기 때문입니다. 사람은 자신이 사랑하는 것을 따라가게 되고 그것에 자신의 모든 것을 걸기도 합니다. 무언가를 사랑한다는 것은 그것이 없으면 못 산다는 것을 의미합니다. 즉 하나님이 없으면 못살겠다는 마음이 든다면 그것이 바로 하나님을 사랑하는 것입니다. 시편 84편의 기자는 얼마나 하나님을 사랑하는지 구구절절 하나님이 없이는 살수 없다고 고백하고 있습니다. 그리고 본문에서 그의 사랑의 고백은 절정에 이릅니다. 이 세상의 그 어떤 값진 것도 그에게는 아무 의미가 없고 소용이 없습니다. 그에게 의미 있는 존재는 오직 하나님뿐입니다. 얼마나 하나님을 사랑하면 단 하루라도 하나님과 함께 사는 것이 세상의 그 어떤 부귀영화보다도 낫다고 고백할까요? 그런데 어느 순간부터 하나님을 향한 뜨거웠던 사랑이 식어버리거나 세월이 흐를수록 사랑이 커지기는커녕, 그 사랑을 잃어버렸는데도 깨닫지 못한 채 살아가는 경우도 있습니다. 처음에는 하나님께서 인정하실 정도로 수고하고 인내하고 열심을 내었지만 결국 그 첫사랑을 버린 에베소 교회, 또한 차갑지도 뜨겁지도 않은, 하나님을 향한 사랑이 없는 라오디게아 교회의 모습이 우리 자신은 아닌지 돌아봐야 합니다. 혹시 하나님보다 더 사랑하는 것이 있지는 않습니까? 그때 우리는 필요한 그것을 바라볼 것이 아니라 오히려 하나님만을 바라보아야 합니다. 필요한 그것이 없어서 더 이상 내가 아무것도 못 하게 된다 해도 여전히 하나님만을 사랑하겠다고 고백해야 합니다. 우리를 향한 하나님의 사랑은 독생자를 희생시킨 큰 사랑임을 기억하며 어떤 경우에도 하나님에 대한 사랑을 고백할 때 하나님께서는 우리를 보호하시고 높여주십니다.^{시 91:14}

 시간이 흐를수록 하나님을 더욱 사랑하는 제가 되기를 간절히 소망합니다.

9월 21일 하나님을 조금씩 더 사랑하기

요한복음 21:15-17

15그들이 조반 먹은 후에 예수께서 시몬 베드로에게 이르시되 요한의 아들 시몬아 네가 이 사람들보다 나를 더 사랑하느냐 하시니 이르되 주님 그러하나이다 내가 주님을 사랑하는 줄 주님께서 아시나이다 이르시되 내 어린 양을 먹이라 하시고 16또 두 번째 이르시되 요한의 아들 시몬아 네가 나를 사랑하느냐 하시니 이르되 주님 그러하나이다 내가 주님을 사랑하는 줄 주님께서 아시나이다 이르시되 내 양을 치라 하시고 17세 번째 이르시되 요한의 아들 시몬아 네가 나를 사랑하느냐 하시니 주께서 세 번째 네가 나를 사랑하느냐 하시므로 베드로가 근심하여 이르되 주님 모든 것을 아시오매 내가 주님을 사랑하는 줄을 주님께서 아시나이다 예수께서 이르시되 내 양을 먹이라

부활하신 주님께서 베드로에게 세 번씩이나 네가 나를 사랑하느냐고 물으시면서 내 양을 먹이라, 내 양을 치라고 하신 것은 '너를 위해 죽었고 너를 위해 부활하여 네 앞에 나타난 내가 바로 너의 상급이란다. 네가 다른 것들보다 조금만 더 나를 사랑한다면 내가 너에게 양을 맡기마. 내 양을 칠 수 있게 해 주마'라는 의미입니다. 즉 주님을 사랑하면 모든 것을 더하시겠다는 것입니다. 다윗은 어떻습니까? 여호와는 나의 목자시니 내가 부족함이 없다고 노래합니다. 정말 그의 삶이 부족함이 없었습니까? 다윗처럼 절박하고 아픔이 많은 상황 가운데 살았던 사람도 없을 것입니다. 그러나 그는 여호와께서 자신의 상급이심을 알았기에 모든 것을 잃어버린다 해도 하나님 한 분만으로 만족하기에 부족함이 없다고 고백했던 것입니다. 하나님을 사랑하고 하나님이 상급임을 아는 자는 두려워하지 않습니다. 하박국 선지자의 고백대로 무화과나무가 무성치 못하고 포도나무 열매가 없고 논밭에 식물이 없고 외양간 송아지가 없어도 여호와 한 분으로 인해 즐거워하고 기뻐합니다.합 3:17 주님께서 오늘 우리에게도 말씀하십니다. '내가 너의 상급이다. 네 소유보다, 너 자신보다 조금만 더 나를 사랑해라'

하나님께서 제 상급이심을 고백합니다.
그 하나님을 어제보다 오늘, 오늘보다 내일 조금씩 더 사랑하기 원합니다.

9월 **22**일　포기

사무엘상 30:18-19

18다윗이 아말렉 사람들이 빼앗아 갔던 모든 것을 도로 찾고 그의 두 아내를 구원하였고 19그들이 약탈하였던 것 곧 무리의 자녀들이나 빼앗겼던 것은 크고 작은 것을 막론하고 아무것도 잃은 것이 없이 모두 다윗이 도로 찾아왔고

미국 최고의 야구 선수라 불리는 타이콥은 한때 타율이 형편없는 선수였습니다. 그러나 그는 그때 포기하지 않았기에 미국의 야구 역사상 가장 훌륭한 선수가 되었습니다. 영국의 20세기 뛰어난 정치가 윈스턴 처칠, 그의 삶에는 '포기'라는 단어가 없었습니다. 그가 수상일 당시 독일의 폭격으로 인해 수많은 사람들이 죽어가고 있을 때 그만 항복하자고 하는 주변의 간곡한 권유에도 그는 포기하지 않아 결국은 승리했습니다. 그의 사상이자 삶의 철학은 절대 포기하지 말라는 짧은 연설문을 통해 알 수 있습니다. "Never give up. Never give up. Never. Never. Never. Never give up." 하나님이 함께하시니 절대 포기하지 마십시오. 그때야말로 하나님의 힘을 구하며 하나님께 나아갈 때입니다. 이처럼 위기 속에서 하나님을 바라보며 의뢰하는 자에게 하나님은 넘치는 힘을 주십니다. 다윗은 아말렉으로 인해 다 잃은 상황에서도 용기를 잃지 않았기에 결국 모든 것을 찾아 회복했고 얼마 지나지 않아 사울왕의 죽음의 소식을 접하게 됩니다.삼하 1:1-4 그가 처한 어려움은 하나님께서 그를 왕으로 세우시기 위한 마지막 훈련 코스였던 것입니다. 모든 것은 하나님의 섭리와 계획 가운데 있었습니다. 지금 깜깜한 터널을 통과하고 있습니까? 하나님께서 나를 사용하시기 위한 마지막 훈련의 시간임을 기억하십시오.

절망의 시간에도 결코 포기하지 않게 하소서.
그때가 바로 하나님 앞에 나아갈 때임을 알게 하소서.

9월 23일 하나님을 경외하는 사람

시편 147:10-11

10여호와는 말의 힘이 세다 하여 기뻐하지 아니하시며 사람의 다리가 억세다 하여 기뻐하지 아니하시고 11여호와는 자기를 경외하는 자들과 그의 인자하심을 바라는 자들을 기뻐하시는도다

하나님을 경외하는 것은 하나님을 두려워하는 것과 전적으로 하나님만을 의뢰하는 것을 말합니다. 창조 때부터 하나님은 인간을 혼자 살도록 만드시지 않고 하나님을 의존하고 인간끼리 상호보완하면서 살아가도록 하셨습니다. 그래서 인간이 의존해야 할 대상을 의존하지 않고 다른 것을 의존할 때 하나님께서는 기뻐하지 않으십니다. 본문에서 '말의 힘, 사람의 다리'를 기뻐하시지 않는다고 말씀합니다. 말은 전쟁터에서 무엇보다 중요하고 사람의 다리 또한 소중하고 필요한 것으로 하나님께서 주신 것입니다. 그런데도 이러한 것들을 하나님께서 기뻐하시지 않는다는 것은 무슨 의미입니까? 전쟁은 여호와께 속한 것임에도 말을 의지할 때 분명 하나님은 기뻐하시지 않을 것입니다. 또한 살아가면서 어려움을 만났을 때 하나님을 먼저 찾지 않고 사람의 도움을 청하기 위해 빠르게 달려가는 다리를 하나님께서 기뻐하실 리가 없습니다. 즉 하나님께서는 인간이 창조의 섭리대로 하나님을 의뢰하며 살아가는 것을 기뻐하십니다. 어떻게 하나님만을 의뢰할 수 있을까요? 기드온이 미디안과 대적하여 싸울 때 나팔과 횃불을 들었음을 기억하십시오. 나팔은 말씀, 횃불은 성령입니다. 세상에 의지할 것은 하나도 없습니다. 오직 한 손에는 말씀을 들고 선포하며 다른 한 손에는 성령의 능력을 의지하는 자가 하나님을 경외하는 자이며 그에게 승리가 약속됩니다.

제가 하나님을 의지하지 않고 제 지식이나 경험, 물질을 의존하지 않도록 성령이여, 저를 붙들어주소서.

9월 **24**일　나의 고백

로마서 7:21-25

21그러므로 내가 한 법을 깨달았노니 곧 선을 행하기 원하는 나에게 악이 함께 있는 것이로다 22내 속사람으로는 하나님의 법을 즐거워하되 23내 지체 속에서 한 다른 법이 내 마음의 법과 싸워 내 지체 속에 있는 죄의 법으로 나를 사로잡는 것을 보는도다 24오호라 나는 곤고한 사람이로다 이 사망의 몸에서 누가 나를 건져내랴 25우리 주 예수 그리스도로 말미암아 하나님께 감사하리로다 그런즉 내 자신이 마음으로는 하나님의 법을 육신으로는 죄의 법을 섬기노라

사도 바울은 자기 안에 두 개의 실존 ─ 선을 행하기 원하는 실존과 악을 행하게 하는 실존 ─ 이 함께 존재함을 깨달았습니다. 그리고 그 둘 사이를 오가며 늘 지고 살아가는 자신을 발견하고서 '오호라 나는 곤고한 사람'이라고 고백했습니다. 늘 지고 살아가는 것은 보편적입니다. 누구나 다 그렇게 살아갑니다. 아무리 몸부림을 쳐도 어쩔 수 없는 인간의 모습입니다. 그러나 자신이 그렇게 실패하는 존재임을 깨닫는 것은 특별한 것입니다. 은혜를 받은 사람만이 그 고백을 할 수 있습니다. 이처럼 자신의 모습을 알 때 우리는 겸손해질 수 있습니다. 겸손은 신이 인간에게 내려준 최고의 덕입니다. 바울은 자신의 죄성을 발견하고서 사망의 몸에서 누가 나를 건져낼까 탄식하였지만, 곧 하나님께 감사했습니다. 우리도 마찬가지입니다. 두 실존 사이에서 날마다 질 수밖에 없는 존재이지만 예수 그리스도를 통하여 하나님께서 구원해 주시고 붙잡아주시니 감사할 수밖에 없습니다.

가치관이 허물어지고 갈등이 많은 어려운 시대를 살아가면서 바울의 마음 자세로 살아가게 하소서.

9월 **25**일 **인생의 가시**

고린도후서 12:9
나에게 이르시기를 내 은혜가 네게 족하도다 이는 내 능력이 약한 데서 온전하여짐이라 하신지라 그러므로 도리어 크게 기뻐함으로 나의 여러 약한 것들에 대하여 자랑하리니 이는 그리스도의 능력이 내게 머물게 하려 함이라

사람들은 자신의 삶 가운데 있는 가시를 큰 장애물이라고만 여길 뿐 능력이라고 생각하지 못합니다. 그런데 우리는 본문을 통해 가시가 어떻게 능력이 되는지 배울 수 있습니다. 바울은 세 번씩이나 하나님께 간구할 정도로 제거하기 원했던 인생의 가시를 지니고 있었습니다. 수없이 매를 맞고 감옥에 갇히고 배가 파선되고 굶주리고 헐벗고 죽음의 위협을 겪는 등 인생의 온갖 어려움은 다 겪은 바울. 이러한 고난이 자신의 연약함 때문이라고 인정하면서 오히려 그 약함을 자랑하는 그가 단순히 견디기 힘들고 괴로워서 혹은 자존심 때문에 가시를 없애달라고 간절히 구하지는 않았을 것입니다. 그는 하나님의 능력이 나타나기를 원했습니다. 자신을 통해 하나님의 영광이 드러나기를 원했습니다. 그런데 하나님은 본문에서 이렇게 응답하셨습니다. '네 가시가 도리어 네게 능력이 되고 있다. 그 가시로 인해 그리스도의 능력이 네게 머물게 된다' 우리로서는 선뜻 이해하기 어려운 말씀이지만 바울은 즉각 이해했습니다. 그는 능력의 개념을 제대로 알고 있었기 때문입니다. 성경적인 능력, 주님이 말씀하시는 능력은 자기 존재는 사라지고 예수님만 자랑하는 것입니다. 나는 없어지고 그리스도만 나타나는 것입니다. 바울처럼 대단한 사람도 가시가 없이는 주님만을 자랑할 수 없다는 것을 아시고 그에게 가시를 허락하신 것입니다. 하물며 우리는 어떠할까요? 가시내 가난, 나의 형편없는 성격, 내 질병, 내가 지금 겪고 있는 어려움로 인하여 오히려 주님이 드러나고 내가 겸손하여진다면 그것은 우리에게 포장하거나 감추어야 하는 문제가 아닙니다. 오히려 드러내놓고 자랑할 수 있는 능력이며 우리가 충분히 이길만한 것이 됩니다.

하나님, 제 인생의 가시로 인하여 감사할 수 있는 제가 되기를 소망합니다.

그리스도인으로 사는 삶

9월 **26**일

고린도후서 5:15-17

15그가 모든 사람을 대신하여 죽으심은 살아 있는 자들로 하여금 다시는 그들 자신을 위하여 살지 않고 오직 그들을 대신하여 죽었다가 다시 살아나신 이를 위하여 살게 하려 함이라 16그러므로 우리가 이제부터는 어떤 사람도 육신을 따라 알지 아니하노라 비록 우리가 그리스도도 육신을 따라 알았으나 이제부터는 그같이 알지 아니하노라 17그런즉 누구든지 그리스도 안에 있으면 새로운 피조물이라 이전 것은 지나갔으니 보라 새 것이 되었도다

세상 사람들은 믿는 사람을 바라보면서 하고 싶은 것도 맘대로 못 하고 즐기고 싶은 것도 못 즐기고 일주일 내내 일하고 난 후 주일마저 쉴 수 없으니 불쌍한 사람들이라고 생각하기 쉽습니다. 하지만 그들은 자신이 얼마나 위험한 계곡을 혼자서 가고 있는지, 아무리 힘쓰고 애써도 모든 것이 헛될 뿐이라는 것을 모르기에 오히려 더 불쌍한 사람들입니다. 반면에 우리는 본문의 말씀대로 새로운 피조물이기에 행복한 사람들입니다. 새로운 피조물이란 새 존재, 새 관계, 새 생활을 의미합니다. 첫째, 이전에는 사단과 관계하는 삶이었지만 이제는 주님과 동행하는 삶을 삽니다. 둘째, 이전에는 육적인 것밖에 보이지 않았지만, 이제는 새로운 것이 보이기 시작합니다.16절 셋째, 이전에는 죄와 허물로 죽었던 삶이지만 이제는 생명의 삶입니다. 그렇습니다. 우리는 비록 지금 내세울 것이 없다고 해도, 때로는 고통의 골짜기를 걸어가도, 예수님 안에 있기에 예수님과 동행하며 주님이 보여주시는 삶의 계획을 바라보면서 동시에 심판날 구원받을 것을 믿으며 새로운 생명의 삶을 살아가는 행복한 사람들입니다.

예수 그리스도 안에서 새로운 피조물이 된 것에 감사드립니다.
현재의 상황이 어떠하든지 행복을 선포하며 살아가겠습니다.

9월 **27**일 잘라야 할 두 종류의 가지

시편 131:1-3

¹여호와여 내 마음이 교만하지 아니하고 내 눈이 오만하지 아니하오며 내가 큰 일과 감당하지 못할 놀라운 일을 하려고 힘쓰지 아니하나이다 ²실로 내가 내 영혼으로 고요하고 평온하게 하기를 젖 뗀 아이가 그의 어머니 품에 있음 같게 하였나니 내 영혼이 젖 뗀 아이와 같도다 ³이스라엘아 지금부터 영원까지 여호와를 바랄지어다

하나님께서는 본문을 통해 우리 삶에서 불필요한 두 개의 가지를 잘라내시려는 강한 의지를 말씀하고 있습니다. 첫째, 교만의 가지입니다. 다윗이 말하는 교만은 눈이 높아진 것이라고 합니다. 이는 자신이 누구인지 깨닫지 못하는 것, 즉 자신의 자리가 종의 자리임을 깨닫지 못하는 것입니다. 그리고 야망으로 큰일과 미치지 못한 기이한 일을 힘쓰는 것이라고 합니다. 결국 교만은 하나님을 잊어버리게 하는 것이므로 잘라버려야 할 가지입니다. 둘째, 유아적 의존의 가지입니다. 다윗은 겸손과 더불어 젖 뗀 아이, 즉 철부지가 아닌 자기 정체성을 갖는 사람으로서의 삶에 대해 말하고 있습니다. 그는 무력함으로 인해 하나님 품에 안기는 것이 아니라 하나님을 자발적으로 섬기고 흔쾌히 주님의 인도하심이나 가르침에 순종하는 사람입니다. 또한 젖 달라고 울어대는 갓난아이가 아니라 엄마 품에 안겨있다는 것만으로도 만족하고 행복해하는 사람입니다. 젖을 구하기 위한 수단으로 엄마를 찾는 것이 아니라 엄마에 대한 사랑을 느끼고 사랑으로 응답할 줄 아는 존재가 젖 뗀 아이입니다. 하나님은 우리가 그런 삶을 살기 위해 유아적 의존의 가지를 자르기를 원하십니다.

아직도 저에게 남아 있는 교만함과 유아적 의존의 가지가 무엇인지 깨닫게 하소서.

9월 28일　하늘 권세를 받은 자

갈라디아서 4:6-7

6너희가 아들이므로 하나님이 그 아들의 영을 우리 마음 가운데 보내사 아빠 아버지라 부르게 하셨느니라 7그러므로 네가 이 후로는 종이 아니요 아들이니 아들이면 하나님으로 말미암아 유업을 받을 자니라

때로 고난이 있을 때 우리는 사단의 속삭임에 귀를 기울이며 흔들립니다. '하나님께 속한 자인데 왜 이리 어려움이 많은가? 왜 이리 몸은 성치 않은가? 왜 사업은 안 되나?' 등등 수없이 갈등하고 의심하며 사역을 내려놓으려 하거나 신앙생활을 힘들어 합니다. 그럼에도 불구하고 우리는 하나님을 아바 아버지라 부르는 하나님의 아들이며 하나님의 나라를 유업으로 받을 자이며 택하신 족속이며 왕 같은 제사장이며 거룩한 나라, 하나님의 소유된 백성이라는 사실에는 변함이 없다는 것을 기억하십시오. 고난이 오는 것은 배가 고픈 것입니다. 배가 고플 때 식사를 더욱 맛있게 먹을 수 있듯이 고난의 때에 우리는 하늘나라가 더욱 기다려질 것입니다. 고난이 올 때 천지를 지으신 하나님을 바라보십시오. 우리의 도움은 졸지도 주무시지도 않고 나를 지키시는, 낮의 해가 밤의 달이 나를 상치 못하도록 나를 지키시는 하나님께로부터 옵니다.^{시 121편} 우리는 신분이 바뀌었습니다. 소속이 바뀌었습니다. 땅과 연결되어 있고 땅에 속했던 자가 하늘과 연결되었고 하늘에 속한 자가 되었습니다. 땅에 소망을 두고 땅의 권세를 자랑하고 누렸던 자가 이제는 하늘에 소망을 두고 하늘 권세를 가지고 살아가는 사람이 되었습니다. 한 나라 안에서 경찰에게 질서를 유지하도록 권세를 주었는데 그 경찰이 자신의 권세를 사용하지 못한다면 그는 직무 유기를 하는, 쓸모없는 경찰일 것입니다. 우리는 어떻습니까? 이 땅에서 살아가는 동안 하나님께로부터 위임받은 권세를 사용하고 있습니까? 삶의 모든 영역에서 하늘 권세를 사용해야 할 것입니다. 그 권세를 사용하여 어둠의 영들을 결박하고 주 예수의 이름으로 그것들에게 떠날 것을 명령하고 선포해야 할 것입니다.

 하늘 권세를 가진 자로서 제 삶의 모든 영역에서 그 권세를 선포하며 담대하게 살아가기를 소망합니다.

9월 **29**일 용서

창세기 45:1-5

¹요셉이 시종하는 자들 앞에서 그 정을 억제하지 못하여 소리 질러 모든 사람을 자기에게서 물러가라 하고 그 형제들에게 자기를 알리니 그 때에 그와 함께 한 다른 사람이 없었더라 ²요셉이 큰 소리로 우니 애굽 사람에게 들리며 바로의 궁중에 들리더라 ³요셉이 그 형들에게 이르되 나는 요셉이라 내 아버지께서 아직 살아 계시니이까 형들이 그 앞에서 놀라서 대답하지 못하더라 ⁴요셉이 형들에게 이르되 내게로 가까이 오소서 그들이 가까이 가니 이르되 나는 당신들의 아우 요셉이니 당신들이 애굽에 판 자라 ⁵당신들이 나를 이 곳에 팔았다고 해서 근심하지 마소서 한탄하지 마소서 하나님이 생명을 구원하시려고 나를 당신들보다 먼저 보내셨나이다

세상에서 어렵다고 여겨지는 그 어떤 일보다도 용서는 어렵습니다. 하지만 어려운 일을 해냈을 때는 그 이상의 대가를 받게 됩니다. 그래서 용서는 과거의 청산이 아니라 미래를 향한 투자라고 말할 수 있습니다. 본문에서 우리는 요셉을 통해 참된 용서가 무엇인지 배울 수 있습니다. 17살이라는 어린 나이에 형들에게 배반당해 이집트에 팔려 가 온갖 고난을 겪은 그가 이집트의 총리대신이 되어서 형들을 만난 후 그들을 마음에 품고 용서하는 장면은 참으로 감동적입니다. 사실 아무리 많은 것을 얻은 사람이라 해도 용서할 수 없는 사람의 인생은 성공이 아닙니다. 용서는 선택이 아니라 필수입니다. 그런데도 어떤 이들은 죽어도 용서할 수 없다고 말하기도 합니다. 결국 용서는 미움을 기도로 승화시키지 않고는 어려운 것입니다. 용서는 내 힘으로 할 수 있는 것이 아니니 성령께 내게 기름 부어주셔서 용서할 수 있는 힘을 달라고 간구할 때 성령의 도우심이 있을 것입니다. 또한 주님이 모든 일에 함께하신다는 믿음입니다. 함께하시는 주님께서 어떤 경우에도 선을 이루실 것이며 생명의 역사를 이루실 것을 믿을 때 우리는 하나님의 마음, 용서의 마음을 소유하게 될 것입니다.

아직도 제 안에 용서하지 못하는 마음이 있음을 고백합니다. 성령님. 제게 기름 부어주셔서 제가 하나님의 마음, 용서의 마음을 품게 도와주세요

9월 **30**일 　 순종

신명기 30:9-10

네가 네 하나님 여호와의 말씀을 청종하여 이 율법책에 기록된 그의 명령과 규례를 지키고 네 마음을 다하며 뜻을 다하여 여호와 네 하나님께 돌아오면 네 하나님 여호와께서 네 손으로 하는 모든 일과 네 몸의 소생과 네 가축의 새끼와 네 토지 소산을 많게 하시고 네게 복을 주시되 곧 여호와께서 네 조상들을 기뻐하신 것과 같이 너를 다시 기뻐하사 네게 복을 주시리라

본문에서 말씀하시듯 순종의 결과는 놀라운 은혜와 축복임을 잘 알고 있지만 순종은 결코 쉽지가 않습니다. 그러나 순종의 삶이 가능하기에 하나님께서 명령하신 것입니다. 예수님이 하나님의 말씀에 온전히 순종하시는 모범을 보여주셨기에 우리도 충분히 할 수 있습니다. 또한 성경 속의 인물들, 생명을 던져 선교 사역에 헌신한 사람들, 그리고 오늘날도 많은 사람들이 실제로 순종의 삶을 살았고 살고 있습니다. 과연 어떻게 해야 순종이 가능합니까? 순종을 가능케 하는 것은 오직 한 가지, 바로 사랑입니다. 하나님께서 마음을 다해 성품을 다해 뜻을 다해 하나님을 사랑하라고 명령하신 것은 바로 하나님을 위해서가 아니라 우리 자신을 위해서입니다. 우리가 하나님을 사랑할 때 사랑하는 것만큼 하나님께 순종할 수 있기 때문입니다. 온 우주를 통치하시는 하나님께서 이 하찮은 미물인 우리에게 마치 사랑에 굶주린 것처럼 사랑하라고 말씀하신 것은 사랑의 힘만이 순종할 수 있는 힘을 만들어내기 때문입니다. 그러나 사랑마저도 내 힘이 아니라 성령께서 임하셔야 가능합니다. 성령의 힘으로 하나님을 사랑할 수 있게 되어 온전히 순종하며 그 순종으로 이 땅을 변화시키는 성도가 되기를 축복합니다.

하나님. 오늘도 성령을 간구하며 하나님을 100% 사랑함으로 순종의 삶을 살 수 있기를 간절히 소망합니다.

October

10월

복음 전파

10월 **1**일 아들을 보내신 이유

요한복음 3:16-17

16하나님이 세상을 이처럼 사랑하사 독생자를 주셨으니 이는 그를 믿는 자마다 멸망하지 않고 영생을 얻게 하려 하심이라 17하나님이 그 아들을 세상에 보내신 것은 세상을 심판하려 하심이 아니요 그로 말미암아 세상이 구원을 받게 하려 하심이라

맬 퇴치를 위해 아프리카로 들어가 아프리카인들을 위한 교육 사역에 헌신하던 아나스타시오스는 한 소녀의 죽음 이후 그때까지의 자신의 사역이 공허한 것이었고 무엇보다 영생에 대해 가르치는 것이 중요함을 깨닫고 남은 생애를 복음 전하는 일에 바쳤다고 합니다. 모든 인간에게는 영원에 대한 갈망이 있습니다. 겉으로는 돈, 명예 등을 갈망하는 것 같지만 사실은 그 안에는 영원을 사모하는 마음이 있습니다. 이것이 우리가 복음을 전해야 하는 중요한 이유입니다. 또한 복음 전파는 하나님께서 원하시는 것입니다. '우리가 아직 죄인 되었을 때 그리스도께서 우리를 위하여 죽으심으로 하나님께서 우리에게 대한 자기의 사랑을 확증하셨느니라'롬 5:8 본문에서는 세상을 이처럼 사랑하사 독생자를 세상에 보내심으로 구원받게 하셨다고 말씀합니다. 하나님께서는 온 인류가 아무도 멸망치 않고 회개하고 돌아오기를 원하십니다.벧후 3:9 노아의 홍수 사건을 통해서도 알 수 있는 것은 하나님은 진노 가운데서도 인류를 사랑하신다는 사실입니다. 복음 전파는 하나님의 명령입니다.마 28:19-20 그리고 복음 전파는 하나님께 영광이 되는 일입니다.빌 2:11 그리스도의 십자가는 하나님께 영광이 되었습니다. 오늘날 하나님과 인간 사이의 관계를 맺어주는 십자가 역할은 바로 복음 전파입니다. 우리가 이렇게 중요한 복음 전파를 모른 체하고 그 명령에 순종하기를 멈추고 있다면 그것은 하나님의 존재를 무시하는 것입니다. 하나님의 존재에 대한 확신이 있다면 우리는 복음을 전할 수밖에 없습니다. 하나님께서 가장 기뻐하시고 갈망하시는 것이며 세상도 갈망하는 것, 또한 우리에게 명령하신 복음 전파에 대한 열정을 가지기를 축복합니다.

지금까지 하나님께서 저에게 정말 원하시는 것이 무엇인지 몰랐음을 고백합니다. 아버지, 오늘 하루 만나는 사람에게 복음을 전하도록 도와주세요.

10월 **2**일 　삼의 목적

고린도전서 1:17
그리스도께서 나를 보내심은 세례를 베풀게 하려 하심이 아니요 오직 복음을 전하게 하려 하심이로되 말의 지혜로 하지 아니함은 그리스도의 십자가가 헛되지 않게 하려 함이라

옛날에 비해 환경이 좋아지고 많은 것을 누리게 된 현대인에게 왜 우울증이 생기는 것입니까? 많은 것을 소유하고 있어도 삶의 목적, 의미를 모르기 때문에 미래가 없고 결국 살고 싶은 마음이 없어지는 우울증을 앓게 되는 것입니다. 하지만 목적이 있는 사람은 미래가 있습니다. 목적 자체가 삶을 이끌어가는 원동력이 되기 때문입니다. 목적이 그를 부릅니다. 그 목적을 좇아가는 삶은 어려움이 따를지라도 의미가 있기에 살아갈 힘도 있는 것입니다. 그런데 중요한 것은 '무엇에 목적을 두는가?'입니다. 목적이 있다고 해도 세상 것에 목적을 두는 것과 하나님의 나라에 목적을 두는 것은 아주 큰 차이가 있기 때문입니다. 목적이 없는 삶보다는 있는 삶이 훨씬 낫지만, 세상 것에 목적을 두는 삶은 언젠가는 절망과 허탈감을 가져다줍니다. 본문은 사도 바울이 인생의 목적을 어디에 두고 살아갔는지 말해주고 있습니다. 바울은 그리스도의 십자가 고난이 헛되지 않게 하는 것이 삶의 목적, 목표였습니다. 그래서 그는 십자가를 자랑하며 즉 복음을 전하며 살아가기로 결심한 것입니다. 이렇게 목표 의식이 분명한 바울이기에 아그립바 왕 앞에서 심문을 당하는 처지에도 자기 정체성이 확실했습니다. 이방과 이스라엘의 구원을 위해 부름을 받았으니 그들의 눈을 뜨게 하여 어두움에서 빛으로, 사단의 권세에서 하나님께로 돌아가게 하고 죄 사함을 얻고 기업을 얻게 하는 것이 삶의 목적임을 분명히 하고 있습니다.행 26:17-18 삶의 목적이 있습니까? 목적을 어디에 두고 있습니까?

하나님, 세상 것을 자랑하는 것이 아니라 십자가를 자랑하는 것이 제 삶의 목적이 되게 해주세요.

온 천하에 다니며

10월 3일

마가복음 16:15
또 이르시되 너희는 온 천하에 다니며 만민에게 복음을 전파하라

시골이 고향인 사람들은 아마도 어린 시절에 서울 가보는 것이 소 원이었을 것입니다. 어느 날 막상 서울을 가게 되면 흥분하여 잠을 이루지 못했을 것입니다. 그저 기대감만 있고 행복할 뿐 '기차 삯은 어떻게 해야 하나?' '어디서 묵어야 하나?' 등등 걱정은 하나도 하지 않았을 것입니다. 단순히 서울 가는 것만으로도 그렇게 흥분했던 우리에게 오늘 주님께서는 말씀하십니다. '너 희는 온 천하에 다니며 …' 이 말씀을 듣고도 흥분이나 감동이 전혀 없고 '온 천하를 무슨 수로 갈 수 있단 말인가?'라고 생각한다면 그는 분명 '온 천하를 다니는 것은 목 사님들이나 하는 일이고 능력 있고 돈 있는 사람들이나 할 수 있는 일이지 내 몫은 아 니다'라고 생각하는 사람입니다. 그런데 주님께서 2천 년 전 이 말씀을 하셨을 때 제 자들의 모습은 어떠했습니까? 그들 역시 다른 나라 땅은 한 번도 밟아 본 적이 없고 다른 나라 언어는 전혀 할 줄 모르는 사람들이었습니다. 특별한 자격을 갖춘 사람이 온 천하를 다닐 수 있는 것이 아닙니다. 하나님께서는 하나님의 자녀라면, 하나님의 백성이라면 누구나 온 천하를 다니기를 원하십니다. 내가 온 천하를 갈 수 있다면 그 것은 내 힘이 아니라 하나님께서 가능하게 해주십니다. 우리는 그저 '내가 온 천하를 가는 목적이 바로 만민에게 복음을 전파하는 것에 있다'는 사실을 기억하며 순종하면 됩니다. 하나님께서는 우리가 이 목적대로 살 수 있도록 우리를 책임져 주실 것이고 우리를 통해 세계 열방이 하나님의 나라가 되게 할 것이며 우리에게 더 큰 복을 허락 하실 것입니다. 믿음의 걸음을 내딛고 멈추지 않기를 축복합니다.

하나님, 저는 아무 자격이 없고 실력도 없지만, 말씀에 의지하여 온 천하를 향해 믿음의 걸음을 내딛기 원합니다. 먼저 기도로 출발하게 하소서.

인생은 복을 전하는 하나님의 선물

10월 4일

창세기 12:2
내가 너로 큰 민족을 이루고 네게 복을 주어 네 이름을 창대하게 하리니 너는 복이 될지라

전도서 3:13
사람마다 먹고 마시는 것과 수고함으로 낙을 누리는 그것이 하나님의 선물인 줄도 또한 알았도다

일본 홋카이도 대학에서 개미만을 연구하는 사카가미 교수는 모든 개미가 다 부지런히 일하는 것은 아니라는 사실을 발견했습니다. 20%만이 생산적으로 열심히 활동하고 60%는 바삐 움직이기는 하는데 별로 생산성이 없으며, 나머지 20%는 빈둥거리며 지냈습니다. 그래서 열심히 일하는 20%의 개미들만 따로 분류해서 공동체를 형성해 보았더니 앞에서와 똑같이 일 잘하는 20%, 놀고먹는 20%, 비생산적으로 움직이는 60%로 나뉘는 현상이 일어났습니다. 결국 개미의 세계에서는 20%의 개미들이 나머지 80%를 먹여 살린다고 할 수 있습니다. 이것은 우리에게 시사하는 바가 큽니다. 사실 인간 공동체도 소수가 다수를 끌어갑니다. 교회도 마찬가지입니다. 이 땅에 수많은 교회가 있지만 20%에 속하는 교회가 다른 교회들을 세워가고 끌어가야 합니다. 우리 교회를 하나님께서 20% 내에 들어가는 교회로 만들어주셨다면 그것은 나머지 교회들을 살리고 일으키라는 뜻이 있는 것입니다. 더욱이 우리나라는 전 세계에서 손꼽히는 나라가 되었습니다. 하나님께서 이 땅을 축복하신 것은 우리만 잘 먹고 잘살라는 것이 아니라 우리의 도움을 필요로 하는 땅을 향해 손을 펴라는 책임을 말씀하시는 것입니다. 우리는 열방을 향한 복의 통로로 살아야 합니다. 하지만 누구나 그렇게 살 수 있는 것은 아닙니다. '인생은 하나님이 주신 선물'임을 믿는 사람만이 복의 통로로 살 수 있습니다. 당신의 인생은 하나님의 선물입니까? 그 선물은 다른 사람에게 복을 나눠주는 통로로 사용되고 있습니까?

 제 인생은 하나님의 선물임을 고백합니다. 주신 선물을 감사히 잘 다루어서 다른 사람에게 복을 전달하는 통로가 되기를 원합니다.

10월 **5**일 예수님을 어떻게 전하나

요한복음 11:25-26

25예수께서 이르시되 나는 부활이요 생명이니 나를 믿는 자는 죽어도 살겠고 26무릇 살아서 나를 믿는 자는 영원히 죽지 아니하리니 이것을 네가 믿느냐

예수님이 부활이요 생명이심에 대한 확신이 있습니까? 그렇다면 예수님을 알지 못하는 자들에게 그 확신에 대해 전하십시오. 세상은 예수님을 신화적인 존재라고 하며 부활하지 않았다고 말합니다. 예수님의 존재를 부인하는 사람들은 자신이 죄인이라는 사실도 시인하지 않습니다. 주님은 십자가에 달려 돌아가시면서 그런 자들을 향해 '저들이 모르기 때문'이라고 불쌍히 여기셨습니다. 주님의 그 외침을 오늘 우리는 들을 수 있어야 합니다. 미처 알지 못하여 그리스도를 부인하는 세상에 다가가 예수님만이 부활이요 생명이심을 이야기해 주어야 합니다. 예수님을 통하지 않고는 영원한 생명에 이르지 못하며 아무리 많은 것이 주어져도 예수님을 모르면 그 삶은 아무 의미가 없다는 것을 깨닫게 해주어야 합니다. 풍요로운 삶은 주님을 통해서만 가능하고 죄를 사할 수 있는 권세는 오직 주님에게만 있으며 예수님을 믿으면 심판으로부터 벗어나 자유롭게 된다는 사실도 가르쳐 주어야 합니다. 참 제자는 자신이 만난 그리스도를 담대하게 전합니다.

언제 어디서 무엇을 하든지 예수님이 부활이고 생명이심을 전하는 자로 살기를 간절히 소망합니다.

10월 **6**일 　왜 전도해야 하나

마태복음 28:18-20

18예수께서 나아와 말씀하여 이르시되 하늘과 땅의 모든 권세를 내게 주셨으니 19그러므로 너희는 가서 모든 민족을 제자로 삼아 아버지와 아들과 성령의 이름으로 세례를 베풀고 20내가 너희에게 분부한 모든 것을 가르쳐 지키게 하라 볼지어다 내가 세상 끝날까지 너희와 항상 함께 있으리라 하시니라

복음 전파는 주님이 승천하실 때 부탁하신 가장 소중한 유언입니다. 이 마지막 명령을 우리가 행할 때 하나님은 얼마나 기뻐하실까요? 주님의 최대 관심사는 하나님의 이름이 거룩하게 되고 하나님의 나라가 회복되고 하나님의 뜻이 이 땅에 이루어지는 것이기 때문에 사단이 지배하고 있는 이 땅으로부터 하나님의 나라를 회복시키기 위해서 복음 전파는 반드시 필요합니다. 세상 사람들은 지금 영적인 사막 한가운데서 수많은 종교를 좇고 철학을 좇고 쾌락을 좇으며 영혼에 대한 갈망을 채우려 합니다. 오아시스를 먼저 발견한 우리가 사막 한가운데서 방황하는 그들에게 오아시스가 있노라고 말해주어야 합니다. 그 오아시스가 바로 예수님이라고 오직 예수만이 생명이고 영적인 갈망을 해결해줄 수 있는 분이라고 외쳐야 합니다. 더욱이 예수님은 인격적인 존재로 내 곁에 실재하십니다. 이렇게 분명하게 존재하시는 분을 소개하지 않는다면 그것은 주님께 대한 모욕입니다. 우리가 주님을 마음껏 고백하고 시인하는 순간 주님은 기뻐하시며 우리가 입술로 고백한 그대로 반드시 이루어주실 것입니다. 우리는 권능을 받은 자, 하늘과 땅의 권세를 얻은 대단한 사람입니다. 세상 앞에서 자신 있게 담대하게 주님을 증거하게 되기를 축복합니다.

하나님, 사막 한가운데서 오아시스를 발견했음에도 그것을 알리지 못하고 복음 전파의 중요성을 망각하고 있는 저를 불쌍히 여겨주세요.

10월 7일 무엇을 전해야 할까?

누가복음 24:44-49

44또 이르시되 내가 너희와 함께 있을 때에 너희에게 말한 바 곧 모세의 율법과 선지자의 글과 시편에 나를 가리켜 기록된 모든 것이 이루어져야 하리라 한 말이 이것이라 하시고 45이에 그들의 마음을 열어 성경을 깨닫게 하시고 46또 이르시되 이같이 그리스도가 고난을 받고 제삼일에 죽은 자 가운데서 살아날 것과 47또 그의 이름으로 죄 사함을 받게 하는 회개가 예루살렘에서 시작하여 모든 족속에게 전파될 것이 기록되었으니 48너희는 이 모든 일의 증인이라 49볼지어다 내가 내 아버지께서 약속하신 것을 너희에게 보내리니 너희는 위로부터 능력으로 입혀질 때까지 이 성에 머물라 하시니라

오늘날 자유주의 신학의 영향을 받아 복음 전파할 때 예수를 전하지 않고 '예수를 믿으면 국가의 문화가 발전한다', '예수 믿으면 복을 받게 된다', '예수 믿으면 서구처럼 선진화될 수 있다'라고 전하는 사람들이 있습니다. 물론 이런 것들이 복음을 받아들인 결과는 될 수 있지만 이 자체가 복음은 아닙니다. 우리가 전해야 할 것은 '그리스도의 고난과 부활'입니다.46절 이것이 전도의 핵심이 되어야 합니다. 또한 '예수 그리스도의 이름으로 죄 사함을 얻는다'47절 즉 죄 사함은 오직 그리스도의 십자가만으로, 그 보혈의 능력을 믿을 때만 가능하다는 것을 전하는 것이 전도와 선교입니다. 우리는 이 모든 일의 증인입니다. 하나님께서는 이 증인 된 삶을 살도록 우리에게 성령을 주셨습니다. 방언, 신유, 환상 등이 성령을 받으면 일어나는 일들이지만 성령을 주신 목적은 아닙니다. 성령이 임하면 우리는 죽어가는 영혼에 대해 불쌍히 여기는 마음과 열정이 생겨 복음을 전할 수 있는 권능을 받게 되는데 이것이 성령을 주시는 본래 목적입니다. 성령이 임하여 그리스도의 고난과 부활을 전할 수 있기를 축복합니다.

 성령님, 오늘도 제가 증인 된 삶을 살 수 있게 도와주세요.

10월 8일 세상의 탄식

로마서 10:13
누구든지 주의 이름을 부르는 자는 구원을 받으리라

우리는 세상의 탄식에 귀를 기울여야 합니다. 또한 그 탄식이 내 탄식으로 바뀌는 역사가 있어야 합니다. 세상의 아픔이 내 아픔이 될 때, 세상의 문제가 내 문제가 될 때 우리는 진정 세상을 위해 중보할 수 있습니다. 오늘, 하나님께서는 우리를 향해 말씀하십니다. "네 자신의 일로만 바쁘냐? 너희만 구원받고 영생을 누리기를 원하느냐?" 이것은 곧 우리가 세상의 탄식을 듣고 그 소리가 내 것이 되어 간절한 마음으로 하나님 앞에 부르짖기를 원하시는 주님의 음성입니다. 예수님은 이 땅에 오셔서 죄 가운데 있는 우리의 아픔을 십자가 위에서 그대로 다 겪으심으로 우리의 죄의 문제를 해결해 주셨습니다. 주님은 우리의 아픔 속으로 들어오셨고 아픔을 체휼하셨고 느끼셨기에 하나님 앞에서 우리를 위해 간절하게 외치신 것입니다. 오늘날 문제 가운데 있는 자들의 탄식은 바로 주님을 향한 간절함입니다. 그들 자신은 주님을 알지 못하기에 그것이 주님을 부르는 소리인지조차 깨닫지 못하지만 믿는 우리는 영안을 열어 그것을 듣고 볼 수 있는 자들입니다. 많은 이들이 '내 자신의 삶을 유지하는 것만으로도 버거운데 세상의 탄식까지 어떻게 듣느냐?'고 반문할지도 모릅니다. 교회들도 살아남기가 어려운 암울한 시대입니다. 그럼에도 불구하고 곳곳에서 외치는 주님을 향한 탄식 소리를 외면할 수는 없습니다. 그들에게 다가가서 손을 잡아주고 주님께로 인도해야 합니다. 그때 우리는 생명력 있는 신앙인이 되어 이 땅에 구원을 이루어갈 수 있을 것입니다.

하나님, 제 귀를 열어주셔서 이웃의 울음소리, 탄식 소리를 들을 수 있게 하시고 제 발이 그 곳으로 달려가 제 손이 그들의 손을 잡을 수 있게 하소서.

10월 **9**일 영혼 구원을 위한 길

로마서 10:14
그런즉 그들이 믿지 아니하는 이를 어찌 부르리요 듣지도 못한 이를 어찌 믿으리요 전파하는 자가 없이 어찌 들으리요

세계적인 복음 전도자 D. L 무디는 1871년 시카고의 큰 집회에서 영혼 구원을 위한 말씀을 전하라는 성령의 음성을 무시하고 자신의 뜻대로 말씀을 전하였는데 그날 밤 시카고에 대형 화재가 나서 3,000여 명이 목숨을 잃었습니다. 그 사건을 통해 무디는 복음의 긴박성을 깨닫게 되었고 영혼을 구원하는 일이 무엇보다 중요함을 알게 되어 그날 밤 성령의 음성에 순종하지 않았던 일을 회개하며 평생 복음 증거에 헌신했습니다. 사단은 우리에게 복음 전파를 내일 하면 된다고 속삭이지만, 내일은 내 것이 아닙니다. 오늘만이 하나님께서 우리에게 허락하신 기회입니다. 물질, 건강, 시간 등 모든 것은 오늘만, 지금만 누릴 수 있습니다. 만약 우리에게 내일이 주어진다면 그것은 참으로 은혜일 뿐입니다. 사단의 거짓말에 속지 않고 '증거하라'고 하신 주의 명령 따라 담대하게, 긴박하게 전파해야 합니다. 그러나 전하는 것을 막아서는 사단은 전하고 난 후에도 복음을 듣는 자의 귀를 막는 방해를 합니다. 그래서 영혼 구원을 위해서는 반드시 기도가 필요합니다. 사람의 마음은 마치 길가나 돌짝밭이나 가시밭과 같아서 먼저 기경시키지 않으면 말씀이 제대로 자라지 못하고 결국 사단에 의해 빼앗겨 버리기 때문입니다. 듣는 자에게 성령이 임하기를 기도할 때 성령에 의해서 굳은 마음이 제하여지고 새 마음, 부드러운 마음이 부어져 복음이 들어갈 수 있게 됩니다.겔 36:26 영혼 구원을 위해서는 즉각적인 복음 전파와 듣는 자를 위한 기도, 두 가지가 반드시 필요합니다.

하나님, 복음 전파를 차일피일 미루고 있는 제 모습을 알게 되었습니다.
내일로 미루지 않고 오늘 제가 이웃에게 복음을 전할 수 있는 용기를 주세요.

10월 **10**일 보냄 받은 자

로마서 10:15
보내심을 받지 아니하였으면 어찌 전파하리요 기록된 바 아름답도다 좋은 소식을 전하는 자들의 발이여 함과 같으니라

우리가 쓰임을 받는 것은 우리가 잘나서가 아니라 하나님으로부터 보냄을 받았기 때문입니다. 아브라함, 그는 믿음의 조상이라 불리지만 사실 형편없는 사람이었습니다. 우상을 섬기는 가정에서 태어난 사람이었고 흉년을 피해 애굽으로 갔을 때는 자신이 살아남기 위해 아내를 누이로 속이고 바로에게 들여보낼 만큼 야비했습니다. 이삭은 어떻습니까? 그 역시 아버지를 닮아 똑같은 행동을 한 실망스러운 사람이었습니다. 또한 나이가 들어서는 자기 자식을 구별도 못 할 만큼 분별력을 상실한 사람이었습니다. 그렇다면 야곱은 어떻습니까? 목적을 달성하기 위해서 아버지와 형제를 속이는 불효자였고 비열한 사람이었습니다. 그런데도 이들은 하나님께 쓰임 받았습니다. 하나님께로부터 보냄 받은 자들이었기 때문입니다. 하나님께로부터 보냄 받은 것을 믿는 자들은 첫째, 시선이 하나님을 향해 있습니다. 즉, 어떤 상황에서나 하나님만 바라봅니다. 낙심되고 좌절할 상황 앞에서도 그는 하나님께 시선을 맞추고 하나님을 향해 간구함으로 최상의 것으로 늘 응답을 받습니다. 둘째, 매사에 하나님을 알리고 그분을 섬깁니다. 때로 환난과 역경으로 인해 하나님을 증거하는 삶이 부질없다는 생각이 들 때도 있습니다. 그러나 이것은 사단에게 속는 것입니다. 어떤 상황에 처해도 하나님께로부터 보냄 받은 사실을 믿는다면 우리는 사도 바울처럼 죽기까지 하나님을 증거할 수 있어야 합니다.

제가 보냄 받은 자라는 사실에 감사합니다. 보냄 받은 자로서 하나님을 증거하며 살도록 용기를 주시고 입술에 능력을 더해주소서.

10월 **11**일   **온 땅에 복음이**

마태복음 6:10
나라가 임하시오며 뜻이 하늘에서 이루어진 것 같이 땅에서도 이루어지이다

마태복음 18:14
이와 같이 작은 자 중의 하나라도 잃는 것은 하늘에 계신 너희 아버지의 뜻이 아니니라

우리를 향하신 하나님의 뜻은 '온 땅에 복음이 전파되는 것'입니다. 하나님은 소자 하나도 잃지 않는 것, 즉 아무도 멸망치 않고 다 회개하는 것을 원하셨기에^{벧후 3:9} 사단에 의해 하나님의 백성들이 짓밟히고 죽어가는 모습을 바라보시며 당신의 몸을 던질 수밖에 없었습니다. 이렇게 주님이 세상을 향해, 사단을 향해 전쟁을 선포하셨는데 우리가 어찌 가만히 있을 수 있습니까? 그렇다면 어떻게 해야 사단이 지배하고 있는 이 세상을 정복하여 하나님의 백성들을 살려낼 수 있을까요? 첫째, 어떤 어려움 가운데서도 땅의 것을 생각하지 않고 위의 것을 생각하며 위대한 결단을 해야 합니다. 둘째, 위대한 결단을 고정시켜야 합니다. 고정시키고 나면 오히려 힘을 얻고 기쁨도 행복도 맛보게 됩니다. 하나님은 그런 사람들을 사용하십니다. 셋째, 위대한 일을 위해 기도해야 합니다. 우리 모두는 하나님의 백성을 잃어버리지 않기 위한 전쟁에 주님을 대장으로 모신 병사들입니다. 이 전쟁에서 가장 큰 무기는 바로 기도입니다. 넷째, 위대한 일을 선포하며 직접 싸우러 나가야 합니다. 전쟁은 승리 아니면 죽음이라는 두 길이 있지만 하나님의 뜻을 위해 복음을 선택하고 세상에 나가서 싸우는 사람, 그것을 목적 삼고 살아가는 사람에게는 오직 승리만 있을 뿐입니다. 복음을 위한 죽음은 승리가 되기 때문입니다. 이 사실을 기억하며 담대히 나아가십시오.

말씀을 통해 이 땅에서의 삶이 복음 전파를 위한 전쟁터임을 실감하게 됩니다. 우리를 향하신 하나님의 뜻, 복음 전파를 위해 기도하며 담대히 나아가는 용사가 되기를 원합니다.

산을 넘는 자의 발

10월 12일

이사야 52:7-10

7좋은 소식을 전하며 평화를 공포하며 복된 좋은 소식을 가져오며 구원을 공포하며 시온을 향하여 이르기를 네 하나님이 통치하신다 하는 자의 산을 넘는 발이 어찌 그리 아름다운가 8네 파수꾼들의 소리로다 그들이 소리를 높여 일제히 노래하니 이는 여호와께서 시온으로 돌아오실 때에 그들의 눈이 마주 보리로다 9너 예루살렘의 황폐한 곳들아 기쁜 소리를 내어 함께 노래할지어다 이는 여호와께서 그의 백성을 위로하셨고 예루살렘을 구속하셨음이라 10여호와께서 열방의 목전에서 그의 거룩한 팔을 나타내셨으므로 땅 끝까지도 모두 우리 하나님의 구원을 보았도다

이스라엘이 바벨론 포로로 어려운 상황에 있을 때 이사야 선지자는 구원을 가지고 평안을 가지고 하나님이 통치하신다는 메시지를 가지고 산을 넘어오는 자의 발을 보았습니다. 그가 누구입니까? 예수 그리스도, 메시야입니다. 예수님은 실제로 높은 산을 넘어서 우리에게 오셨습니다. 하나님이 인간이 되기까지 자신을 낮추는 일은 참으로 높은 산입니다. 위협과 비난이라는 높은 산, 십자가라는 높은 산, 그리고 죽음이라는 높은 산을 넘어서 부활과 힘찬 승리로 우리 곁에 오신 주님입니다. 예수님의 발은 축구 선수들의 발과는 비교할 수도 없는 귀한 발입니다. 산을 넘어 이 땅에 오셔서 나를, 그리고 온 인류를 천국 문으로 골인시키실 능력의 주님이시니 그분의 발은 얼마나 가치 있고 아름다운 발입니까? 본문에서 파수꾼들이 일제히 소리 높여 주님의 발을 노래하고 있습니다. 우리는 좋은 소식을 가지고 높은 산 넘어 나에게 오신 주님의 사랑을 노래하고 있습니까? 그 사랑에 대한 증거자로 살아가고 있습니까?

하나님, 높은 산 넘어 제게 오신 그리스도의 사랑에 감사하여 이제는 제가 좋은 소식을 증거하는 아름다운 발이 되고 싶습니다.

10월 **13**일 　파수꾼

에스겔 3:16-21

16칠 일 후에 여호와의 말씀이 내게 임하여 이르시되 17인자야 내가 너를 이스라엘 족속의 파수꾼으로 세웠으니 너는 내 입의 말을 듣고 나를 대신하여 그들을 깨우치라 18가령 내가 악인에게 말하기를 너는 꼭 죽으리라 할 때에 네가 깨우치지 아니하거나 말로 악인에게 일러서 그의 악한 길을 떠나 생명을 구원하게 하지 아니하면 그 악인은 그의 죄악 중에서 죽으려니와 내가 그의 피 값을 네 손에서 찾을 것이고 19네가 악인을 깨우치되 그가 그의 악한 마음과 악한 행위에서 돌이키지 아니하면 그는 그의 죄악 중에서 죽으려니와 너는 네 생명을 보존하리라 20또 의인이 그의 공의에서 돌이켜 악을 행할 때에는 이미 행한 그의 공의는 기억할 바 아니라 내가 그 앞에 거치는 것을 두면 그가 죽을지니 이는 네가 그를 깨우치지 않음이니라 그는 그의 죄 중에서 죽으려니와 그의 피 값은 내가 네 손에서 찾으리라 21그러나 네가 그 의인을 깨우쳐 범죄하지 아니하게 함으로 그가 범죄하지 아니하면 정녕 살리니 이는 깨우침을 받음이며 너도 네 영혼을 보존하리라

하나님께서는 에스겔에게 '파수꾼으로 살라'고 명하십니다. 만약 파수꾼의 역할을 감당하지 못하면, 즉 한 생명을 악한 길에서 떠나게 하고 그 생명을 구원하지 않으면 그의 피 값을 네 손에서 찾을 것이라 경고하십니다. 사도 바울은 평생을 복음 전파에 헌신하였기에 '그러므로 오늘 너희에게 증거하노니 모든 사람의 피에 대하여 내가 깨끗하니 이는 내가 꺼리지 않고 하나님의 뜻을 다 너희에게 전하였음이라'행 20:26-27고 당당하게 고백했습니다. 독일의 히틀러 정권 당시에 마틴 뮬러 목사님은 히틀러가 죽기만을 기도했는데 어느 날 꿈을 통해 히틀러가 복음을 듣지 못해, 구원받지 못해 수많은 사람의 피를 흘리게 한다는 사실을 깨닫고 난 이후에는 그의 구원을 위해서 기도하지 못한 자신을 회개했다고 합니다. 나는 파수꾼의 사명을 다하고 있습니까? 지금 나를 통해 복음을 들어야 하는 자는 누구입니까?

하나님, 때를 얻든지 못 얻든지 복음을 전파하는 자가 되도록 제게 지혜와 용기를 주소서.

10월 **14**일　잔칫집에 초대합니다

누가복음 14:16-24

16이르시되 어떤 사람이 큰 잔치를 베풀고 많은 사람을 청하였더니 17잔치할 시각에 그 청하였던 자들에게 종을 보내어 이르되 오소서 모든 것이 준비되었나이다 하매 18다 일치하게 사양하여 한 사람은 이르되 나는 밭을 샀으매 아무래도 나가 보아야 하겠으니 청컨대 나를 양해하도록 하라 하고 19또 한 사람은 이르되 나는 소 다섯 겨리를 샀으매 시험하러 가니 청컨대 나를 양해하도록 하라 하고 20또 한 사람은 이르되 나는 장가 들었으니 그러므로 가지 못하겠노라 하는지라 21종이 돌아와 주인에게 그대로 고하니 이에 집 주인이 노하여 그 종에게 이르되 빨리 시내의 거리와 골목으로 나가서 가난한 자들과 몸 불편한 자들과 맹인들과 저는 자들을 데려오라 하니라 22종이 이르되 주인이여 명하신 대로 하였으되 아직도 자리가 있나이다 23주인이 종에게 이르되 길과 산울타리 가로 나가서 사람을 강권하여 데려다가 내 집을 채우라

우 주의 대 주재이신 하나님께서 잔칫상을 베풀고 종을 보내어 사람들을 초대하였지만, 모두가 한결같이 핑계를 대면서 초대에 응하지 않았다고 본문은 비유로 말씀하고 있습니다. 그들은 세상이 만들어 놓은 잔칫상에 더 관심이 있었기 때문입니다. 오늘날 우리도 하늘 잔치보다는 세상 것을 택할 때가 많습니다. 하나님께서는 너무도 안타깝고 급하셔서 '빨리 시내의 거리와 골목으로 나가서 사람을 강권하여 내 집을 채우라'고 말씀하십니다. 주님의 급한 마음은 성령을 약속하신 것으로도 알 수 있습니다. 이미 잔칫상은 차려졌고 잔치 시간은 점점 가까워집니다. 이렇게 때가 다 되었기 때문에 하나님께서는 하늘 잔치에 열방의 모든 백성을 초대하시고 싶은 마음에 만민에게, 모든 육체에게 영을 부어주시겠다고 말씀하셨습니다.욜 2:28, 행 2:17-21 이것은 바로 복음 전파는 인간의 힘이 아니라 성령에 의해 가능한 것임을 의미합니다. 하늘 잔치 초대장복음을 들고 성령에 의지하여 담대히 나아가십시오.

세상 잔칫상에 마음을 두고 하늘 잔치를 거절했던 때를 회개합니다.
하나님 아버지의 안타까운 심정으로 이웃에게 하늘 잔치 초대장을 담대히 전하고 싶습니다. 성령이여, 도우소서.

10월 **15**일 초청에 응하는 삶

사도행전 18:9-11
9밤에 주께서 환상 가운데 바울에게 말씀하시되 두려워하지 말며 침묵하지 말고 말하라 10내가 너와 함께 있으매 어떤 사람도 너를 대적하여 해롭게 할 자가 없을 것이니 이는 이 성중에 내 백성이 많음이라 하시더라 11일 년 육 개월을 머물며 그들 가운데서 하나님의 말씀을 가르치니라

 사도 바울은 어느 한곳에 머물러 있는 목회자라기보다는 순회 선교사였습니다. 그런 그가 생명의 위협까지 느낄 정도로 어려움이 많았던 고린도에 1년 6개월이라는 긴 시간 동안 머물러 있었는데 그 이유는 말씀 때문이었습니다. 다시 말하면 바울은 주님의 초청에 응한 것입니다. 말씀이 육신이 되어 오신 분이 예수님이시기에 말씀 자체가 예수님이십니다. 그래서 말씀의 초청에 응하는 것이 예수님의 초청에 응하는 것입니다. '너희는 서로 사랑하라'는 말씀이 우리에게 들려질 때 우리가 서로 사랑한다면 그것이 바로 말씀의 초청, 주님의 초청에 응하는 것입니다. 기도하라고 말씀하실 때 기도의 자리로 가고 감사하라고 하실 때 감사하며 복음을 전하라고 하실 때 그대로 순종하는 삶이 예수님의 초청에 응하는 삶입니다. 이스라엘 백성에게 모세는 위대한 지도자였고 신과 같은 존재였습니다. 그런데 하나님께서 모세가 죽자, 그들에게 가나안을 향해서 가라고 명하셨습니다. 가나안 정복은 분명 쉽지 않은 일이었고 더욱이 모세가 없이는 불가능한 일이었지만 오히려 하나님께서는 이스라엘 백성에게 모세는 그들의 구원자가 아님을 깨닫게 하시고 지체하지 않게 하셨습니다. 하나님이 구원자이시니 하나님의 말씀이 초청하는 대로 따르라는 것입니다. 그 말씀은 바로 '너희가 발바닥으로 밟는 곳은 모두 내가 너희에게 주었노니' 그리고 하나님께서는 이스라엘 백성이 초청에 응할 수 있도록 떠나지도 버리지도 않으리라고 하시며 초청에 응할 때 그 길이 평탄할 것이며 형통할 것이라고 약속하십니다.수 1:1-8 하나님은 오늘 우리를 어떤 말씀으로 초청하고 계십니까?

하나님, 오늘도 주님의 초청에 응하는 삶을 살기 원합니다.
말씀하신 그대로 순종할 수 있는 믿음을 주세요.

10월 **16**일 　전도, 선교

고린도전서 1:21
하나님의 지혜에 있어서는 이 세상이 자기 지혜로 하나님을 알지 못하므로 하나님께
서 전도의 미련한 것으로 믿는 자들을 구원하시기를 기뻐하셨도다

빌립보서 4:18
내게는 모든 것이 있고 또 풍부한지라 에바브로디도 편에 너희가 준 것을 받으므로 내
가 풍족하니 이는 받으실 만한 향기로운 제물이요 하나님을 기쁘시게 한 것이라

사단은 예수 그리스도를 십자가에 묶고 죽임으로 우리를 영원한
멸망의 길로 끌고 가려 했지만, 예수님은 사단의 궤계에서 벗
어나 살아나셨습니다. 만왕의 왕 되신 주님이 승리하셨으니 우리는 더 이상 두려
워할 필요가 없습니다.사 41:10 모든 저주가 떠나가고 주님께서 내 손을 붙들고 저 천국
으로 인도하실 것입니다. 그래서 예수 이름보다 더 존귀한 것은 이 세상에 없습니다.
그 귀한 이름을 꼭 전해야 하는 이유도 첫째, 하나님을 기쁘시게 하는 일이며 둘째, 하
나님이 내게 행하신 일에 대해 자랑할 수밖에 없고 셋째, 전도와 선교보다 더 시급한
일이 없기 때문입니다. 한 영혼이 주님을 만나는 일은 언제, 어떤 계기로, 누구를 통해
이루어질지 알 수 없기에 우리는 끊임없이 복음을 전해야 합니다. 그러기에 본문에서
는 '이 세상이 자기 지혜로 하나님을 알지 못하므로 전도의 미련한 것으로 믿는 자들
을 구원하시기를 기뻐하신다'고 말씀합니다. 사도 바울이 이제껏 소중하게 여겼던 모
든 것들을 배설물로 여기면서 전도라는 미련한 길을 택한 것은 바로 그런 이유였습
니다. 뿐만 아니라 빌립보 교인들은 앞서서 전도하는 바울에게 풍족히 지원함으로
'이는 받으실 만한 향기로운 제물이고 하나님이 기뻐하시는 것이라'고 바울은 칭찬했
습니다. 사단의 어떤 방해에도 전도와 선교는 우선되어야 합니다.

존귀한 예수님을 세상에 알리는 방법이 미련해 보이는 전도를 통해서임을
다시 한번 깨달았습니다. 전도와 선교에 힘쓰며 살겠습니다.

10월 **17**일 잃은 영혼 찾는 자

누가복음 15:4-7

⁴너희 중에 어떤 사람이 양 백 마리가 있는데 그 중의 하나를 잃으면 아흔아홉 마리를 들에 두고 그 잃은 것을 찾아내기까지 찾아다니지 아니하겠느냐 ⁵또 찾아낸즉 즐거워 어깨에 메고 ⁶집에 와서 그 벗과 이웃을 불러 모으고 말하되 나와 함께 즐기자 나의 잃은 양을 찾아내었노라 하리라 ⁷내가 너희에게 이르노니 이와 같이 죄인 한 사람이 회개하면 하늘에서는 회개할 것 없는 의인 아흔아홉으로 말미암아 기뻐하는 것보다 더하리라

본 문을 통해 주님은 양 백 마리 중 하나를 잃어버리면 아흔아홉을 두고도 그 잃은 하나를 찾도록 찾아다닌다고 비유로 말씀하셨습니다. 두 마리, 열 마리, 혹은 삼백 마리, 그보다 더 많은 숫자일 수도 있는데 왜 백 마리일까요? 당시 목자 한 사람이 직접 먹이고 씻기고 정성을 들여 돌볼 수 있는 양의 숫자가 백 마리였다고 합니다. 이렇게 온갖 정성으로 키우던 양을 잃어버렸으니 얼마나 그 마음이 안타깝겠습니까? 여기에 주님의 마음이 표현되어 있습니다. 잃어버린 영혼에 대해 참으로 견딜 수 없는 심정으로 그 한 영혼을 찾기 위해 주님은 하늘 보좌를 버리시고 이 땅에 오셨습니다. 또한 죽기까지 당신의 목숨을 내어놓으시면서 그 잃어버린 영혼을 찾도록 찾으시는 것입니다. 그리고 다시 찾은 한 영혼에 대한 주님의 기쁨이 얼마나 큰지 결정적으로 알 수 있는 것은 나머지 아흔아홉보다 돌아온 한 영혼으로 인해 더 기뻐한다는 말씀입니다. 이것은 아흔아홉이 소중하지 않아서가 아니라 잃어버린 하나로 인해 다른 소중한 것의 가치도 함께 잃어버릴 수 있다는 것을 의미합니다. 하나님이 이처럼 간절하게 찾으시는 영혼이 내 주변에 누구일까요? 그를 주님 앞에 데리고 간다면 우리가 신앙인으로서 아흔아홉 가지를 완벽하게 잘 해내는 것 이상으로 하나님은 기뻐하실 것입니다.

잃어버린 양에 대한 하나님의 마음을 외면하고 살았음을 고백합니다. 핑계 대지 않고 하나님의 마음이 되어 잃은 양을 찾아 나서는 제가 되기를 원합니다.

10월 **18**일 목적대로 사는 삶

이사야 49:6-7

6그가 이르시되 네가 나의 종이 되어 야곱의 지파들을 일으키며 이스라엘 중에 보전된 자를 돌아오게 할 것은 매우 쉬운 일이라 내가 또 너를 이방의 빛으로 삼아 나의 구원을 베풀어서 땅 끝까지 이르게 하리라 7이스라엘의 구속자 이스라엘의 거룩한 이이신 여호와께서 사람에게 멸시를 당하는 자, 백성에게 미움을 받는 자, 관원들에게 종이 된 자에게 이같이 이르시되 왕들이 보고 일어서며 고관들이 경배하리니 이는 이스라엘의 거룩하신 이 신실하신 여호와 그가 너를 택하였음이니라

 살아가면서 무엇보다 중요한 것은 하나님께서 우리를 부르신 본래의 목적을 상실하지 않는 일입니다. 아무리 힘들고 어려울 때도 우리는 이방의 빛으로, 종 된 자로서 살아야 합니다.6절 그저 나 자신이 구원받은 것에 만족하며 살지 않고 이방의 빛이 될 때 열왕이 일어서며 방백들이 경배합니다.7절 바로의 궁정에 살 때는 존귀한 것을 드러내며 살 수 없었던 모세가 하나님의 부르심에 순종하며 하나님의 말씀 따라 움직였을 때 존귀함을 드러낼 수 있었고 그의 삶을 통해 하나님께서 영광을 받으셨습니다. 사도 바울도 마찬가지입니다. 바리새인 중의 바리새인으로서 많은 것을 배우고 소유하고 있었던 때보다는 그 모든 것을 배설물로 여기고 오직 복음 전파만을 위해 살 때 그는 존귀한 사람이 되었습니다. 요나가 왜 스올의 뱃속에 들어가게 되었습니까? 니느웨로 가서 복음을 전파하라는 말씀에 순종하지 않았기 때문입니다. 우리가 스올의 뱃속에 들어가게 되는 이유는 이방의 빛이 되라는, 땅끝까지 복음을 전파하라는 목적대로 살지 않기 때문입니다. 즉 목적이 잘못되면 허탈하고 공허하고 스올의 뱃속과 같은 어둠에서 헤맬 수밖에 없습니다. 어떤 환경에서든 하나님이 부르신 목적대로 이방의 빛으로 살아가는 복된 성도가 되기를 소망하십시오.

제가 허탈하고 공허했던 이유는 하나님의 부르심대로 살지 못했기 때문입니다. 제가 이 땅에 보냄 받은 이유를 잊지 않고 살아갈 수 있도록 도와주세요.

10월 **19**일　주님 앞으로 인도함 받은 한 영혼

요한복음 1:40-42
⁴⁰요한의 말을 듣고 예수를 따르는 두 사람 중의 하나는 시몬 베드로의 형제 안드레라 ⁴¹그가 먼저 자기의 형제 시몬을 찾아 말하되 우리가 메시야를 만났다 하고 (메시야는 번역하면 그리스도라) ⁴²데리고 예수께로 오니 예수께서 보시고 이르시되 네가 요한의 아들 시몬이니 장차 게바라 하리라 하시니라 (게바는 번역하면 베드로라)

한 영혼이 주님 앞으로 인도함을 받게 되면 주님은 첫째, 그 영혼을 보시고 소망의 말씀을 주십니다. 새로운 꿈, 새로운 비전을 주십니다. 안드레의 전도로 주님 앞에 온 시몬에게 주님은 '이제 너는 반석과 같은 사람이 될 것이라'고 말씀하셨습니다. 스코틀랜드의 가난한 마을에서 절망할 수밖에 없을 정도로 가난하게 태어나 학교 교육도 제대로 받을 수 없었던 리빙스턴이 선교사로 헌신할 수 있었던 것도 주님 앞에 나아온 그를 주님께서 보시고 '너는 내가 반드시 선교의 사명자로 쓸 것이라'는 소망의 말씀을 해주셨기 때문입니다. 주님께서는 이렇게 소망의 말씀을 해 주실 뿐 아니라 소망을 이루어 주십니다. 가난 속에서도 소망이 있었기에 좌절하지 않고 열심히 살았던 리빙스턴이 마침내 아프리카 선교의 아버지로서 세움을 입을 수 있었던 것도 주님께서 그의 소망을 이루어주셨기 때문입니다. 시몬 역시 '네 반석 위에 내 교회를 세우겠다. 음부의 권세가 너를 이기지 못할 것이라. 천국 열쇠를 네게 주리라'는 약속의 메시지를 받았습니다. 물론 그 이후에 베드로는 흔들리고 쓰러지고 주님을 부인할 정도로 주님을 멀리 떠났지만 결국 베드로는 이름 그대로 베드로가 되었고 수천 명을 주님 앞으로 인도하는 능력의 사도가 되었습니다. 우리가 인도하여 하나님께로 나아온 자가 어떻게 될지 우리는 알 수 없습니다. 오직 우리는 그를 하나님께로 인도하는 심부름꾼입니다. 그 역할을 성실하게 수행하게 되기를 축복합니다.

오늘도 한 영혼을 하나님 앞으로 인도할 수 있는 기회를 주시고 제가 그 기회를 놓치지 않기를 간절히 소망합니다.

10월 **20**일   복음 전파가 방해받을 때

사도행전 14:1-3

1이에 이고니온에서 두 사도가 함께 유대인의 회당에 들어가 말하니 유대와 헬라의 허다한 무리가 믿더라 2그러나 순종하지 아니하는 유대인들이 이방인들의 마음을 선동하여 형제들에게 악감을 품게 하거늘 3두 사도가 오래 있어 주를 힘입어 담대히 말하니 주께서 그들의 손으로 표적과 기사를 행하게 하여 주사 자기 은혜의 말씀을 증언하시니

우리는 과연 복음의 가치를 알고 있습니까? 복음은 영원한 생명이라는 것을 머리로만 아는 것이 아니라 가슴으로 느끼고 받아들이고 있습니까? 복음이 없는 곳은 죽음이고 복음이 있는 곳은 생명이라는 사실을 진정 느끼고 있습니까? 안타깝게도 우리보다 복음의 가치에 대해 더욱 잘 알고 있는 존재가 있습니다. 복음의 생명력이 얼마나 대단한지 우리보다 더욱 잘 알기에 복음 전파를 막기 위해 온갖 전략을 다 사용하는 사단입니다. 복음이 강력하게 임할수록 사단의 방해는 더욱 심해집니다. 이때 기다리는 것이 필요합니다.3절, 오래 있어 사단의 거짓말에 대해 당장 나서서 맞대응하고 싶지만 기다리십시오. 그리고 우리의 능력 되시는 주님을 힘입어서 담대히 말씀을 선포하십시오. 우리의 마음 가운데 들리는 대로 믿어지는 대로 진리를 선포하면 됩니다. 하나님께서 나를 사랑하시는 것이 진리라면 우리는 끊임없이 하나님이 나를 사랑하신다고 선포해야 합니다. 사단은 '너 같은 자를 하나님이 사랑하신다고?'라고 속삭이며 계속 하나님의 사랑에 대해 의구심을 품게 하지만 우리는 담대하게 선포해야 합니다. 하나님께서 내 삶 가운데 늘 영적으로 승리케 하시는 것이 진리이기에 우리는 어떤 환경 가운데서도 '나는 승리했다'고 선포해야 합니다. 진리는 선포될 때 그것이 내 안에서 능력이 됩니다. 사단의 방해에도 불구하고 우리가 잠잠히 시간을 두고 주님을 힘입어 담대히 말씀을 선포할 때 표적과 기사가 따르게 되고 그 표적과 기사로 인해 은혜의 말씀이 증거 됩니다.

복음 전파를 막는 사단에게 즉시 대응하지 않고 기다리는 지혜가 필요함을 배웠습니다. 사단의 어떤 방해에도 하나님이 주시는 힘으로 담대히 전하겠습니다.

10월 **21**일 찾아온 복음을 들고 나아가는 자

마태복음 18:12-14

12너희 생각에는 어떠하냐 만일 어떤 사람이 양 백 마리가 있는데 그 중의 하나가 길을 잃었으면 그 아흔아홉 마리를 산에 두고 가서 길 잃은 양을 찾지 않겠느냐 13진실로 너희에게 이르노니 만일 찾으면 길을 잃지 아니한 아흔아홉 마리보다 이것을 더 기뻐하리라 14이와 같이 이 작은 자 중의 하나라도 잃는 것은 하늘에 계신 너희 아버지의 뜻이 아니니라

인간을 이롭게 할 수 있는 것은 무엇입니까? 복음 이외에 그 무엇도 인간을 이롭게 할 수 있는 것은 없습니다. 그러기에 복음을 들고 열방을 향해 나아가는 교회는 하나님을 가장 기쁘게 해드리는 교회이며 동시에 인류를 이롭게 하는 교회입니다. 하나님과 인류, 양쪽 모두를 만족시킬 수 있는 최고의 가치 있는 선택을 한 교회입니다. 이렇게 복음 전파, 선교가 하나님을 기쁘시게 하고 인류를 만족시키는 이유는 '복음 전파는 잃은 자를 찾는 것'이기 때문입니다. 복음은 우리에게 찾아온 것입니다. 우리가 복음을 향해 찾아가지 않았습니다. 즉 하나님께서 우리에게 찾아오셔서 복음이 전해진 것입니다. 마찬가지로 우리도 이제 그리스도와 함께 복음을 들고 잃은 양을 향해 찾아가야 합니다. 곁에 있는 아흔아홉의 양을 뒤로 하고 잃어버린 한 마리의 양을 찾아 나선 목자의 심정을 우리는 헤아릴 수 있어야 합니다. 그에게 아흔아홉이 소중하지 않아서가 아닙니다. 그만큼 잃어버린 양에 대한 사랑의 마음이 깊은 것입니다. 양은 다른 어떤 동물보다도 시력이 약하다고 합니다. 더욱이 그들은 멀리 있는 것은 전혀 볼 수도 없고 아무리 고개를 돌린다 해도 110도 이상의 것은 볼 수가 없다고 합니다. 그러니 길을 잃고 헤매다가 이리 떼에게 꼼짝없이 당하고 맙니다. 그런 연약하고 형편없는 양을 잃어버린 목자의 심정이 바로 하나님 아버지의 마음일 것입니다. 그 아버지의 마음을 헤아리는 사람은 복음 전파에 앞장설 수밖에 없습니다. 우리는 아버지의 마음을 알고 있습니까?

아버지의 마음을 아는 자, 복음을 들고 나아가는 자로 살기 원합니다.

10월 **22**일 　엄히 명하신 말씀 전파

디모데후서 4:1-5
1하나님 앞과 살아 있는 자와 죽은 자를 심판하실 그리스도 예수 앞에서 그가 나타나
실 것과 그의 나라를 두고 엄히 명하노니 2너는 말씀을 전파하라 때를 얻든지 못 얻든
지 항상 힘쓰라 범사에 오래 참음과 가르침으로 경책하며 경계하며 권하라 3때가 이
르리니 사람이 바른 교훈을 받지 아니하며 귀가 가려워서 자기의 사욕을 따를 스승을
많이 두고 4또 그 귀를 진리에서 돌이켜 허탄한 이야기를 따르리라 5그러나 너는 모든
일에 신중하여 고난을 받으며 전도자의 일을 하며 네 직무를 다하라

본문에서는 말씀 전파를 엄히 명하고 있습니다. 이는 해도 되고
안 해도 되는 선택 사항이 아니라 반드시 지켜야 하는 것임을
의미합니다. 그러나 말씀을 전파하는 일은 사단이 가장 방해하는 영역입니다. 기
독교가 태동하는 시기초대교회에는 믿는 자들에 대한 환난과 핍박, 죽음 등으로 말씀 전
파는 방해를 받았습니다. 기독교가 점차 성장하고 신앙의 자유를 누리게 되면서부터
는 풍부함으로 인해 말씀 전파는 방해를 받았습니다. 이제 기독교가 더욱 힘을 얻게
되어 사회 각 분야에서 목소리를 내게 된 오늘날 말씀 전파는 오히려 퇴보하고 있습
니다. 복음에 대한 열정보다는 세상을 즐기고 누리고자 하는 마음을 사단이 불어넣고
있기 때문입니다. 하지만 그 어떤 상황에도 임무를 다하라고 본문은 말씀합니다.5절
세상은 점점 바른 교훈을 받지 아니하고 사욕을 좇을 스승을 곁에 두기 원하고 진리
를 멀리하고 허탄한 이야기에 귀를 기울이고 있지만3-4절 그럼에도 불구하고 말씀 전
파는 계속되어야 하는 엄한 명령입니다. 때를 얻든지 못 얻든지 항상 힘써야 합니다.2절
이 말씀은 유리할 때나 불리할 때나 전파에 힘써야 함을 의미합니다. 인간적인 생각
으로는 불리하고 어려워 보이는 상황이라도 우리가 이 명령을 따를 때 하나님이 함
께하시며 우리의 순종을 기억하실 것입니다.

사단이 말씀 전파를 방해하고 있지만 그럼에도 불구하고 언제나 말씀을 전하는
일에 힘쓰는 제가 되고 싶습니다. 먼저 가까운 이웃들에게 전하겠습니다.

10월 23일 화 있을진저

누가복음 11:47-49

47화 있을진저 너희는 선지자들의 무덤을 만드는도다 그들을 죽인 자도 너희 조상들이로다 48이와 같이 그들은 죽이고 너희는 무덤을 만드니 너희가 너희 조상의 행한 일에 증인이 되어 옳게 여기는도다 49그러므로 하나님의 지혜가 일렀으되 내가 선지자와 사도들을 그들에게 보내리니 그 중에서 더러는 죽이며 또 박해하리라 하였느니라

아프리카에서는 물이 부족하고 식량이 부족해서 어린아이들이 죽어가고 있습니다. 그 모습이 얼마나 처참한지 같은 시대에 우리들은 풍족하게 누리고 살아가는 것이 미안하기까지 합니다. 사람들은 그래서 아프리카를 재앙의 땅이라고 합니다. 과연 그렇습니까? 오늘 이 시대에 재앙을 받은 땅은 아프리카가 아니라 예수 그리스도가 없는 삶, 그런 자들이 사는 곳입니다. 본문에서 하나님은 이스라엘 백성에게 계속 선지자를 보내어 죄악으로부터 발을 돌리라고 경고했지만, 이스라엘은 모든 선지자를 다 거부하고 잡아 죽였습니다. 결국 이제는 마지막 선지자, 하나님의 독생자이신 예수 그리스도를 보내시면서 이렇게 진노에 가까운 절규를 하실 수밖에 없었습니다. '너희가 이 마지막 선지자 예수를 받아들이지 않으면 재앙이다' 우리 인간에게는 내 힘으로 무언가를 할 수 있다고 생각하는 속성이 있습니다. 이렇게 생각하는 순간부터 우리는 예수님을 떠나서 살며 세상 것을 추구하게 됩니다. 그리고 세상 것을 얻게 되는 순간부터 다툼이 생겨나고, 하나님을 바라보는 것이 아니라 또 다른 세상 것을 바라보며 선택하게 되고 결국은 죄악에 빠져 멸망할 수밖에 없습니다. '화 있을진저' 우리는 날마다 이 음성을 들을 수 있어야 합니다. 영원한 심판과 재앙에서 벗어나 구원을 얻는 길은 예수 그리스도밖에 없다는 것을 아는 자로서 우리는 예수를 외면하고 예수 없는 재앙의 땅에 사는 자들에게 복음을 전할 의무가 있음을 잊지 않아야 합니다.

평안할 때나 고난이 있을 때나 변함없이 주님을 바라보기 원합니다.
주님과 함께하지 않는 삶이 재앙임을 세상에 알리기 원합니다.

10월 **24**일 　성령과 복음 전파

사도행전 1:8
오직 성령이 너희에게 임하시면 너희가 권능을 받고 예루살렘과 온 유대와 사마리아와 땅 끝까지 이르러 내 증인이 되리라 하시니라

성령의 임재는 나의 노력에 의한 것이 아닙니다. 선물입니다. 각 사람마다 하나님의 방법으로 하나님의 시간에 임하십니다. 기도를 통해 주시기 원하신다면 나를 기도의 자리로 이끄시고 말씀을 통해서라면 말씀의 자리로 또는 복음을 전하는 자리로, 안수의 자리로 이끄실 수도 있습니다. 그러기에 우리는 모든 방법을 다 인정하면서 성령을 사모하고 갈망할 필요가 있습니다. 하지만 사단은 우리에게 의심과 두려움으로 성령 충만함을 방해합니다. 성령이 임하지 않으면 기독교의 핵심인 그리스도를 증거하는 길이 막히기 때문입니다. 그럼에도 불구하고 하나님이 약속하셨기 때문에 또한 성령이 임해야 하나님이 증거 되기 때문에 성령은 반드시 임하십니다. 하나님의 소망은 하나님 나라가 커지는 것이기에 우리가 예루살렘과 온 유대와 사마리아와 땅끝까지 이르러 증인으로 살 수 있도록 우리에게 성령을 허락하십니다. 하지만 안타깝게도 많은 사람들이 전도하는 것을 광신이 아니면 수준 낮은 일이라고 여기거나 자신은 할 수 없다고만 생각하기 때문에 증인 된 삶을 살지 못합니다. 우리는 끊임없이 자라야 하고 새로운 사람을 끌어들여야 하고 권능을 받고 밖으로 나가 승리해야 합니다. 이것이 바로 성령의 핵심적인 사역입니다. 오늘도 여전히 성령의 역사는 계속되고 있습니다. 늘 성령을 사모하여 성령 충만을 입고 세상에 나가 빛과 소금의 역할을 감당하는 증인이 되기를 축복합니다.

성령님, 제게 임하셔서 제가 성령의 도우심으로 복음을 전하여 하나님 나라의 확장을 위해 쓰임 받게 하소서.

10월 **25**일 아버지를 영화롭게 하게 하옵소서

요한복음 17:1-5

1예수께서 이 말씀을 하시고 눈을 들어 하늘을 우러러 이르시되 아버지여 때가 이르 렀사오니 아들을 영화롭게 하사 아들로 아버지를 영화롭게 하게 하옵소서 2아버지께 서 아들에게 주신 모든 사람에게 영생을 주게 하시려고 만민을 다스리는 권세를 아들 에게 주셨음이로소이다 3영생은 곧 유일하신 참 하나님과 그가 보내신 자 예수 그리 스도를 아는 것이니이다 4아버지께서 내게 하라고 주신 일을 내가 이루어 아버지를 이 세상에서 영화롭게 하였사오니 5아버지여 창세 전에 내가 아버지와 함께 가졌던 영화로써 지금도 아버지와 함께 나를 영화롭게 하옵소서

예수님은 처절한 십자가를 앞에 두고 '아버지를 영화롭게 하게 하 옵소서'라고 기도하셨습니다. 주님처럼 십자가를 지는 상황을 만나도, 아무리 어려운 환경 가운데 놓인다 할지라도 그때 하나님을 찾는다면 그 것은 참으로 복된 삶입니다. 아무리 불행한 일을 당했다 해도 눈을 들어 하나님을 바 라보며 하나님을 찾을 수 있다면 그는 결코 불행한 사람이 아닙니다. 최악의 순간에 도 하나님을 바라보며 기도할 수 있다면 그는 행복한 사람입니다. 사실 이미 하나님 께서는 영화로우신 분이기 때문에 '아버지를 영화롭게 하게 하옵소서'라는 기도를 통 해 하나님이 영화롭게 되는 것은 아닙니다. 대신 그 기도를 통해 내게 주어진 상황, 환 경이 아버지의 영화로움 속에 들어가게 됩니다. 하나님을 영화롭게 하는 것은 하나님 의 뜻을 이루는 것입니다.4절 하나님의 뜻은 모든 사람이 하나님을 알게 되고 영생을 얻게 되는 것입니다.2절 즉 영혼 구원이 하나님 아버지의 궁극적인 뜻입니다. 우리에 게 어려움이 있을 때는 그 어려움이, 좋은 일이 있을 때는 그 좋은 일이 하나님의 나라 를 전하고 하나님을 알게 하고 예수님을 알게 할 수 있는 기회가 된다는 사실을 잊지 마십시오. 모든 순간이 우리에게는 기회이고 이러한 기회가 주어질 때마다 우리는 예 수님을 알려야 합니다. 지금 혹시 어려움 가운데 있습니까? 그 일을 통해 하나님의 나라가 이루어지고 예수 그리스도가 알려지기를, 그리하여 열방이 주님께로 돌아오 는 역사가 일어나도록 간구하십시오. 이것이 우리를 구원하신 하나님의 뜻입니다.

모든 일을 통해 사람들이 하나님을 알고 예수 그리스도를 알게 됨으로 주님께로 돌아올 수 있는 기회임을 믿습니다. 그 기회를 놓치지 않게 하소서.

10월 26일 박넝쿨이 주는 교훈

요나서 4:10-11

10여호와께서 이르시되 네가 수고도 아니하였고 재배도 아니하였고 하룻밤에 났다가 하룻밤에 말라 버린 이 박넝쿨을 아꼈거든 11하물며 이 큰 성읍 니느웨에는 좌우를 분변하지 못하는 자가 십이만여 명이요 가축도 많이 있나니 내가 어찌 아끼지 아니하겠느냐 하시니라

하나님께서는 요나가 아니어도 다른 통로를 통해 일하실 수 있었지만 굳이 요나를 택하신 것은 그가 큰 사람으로 바뀌기를 원하셨기 때문입니다. 그런데 요나는 니느웨 사람들에게 은혜를 베푸시는 하나님께 불평을 하며 초막을 짓고 그 성이 어떻게 되는지 보려고 합니다. 이때 하나님께서는 박넝쿨을 준비하셔서 초막 위의 햇빛을 가려주심으로 요나에게 기쁨을 주신 다음 날, 그 박넝쿨을 치워버리시는 일을 행하셨습니다. 이것은 요나에게 두 가지 교훈을 주시기 위함입니다. 첫째, 하루 있다가 없어질 박넝쿨에 생명을 걸지 말라는 것입니다. 자신이 수고한 것도, 자신이 배양한 것도 아닌 박넝쿨을 그렇게도 기뻐하는 요나의 모습이 우리의 모습은 아닙니까? 금방 사라질 세상 것에 기뻐하면서 그것에 목숨을 걸지는 않습니까? 모든 것은 하나님께서 주신 것인데도 그 근원은 잊어버린 채 존재하는 그 자체에만 초점을 맞추고 있지는 않습니까? 나의 박넝쿨은 과연 무엇입니까? 둘째, 박넝쿨보다 하나님을 더 사랑하라는 것입니다. 영원한 생명을 더 사랑하라는 것입니다. 하루 있다가 없어질 것에 마음을 쓸 것이 아니라 영원한 생명을 허락하신 하나님을 더 사랑하고 또 다른 생명을 아끼고 사랑하라는 것입니다. 요나가 박넝쿨이 아니라 니느웨 사람들의 영혼을 아끼고 사랑해야 했듯이 우리 또한 영혼을 사랑하여 복음 들고 나아가는 것이 아버지의 뜻입니다.

하나님, 제가 금방 사라질 것들에게 마음을 쓰지 않고 영원한 생명에 마음을 쓰게 해주세요.

10월 **27**일   요셉의 새로운 꿈은 나의 꿈

창세기 50:20-21
²⁰당신들은 나를 해하려 하였으나 하나님은 그것을 선으로 바꾸사 오늘과 같이 많은 백성의 생명을 구원하게 하시려 하셨나니 ²¹당신들은 두려워하지 마소서 내가 당신들과 당신들의 자녀를 기르리이다 하고 그들을 간곡한 말로 위로하였더라

꿈 꾸는 사람, 요셉은 본문에서 새로운 두가지 꿈을 말합니다. 첫째는 많은 백성의 생명을 구원하는 것입니다. 하나님께서 복음 전파를 위해 예루살렘 교회에 놀라운 구원의 역사를 허락하셨습니다. 하지만 다른 백성들의 생명은 아랑곳하지 않고 자기들끼리 떡을 떼며 제자리에 머물러 있었던 예루살렘 교회를 하나님은 흩으셨습니다. 380년, 로마가 기독교를 국교로 정하게 된 것도 복음을 들고 세계로 나가기 원하신 하나님의 뜻에 의한 것이었지만 로마 역시 하나님이 주신 힘을 이용해 자기들끼리 즐기는 사이에 알라가 등장했고 오늘날 세계는 이슬람교의 영향권에 들어간 나라들로 인해 전쟁과 어려움이 끊이지 않습니다. 어렵고 가난했던 우리나라가 짧은 역사 동안 이렇게 세계적인 나라가 된 것도 이 힘으로 많은 백성의 생명을 구하라는 하나님의 뜻인데 우리가 이것을 무시하고 살아간다면 우리는 어둠 가운데 빠지게 될지도 모릅니다. 요셉이 가졌던 두 번째 꿈은 당신들의 자녀를 기르는 것, 즉 세계를 먹여 살리는 것입니다. 하나님께서는 우리에게 복의 통로가 되라고 물질을 주셨습니다. 그러나 대부분의 사람들이 물질을 나누기는커녕 계속 쌓아두고 더 많이 소유하려고 합니다. 이기적인 욕망에 사로잡히는 것은 마치 블랙홀에 들어가는 것과 같아 빠져나오지 못하고 결국 좌절과 절망만을 느끼게 될 뿐입니다. 내 도움이 필요한 곳이 있는지 주변을 돌아보며 쌓아둔 것들을 과감히 정리하고 흘려보내십시오. 지금 이 시간에도 지구촌에는 굶주림으로 죽어가는 아이들이 있습니다. 우리가 많은 백성의 생명을 구원하는 꿈과 누군가를 책임지겠다는 꿈을 가지고 살아갈 때 세상은 우리를 통해 변화되며 우리 또한 더욱 강성하고 윤택하게 될 것입니다.

하나님, 요셉의 새로운 꿈이 제 꿈이 되게 해주세요. 많은 백성의 생명을 구원하기를 원합니다. 세상을 먹여 살리는 복의 통로가 되고 싶습니다.

10월 28일 지옥의 홍보 대사

마가복음 9:47-50

47만일 네 눈이 너를 범죄하게 하거든 빼버리라 한 눈으로 하나님의 나라에 들어가는 것이 두 눈을 가지고 지옥에 던져지는 것보다 나으니라 48거기에서는 구더기도 죽지 않고 불도 꺼지지 아니하느니라 49사람마다 불로써 소금 치듯 함을 받으리라 50소금 은 좋은 것이로되 만일 소금이 그 맛을 잃으면 무엇으로 이를 짜게 하리요 너희 속에 소금을 두고 서로 화목하라 하시니라

화장할 때 시신을 태우는 온도가 700도라고 합니다. 그 이상이 되면 가루조차 찾을 수가 없다고 합니다. 그런데 풀무불은 1,000도가 넘습니다. 그런 불 가운데서 영원히 살아야 하는 곳이 바로 지옥입니 다. 이런 지옥을 나의 부모나 형제, 친구, 이웃이 가게 된다고 생각해 보십시오. 이 얼 마나 끔찍한 일입니까? 그럼에도 오늘날 수많은 사람들이 지옥에 대해 믿지 않고 지 옥을 대수롭지 않게 생각하는 것은 바로 사단의 전략임을 우리는 잊지 않아야 합니 다. 2차 세계 대전 끝 무렵, 일본 히로시마에 원자폭탄을 투하하기로 결정한 후 미국 은 계속 원자폭탄의 위력이 얼마나 무서운지에 대해 홍보를 했습니다. 히로시마에 있 는 사람들에게 폭탄 하나에 30만 명이 죽게 되니 피해를 입지 않으려면 50㎞ 밖으로 떠나라고 계속 전단지를 살포했습니다. 그러나 히로시마 사람들은 그것을 믿지 않았 고 결국 많은 희생이 있었습니다. 예수님께서는 이 땅에 오셔서 끊임없이 복음의 전 단지를 뿌리고 계십니다. 또한 우리가 자신의 죄로 인해 지옥에 가게 될 사람들을 주 님의 마음을 가지고 바라보며 전단지를 뿌리기 원하십니다. 사단이 전략적으로 지옥 의 존재를 숨기려고 하지만 우리는 지옥이 얼마나 무서운 곳인지를 알려야 합니다. 무엇보다 우리가 가정에서 사회에서 교회에서 잘 녹아져 짠맛을 잃지 않는 소금이 될 때 지옥으로 떨어질 영혼들을 구원하기 위해 이 땅에 오신 그리스도처럼 소중한 영혼이 지옥에 가는 것을 막을 수 있습니다.

제 삶의 현장에서 사람들에게 천국과 지옥이 있음을 알리겠습니다. 잘 녹아진 소금이 되어 그들이 제 모습을 통해 그것을 알게 되기를 소망합니다.

10월 **29**일 　분명히 성취될 말씀

마가복음 13:10
또 복음이 먼저 만국에 전파되어야 할 것이니라

본 문에서는 분명히 성취될 말씀이 선포되고 있지만 현실적으로는 실현 가능성이 없어 보입니다. 수 천 년 신앙의 전통을 이어오던 유럽의 교회들이 텅텅 비어가고 이슬람 국가의 복음 전파는 굉장히 위협적이지만 기독교는 전혀 그렇지 못합니다. 우리나라도 마찬가지입니다. 국민소득이 3만 달러를 훌쩍 넘어선 오늘날 교인수는 오히려 많이 줄었습니다. 그러나 이 말씀은 하나님께서 하신 말씀입니다. 우리가 분명히 기억해야 할 것은 하나님께서 말씀하신 것은 반드시 그대로 이루어진다는 사실입니다. 어떤 핍박이 있다 해도, 복음을 전파하다가 생명을 잃게 된다 해도, 혹은 모든 사람이 부유하게 되어서 교회를 다 떠나고 단 한 사람만 남게 된다 해도 만국에 복음이 전파되리라는 하나님의 말씀은 이루어질 것입니다. 사도 바울은 이 말씀에 대한 확신이 있었기에 고난 가운데서도 복음을 전파하는데 자신의 삶을 드렸습니다. '형제들아 내가 당한 일이 도리어 복음 전파에 진전이 된 줄을 너희가 알기를 원하노라'빌 1:12 이런 믿음이 있었기에 바울은 절대 포기하지 않았습니다. 2차 전도 여행의 과정을 보십시오. 빌립보에서는 감옥에 갇혔고, 데살로니가에서는 소동이 일어나 도망칠 수밖에 없었고, 겨우 도망 온 베뢰아까지 그 무리들이 쫓아와 소동을 일으켰고, 아덴에서는 그를 말쟁이라고 하면서 이상한 사람 취급을 하였습니다. 그럼에도 포기하지 않고 고린도를 향한 바울은 비로소 그곳에서 브리스길라와 아굴라를 만나 사역에 힘을 얻게 되고 많은 고린도 사람이 하나님을 믿고 세례까지 받는 역사를 체험하게 됩니다. 하나님께서는 포기하지 않는 자에게 이처럼 좋은 사람들을 붙여주시고 위로의 말씀도 주시면서 복음의 능력이 더욱 강해지도록 도와주십니다.

 만국에 복음이 전파되는 일은 하나님께서 약속하신 일이기 때문에 분명하게 이루어짐을 믿습니다.

10월 **30**일 우리 귀에 응한 그대로

누가복음 4:18-21

18주의 성령이 내게 임하셨으니 이는 가난한 자에게 복음을 전하게 하시려고 내게 기름을 부으시고 나를 보내사 포로 된 자에게 자유를, 눈 먼 자에게 다시 보게 함을 전파하며 눌린 자를 자유롭게 하고 19주의 은혜의 해를 전파하게 하려 하심이라 하였더라 20책을 덮어 그 맡은 자에게 주시고 앉으시니 회당에 있는 자들이 다 주목하여 보더라 21이에 예수께서 그들에게 말씀하시되 이 글이 오늘 너희 귀에 응하였느니라 하시니

어느 대기업에서 신입사원 모집을 하는데 대상자의 학력에 대해 언급하지 않고 모집 공고를 했습니다. 그동안 엘리트만을 뽑았었는데 이번에는 학력과 무관하게 더 많은 사람에게 기회를 주어 인재를 선택하려는 의도였습니다. 그런데 놀랍게도 지원자 가운데 한 사람도 일류 대학 출신이 아닌 사람이 없었다고 합니다. 모집 공고에 학력에 대한 언급을 전혀 하지 않았지만, 사람들은 으레 그 대기업은 일류 대학 출신만을 뽑을 것이라는 선입견이 있어서 응시를 하지 않은 것입니다. 좋은 소식을 들었지만 믿지 못해 받아들이지 못한 것입니다. 복음도 마찬가지입니다. 오늘, 기쁨의 소식이 사람들의 귀에 응했습니다. 가난한 자에게 복음을 전하게 하시려 성령이 임하사 마음이 상한 자를 고치시고, 포로 된 자에게 자유를 주시고, 눈먼 자를 보게 하시고, 눌린 자를 자유롭게 하신다는 말씀입니다.사 61:1 그런데 사람들은 귀에 응한 말씀에 놀라기는 하지만 있는 그대로 인정하지 못하고 마음 깊이 받아들이지 못해 의에 이르지 못합니다. 구원이라는 엄청난 선물을 포기하고 살아갑니다. 당신은 하나님의 말씀이 귀에 응한 그대로 믿습니까? 당신에게 성령이 오신 것이 복음을 전하기 위함이라는 사실을 믿습니까? 그렇다면 구원을 포기하고 살아가는 자들에게 귀에 응한 그대로 담대하게 전하십시오.

하나님께서 말씀하시는 것을 저 자신이 먼저 잘 받아들이고 그 말씀을 믿지 못하는 자들에게 전할 수 있는 제가 되겠습니다.

10월 31일　생명의 떡을 나누는 삶

마태복음 14:19-20

19무리를 명하여 잔디 위에 앉히시고 떡 다섯 개와 물고기 두 마리를 가지사 하늘을 우러러 축사하시고 떡을 떼어 제자들에게 주시매 제자들이 무리에게 주니 20다 배불리 먹고 남은 조각을 열두 바구니에 차게 거두었으며 21먹은 사람은 여자와 어린이 외에 오천 명이나 되었더라

오병이어의 기적은 복음서마다 기록되어 있는데 마태복음은 한 가지 다른 부분이 있습니다. 예수님께서 떡을 떼어 무리에게 바로 주시는 것이 아니라 제자들에게 먼저 주시고 제자들이 받은 그것을 무리에게 나눠준 것으로 기록되어 있습니다. 이것은 생명의 떡 되신 예수님이 제자들의 손에 들려진 것을 말합니다. 자신에게 들려진 이 생명의 떡을 제자들이 무리에게 전해주지 않았다면 하나님 나라의 역사가 과연 일어날 수 있었을까요? 내 안에 있는 주님을, 생명의 보리떡을 나눠주는 일만큼 행복한 일이 어디에 있을까요? 오병이어 기적이 일어나는 장면을 상상해보면 알 수 있습니다. 모여 있는 무리에게 보리떡을 떼어주는데 계속 나오고 있습니다. 그리고 마침내 모든 사람이 배불리 먹고도 열두 광주리가 남았습니다. 얼마나 기쁘고 행복했을까요? 오늘 내 안에 계시는 예수님의 사랑을, 섬김을, 찬송을, 주님의 마음을 떼어줄 때 우리는 끝없이 나오는 기쁨을 맛보게 됩니다. 예수님은 사마리아 수가성의 여인에게 말씀하셨습니다. '이 물을 마시는 자마다 다시 목마르려니와 내가 주는 물을 마시는 자는 영원히 목마르지 아니하리니'요 4:13-14 그렇습니다. 세상 것은 한계가 있습니다. 그러나 주님은 영원한 생수가 되시기 때문에 더 이상 목마름이 없습니다. 먼저 예수로 충만한 자가 되십시오. 예수로 충만하다면 다른 사람을 통해 그리스도가 떼어 나눠진다고 해도, 다른 이가 나보다 앞서서 예수를 전한다 해도 결국 전파되는 것은 그리스도이시니 기뻐하며 감사하게 됩니다.

제 안에 계시는 주님을 다른 이에게 전하는 일이 얼마나 기쁘고 행복한 일인지 경험하는 자로 살도록 성령님, 도와주세요.

November

11월

감사, 찬송, 기쁨

11월 1일

감사는 복이다

시편 100:1-5

1온 땅이여 여호와께 즐거운 찬송을 부를지어다 2기쁨으로 여호와를 섬기며 노래하면서 그의 앞에 나아갈지어다 3여호와가 우리 하나님이신 줄 너희는 알지어다 그는 우리를 지으신 이요 우리는 그의 것이니 그의 백성이요 그의 기르시는 양이로다 4감사함으로 그의 문에 들어가며 찬송함으로 그의 궁정에 들어가서 그에게 감사하며 그의 이름을 송축할지어다 5여호와는 선하시니 그의 인자하심이 영원하고 그의 성실하심이 대대에 이르리로다

성공하는 사람들과 실패하는 사람들 사이의 가장 큰 차이는 감사하는 마음입니다. 성공하는 사람들은 불평과 원망이 일어날 만한 상황인데도 감사할 것을 찾아 감사를 고백합니다. 반면에 실패하는 사람들은 감사할 것뿐인데도 늘 불만스러운 문제만 찾아냅니다. 하나님께서는 우리가 감사를 선택하기 원하십니다. 사단은 하나님께서 우리에게 허락하신 많은 감사할 것들을 바라보지 못하게 하면서 우리가 가지지 못한 것, 잃어버린 것에만 시선과 관심을 두게 하여 감사할 수 없게 만들지만 사단에게 속지 말고 감사를 선택하십시오. 또한 하나님께서는 우리가 감사로 문을 열기 원하십니다. 감사는 모든 문을 여는 열쇠입니다. 감사하게 되면 막혔던 관계도 뚫리고 하늘 문도 열립니다. 감사함으로 하루 시작의 문을 여십시오. 하나님께서 우리에게 원하시는 또 하나는 감사 안에 거하는 것입니다. 감사 안에 거할 때 하나님의 선하시고 인자하심이 영원할 것이며 그 성실하심이 대대에 이를 것이라 약속하십니다. 사단에게 속아서 없는 것, 안 되는 것에만 집중하지 마십시오. 있는 것을 바라보고 어둠 가운데서도 빛을 찾고 감사함을 찾아내어 선택하십시오. 감사로 모든 문을 여십시오. 그리고 감사 안에 거하십시오. 이것이 우리에게 주어진 평생의 복입니다.

하나님, 제가 오늘도 감사를 선택하고 감사로 문을 열고 감사 안에 거하겠습니다.

11월 2일   예수님 손에 올려지면

요한복음 6:8-13

8제자 중 하나 곧 시몬 베드로의 형제 안드레가 예수께 여짜오되 9여기 한 아이가 있어 보리떡 다섯 개와 물고기 두 마리를 가지고 있나이다 그러나 그것이 이 많은 사람에게 얼마나 되겠사옵나이까 10예수께서 이르시되 이 사람들로 앉게 하라 하시니 그곳에 잔디가 많은지라 사람들이 앉으니 수가 오천 명쯤 되더라 11예수께서 떡을 가져 축사하신 후에 앉아 있는 자들에게 나눠 주시고 물고기도 그렇게 그들의 원대로 주시니라 12그들이 배부른 후에 예수께서 제자들에게 이르시되 남은 조각을 거두고 버리는 것이 없게 하라 하시므로 13이에 거두니 보리떡 다섯 개로 먹고 남은 조각이 열두 바구니에 찼더라

보리떡 다섯 개와 물고기 두 마리, 어린아이의 한 끼 양식에 불과한 것이었지만 주님의 손에 올려졌을 때 놀랍게 변화되었습니다. 아무리 보잘것없는 존재라 해도 예수님의 손에 올려지기만 하면 첫째, 계획된 존재가 됩니다. 10절, 이 사람들로 앉게 하라. 주님께서는 계획이 있으셨기 때문에 제자들에게 사람들을 앉히라고 말씀하셨습니다. 둘째, 감사할 존재가 됩니다. 11절, 떡을 가지고 축사하신 후에 본래 존귀한 자로 창조된 인간이 범죄함으로 하나님의 손에서 벗어났지만, 주님의 손에 올려놓는 순간 회복되어 주님은 기뻐하시며 하나님께 감사드립니다. 셋째, 나누는 존재가 됩니다. 11절, 앉은 자들에게 나눠주시고 작은 아이의 몫에 지나지 않았던 오병이어가 주님 손에 올려지니 어린이를 포함하여 2만 명이 배불리 먹고도 남을 정도로 풍성한 것이 되었습니다. 넷째, 버릴 것 없는 존재가 됩니다. 12절, 남은 조각을 거두고 버리는 것이 없게 하라 하시므로 사람들이 배불리 먹었으니 남은 것은 버릴 수도 있었지만, 주님께서는 버리지 말고 다 거둬드리라고 말씀하십니다. 이처럼 주님 손에 올려진 우리는 버릴 것이 없는 존재가 됩니다. 천국을 소유하고 예수 그리스도를 소유한 자이기 때문입니다.

제가 주님 손에 올려진 것에 감사드립니다. 하나님의 계획된 존재, 감사할 존재, 나누는 존재, 버릴 것이 없는 존재가 되었음에 감사드립니다.

11월 3일 감사 결핍증

누가복음 17:11-19

11예수께서 예루살렘으로 가실 때에 사마리아와 갈릴리 사이로 지나가시다가 12한 마을에 들어가시니 나병환자 열 명이 예수를 만나 멀리 서서 13소리를 높여 이르되 예수 선생님이여 우리를 불쌍히 여기소서 하거늘 14보시고 이르시되 가서 제사장들에게 너희 몸을 보이라 하셨더니 그들이 가다가 깨끗함을 받은지라 15그 중의 한 사람이 자기가 나은 것을 보고 큰 소리로 하나님께 영광을 돌리며 돌아와 16예수의 발 아래에 엎드리어 감사하니 그는 사마리아 사람이라 17예수께서 대답하여 이르시되 열 사람이 다 깨끗함을 받지 아니하였느냐 그 아홉은 어디 있느냐 18이 이방인 외에는 하나님께 영광을 돌리러 돌아온 자가 없느냐 하시고 19그에게 이르시되 일어나 가라 네 믿음이 너를 구원하였느니라 하시더라

어떤 상황에서든지 감사한다는 것은 놀라운 복을 선택하는 것이며 선포하는 것입니다. 감사할 때 하나님의 구원이 보이고 감사하지 못할 때 구원이 보이지 않습니다. 본문의 이야기는 우리에게 교훈하는 바가 큽니다. 열 사람은 문둥병이 낫는 것이 소원이었습니다. 예수님께서는 당장에 치료해 주시지 않고 그들에게 제사장에게 가서 보이라고만 하셨습니다. 그들은 제사장에게 가는 도중에 고침을 받았습니다. 더 이상 제사장에게 갈 필요가 없어진 것입니다. 하지만 그들 중 단 한 사람은 영원한 제사장이신 예수님께로 와서 감사했습니다. 다른 아홉의 모습이 바로 우리의 모습은 아닙니까? 무언가를 필요로 할 때 우리는 주님께 매달리지만 원하는 것을 얻고 나면 거기서 멈춰버립니다. 하나님께로 향하던 걸음을 더 이상 내딛지 않습니다. 그러나 주님께서는 감사한 문둥병자에게 말씀하십니다. '네 믿음이 너를 구원하였다' 병 중에서 가장 심각한 질병은 암이 아니라, 문둥병이 아니라 하나님의 은혜를 기억하지 못하고 감사하지 못하는 감사 결핍증입니다. 이것이 가장 저주받은 병입니다. 우리는 많은 것들을 망각하며 살아갑니다. 아니 망각이 있기에 살 수 있는지도 모릅니다. 그러나 우리가 죽을 때까지 잊지 말아야 할 것은 하나님의 은혜입니다. 그 은혜를 기억하며 감사하는 자가 구원을 보게 됩니다.

하나님, 저도 가끔씩 감사 결핍증이 있습니다. 언제 어디서나 은혜를 기억하며 감사하는 자로 살게 도와주세요.

11월 4일 깨어진 관계를 회복시키는 감사

시편 136:1
여호와께 감사하라 그는 선하시며 그 인자하심이 영원함이로다

감사는 우리의 삶에서 모든 관계의 출발입니다. 감사가 있을 때 관계가 형성됩니다. 가정 내에서 부부 사이에도, 부모와 자녀 사이에도, 형제 사이에도, 교회에서 목회자와 성도 사이에도, 성도들끼리도 감사가 있을 때 진정한 관계가 이루어집니다. 서로에 대한 감사가 없다면 겉으로 보기에는 좋은 관계 같아도 허울뿐인 관계이며 진정한 관계가 아니고 이미 무너진 죽은 관계입니다. 마찬가지로 하나님께 감사할 때 비로소 우리는 하나님과 진정한 관계를 이룰 수 있습니다. 감사하지 못한다면 하나님과 우리의 관계는 깨어진 관계입니다. 본문에서 이스라엘 백성은 70년의 바벨론 포로 생활에서 놓임 받아 본국으로 귀환했는데 땅은 황폐하고 지도자들도 모두 잃고 사람과 사람 사이에는 반목이 생기는 상황에서 그들은 '여호와께 감사'를 외치고 있습니다. 자신의 처지를 생각하면 감사는커녕 원망과 불평을 할 수밖에 없는 가장 악한 조건에서 감사를 노래하는 것은 쉽지 않습니다. 그러나 이들은 하나님의 선하심지난날의 어려움과 아픔도 현재의 비참함까지도 모두 합력하여 선을 이루시는 하나님을 고백함으로 감사할 수 있었습니다. 종말의 시대를 살아가는 오늘날 곳곳마다 관계가 끊어지고 분열과 분노가 쌓여 있습니다. 많은 이들이 깨어진 관계를 회복하려고 애쓰지 않고 그냥 포기해버립니다. 모든 질병에 증상이 있듯이 영적인 질병에도 증상이 하나 있는데 그것이 바로 내 안에 감사가 없는 것입니다. 우리의 삶 속에서 감사가 사라지게 되면 마귀가 우리의 관계 속에 끼어들어 관계를 깨뜨려버립니다. 그래서 우리는 사단에게 틈을 주지 않으려면 오히려 감사를 선포해야 합니다. 하나님과 깨어진 관계, 이웃과 깨어진 관계를 회복하기 위해 먼저 이스라엘 백성처럼 아픔과 고통 중에도 하나님의 선하심을 바라보고 감사의 노래를 부르십시오. 이는 끊임없는 자신과의 싸움입니다. 이 싸움에서 승리하게 되기를 축복합니다.

감사함으로 깨어진 관계를 회복하는 오늘을 살게 하소서.

11월 5일 # 행복한 사람

신명기 33:29
이스라엘이여 너는 행복한 사람이로다 여호와의 구원을 너 같이 얻은 백성이 누구냐 그는 너를 돕는 방패시요 네 영광의 칼이시로다 네 대적이 네게 복종하리니 네가 그들의 높은 곳을 밟으리로다

모세는 120년 동안 가나안을 갈망했습니다. 그리고 40년의 광야 여정 동안 오직 한 목표가 가나안 입성이었습니다. 그런데 막상 자신은 가나안을 들어갈 수 없게 된 처지에 가나안을 목전에 두고서 본문의 말씀을 이스라엘 백성에게 전했습니다. 이 말씀은 오늘 우리를 향한 말씀이기도 합니다. 왜 우리는 행복한 사람일까요? 첫째, 나같이 구원을 얻은 자가 없기 때문입니다. 예수 그리스도를 나의 주인으로 고백하는 믿음의 백성들은 모두 가나안, 즉 천국행 티켓을 이미 얻은 사람들입니다. 내가 잘나서가 아니라 내가 노력했기 때문이 아니라 전적인 하나님의 은혜로 값없이 얻게 되었습니다. 둘째, 하나님이 나를 돕는 방패이시기 때문입니다. 내가 형편없이 살아도 죄 가운데 살아도 하나님이 방패 되심을 믿지 못해 불안에 떨어도 전능하신 하나님, 영원하신 하나님께서 자비와 사랑으로 다가오셔서 나를 돕는 방패가 되어주십니다. 셋째, 하나님께서 나의 영원한 칼이시기 때문입니다. 이것은 여호와께서 우리를 승리케 하신다는 말씀입니다. 우리의 승리가 하나님께도 영광이 되고 우리에게도 영광이 되는 승리, 지금까지 우리를 괴롭혔던 대적이 우리를 높이고 그들을 우리가 밟게 될 승리를 얻게 하신다는 말씀입니다. 지금 우리가 몸을 누일 수 있는 처소가 있고 끼니를 먹을 수 있다면 세상의 25%만이 누릴 수 있는 행복을 누리고 있습니다. 맘껏 예배드리면서 기도하고 찬송하며 성경을 자유롭게 들고 다닐 수 있다면 세계 인구 중의 3분의 1에 속합니다. 이미 죽었던 목숨이 영원한 생명을 얻어 이 모든 것을 누릴 수 있게 되었으니 우리는 참으로 행복한 사람입니다.

저의 구원자이시며 방패이시며 저를 승리로 이끄시는 하나님께서 저에게 행복한 사람이라고 말씀하셨으니 행복한 사람답게 살아가겠습니다.

11월 6일　은혜를 기억하여

고린도전서 15:10
그러나 내가 나 된 것은 하나님의 은혜로 된 것이니 내게 주신 그의 은혜가 헛되지 아니하여 내가 모든 사도보다 더 많이 수고하였으나 내가 한 것이 아니요 오직 나와 함께 하신 하나님의 은혜로라

사람들은 문제가 너무 많아서 감사할 수 없다고 생각합니다. 그러나 문제는 감사를 방해할 수는 있지만 감사를 못 하게 하는 주원인이 되지는 않습니다. 감사하지 못하고 원망과 불평, 염려를 하게 되는 이유는 우리 안에 있는 죄 때문입니다. 죄는 하나님을 등지게 하는 것이므로 죄로부터 자유롭지 않고는 감사할 수가 없습니다. 그런데 수많은 크리스천들이 죄로부터 자유로운 사람들인데도 왜 감사를 못 하는 것일까요? 예수 그리스도를 믿는 사람들은 죄로부터 자유로워졌으니 감사할 수 있는 자격은 갖추었습니다. 그러나 오늘이라는 어려운 현실이 어제의 은혜를 망각하게 합니다. 이것이 미혹입니다. 하나님 앞에 감사할 수 있는 자격을 얻었음에도 미혹당해서 오늘의 문제에 집착하고 어제의 은혜를 망각하여 감사하지 못 하는 것입니다. 사도 바울은 고린도 교회에 많은 애정을 쏟았지만 들려오는 이야기는 고린도 교회가 숱한 생활의 문제에 얽혀져 있다는 소식이었습니다. 고린도 교인들에 대해 얼마든지 실망할 수도 있지만 바울은 자신을 사용하셨던 하나님의 은혜를 기억했기에 낙심하지 않고 오히려 교인들을 격려할 수 있었습니다. 이렇게 사도 바울은 문제에 집중하지 않고 지난날 하나님께서 주신 은혜를 생각했기 때문에 감사의 삶을 살면서 사역할 수 있었습니다. 어려운 문제가 있을 때 해결하려고 애쓸 것이 아니라 은혜를 기억하면서 하나님 앞에 나아가 기도해야 합니다. 어려운 현실이 어제의 은혜를 망각하게 하지만 오늘, 풍족하고 좋은 현실이 또한 은혜를 망각하게 만듭니다. 그래서 우리는 항상 깨어있고 근신해야 합니다. 처음에는 받은 은혜를 감사하다가 시간이 흐르면서 점점 무디어지고 당연한 것으로 여기게 됩니다. 어떤 환경에서도 하나님의 은혜를 기억하여 감사가 이어지는 삶이 되기를 축복합니다.

하나님, 받은 은혜를 망각할 때 감사를 상실하게 됨을 깨달았습니다. 매일 매 순간 구원의 은혜를 기억하게 하시고 그 은혜를 사명과 연결하는 제가 되게 해주세요.

11월 7일　하나님은 선하십니다

시편 118:1
여호와께 감사하라 그는 선하시며 그의 인자하심이 영원함이로다

본문은 마틴 루터가 좋아했던 구절로 알려져 있습니다. 그는 종교개혁을 일으키면서 숱한 고난과 핍박이 왔지만, 이 말씀으로 위로를 받았습니다. '비록 지금 내가 고통 가운데 있지만 하나님은 선하시며 인자하십니다. 하나님은 옳습니다. 하나님의 사랑은 무한하십니다'라고 고백한 루터는 감사할 수밖에 없었고 평안했습니다. 다윗 또한, 험한 인생의 여정을 겪었지만 '내 평생에 선하심과 인자하심이 나를 따르리니 …'라고 노래했습니다. 다윗은 환경과 무관하게 하나님께서 선하시고 인자하시다는 것을 믿었기에 감사할 수밖에 없었습니다. 반면에 하나님의 선하심을 인정하지 못해 불평과 원망을 하며 감사하지 못한 사람들도 있습니다. 대표적인 예가 마태복음 20장의 포도원 품꾼 이야기입니다. 일한 시간에 따라 품삯도 달라야 한다는 것은 우리의 생각입니다. 우리의 법입니다. 우리가 만들어 낸 선입니다. 이처럼 자신의 기준을 가지고 있으면 하나님이 틀렸다고, 선하지 않다고 원망하고 불평하며 감사가 사라집니다. 예수님이 고난받고 십자가에 달려 돌아가실 것을 말씀하실 때 베드로가 나서서 그 일이 결코 주께 미치지 않을 것이라고 만류했습니다. 예수님의 반응은 '사단아! 뒤로 물러가라'였습니다. 주님이 죽을 것이라고 말씀하시면 주님의 죽으심이 하나님의 방법이고 하나님의 선이라는 사실을 베드로는 믿어야 했습니다. 그러나 베드로는 사는 것만이 선한 것이라고 생각했습니다. 오늘, 우리도 베드로와 같을 때가 많습니다. 죄인이기에 늘 나 자신이 기준이 되기 때문입니다. 그러나 하나님만이 선하십니다. 하나님만이 옳습니다. 이것을 믿고 고백할 때 사단이 우리를 넘보지 못합니다. 어떤 환경에서도 감사할 수밖에 없습니다. 기도할 수밖에 없습니다. 또한 기뻐할 수밖에 없습니다. 그래서 시편 118편은 전체가 다 감사이며 기도이며 기쁨의 노래입니다.

저 자신이 기준이 되지 않고 오직 하나님만이 기준이 되고 하나님만이 선하심을 매일 매 순간 고백하며 살기를 원합니다.

11월 8일 구름 기둥, 불기둥

출애굽기 13:17-22

17바로가 백성을 보낸 후에 블레셋 사람의 땅의 길은 가까울지라도 하나님이 그들을 그 길로 인도하지 아니하셨으니 이는 하나님이 말씀하시기를 이 백성이 전쟁을 하게 되면 마음을 돌이켜 애굽으로 돌아갈까 하셨음이라 18그러므로 하나님이 홍해의 광야 길로 돌려 백성을 인도하시매 이스라엘 자손이 애굽 땅에서 대열을 지어 나올 때에 19모세가 요셉의 유골을 가졌으니 이는 요셉이 이스라엘 자손으로 단단히 맹세하게 하여 이르기를 하나님이 반드시 너희를 찾아오시리니 너희는 내 유골을 여기서 가지고 나가라 하였음이더라 20그들이 숙곳을 떠나서 광야 끝 에담에 장막을 치니 21여호와께서 그들 앞에서 가시며 낮에는 구름 기둥으로 그들의 길을 인도하시고 밤에는 불기둥을 그들에게 비추사 낮이나 밤이나 진행하게 하시니 22낮에는 구름 기둥, 밤에는 불기둥이 백성 앞에서 떠나지 아니하니라

사막이 아닌 일반 지역도 여름 한낮의 태양 빛이 무척 괴로운데 이스라엘 백성이 광야 길을 행할 때 얼마나 힘들었을까요? 낮에는 쉴 수 있는 나무 그늘도 없고 밤에는 추위 때문에 떨어야 했을 것입니다. 이런 광야 길에서 하나님은 구름 기둥과 불기둥을 허락하셨습니다. 그들에게 있어서 구름 기둥과 불기둥은 하나님의 보호하심, 사랑이었고 모든 것을 막아주는 능력이었습니다. 더위와 추위, 그리고 애굽으로 되돌아가고자 하는 생각을 막아주는 것이었습니다. 하나님께서는 이스라엘이 애굽에서 나올 때 요셉의 해골 — 즉, 장사 지낸 사람, 무덤 — 까지 들고 나오게 하실 만큼 그들이 애굽으로 다시 돌아가는 것을 원치 않으셨기에 힘든 광야 길 가운데 구름 기둥과 불기둥을 허락하심으로 애굽을 향한 그들의 마음까지 차단하셨습니다. 또한 구름 기둥과 불기둥은 어느 한순간에만 있었던 것이 아니라 그들의 광야 여정 가운데 늘 함께했습니다. 그러나 이스라엘은 광야 길의 어려움으로 원망과 불평만 있었기에 구름 기둥과 불기둥을 바라보면서도 감사하지 못했습니다. 반면 다윗은 고통과 절망의 광야 길에서도 '주의 생각이 내게 어찌 그리 보배로운지요? 그 수가 어찌 그리 많은지요?'시 139:17 라고 고백했습니다. 이것이 바로 구름 기둥과 불기둥을 제대로 바라보는 사람들의 고백입니다. 우리는 어떠합니까?

하나님, 제가 사는 날 동안 평생 구름 기둥, 불기둥으로 함께해 주실 것을 믿고 감사드립니다.

11월 9일 먹을 수 있음에 감사

민수기 15:17-21

17여호와께서 모세에게 말씀하여 이르시되 18이스라엘 자손에게 말하여 이르라 너희는 내가 인도하는 땅에 들어가거든 19그 땅의 양식을 먹을 때에 여호와께 거제를 드리되 20너희의 처음 익은 곡식 가루 떡을 거제로 타작 마당의 거제 같이 들어 드리라 21너희의 처음 익은 곡식 가루 떡을 대대에 여호와께 거제로 드릴지니라

우리는 먹는 문제에도 감사를 훈련해야 합니다. 너무 큰 은혜는 오히려 사람들이 당연하다 여겨 감사하지 못하고 지나치기 쉽습니다. 햇볕을 매일 쬐면서도 감사하지 못하고 맑은 공기를 마실 때도 당연하다고 생각합니다. 마찬가지로 물과 음식도 감사하지 않은 채 마음대로 소비합니다. 그러나 지구상에서 절대빈곤층이 약 8~9%를 차지하고 있으며 1분에 열한 명씩 기아로 인해 죽어간다는 사실을 안다면 우리가 먹고 마시는 음식에 대해서 감사하지 않을 수 없을 것입니다. 먹는 것에 대해 감사하지 않는다면 그것은 정말 기본적 인격을 상실한 것입니다. 우리가 하루 세 끼를 먹으면서 감사 기도를 하는 것은 적어도 하루 세 번만이라도 감사하라는 것입니다. 이 음식이 내 앞에 오기까지 모든 것의 공급처가 되시는 하나님께, 음식을 만들어 준 이에 대해, 그리고 내가 음식을 먹을 수 있는 건강한 육체라는 사실에 대해 감사해야 할 것입니다. 음식을 먹을 때 우리는 하나님 아버지의 신비를, 하나님 아버지의 사랑을 먹고 있는 것입니다. 그래서 하나님께서는 거제를 명령하십니다. 거제는 하나님 앞에 올려드렸다가 내리는 것을 반복하는 제사입니다. 즉 하나님께서 내려주시는 음식에 대해 먹을 때마다 감사하고 또 앞으로도 동일하게 주실 것을 믿음으로 고백하며 감사하라는 의미입니다. 먹고 사는 문제를 당연하게 여기지 않는 사람은 이렇게 작은 것 하나라도 먹을 때마다 하나님 앞에서 올렸다 내리기를 반복하며 감사할 수 있습니다. 구원의 깊은 사랑에 더하여 먹을 것까지 공급하시는 하나님 앞에 먹을 때마다 감사하기를 축복합니다.

하루 세끼 먹는 것을 당연하게 생각하였던 저 자신을 반성합니다.
작은 것 하나라도 먹을 수 있음을 늘 감사하겠습니다.

11월 10일　다윗처럼 감사하기

시편 103:1-5

1내 영혼아 여호와를 송축하라 내 속에 있는 것들아 다 그의 거룩한 이름을 송축하라
2내 영혼아 여호와를 송축하며 그의 모든 은택을 잊지 말지어다 3그가 네 모든 죄악을
사하시며 네 모든 병을 고치시며 4네 생명을 파멸에서 속량하시고 인자와 긍휼로 관
을 씌우시며 5좋은 것으로 네 소원을 만족하게 하사 네 청춘을 독수리 같이 새롭게 하
시는도다

다윗은 자기 삶의 체험을 통해 감사를 표현하고 있습니다. 하나
는 '모든 죄악을 사함 받았다는 사실'입니다. 죄 사함을 받았다
는 것을 깨닫고 감사하는 사람은 자신이 죄인이라는 사실을 아는 사람입니다. 그
러나 우리는 자신이 죄인임을 깨닫지 못합니다. 그것을 깨닫지도 못할 만큼 죄인이기
때문입니다. 다만 말씀의 권위 앞에서 말씀을 통해서만 깨닫게 됩니다. 다윗이 고백
한 또 다른 감사는 '하나님께서는 모든 질병을 치료하신다는 사실'입니다. 여기에서
병이란 육신적인 질병뿐 아니라 정신적인 고통도 해당이 됩니다. 다윗은 평생을 살아
가며 주변 사람들로부터 받은 상처로 인해 만신창이가 되었을 것입니다. 그러나 그는
그 모든 상처도 하나님께서 치유해주시는 것을 알고 그것에 대해 감사했습니다. 사람
들은 각자 자신의 상처의 늪에서 헤어 나오지 못해 또 다른 상처를 만들어 낼 때가 많
습니다. 내면 깊숙한 곳에 있는 그 상처들은 하나님 앞에 나아올 때 주님의 십자가를
통해 치유함을 받게 되고 그로 인해 우리는 감사하게 될 것입니다. 다윗이 감사하게
된 또 하나는 '하나님께서 소원을 이루어주신다는 사실'입니다. 다윗은 사실 성전 건
축을 가장 소원했지만, 하나님께서 허락하지 않으셨습니다. 그러나 그는 허락받지 못
한 것에 초점을 맞추지 않고 하나님께서 이뤄주신 많은 것들을 생각하며 감사했습니
다. 지금까지 이루어진 것들을 생각하며 감사하는 성도가 되기를 축복합니다.

저의 죄악을 사해주시고 저를 낮게 해주시고 제 소원을 이루어주셔서
감사합니다. 비록 지금 이루어지지 않는 것이 있다고 해도 앞으로 이루실 것을
믿고 감사합니다.

죽음의 법

11월 **11**일

데살로니가전서 4:16-17

16주께서 호령과 천사장의 소리와 하나님의 나팔 소리로 친히 하늘로부터 강림하시리니 그리스도 안에서 죽은 자들이 먼저 일어나고 17그 후에 우리 살아남은 자들도 그들과 함께 구름 속으로 끌어 올려 공중에서 주를 영접하게 하시리니 그리하여 우리가 항상 주와 함께 있으리라

죽음은 누구에게나 예고 없이 찾아옵니다. 죽음은 항상 내 주변에 다가오는 현실입니다. 그리스도인들은 죽음을 바라보며 세 가지를 생각해야 합니다. 첫째, 죽음은 무시무시한 것입니다. 죽음은 하나님의 아름다운 창조 세계가 죄로 물들어 있는 것이기에 죽음이 무시무시하다는 것을 아는 사람은 구원의 은혜가 반드시 있어야 한다는 절박함도 느낍니다. 둘째, 죽음은 주님과 만나는 날입니다. 어린 시절 소풍을 손꼽아 기다렸던 것처럼 죽음은 준비된 저 천국으로 소풍을 가서 주님을 만나게 되는 기대되는 날입니다. 셋째, 잘 죽어야 합니다. 어떻게 해야 잘 죽는 것일까요? 이 땅에서 죽기를 잘했다는 소리를 듣는 것입니다. 이 땅이 아무리 좋고 행복하다 해도 천국보다 나을 리 없으니 구원받은 백성이라면 이 땅에서 죽기를 잘한 것입니다. 그리스도 안에서in 그리스도를 통해서through 그리스도와 함께with 죽은 것이기 때문입니다. 그리스도 안에서 죽은 것은 분리가 없음을 의미합니다. 즉 그리스도 안에서 자는 것입니다. 그리스도와 함께 자고 반드시 그분과 함께 일어나게 됩니다. 부활합니다. 그리고 그분과 함께 영원히 삽니다. 죽음의 법을 제대로 아는 사람은 죽음을 앞두고 슬퍼하거나 근심하지 않습니다. 오히려 기뻐하며 소망을 갖게 될 것입니다.

하나님, 죽음에 대해서 생각할 때 분리나 슬픔을 느끼기보다는 소망을 갖게 하소서.

11월 **12**일   주의 은택으로 관 씌우시니

시편 65:11-13

11주의 은택으로 한 해를 관 씌우시니 주의 길에는 기름 방울이 떨어지며 12들의 초장에도 떨어지니 작은 산들이 기쁨으로 띠를 띠었나이다 13초장은 양 떼로 옷 입었고 골짜기는 곡식으로 덮였으매 그들이 다 즐거이 외치고 또 노래하나이다

시대의 어려움은 어느 때나 있었고 앞으로도 있을 것입니다. 개인적인 삶도 동일합니다. 주의 은택으로 왕관을 썼다고 해서 어려움과 환난을 만나지 않는 것이 아닙니다. 그럼에도 불구하고 택함 받은 사람은 어떤 상황에서도 주께서 주신 은택으로 왕관을 쓰게 되었다는 사실을 붙잡고 감사합니다. 택한 백성, 왕 같은 제사장으로서 아름다운 덕을 선포하면서 살아갑니다.^{벧전 2:9} 아직 주의 은혜를 모르는 백성에게 왕관이 씌워질 수 있도록 축복합니다. 그는 다른 사람을 일으켜 세워주는 생명의 줄기가 됩니다. 그를 통해 생명의 강이 끊임없이 흐르고 기쁨이 넘치며 많은 이가 힘을 얻게 될 것입니다. 우리는 하나님께서 미리 정하시고 부르시고 의롭다 하시며 영화롭게 하신 백성, 즉, 주의 은혜로 왕관을 씌워주신 자입니다. 하나님께서 이런 우리를 얼마나 사랑하시는지 그 무엇도 하나님의 사랑에서 끊을 수 없다고 사도 바울은 로마서를 통해 고백하고 있습니다.^{롬 8:31-39} 이 고백이 오늘 우리의 고백이어야 합니다. 가나안에서의 삶은 고통이 없는 삶이 아니라 '네가 밟는 땅은 모두가 다 네 땅이라' 말씀하신 것처럼, 주의 은택으로 왕관을 쓴 하나님 나라 백성은 어떤 상황, 어떤 길을 걸어간다 해도 하나님의 나라가 나와 내가 머물러 있는 곳에서 이루어짐을 믿어야 합니다. 하나님은 이 믿음을 소유한 우리가 가는 길에 언제나 주의 기름 방울이 떨어지게 하십니다. 우리로 인하여 우리가 소속되어 있는 공동체에도 기름이 떨어지고 기쁨으로 띠를 띠게 하시는 하나님이십니다. 그리하여 모두가 즐거이 외치며 노래하게 하십니다.

감사와 찬송은 환경에 있지 않음을 고백합니다. 오직 주의 은혜로 인하여 왕관을 쓰게 되었다는 사실만으로도 충분히 감사합니다. 기뻐합니다. 찬송합니다.

11월 **13**일 　감사하지 못함은 죄

사무엘하 12:7-8

7나단이 다윗에게 이르되 당신이 그 사람이라 이스라엘의 하나님 여호와께서 이와 같이 이르시기를 내가 너를 이스라엘 왕으로 기름 붓기 위하여 너를 사울의 손에서 구원하고 8네 주인의 집을 네게 주고 네 주인의 아내들을 네 품에 두고 이스라엘과 유다 족속을 네게 맡겼느니라 만일 그것이 부족하였을 것 같으면 내가 네게 이것 저것을 더 주었으리라

감사하지 못함이 죄라는 사실을 알고 있습니까? 감사하지 못하는 것은 받은 것이 없다는 것이고 이는 사랑받지 않았다는 것입니다. 독생자를 주시기까지 나를 사랑하신 하나님의 사랑을 부정하는 것은 곧 하나님과의 관계를 부정하는 것이니 큰 죄악일 수밖에 없습니다. 하나님과 나와의 관계는 내가 하나님의 사랑을 받았다는 믿음으로부터 시작하기 때문입니다. 혹자는 이렇게 말할지 모릅니다. '독생자를 주신 은혜에는 감사하는데 세상살이가 너무 어렵습니다. 즉, 세상 것 때문에 원망하는 것이지 하나님을 원망하는 것은 아닙니다' 이는 참으로 모순된 말입니다. 감사하지 않음이 죄악이 되는 이유는 본문에도 나옵니다. 우리야의 아내 밧세바를 범하고 그것을 감추기 위해 우리야까지 죽인 다윗의 죄악을 나단 선지자를 통해 하나님께서는 이렇게 지적하십니다. '내가 너를 이스라엘 왕으로 기름 붓기 위하여 너를 사울의 손에서 구원하고' 하나님은 다윗의 범죄 자체보다 하나님께서 그를 사울의 손에서 구원시켜주신 것을 망각한 사실을 지적하셨습니다. 다윗은 그 사실을 망각했기 때문에 엄청난 죄를 범했던 것입니다. 또한 하나님께서는 '만일 그것이 부족하였을 것 같으면 내가 네게 이것저것을 더 주었으리라' 이 말씀은 지금 너에게는 부족함이 없다는 것입니다. 그렇습니다. 내게 베풀어주신 구원의 감격과 은혜를 망각하는 순간부터 그리고 세상을 사랑하게 되면 늘 부족함을 느끼고 죄악은 거기에서부터 시작됩니다. 하나님께서는 우리가 어떤 순간에도 하나님의 사랑을 받은 은혜를 잊지 않기를, 또한 세상의 관점에서 보면 부족한 것 같지만 하나님 나라 백성에게는 지금 주어진 것이 최상이라는 사실을 잊지 않기 원하십니다.

하나님, 제가 구원받았다는 사실보다 더 큰 감사는 없습니다.
또한 지금 저에게 주어진 것이 최상의 것임을 고백합니다.

11월 **14**일   감사, 찬송

시편 69:30-31

30내가 노래로 하나님의 이름을 찬송하며 감사함으로 하나님을 위대하시다 하리니 31이
것이 소 곧 뿔과 굽이 있는 황소를 드림보다 여호와를 더욱 기쁘시게 함이 될 것이라

인체를 생각하면 우리는 저절로 감사가 나옵니다. 백만 가지 냄
새를 맡을 수 있는 개 코가 사람에게 붙어있다면 냄새 때문에
아무것도 할 수 없을 것입니다. 5만 회까지 들을 수 있는 박쥐의 귀가 내 몸에 붙
어 있다면 벌레 기어가는 소리, 지구가 움직이는 소리까지 들려 잠을 이룰 수도 없을
것입니다. 만약 내 시력이 5.0이라면 모든 세균이 보이기 때문에 도저히 생활을 할 수
가 없을 것입니다. 내 코가 개 코처럼 냄새에 민감하지 않은 것이, 내 귀가 박쥐처럼
밝지 않은 것이, 그리고 내 눈이 적당한 것만 볼 수 있게 창조된 것이 얼마나 감사한
일입니까? 그럼에도 불구하고 우리는 늘 생각 없이 살아가기 때문에 감사하지 못합
니다. 매일 매 순간 태양의 혜택을 받고 공기를 마시면서 살지만, 그것 역시 감사하지
못하는 것도 아무런 생각을 하지 않기 때문입니다. 이렇게 생각을 빼앗아 가는 것이
사단의 책략입니다. 사단은 우리가 감사와 찬양을 할 때 하나님께서 기뻐하시고 우리
곁에 있는 다른 사람들도 함께 살아나고 내 인격이 감사의 인격이 되어 더욱 감사와
찬양할 수 있는 역사가 일어남을 잘 알고 있기에 계속 방해한다는 사실을 기억하십
시오. 사단은 우리에게 조용히 침투하여 감사해야 할 일에 대해서도 우연이라고, 자
신의 노력이라고, 당연하다고 생각하게 하며 혹은 미처 생각하지 못하게 하거나 감사
한 일보다는 문제에만 집중하게 함으로 감사를 빼앗아갑니다. 그때 우리는 예수 그리
스도의 이름으로 명하여 사단을 몰아내고 감사 찬송을 회복해야 합니다.

주변을 둘러보면 감사할 것밖에 없음을 고백합니다.
그런데도 감사보다는 불평이 앞서는 저를 용서해주세요.

11월 **15**일   혼인 잔치 비유

마태복음 22:1-6

1예수께서 다시 비유로 대답하여 이르시되 2천국은 마치 자기 아들을 위하여 혼인 잔치를 베푼 어떤 임금과 같으니 3그 종들을 보내어 그 청한 사람들을 혼인 잔치에 오라 하였더니 오기를 싫어하거늘 4다시 다른 종들을 보내며 이르되 청한 사람들에게 이르기를 내가 오찬을 준비하되 나의 소와 살진 짐승을 잡고 모든 것을 갖추었으니 혼인 잔치에 오소서 하라 하였더니 5그들이 돌아 보지도 않고 한 사람은 자기 밭으로, 한 사람은 자기 사업하러 가고 6그 남은 자들은 종들을 잡아 모욕하고 죽이니

한 인간이 태어나는 확률이 30조 대 1이라고 합니다. 그런데 택함에 있어서는 아예 확률이 없습니다. 절대 불가능한 일이기 때문입니다. 이렇게 불가능한 일이 우리에게 이루어졌으니 이 얼마나 놀랍습니까? 그럼에도 인간은 택함 받은 사실에 대한 감격도 없고 소중함도 모릅니다. 인간은 본래 비뚤어진 마음을 가졌기 때문입니다.3절 마음 가운데 하나님 두기를 싫어하며 패역하여 자기 마음대로 행합니다. 인간은 언제나 자기중심적입니다.5절 자기 자신에게만 집착해 있어 다른 어떤 것도 보이지 않습니다. 처음부터 끝까지 인간은 자신만을 생각합니다. 인간의 본질은 악을 행하는 데 담대합니다.6절 성경에서는 이런 인간의 마음을 이렇게 말합니다. '인생의 마음에 악이 가득하여 평생에 미친 마음을 품다가 …'전 9:3, '만물보다 거짓되고 심히 부패한 것은 마음이라 …'렘 17:9 이렇게 인간은 모두 하나님의 초청에 응할 자격조차 없는 존재입니다. 그럼에도 불구하고 하나님께서는 우리에게 혼인 예복을 입혀서 잔치에 참여할 수 있게 해주셨으니 이보다 더한 기적은 없습니다.

하나님, 저를 혼인 잔치 자리에 불러 주셔서 감사합니다.
제가 그 초청을 거부하지 않게 하시고 감사함으로 참여할 수 있게 해주세요.

11월 16일 원망과 불평

욥기 1:8
여호와께서 사탄에게 이르시되 네가 내 종 욥을 주의하여 보았느냐 그와 같이 온전하고 정직하여 하나님을 경외하며 악에서 떠난 자는 세상에 없느니라

욥은 '악에서 떠난 자'라고 하나님께서 인정하신 사람입니다. 어떤 상황에서도 불평불만이나 원망이 없는 사람이라는 뜻입니다. 그러나 사단은 하나님께서 욥에게 복을 주셨기 때문에 소유가 많아서 그런 것이라고 합니다. 욥을 잘 아시는 하나님은 사단의 손에 욥을 붙이셔서 모든 것을 잃게 만드셨습니다. 하나하나 잃어갈 때 욥인들 왜 마음에 괴로움, 원망이 없었을까요? 말씀에 나타나지는 않았지만, 그는 아마도 순간적으로 불평했을 것입니다. 그러나 이내 그는 '불평은 악이다'라는 음성을 들었을지도 모릅니다. 그래서 욥은 겉옷을 찢고 머리털을 밀고 땅에 엎드려 예배했습니다. 하나님께서는 불평하는 사람을 향하여 '악하다'라고 하십니다. 불평은 부족해서가 아니라 다른 것과 비교하여 평등하지 않다고 생각해서 일어나는 것입니다. 불평은 어떤 것이든 '악'이고, 불평하는 자는 게을러질 수밖에 없습니다. 불평이 악인 줄 깨달았으면 우리도 욥처럼 가슴을 치고 하나님 앞에 나와야 합니다. 불평이나 원망을 그쳐야 합니다. 그러나 계속 불평한다면 악하고 게으른 상태에서 이젠 망하게 될 것입니다. 한 달란트를 소홀히 한 사람처럼 깨닫지 못하고 변명만 한다면 있는 것을 빼앗기게 됩니다. 관계가 무너지고 쫓김을 당하게 됩니다.마 25:26-30 출애굽하여 가나안을 향하는 이스라엘 백성들은 광야에서 끊임없이 불평하였습니다. 광야 생활의 어려움 때문이 아니라 애굽과 비교하기 때문이었습니다. 하나님께서는 순간순간 일깨워주셨지만, 불평과 원망을 계속한 백성들은 결국 약속의 땅에 들어갈 수가 없었습니다. 출애굽한 백성, 이미 구원받은 백성이라 해도 원망과 불평을 계속하면 그것은 악이기 때문에 하나님께서는 그냥 내버려두지 않으심을 기억하십시오.

하나님, 제가 삶 가운데 작은 불평이라도 입에 담지 않도록 제 입술에 파수꾼을 세워주세요.

11월 **17**일　감사의 영성

시편 136:21-26

21그들의 땅을 기업으로 주신 이에게 감사하라 그 인자하심이 영원함이로다 22곧 그 종 이스라엘에게 기업으로 주신 이에게 감사하라 그 인자하심이 영원함이로다 23우리를 비천한 가운데에서도 기억해 주신 이에게 감사하라 그 인자하심이 영원함이로다 24우리를 우리의 대적에게서 건지신 이에게 감사하라 그 인자하심이 영원함이로다 25모든 육체에게 먹을 것을 주신 이에게 감사하라 그 인자하심이 영원함이로다 26하늘의 하나님께 감사하라 그 인자하심이 영원함이로다

'그 인자하심이 영원함이로다' 어떤 사람에게 인자하심이 영원한 것입니까? 하나님이 인자하심으로 보살펴 주신 것에 대해 감사하는 사람에게 그 인자하심이 영원하십니다. 개인에게, 가정에, 교회에, 그리고 이 민족에게 하나님 아버지의 인자하심이 얼마나 풍성하셨는지 기억하고 감사할 때 하나님의 인자하심은 영원하실 것입니다. 하나님께서는 이 민족에게 은혜를 베푸셨습니다. 우리는 36년간의 굴욕적인 일제 치하에 있었던 비천한 민족, 6·25 전쟁으로 인해 참혹함 가운데 있었던 민족이었습니다. 그러나 하나님께서는 우리를 비천함에서, 그 모든 대적에서 건지셨습니다.23-24절 우리는 70~80년 전만 해도 보릿고개라는 말이 있었을 정도로 가난에 허덕였던 민족이었습니다. 그러나 하나님께서 우리에게 식물을 주셔서25절 지금 우리는 식량 자급률이 100%입니다. 중요한 것은 우리가 풍성할 때 나눌 줄 알고 하나님의 인자하심을 고백해야 한다는 사실입니다. 이렇게 감사하는 자에게 하나님의 인자하심은 끊이지 않습니다. 반면에 우리가 하나님의 인자하심에 감사하지 못하고 불평하게 되면 심판이 영원할 것입니다. 그래서 우리는 언제나 하늘의 하나님께 감사하는 자가 되어야 합니다. 즉 감사의 영성을 가져야 합니다. 감사의 영성은 수많은 영성 중에서 가장 가치 있는 영성입니다. 바울처럼 환난을 많이 겪은 사람도 드물 것입니다. 그러나 그 역시 감사의 영성을 지녔기에 '현재의 고난은 장차 우리에게 나타날 영광과 족히 비교할 수 없다'는 고백을 하였습니다.롬 8:18

하나님께서 베풀어 주신 은혜를 생각하면 감사할 것밖에 없습니다.
마음으로 입술로 감사를 선포하며 살게 해주세요.

11월 **18**일 　기뻐하라

데살로니가전서 5:16-18
16항상 기뻐하라 17쉬지 말고 기도하라 18범사에 감사하라 이것이 그리스도 예수 안에서 너희를 향하신 하나님의 뜻이니라

하　나님께서 우리에게 항상 기뻐하라고 명령하신 이유와 근거는 '사죄의 은총과 영생'입니다. 우리는 이것을 지식으로 압니다. 그러나 지식이 우리 안에 기쁨을 만들어주지는 않기에 실제 우리의 삶은 늘 기쁜 삶이 아닙니다. 어떻게 해야 늘 기쁘게 살 수 있을까요? 실존하시는 하나님과의 만남이 있어야 합니다. 성경 속에서만 존재하시는 하나님, 미래 어느 순간에 오실 하나님이 아니라 오늘 내 삶 속에서 살아계시는 하나님과 함께할 때 우리에게 기쁨이 있습니다. 함께한다는 것은 대화하는 것이며 주고받는 것입니다. 24시간 '하나님, 저는 이렇게 생각해요. 아버지 생각은요?'라고 질문하며 살아갈 수 있습니다. 하나님께서는 늘 우리의 질문을 기다리시며 말씀을 통해 상황을 통해 혹은 누군가를 통해 답해주십니다. 그리고 우리와 함께하시기 위해 목숨까지도 내어 놓으신 주님을 생각하며 우리의 시간과 물질을 조금이라도 주님께 내어드리며 또한 이웃과 나누는 삶을 살 때 놀라운 기쁨이 찾아옵니다. 한 의학 보고서에도 '이타적인 삶을 살 때 뇌가 최고로 활성화되어 즐거움을 느끼고 기쁨이 지속된다'고 기록되어 있습니다. 사단은 언제나 하나님과 우리를 떼어놓으려 하고 우리의 기쁨에 폭격을 가합니다. 그럴수록 하나님과 더욱 붙어 있기를 힘쓰십시오. 우리가 부를 때 바로 거기에 계시는, 실존하시는 하나님을 느낌으로 기쁨이 충만한 하루가 되기를 축복합니다.

하나님, 오늘도 제 곁에서 함께하실 것을 믿고 감사드립니다.

11월 19일 원망을 벗어나

출애굽기 16:4

그 때에 여호와께서 모세에게 이르시되 보라 내가 너희를 위하여 하늘에서 양식을 비같이 내리리니 백성이 나가서 일용할 것을 날마다 거둘 것이라 이같이 하여 그들이 내 율법을 준행하나 아니하나 내가 시험하리라

2009년, 흑인이 15%밖에 되지 않는 백인 우월주의 사회인 미국에서 흑인 대통령이 탄생했습니다. 오바마는 혼혈인으로서 자신의 정체성 때문에 세상을 원망하며 어린 시절을 보내다가 방탕한 사람이 되었다고 합니다. 그러나 주님을 만나게 되면서부터 자신에게 박혀 있던 원망이 빠져나가고 정체성을 바로 찾았다고 합니다. 그리고 대통령의 자리까지 갔습니다. 원망하는 삶이 주님 안에서 바뀌면 자신의 정체성을 발견하게 되고 결국 귀한 자로 쓰임 받게 됩니다. 본문에 앞서 이스라엘 백성들은 먹을 것이 없다며 고기 가마 곁에 있던 애굽 시절을 떠올리며 원망합니다. 이때 하나님께서는 '보라'고 하시며 너희를 위하여 하늘에서 양식을 준비해 비같이 내리시겠다고 말씀하십니다. 우리는 없는 것을 바라보며 불평하고 원망하지만, 원망은 어리석은 일입니다. 사단이 우리를 멸망시키려고 원망하게 만드는 것이기 때문입니다. 원망하면 결국 사단에게 끌려다니게 됩니다. 원망하는 마음이 들 때도 하나님을 바라보십시오. 하나님께서는 이미 다 준비하고 계십니다. 지금 인생의 광야를 통과하면서 쓴물로 인해 고통스러워하고 있습니까? 먹고 마시는 일로 인해 원망하고 있습니까? 만유를 주관하시는 하나님은 우리를 위해 모든 것을 예비해두시고 우리가 어려움에 처했을 때 부족함 없이 충만히 채워주시는 분입니다. 하나님은 지금 우리에게 동일하게 말씀하십니다. '보라' 눈과 귀가 열려 이 음성을 듣고 하나님이 예비하신 것들을 보는 성도가 되기를 축복합니다.

하나님, 어려운 세상살이에 원망의 말을 입에 담을 때가 있었습니다. 앞으로는 원망 대신 기도하겠습니다. 제게도 '보라'는 음성을 들려주세요.

11월 **20**일 　여호와를 송축하라

시편 134:1-3

1보라 밤에 여호와의 성전에 서 있는 여호와의 모든 종들아 여호와를 송축하라 2성소를 향하여 너희 손을 들고 여호와를 송축하라 3천지를 지으신 여호와께서 시온에서 네게 복을 주실지어다

역사의 주인 되시는 하나님께서는 태초에 천지를 '보시기에 심히 아름답게' 시작하셨습니다. 그 아름다움을 사단이 망가뜨리고 있지만 아름답게 시작하신 하나님께서 결국에는 아름답게 마무리하실 것입니다. 그래서 하나님의 사람들은 하나님과 함께 시작하고 하나님과 함께 끝을 맺어야 합니다. 이스라엘 백성을 애굽의 손에서 건져내시려는 하나님의 결심으로 이스라엘 백성의 여행이 시작되었습니다. 출애굽시키실 때부터 하나님께서는 젖과 꿀이 흐르는 광대한 땅이라는 아름다운 계획을 가지고 계셨습니다. 본문은 이스라엘 백성이 여행의 끝에 이 목적지에 도착하여 행했던 일을 기록하고 있습니다. 그것은 무엇입니까? 둘러앉아 지난 이야기를 나눌 수도 있고 앞으로의 일을 의논할 수도 있었을 것입니다. 그러나 그들은 여호와의 종으로서 손을 들고 여호와를 송축했습니다. 송축은 하나님을 칭찬하는 것입니다. 그분과 함께 기뻐하는 것입니다. 나보다 하나님을 더 중요하게 여기는 것입니다. 하나님을 영화롭게 즉 그분만 높여드리는 것입니다. 인생의 여정에서 우리가 가장 먼저 행해야 하는 일도 바로 여호와를 송축하는 일이며 이때 하나님은 복을 주십니다. 여기에서 복은 히브리어로 '베라카'이며 하나님이 우리 가운데 무릎을 굽히시고 우리 수준이 되어 들어오신다는 뜻입니다. 하나님이 우리 안에 임재하시는 것이 가장 큰 복임을 뜻합니다. 여호와를 송축함으로 하나님께서 우리 안에 들어오시는 복을 누리는 성도가 되기를 축복합니다.

오늘도 제 안에 좌정하시고 저의 송축을 받으시는 하나님, 감사합니다.

11월 21일 영원한 감사

빌립보서 1:6
너희 안에서 착한 일을 시작하신 이가 그리스도 예수의 날까지 이루실 줄을 우리는 확신하노라

'별 빛을 보고 감사하는 사람에게 달빛 주고 달빛을 보고 감사하는 사람에게 햇빛 주고 햇빛을 보고 감사하는 사람에게 해와 달이 필요 없는 영원한 빛을 준다'고 스펄전 목사님이 말씀하셨듯이 감사하는 사람에게는 영원한 빛이 주어집니다. 복되고 밝은 미래가 약속됩니다. 하지만 우리 마음 깊은 곳에 죄가 있어서 감사하지 못하는데 그것이 바로 교만과 탐욕입니다. 교만한 사람은 어떤 일을 이루고 난 후 모두 자신이 했다고 생각하기에 감사할 줄 모릅니다. 자신은 완벽하고 부족함이 없다고 생각하기 때문에 다른 사람에게도 그것을 요구하며 자신의 기준에 맞추려고 합니다. 그래서 이런 사람은 인간관계가 깨어지기 쉽습니다. 또한 욕심 있는 사람도 감사한 마음을 가지지 못합니다. 인간의 욕심은 끝이 없는 것이라 그 무엇에도 만족하지 못하기 때문에 욕심을 내려놓지 않으면 우리는 평생을 감사하지 못할 것입니다. 감사를 포기하는 것만큼 어리석은 일은 없습니다. 감사를 포기하는 것은 믿음을 포기하는 것이기 때문입니다. 사도 바울이 어려운 환경 가운데서도 감사할 수 있었던 것은 믿음을 포기하지 않았기 때문입니다. 본문에서 착한 일이란 구원 사역을 의미합니다. 그렇습니다. 내 안에 주님의 영이, 주님의 사랑이 시작되었습니다. 나를 위해 모든 것을 내어주신 십자가의 그 사랑이 영원히 나와 함께 하시며 그리스도의 날까지 이루실 것입니다. 이것을 확신하는 사람은 감사할 수밖에 없습니다. 하나님의 사랑은 어떤 환경 속에서도 늘 새로운 가치를 발견할 수 있도록 우리를 인도하시기 때문입니다. 하나님께서는 우리가 환경을 바라보지 않고 이것을 확신하고 감사할 수 있는 사람이 되기를 원하십니다.

 저를 사랑하시는 하나님으로 인해 감사합니다. 어떤 환경에서도 영원히 감사하겠습니다.

11월 22일 지음 받은 존재

시편 103:22

여호와의 지으심을 받고 그가 다스리시는 모든 곳에 있는 너희여 여호와를 송축하라
내 영혼아 여호와를 송축하라

'과학자가 기독교인이 될 수 있느냐?'는 질문에 세계적인 양자 물리학자인 헨리 쉐퍼 박사는 '정교하게 만든 이 우주를 바라보고 신이 존재하고 있다는 사실을 어찌 믿지 않을 사람이 있는가? 그러나 종종 어떤 과학자들은 자기의 과학을 위해 일부러 믿지 않으려고 할 뿐이다'라고 주저 없이 대답했습니다. 태양과 지구와의 거리가 9만 3천 마일이라고 합니다. 그런데 그 거리가 조금만 가까워도 지구에 있는 모든 생명체는 타서 죽게 되고 조금만 멀어지면 얼어서 죽게 된다고 합니다. 그만큼 이 우주는 정밀하게 만들어졌습니다. 이러한 우주가 한순간의 폭발로 이루어졌다고 결론지을 수 있을까요? 우주 만물 중에 가장 아름다운 인간의 뼈 구조는 건축학적으로 보았을 때 완벽한 아치형이라고 합니다. 인간의 모습은 그 자체가 얼마나 완벽하고 아름다운 건축물인지 모릅니다. 이렇게 완벽한 존재가 우연히 생겨났다고 할 수 있을까요? 세상의 수많은 과학자들이, 종교가들이 사람이 어떻게 생겨났는지 오랜 세월 연구했지만, 그 정확한 답을 얻지 못하고 있습니다. 오직 성경만이 그에 대한 확실한 답을 주고 있습니다. 누가 사람을 만들었는지, 이 아름다운 대자연과 거대한 우주를 누가 어떻게 만들었는지 성경만이 그 유일한 해답을 주고 있습니다. '태초에 하나님이 세상을 창조하시니라'창 1:1 본문에서도 같은 말씀을 전하고 있습니다. 우리는 그냥 우연히 존재하게 된 것이 아닙니다. 하나님께서 우리를 지으셨습니다. 세상에 있는 모든 사람이 겉으로 보기에는 차이가 없습니다. 그러나 하나님께서 우리를 지으시고 다스리신다는 사실을 믿는 사람은 하나님 앞에 감사 찬양하며 구별된 삶을 살아갑니다.

하나님, 저를 지으시고 다스려주셔서 감사합니다. 언제 어디서나 이 고백을 하며 창조주 하나님을 모르는 자들에게 전하는 제가 되게 해주세요.

11월 **23**일 **걸작품을 만드시는 하나님**

욥기 23:10
그러나 내가 가는 길을 그가 아시나니 그가 나를 단련하신 후에는 내가 순금 같이 되어 나오리라

우리를 창조하신 하나님께서 지금, 이 순간에도 우리를 만들어가고 계십니다. '기왕에 만드실 거면 한꺼번에 완벽하게 만드시지 왜 이렇게 지지부진하게, 평생을 걸려 만드실까?'라고 생각합니까? 인간은 세상의 그 어떤 것과는 비교할 수 없는 걸작이기에 오랜 시간이 걸릴 수밖에 없습니다. 주님 앞에 서는 그날까지 하나님께서는 나를 만들어 가실 것입니다. 많은 믿음의 선진들이 그러했습니다. 애굽의 왕자로 모든 것을 누리며 살았지만 하루아침에 살인자가 되어 미디안 광야로 도망가 40년을 목동으로 살게 된 모세, 하나님은 그 세월 동안 모세를 멋있게 만드셔서 이스라엘 백성을 구원해 내는 지도자로 사용하셨습니다. 요셉 또한 형제들의 미움을 사서 부모를 떠나 머나먼 타국까지 팔려 가는 아픔을 겪었습니다. 그리고 그곳에서도 오해를 받아 감옥에 들어가는 등 어려움을 겪었습니다. 하지만 그 세월 역시 하나님께서 요셉을 멋진 작품으로 만들어 가시는 과정이었습니다. 하나님의 나라를 위해 바울만큼 열정적으로, 헌신적으로 일한 사람은 없었을 것입니다. 그런 그가 질병을 고쳐 달라고 세 번이나^{이것은 횟수만을 의미하는 것이 아니라 응답할 때까지 기도했음을 말합니다.} 기도했지만, 바울은 평생을 몸의 가시를 지닌 채 사역하였습니다. 하나님의 응답은 '내 은혜가 네게 족하다 이는 내 능력이 약한 데서 온전하여짐이라'^{고후 12:9}였습니다. 결국 그 모든 것은 하나님께서 바울을 온전한 작품으로 만들기 위한 과정이었습니다. 오늘 어떤 환경에 있다고 해도 그 모든 상황은 하나님께서 우리를 만들어 가시는 과정 가운데 있다는 사실을 믿으며 감사 찬송해야 합니다. 칠흑같이 어두운 밤, 대낮이지만 구름이 가득한 날에도 태양이 존재하듯이 우리가 하나님의 사랑을 느끼지 못하는 때에도 우리를 천국 백성으로 만들어 가시는 하나님의 사랑은 존재합니다. 하나님은 오늘도 여전히 살아계시는 하나님이십니다.

오늘 이 시간이 하나님께서 저를 만들어가시는 과정임을 믿습니다. 원망과 불평보다는 감사와 찬송이 넘치는 제가 되게 해주세요.

11월 24일 감사하지 못하는 이유

시편 69:30-31

30내가 노래로 하나님의 이름을 찬송하며 감사함으로 하나님을 위대하시다 하리니 31이 것이 소 곧 뿔과 굽이 있는 황소를 드림보다 여호와를 더욱 기쁘시게 함이 될 것이라

인간의 본성은 가만히 두면 감사보다는 불평을 먼저 하게 되어 있습니다. 그래서 감사는 훈련되고 가르침을 받아야 합니다. 성경에 감사에 대한 말씀이 곳곳에 기록된 것도 감사가 그만큼 중요한 것이기에 감사를 가르치기 위해서입니다. 그러나 사단은 늘 우리의 본성을 이용해서 감사할 수 없도록 방해합니다. 아담과 이브에게 접근한 사단이 사용한 방법도 바로 감사하는 마음을 가지지 못하도록 한 것입니다. 에덴동산의 모든 것을 하나님께서 허락해주셨건만 사단은 하나님께서 허락하지 않으신 동산 중앙의 나무에만 초점을 맞추게 함으로 아담과 이브의 눈에는 자신들이 누릴 수 있는 다른 좋은 것들은 하나도 보이지 않아 감사할 수가 없었습니다. 사단은 왜 이렇게 감사를 방해하는 것일까요? 감사하는 곳에 하나님이 임재하시기 때문입니다.시 22:3, 찬송 중에 거하시는 주여 우리가 하나님 앞에 감사하며 찬송할 때 하나님이 거하십니다. 불평하는 곳에는 하나님이 임재하실 수 없습니다. 감사가 하나님을 영화롭게 하기 때문입니다.시 50:23, 감사로 제사를 드리는 자가 나를 영화롭게 하나니 불평하는 사람은 수백 번 예배의 자리에 나와 앉아 있어도 그 예배는 하나님을 영화롭게 하지 못합니다. 그리고 본문에서 고백한 대로 감사보다 하나님을 기쁘시게 하는 것이 없기 때문에 사단이 감사를 방해합니다. 우리는 깨어서 사단에게 속지 않아야 합니다. 어떤 상황 가운데서도 감사함으로 하나님의 임재를 경험하고 하나님을 영화롭게 하며 하나님을 기쁘시게 하는 성도로 살아가기를 축복합니다.

사단은 끊임없이 감사하지 못하도록 방해하지만 사단에게 속지 않고 어떤 순간에도 감사하는 제가 되기를 간절히 원합니다.

11월 25일 감사할 줄 아는 사람

고린도전서 1:4
그리스도 예수 안에서 너희에게 주신 하나님의 은혜로 말미암아 내가 너희를 위하여 항상 하나님께 감사하노니

우리가 누군가에게 아주 작은 것으로 감사의 뜻을 전했을 때 크게 기뻐해 주는 사람이 있습니다. 그것은 그가 나를 아끼고 사랑하는 사람이기 때문에 그렇습니다. 하물며 하나님께서는 어떠하시겠습니까? 하나님은 우리의 구원을 위해 독생자를 아끼지 않고 주실 만큼 우리를 사랑하시는 분입니다. 우리가 사망의 음침한 골짜기를 다닐 때 밤낮으로 지키실 만큼 우리를 긍휼히 여기시고 불쌍히 여기시는 분입니다. 그러니 하나님께서는 우리를 사랑하시는 만큼, 우리를 불쌍히 여기시는 만큼 우리가 비록 작은 것을 드린다 해도 크게 받아주십니다. 아니 그 무엇을 드리지 못해도 그저 감사하다는 한마디만으로도 행복해하십니다. 하나님께서는 우리를 통해 영광을 받고 싶어 하시는데 영광은 다른 것이 아닙니다. 내가 그 무엇을 헌신하고 봉사한다고 영광을 돌리는 것이 아니라 그저 하나님께 '감사합니다'라는 말 자체가 하나님께 영광을 돌리는 것입니다. 자식이 있는 부모라면 하나님의 심정을 이해할 것입니다. 자식이 성공하면 부모는 기뻐하고 행복합니다. 그러나 자식이 비록 성공을 거두지 않아도 부모에게 감사할 줄 안다면 부모는 이를 더욱 기뻐하고 행복해 할 것입니다. 그래서 우리는 감사할 수 있는 사람이 되어야 합니다. 본문에서는 나 한 사람에 대한 감사를 뛰어넘어 다른 사람을 위해서도 감사할 줄 아는 사람이 되는 단계를 말씀하고 있습니다. 나에 대한 감사, 내 교회에 대한 감사는 너무도 당연합니다. 이제는 그것을 초월하여 이웃이 잘 되는 것, 이웃 교회가 잘 되는 것에 진심으로 감사할 줄 아는 성도가 되기를 축복합니다.

하나님, 제가 속한 공동체가 늘 하나님께 감사하고 서로에게 감사하며 감사의 지경을 넓혀가는 공동체가 되기를 소망합니다.

11월 26일 하나님을 영화롭게 하는 자

시편 50:23
감사로 제사를 드리는 자가 나를 영화롭게 하나니 그의 행위를 옳게 하는 자에게 내가
하나님의 구원을 보이리라

어려움과 고통 속에서 감사할 때 그를 통해 하나님의 영화가 반사되어 우리는 하나님의 영광을 보게 됩니다. 사도 바울이 아시아로 선교하러 가려고 했으나 하나님이 그를 마게도냐로 돌리셨습니다. 그러나 하나님의 뜻에 순종하여 마게노냐로 간 사도 바울은 빌립보 감옥에 갇히는 어려움에 처했습니다. 이때 대부분의 사람이라면 원망이나 불평을 하고 후회할 것입니다. 그러나 바울은 감사하며 기도하며 찬송했고 이로 인해 굳게 잠긴 옥문이 열려 하나님의 영광이 드러났습니다. 사울에게 쫓기며 아둘람 굴속에 갇혀 있던 다윗이 하나님께 고백한 시편이 있습니다. '하나님이여, 내 마음이 확정되고 확정되었사오니 내가 노래하고 찬송하리이다 내 영광아 깰지어다 내가 만민 중에서 주께 감사하오며 열방 중에서 주를 찬송하리이다'시 57:7-9 이런 다윗으로 인해 하나님의 충만한 영화가 드러났습니다. 본문에서도 감사하는 자가 하나님을 영화롭게 한다고 노래합니다. 살아가면서 우리는 생각지도 못한 어려움을 만날 때가 있습니다. 그때에도 나는 과연 감사할 수 있을까요? 지금이 혹시 그때는 아닙니까? 도저히 감사가 나오지 않지만 감사해야 하는 시간이 아닐까요? 그런 나를 통해 하나님의 영광이 드러날 것입니다.

하나님, 제가 감사할 때 저를 통해 하나님의 영광이 드러남을 믿습니다.
항상 감사하는 자로 살게 하소서.

11월 **27**일 　감사만이 최고의 선택

이사야 14:12-15

12너 아침의 아들 계명성이여 어찌 그리 하늘에서 떨어졌으며 너 열국을 엎은 자여 어찌 그리 땅에 찍혔는고 13네가 네 마음에 이르기를 내가 하늘에 올라 하나님의 뭇 별 위에 내 자리를 높이리라 내가 북극 집회의 산 위에 앉으리라 14가장 높은 구름에 올라가 지극히 높은 이와 같아지리라 하는도다 15그러나 이제 네가 스올 곧 구덩이 맨 밑에 떨어짐을 당하리로다

범사에 감사하라고 하지만 사실 우리의 형편과 상황은 감사 못 할 일이 많습니다. 마음속에서 갈등하다가 결국 감사를 포기하는 경우가 많습니다. 하지만 감사는 결코 포기해서는 안 되는 일입니다. 감사를 포기하면 하나님의 사람이 되는 것을 포기하는 것입니다. 이것은 곧 마귀를 닮는 것, 마귀처럼 살겠다는 것을 의미합니다. 마귀는 원래 세상에서 가장 존귀하게 창조된 천사였습니다. 하나님께서는 그를 완전한 존재로 만드셨고겔 28:15 또한 본문에 나와 있듯이 아침의 아들, 계명성이라는 아름답고 귀한 이름, 직책을 허락하셨습니다. 그러나 최고의 아름다움과 존귀를 입고 창조된 천사장이 감사하지 못하고 교만하여 하나님께 영광을 돌리지 못하고 오히려 대적하며 불의를 행하여 마귀가 되고 말았습니다. 우리는 천사보다 더 귀하고 아름다운 존재이며, 하나님께서는 천사와 비교할 수 없는 영광과 존귀의 관을 우리에게 씌워주셨습니다.히 2:6-7 예수 그리스도의 생명의 피가 우리 속에 있으니 우리는 예수님을 닮은 자이고 하나님의 자녀라 칭함을 얻은 자입니다. 그런데 우리가 세상에서 얻지 못한 것, 잃어버린 것, 놓친 것 때문에 감사하지 못한다면 이 얼마나 안타까운 일입니까? 마귀는 늘 우리에게 거짓을 속삭이며 감사하지 못하게 하고 하나님을 대적하게 만들기 때문에딤전 4:1, 벧전 5:8 우리 중 그 누구도 그러하지 않을 것이라고 자신할 수 없습니다. 마귀를 대적하십시오. 어떤 경우에도 감사하는 것만이 최고의 선택이며 진정한 의미의 복입니다.

하나님, 어떤 경우에도 감사를 포기하지 않겠습니다.

11월 28일 배가 되는 감사

시편 136:23-26

23우리를 비천한 가운데에서도 기억해 주신 이에게 감사하라 그 인자하심이 영원함이로다 24우리를 우리의 대적에게서 건지신 이에게 감사하라 그 인자하심이 영원함이로다 25모든 육체에게 먹을 것을 주신 이에게 감사하라 그 인자하심이 영원함이로다 26하늘의 하나님께 감사하라 그 인자하심이 영원함이로다

본문에서 우리는 다윗의 고백을 통해 우리의 모습이 어떠한지 깨달을 수 있으며 어떻게 감사해야 하는지 배울 수 있습니다. 첫째, 비천한 존재입니다. 이는 세상과 비교했을 때의 비천함을 말하는 것이 아니라 하나님 앞에서의 비천함을 말하는 것입니다. 세상과 비교하여 느끼는 비천함은 나를 하찮게 여기고 학대하게 되어 심하면 죽음으로까지 몰고 갈 수 있지만 하나님 앞에서 자신의 비천함을 깨닫게 되면 놀라운 은혜가 있습니다. 비천함과 풍부함을 동시에 깨닫게 되어 감사할 수 있습니다. 둘째, 대적에게서 건짐을 받은 존재입니다. 자신의 힘으로 대적에게서 건짐을 받았다고 생각하는 사람은 상처로 얼룩져 있어서 언제나 원수를 갚으려는 마음으로 살아갑니다. 그러나 하나님의 은혜로 대적으로부터 건짐을 얻었다고 생각하는 사람은 그 은혜로 인하여 상처가 다 씻어져 마음이 풍요롭고 평안하고 감사할 수 있습니다. 셋째, 가난한 존재입니다. 하나님으로부터 먹을 것을 공급받아야만 살 수 있는 가난하고 보잘것없는 존재입니다. 그러니 나에게 주어진 모든 것, 내가 누리고 있는 것들에 대해 감사할 수밖에 없습니다. 분명 우리 가운데는 넉넉한 사람도 있고 가난한 사람도 있습니다. 나라를 보아도 교회를 보아도 부와 빈이 공존하고 있습니다. 그런데 하나님께서 모든 육체에게 먹을 것을 주신다고 하셨으니 이는 하나님의 은혜로 넉넉하게 된 자들이 그 넉넉함을 그렇지 못한 사람과 함께 나눠야 한다는 것을 의미합니다. 이렇게 나눌 때 우리의 감사는 배가 될 것입니다.

 제 존재에 대한 올바른 인식으로 하나님께 감사하게 됨을 감사합니다. 하나님의 은혜를 기억하며 언제나 겸손하게 섬기며 나누는 삶을 살게 도와주세요.

11월 29일 독생자를 보내신 하나님

요한복음 3:16
하나님이 세상을 이처럼 사랑하사 독생자를 주셨으니 이는 그를 믿는 자마다 멸망하지 않고 영생을 얻게 하려 하심이라

하 나님은 거대한 우주 만물을 조성하시고 지금까지 정확하게 움직이고 계십니다. 지구 자전의 속도가 10분의 1만 된다 해도, 지구와 태양의 거리가 약간만 변화되어도 생물이 살기 힘든 환경이 되는데 창세 이래 한 치의 오차도 없이 우주는 움직이고 있습니다. 또한 세월이 아무리 흐른다 해도 지구나 우주는 마모되지 않습니다. 이런 일이 어찌 우연이라고 할 수 있습니까? 하나님이 계시지 않는다면 어떻게 우주 만물이 이토록 질서 정연하게 움직일 수 있습니까? 이렇게 만물을 지으시고 만물을 움직이며 만물 위에 계시는 하나님께서 언젠가는 죽음을 맞이할 유한하고도 보잘것없는 인간, 나를 사랑하셔서 나를 위해 당신의 독생자를 보내시고 희생시키셨으니 이 얼마나 놀라운 일입니까? 이 놀라움은 날마다 입술로 선포해도 부족합니다. 날마다 놀라움을 외치는 사람은 내일도 놀라운 일이 일어날 것을 기대하며 만물을 누리며 기쁘게 살아갑니다. 놀라운 일을 기대할수록 기도하지 않을 수가 없기에 쉬지 않고 기도합니다. 그리고 모든 것을 주신 하나님 아버지를 생각하며 감사할 수밖에 없습니다. 만물의 주인 되시는 하나님이 육신을 입고 이 땅에 오셨습니다. 우리 가정에, 내 심령 가운데, 우리 교회에, 그리고 이 민족과 세계에 오셨습니다. 기대하며 기뻐하십시오. 기도하십시오. 감사하십시오. 이 놀라운 소식을 소문내는 성도가 되십시오.

하나님께서 저를 사랑하셔서 저를 위해 독생자 예수 그리스도를 보내 주셨으니 감사합니다. 날마다 기뻐하고 기도하며 감사하며 이 놀라운 사실을 널리 알리는 제가 되게 해주세요.

11월 30일 　복 받은 자

누가복음 1:46-48

46마리아가 이르되 내 영혼이 주를 찬양하며 47내 마음이 하나님 내 구주를 기뻐하였음은 48그의 여종의 비천함을 돌보셨음이라 보라 이제 후로는 만세에 나를 복이 있다 일컬으리로다

예수님을 믿고 어떤 이는 건강을 얻고, 어떤 이는 사업이 잘되고, 또 어떤 이는 자식이 번성하는 복을 받았을지 모릅니다. 그런데 예수님을 믿는다고 해서 모두가 다 그렇게 잘되지는 않습니다. 신앙생활을 아주 모범적으로 잘하고, 교회에서 충성된 일꾼임에도 불구하고 때로는 어려움을 만날 수 있습니다. 소위 세상에서 말하는 복을 받지 못하는 경우도 있습니다. 본문에서 마리아는 '이제 후로는 만세에 나를 복이 있다 일컬으리로다'라고 말하는데 도대체 무슨 복일까요? 마리아가 말하는 비천은 세상적인 비천함을 말하는 것이 아니라 땅에 속한 자, 죄로 말미암아 영원히 죽을 수밖에 없는 죄인을 의미합니다. 그러므로 마리아가 말하는 복은 죄로 인해 영원히 죽을 수밖에 없는 죄인을, 비천한 자신을 구원의 자리로 옮겨주신 것입니다. 믿는 자에게 참된 복은 세상적인 기준에 의한 복이 아니라 죄로 인해 저주받아 마땅히 죽어야 하는 비천한 자가 주님의 은혜로 영원한 생명을 얻게 된 것입니다. 이렇게 복을 받은 자의 모습은 어떠합니까? 첫째, 하나님을 찬양하게 됩니다.46절 억지로가 아니라 비천한 자가 영생을 얻었으니 너무 감사해서 찬양할 수밖에 없습니다. 둘째, 하나님을 기뻐하게 됩니다.47절 사실 마리아는 기뻐할 수 있는 처지가 아니었습니다. 처녀가 잉태를 한 사실은 현실적으로 찬송할 수 있는 일도, 기뻐할 수 있는 일도 아닙니다. 아이를 낳은 후에도 그녀에게는 비난의 화살이 쏟아질 것이 틀림없기에 두려움도 있었을 것입니다. 그럼에도 불구하고 그녀가 찬송하고 기뻐할 수 있었던 것은 존재가 바뀌었기 때문입니다. 셋째, 사람들에게 복 있다 일컬음을 받게 됩니다.48절 이 시대의 마리아가 되어 하나님을 찬양하고 기뻐하며 사람들로부터 복 있는 자라고 일컬음 받을 수 있기를 축복합니다.

구원받은 복으로 인해 오늘 하루도 감사 찬송하며 기뻐하는 제 모습으로 인해 다른 사람들이 진정한 복이 무엇인지 알기를 원합니다.

December

12월

겸손한 왕

놀라운 삶, 영원한 생명

12월 1일

요한복음 1:12
영접하는 자 곧 그 이름을 믿는 자들에게는 하나님의 자녀가 되는 권세를 주셨으니

예수 믿으라고 권유할 때 많은 이들이 '좀 더 인생을 즐기다가 죽을 때쯤 교회에 나갈 것'이라고 답합니다. 그들에게 있어서 예수를 믿는다는 것은 즐거움을 모두 버리면서 고통을 택하는 어려운 삶이라는 선입견이 있기 때문입니다. 안타깝게도 그들은 진정한 그리스도인의 삶은 놀라운 일이 일어나는 삶이라는 사실을 모르고 있습니다. 어떤 놀라운 일입니까? 첫째, 새로운 삶이 시작되고 주님께서 우리의 삶 가운데 들어오셔서 더불어 먹고 마시는 풍성함이 시작됩니다. 둘째, 하나님의 자녀가 됩니다. 삶의 변화는 관계의 변화로부터 이루어집니다. 우리를 자녀 삼으신 아버지께서 정말 기뻐하시는 것은 내가 자녀답지 못해도 아버지를 아버지로 인정해드리는 것입니다. 어떤 상황에서도 우리가 그 고백을 할 때 하나님께서는 응답하시는데 그 자체가 바로 권세입니다. 셋째, 영원한 생명의 소유자가 됩니다. 영원한 생명을 소유한다는 의미는 주님과 영원히 함께함으로 생명의 질이 바뀌는 것을 말합니다. 분리되었던 시간이 하나가 되어서 미래의 시간, 미래의 복, 미래의 사랑, 미래의 풍성함이 오늘로 흘러 들어와 삶의 질이 달라집니다. 그래서 영원한 생명을 소유한 자는 현재에 인생을 고정시키지 않고 영원한 나라에 인생의 모든 것을 고정시킵니다. 당신에게 이러한 놀라운 삶이 전개되고 있습니까? 그렇다면 믿지 않는 사람들에게 하나님께서 역사하신 놀라운 일들에 대해 전하십시오.

하나님, 오늘도 주변 사람들에게 제 삶의 놀라운 변화에 대해 증거할 수 있기를 간절히 소망합니다.

예수님은 신화적 인물일까

12월 2일

고린도전서 4:20
하나님의 나라는 말에 있지 아니하고 오직 능력에 있음이라

오래전 모 공영 방송에서 예수님이 신화적인 인물이라는 내용을 담은 프로그램을 방영해서 많은 기독교인들이 흥분하고 방송사에 항의하는 사태가 일어났습니다. 그러나 냉정히 생각해 보면 이것은 우리의 책임입니다. 오늘날 한국 교회는 메시지의 홍수 가운데 살아가고 있습니다. 교회 안팎에서 수많은 메시지가 선포되고 마음만 먹으면 언제 어디서든 말씀을 들을 수 있습니다. 하지만 이 선포되는 많은 말씀들이 혹 능력 없는 메시지들은 아닐까요? 그래서 이 땅의 많은 기독교인들이 변화되지 못한 채 능력 있는 삶을 살지 못하고 이 사회에서 기독교는 배타적이라는 지탄을 받으며 부정적인 비판의 대상이 되고 있는 것은 아닐까요? 세상이 예수님을 신화적인 존재라고 하는 것은 당연합니다. 그들은 동정녀 탄생의 신비, 십자가의 능력과 부활의 능력을 모르는 사람들이니 그럴 수밖에 없습니다. 하나님의 백성인 우리가 예수님은 신화가 아니라는 것을 보여주어야 하는데, 그 증거를 드러내지 못하고 그 능력을 보여주지 못하고 말만 하고 있으니 우리는 어쩌면 흥분할 자격이 없는지도 모릅니다. 본문에서는 하나님의 나라는 말에 있지 아니하고 능력에 있다고 말씀하고 있습니다. 그렇습니다. 우리는 세상 앞에 하나님의 능력을 보여주어야 합니다. 먼저 우리가 하나님 말씀의 능력을 체험하여 세상 앞에 담대히 능력 있는 하나님의 백성으로 서야 할 것입니다. 말씀을 가까이 주야로 묵상하는 복 있는 자리에 서십시오. 말씀의 능력을 사모하며 기도하십시오. 주시는 말씀에 순종하십시오.

말씀을 가까이하여 말씀의 능력을 체험하기 원합니다. 말씀의 능력을 세상 앞에 담대히 보여줄 수 있는 제가 되고 싶습니다.

12월 3일 예수 그리스도에 대한 갈망

마가복음 6:53-56

53건너가 게네사렛 땅에 이르러 대고 54배에서 내리니 사람들이 곧 예수신 줄을 알고 55그 온 지방으로 달려 돌아 다니며 예수께서 어디 계시다는 말을 듣는 대로 병든 자를 침상째로 메고 나아오니 56아무 데나 예수께서 들어가시는 지방이나 도시나 마을에서 병자를 시장에 두고 예수께 그의 옷 가에라도 손을 대게 하시기를 간구하니 손을 대는 자는 다 성함을 얻으니라

가끔 '저 사람은 영성이 깊다'라고 표현할 때 무엇이 영성입니까? 기도를 많이 하는 것? 기적을 일으키는 것? 거룩해 보이는 것?

진정한 영성은 예수 그리스도에 대한 갈망과 비례합니다. 예수 그리스도에 대한 갈망이 있는 사람은 영성이 있는 사람이고 그리스도에 대한 갈망이 없다면 영성이 없는 것입니다. 그러니 어제는 영성이 있었던 사람이 오늘 영성이 없을 수도 있습니다. 어제는 그리스도에 대한 갈망으로 가득 차 있었는데 오늘은 아닐 수도 있기 때문입니다. 본문에서 병든 자를 침상째 메고 나왔다는 것은 낫고자 하는 마음이 간절했음을, 갈망이 있었음을 말해줍니다. 하지만 자신이 병든 줄 모르는 사람은 예수 그리스도에 대한 갈망도 없습니다. 또한 주님 외에 다른 길이 있다고 생각하는 사람은 예수님을 갈망하지 않습니다. 많은 사람들이 사회의 전반적인 문제를 해결해 보겠다고 나름대로 동분서주하면서 정계로, 재계로, 교육계로 뛰어듭니다. 그들에게 있어서 예수님은 유일한 길이 아닙니다. 아버지의 마음인 사랑이 없으면 주님을 갈망하지 않습니다. 병든 자를 침상째로 메고 나온 사람들에게는 침상에 누워있는 사람의 아픔이 곧 자신의 아픔이었습니다. 그런데 자신이 병든 것도 알고 주님 외에는 길이 없다는 것도 알고 아버지의 마음도 부어졌는데 주님을 향한 갈망이 없을 수 있습니다. 붙잡을 주님이 보이지 않으면 갈망도 없습니다. 오늘날 교회가 그리스도의 옷자락이 되어야 하는데 세상과 다를 바 없어서 교회에서마저 예수님이 보이지 않는 현실을 우리는 안타까워해야 합니다. 내가 먼저 예수님에 대한 갈망을 회복하여 사람들이 붙잡을 수 있는 예수님의 옷자락이 되기를 축복합니다.

예수님에 대한 갈망이 회복될 수 있도록 성령님, 저를 도와주세요.

12월 4일 내 앞에 계시는 예수님

요한복음 5:5-9

5거기 서른여덟 해 된 병자가 있더라 6예수께서 그 누운 것을 보시고 병이 벌써 오래
된 줄 아시고 이르시되 네가 낫고자 하느냐 7병자가 대답하되 주여 물이 움직일 때에
나를 못에 넣어 주는 사람이 없어 내가 가는 동안에 다른 사람이 먼저 내려가나이다 8
예수께서 이르시되 일어나 네 자리를 들고 걸어가라 하시니 9그 사람이 곧 나아서 자
리를 들고 걸어가니라

'나를 못에 넣어주는 사람이 없어' 38년 된 병자는 병을 고칠 수
있는 희망이 눈앞에 있지만 자신을 도와줄 사람이 없다는 것
에 절망했을 것입니다. 우리는 항상 '이것만 해결된다면'이라고 생각하지만 이렇
게 원하는 것이 주어진다고 문제가 해결되리라는 것은 자기 확신일 뿐입니다. 중요한
것은 주님께서 내게 다가오시는 것입니다. 주님은 38년 된 병자를 연못에 넣어주는
대신에 '일어나 네 자리를 들고 걸어가라'고 하셨고 이것은 바로 주님이 베데스다 연
못임을 의미합니다. 연못은 하나의 상징일 뿐입니다. 주님이 이미 연못으로 내 앞에
와 계십니다. 우리는 혼자 힘으로는 연못에 들어갈 수 없는 38년 된 병자입니다. 나
스스로 어떻게 영생의 길을 걸어갈 수 있습니까? 주님이 오셔서 '일어나라'고 말씀하
실 때 영생의 문제는 해결이 됩니다. 우리의 진정한 희망은 오직 그리스도이십니다.
이를 깨닫지 못하고 그 음성을 듣지 못하고 다른 곳에서 문제의 해결점을 찾으려고
한다면 우리는 영원히 해결할 수 없을 것입니다. 나에게 직접 다가오시는 주님을 믿
는 자라야 생명의 길로 나아갈 수 있습니다. 내가 할 수 있는 것은 영생이 주님께로부
터 오는 것임을 깨닫고 하나님의 은혜를 고백하는 것입니다.

하나님, 저는 이것만 있다면 모든 문제가 해결될 것이라는 생각을 할 때가
많았습니다. 그러나 제 문제는 제가 원하는 그것이 없어서가 아니라 제 앞에
계시는 주님을 보지 못했기 때문입니다. 제 눈을 열어주소서.

12월 **5**일 　주님만이 나의 선물

출애굽기 15:1-2

1이 때에 모세와 이스라엘 자손이 이 노래로 여호와께 노래하니 일렀으되 내가 여호와를 찬송하리니 그는 높고 영화로우심이요 말과 그 탄 자를 바다에 던지셨음이로다 2 여호와는 나의 힘이요 노래시며 나의 구원이시로다 그는 나의 하나님이시니 내가 그를 찬송할 것이요 내 아버지의 하나님이시니 내가 그를 높이리로다

하나님께서 그리스도인들에게 허락하신 두 가지 선물이 있는데 하나는 예수 그리스도이시고 다른 하나는 물질, 건강, 가족, 지식, 명예와 같은 외형적인 것들입니다. 본문은 하나님의 기적적인 인도하심으로 애굽의 추격을 피해 홍해를 건너게 된 이스라엘 백성들이 하나님을 찬양한 내용입니다. 그러나 불행히도 그들은 홍해를 건너게 해주신 하나님께 초점을 맞추고 있었던 것이 아니라 홍해 사건 자체, 그것만이 선물이었기 때문에 홍해를 건넌 지 사흘 만에 광야 길에서 쓴 물이 나온다고 하나님을 원망하게 되었습니다. 그렇습니다. 우리는 때로 최고의 선물이신 예수 그리스도에게 관심을 갖기보다는 그분으로 인해 얻게 되는 외형적인 것들에 대해 더 관심을 가짐으로써 행, 불행의 이유가 그것에 있게 됩니다. 그래서 그 외형적인 것들이 자신의 욕구를 채워주지 못할 때는 원망과 불평과 절망을 거듭하다가 급기야는 영적인 탈진을 경험하게 됩니다. 그러므로 영적인 탈진이 찾아오게 되면 하나님 나라에 더 관심을 가지고 예수 그리스도를 더욱 사랑하라는 메시지임을 깨닫고 주님만이 나의 선물 되심을 고백하십시오. 어떤 상황에도 두려워하지 말고 오직 그분 때문에 그분이 나의 선물 되신 것 때문에 기뻐하고 노래하며 필요한 모든 것을 간구하여 응답을 체험하는 복된 자리를 사모하십시오.

저의 선물이신 예수님, 당신으로 인해 제가 모든 것을 누릴 수 있음에 감사합니다. 외형적인 것들에 집착하지 않고 오직 당신 한 분으로 인해 기뻐할 수 있는 제가 되기를 원합니다.

예수 그리스도의 가치

12월 6일

누가복음 5:27-28

27그 후에 예수께서 나가사 레위라 하는 세리가 세관에 앉아 있는 것을 보시고 나를
따르라 하시니 28그가 모든 것을 버리고 일어나 따르니라

자신이 소중히 여기는 것을 버리려면 그것보다 더 소중한 가치
를 발견했을 때만 가능합니다. 세리 레위는 모든 것을 버리고
예수님을 따랐습니다. 당시 세리는 3~4개 국어를 할 수 있고 계산에도 능한 실력
가였지만 최고의 가치를 돈에 두고 살았기 때문에 성경에 이방인, 죄인, 늑탈하는 자
로 표현되어 있을 만큼 사람들로부터 환영받지 못하는 사람이기도 했습니다. 레위는
이름대로라면 성전을 돌보는 제사장처럼 살아야 할 사람이었지만 그와는 너무도 거
리가 먼, 돈을 좇는 삶을 살았음을 알 수 있습니다. 그러했던 그에게 중풍 병자 사건
이후에 변화가 일어났습니다.27절. 그 후에… 예수님은 중풍 병자에게 '일어나 걸으라'고
명하시기 전에 '네 죄 사함을 받았느니라'고 말씀하셨습니다. 예수님께 죄 사함의 권
세가 있다는 것, 주님이 나의 죄를 용서하실 수 있다는 것은 주님과 나의 관계성을 말
해줍니다. 나와 아무런 관계없는 사람이 나를 용서할 수는 없습니다. 예수님께 죄 사
함의 권세가 있다는 말씀의 진실성은 예수님의 가르치심과2천 년이 지난 오늘날에도 산상수훈보다
더 훌륭한 가르침이 없음 행하심과소외된 자, 죄 많고 버림받은 자들을 찾아가 그들의 손을 잡아주시고 일으켜 주셨으며 죽은 자
에게 생명까지 주심 성품과제자들의 발을 씻기고 세상을 섬기실 만큼, 십자가를 지실 만큼 겸손과 사랑의 성품을 지니심 역사
적인 자료역사학자 요세푸스의 고백를 통해 얼마든지 입증할 수 있습니다. 그런 예수님이시니
세리 레위는 자신의 모든 것을 버릴 수 있었던 것입니다. 로마 시민권자였으며 바리
새인이었고 당대 최고의 학문을 배웠던 사도 바울 역시 그 무엇과도 바꿀 수 없는 예
수 그리스도의 가치를 발견했기 때문에 자신의 모든 것을 배설물로 여길 수 있었습
니다.빌 3:8 오늘 나에게도 예수님의 가치는 모든 것을 버릴 만한 것입니까?

제가 지금까지 소중하게 여겼던 그 무엇보다 예수님이 더 소중함을 고백하며
살겠습니다.

12월 **7**일 　거룩

마태복음 6:10
나라가 임하시오며 뜻이 하늘에서 이루어진 것 같이 땅에서도 이루어지이다

우리를 향하신 하나님의 뜻은 무엇일까요? '거룩'입니다. 흔히들 거룩함을 외형적인 모습으로만 생각합니다. 그러나 거룩함, 즉 성화란 예수님을 닮는 것입니다. 예수님을 닮아가는 삶은 우리에게 짐이 아닙니다. 주님처럼 십자가에서 죽으면서도 행복하게 죽을 수 있고 부활의 영광만큼 기쁘고 행복한 것입니다. 참으로 예수님을 닮기 원합니까? 그렇다면 첫째, 예수님을 닮는 데 도움이 되는 것은 수용하고 도움이 되지 않는 것은 과감하게 버릴 수 있어야 합니다. 도움이 되는 것이라면 더 많이 행함으로 다른 사람에게까지 그 좋은 영향을 미칠 수 있는 것이 바람직합니다. 둘째, 이렇게 버리고 수용하기 위해서는 분별력이 있어야 합니다. 영적인 분별을 위해 말씀을 듣고 묵상하는 시간을 반드시 가져야 합니다. 셋째, 실망은 금물입니다. 예수님을 닮기 위해 버려야 할 것을 버리겠다고 결심을 했음에도 성공하지 못하는 것에 대해 우리는 스스로 실망하면서 포기하기 쉽습니다. 그러나 우리가 예수님을 닮아 가는 것이 하나님의 뜻이고 하나님의 계획이라면 하나님은 우리를 포기하지 않으시는데 우리가 먼저 포기하는 것은 사단에게 속는 것입니다. 자신이 실수할 수 있다는 것을, 실패할 수 있다는 것을 인정하며 그 실수와 실패에 대해서 스스로 용서할 수 있어야 합니다. 자신을 용서할 수 있을 때 다른 사람도 용서할 수 있습니다. 수천 번 시도했다가 실패했을지라도 모두 인정하고 용서하며 새롭게 시작하는 사람이 진정 예수님을 닮아가는 거룩한 사람입니다.

하나님, 저는 거룩한 사람입니다. 예수님을 닮아가기 위해 조금씩이라도 한 발씩이라도 걸음을 옮기겠습니다.

12월 8일 마른 뼈를 일으키신 예수님

에스겔 37:1-7

1여호와께서 권능으로 내게 임재하시고 그의 영으로 나를 데리고 가서 골짜기 가운데 두셨는데 거기 뼈가 가득하더라 2나를 그 뼈 사방으로 지나가게 하시기로 본즉 그 골짜기 지면에 뼈가 심히 많고 아주 말랐더라 3그가 내게 이르시되 인자야 이 뼈들이 능히 살 수 있겠느냐 하시기로 내가 대답하되 주 여호와여 주께서 아시나이다 4또 내게 이르시되 너는 이 모든 뼈에게 대언하여 이르기를 너희 마른 뼈들아 여호와의 말씀을 들을지어다 5주 여호와께서 이 뼈들에게 이같이 말씀하시기를 내가 생기를 너희에게 들어가게 하리니 너희가 살아나리라 6너희 위에 힘줄을 두고 살을 입히고 가죽으로 덮고 너희 속에 생기를 넣으리니 너희가 살아나리라 또 내가 여호와인 줄 너희가 알리라 하셨다 하라 7이에 내가 명령을 따라 대언하니 대언할 때에 소리가 나고 움직이며 이 뼈, 저 뼈가 들어 맞아 뼈들이 서로 연결되더라

본 문을 보면서 우리는 예수님의 일생을 그려볼 수 있습니다. 하나님은 예수님을 동정녀 마리아의 몸에 성령으로 잉태케 하셨습니다. 이것은 예수님이 성령의 인도하심을 받으셨다는 의미입니다. 성령은 예수님을 이 땅, 죄인들이 어둠 가운데 헤매는 이 골짜기로 인도하셨습니다.1절 골짜기에서 예수님은 아픈 자들과, 가난한 자들과 함께, 제자들과 함께하시면서 그들의 모든 것을 공유하셨지만 하나님의 아들이기에 절망의 골짜기 가운데 오신 것은 온 인류를 살리기 위함이라는 사실을 아셨습니다. 예수님 안에는 인류를 살리는 소망의 그림이 있었던 것입니다.3절 그리고 예수님은 겟세마네 동산에서 십자가를 지심으로 하나님의 말씀에 순종하셨습니다.4,7절 주님의 순종하심으로 골짜기의 마른 뼈였던 인류에게 구원의 빛이 비춰졌습니다. 기독교는 순종의 종교입니다. 믿음도 있고 비전도 있지만 순종하지 못하면서 뭔가가 이뤄지기를 바란다면 그것은 무속 신앙입니다. 에스겔이 대언할 때 즉, 말씀 따라 순종할 때 하나님께서는 마른 뼈 위에 힘줄을 두고 살을 입히고 가죽으로 덮고 그 속에 생기를 두셔서 살리신 후 그 역사를 이루신 분이 바로 여호와인 줄 알게 하십니다.7절

에스겔 선지자의 마른 뼈 이야기가 예수님의 이야기임을 알게 되었습니다. 마른 뼈였던 저에게 생기를 주시고 살리셔서 감사합니다.

12월 **9**일　낮아짐

마태복음 16:24-25

24이에 예수께서 제자들에게 이르시되 누구든지 나를 따라오려거든 자기를 부인하고 자기 십자가를 지고 나를 따를 것이니라 25누구든지 제 목숨을 구원하고자 하면 잃을 것이요 누구든지 나를 위하여 제 목숨을 잃으면 찾으리라

예수님께서 기사와 이적을 베푸실 때 수많은 사람들이 그런 방법으로 이스라엘을 회복하실 것을 기대했습니다. 그러나 예수님은 고난을 받고 죽임을 당하고 제삼일에 살아나실 것이라고 말씀하십니다. 그 말씀이 이해되지 않는 베드로는 '그리 마옵소서'라고 항변을 합니다. 이때 주님은 베드로에게 '하나님의 일을 생각하지 아니하고 사람의 일을 생각한다'고 하십니다. 이는 구원을 이루시는 하나님의 방법은 우리가 생각하는 구원의 방법과는 전혀 다르다는 말씀입니다. 그 방법은 바로 '예수님의 죽으심'입니다. 그리고 이어서 주님은 본문의 말씀을 하십니다. 초월적 존재이시고 무한하신 하나님께서 우리를 건져내기 위해서 인간 속으로 오셨습니다. 그 자체가 낮아지심이었습니다. 그리고 모든 힘을 가지신 주님께서 인류를 구원하시는 방법은 결국은 더욱 낮아져 자신이 없어져 버리는 십자가의 죽음이었습니다. 우리는 그리스도께서 몸소 보여주신 이 '낮아짐'의 마음으로 살아가고 있습니까? 중세 때 교회가 힘을 가지고 나니 부패하고 세속화되었습니다. 오늘날도 교회가 힘으로 세상에 영향을 끼치려고 한다면 거기에는 생명력이 없습니다. 영생을 가진 우리가, 교회가 세상 속에 들어가 죽은 자로 살 때만 생명을 건져낼 수 있습니다. '내가 진실로 진실로 너희에게 이르노니 한 알의 밀이 땅에 떨어져 죽지 아니하면 한 알 그대로 있고 죽으면 많은 열매를 맺느니라'요 12:24 하나님의 구원을 이루어가는 통로로 살기 위해 매일 죽는 싸움을 하며 살아가기를 축복합니다.

하나님, 오늘도 제가 삶의 현장에서 그리스도의 낮아짐의 정신을 실천할 수 있도록 도와주세요.

12월 **10**일　**그리스도의 클럽**

누가복음 10:17-20

17칠십 인이 기뻐하며 돌아와 이르되 주여 주의 이름이면 귀신들도 우리에게 항복하더이다 18예수께서 이르시되 사탄이 하늘로부터 번개 같이 떨어지는 것을 내가 보았노라 19내가 너희에게 뱀과 전갈을 밟으며 원수의 모든 능력을 제어할 권능을 주었으니 너희를 해칠 자가 결코 없으리라 20그러나 귀신들이 너희에게 항복하는 것으로 기뻐하지 말고 너희 이름이 하늘에 기록된 것으로 기뻐하라 하시니라

프로 축구 클럽에서 유명한 선수를 데려오기 위해서는 상당한 몸값을 지불합니다. 그리고 그 선수는 소속 클럽의 승리를 위해 온 힘을 다해 뛰어야 합니다. 이 세상은 악마가 감독으로 있는 클럽, 그리스도가 감독이신 클럽 이렇게 두 클럽으로 나뉘어 있습니다. 주님께서는 본래 악마의 클럽에 소속되었던 우리를 그리스도의 클럽으로 데려오셨습니다. 우리의 몸값은 성경에 기록된 대로 천하보다 귀해서막 8:36-37 계산을 할 수 없을 정도입니다. 이러한 몸값을 위해 주님께서는 십자가에서 피를 흘리셨습니다. 계약 조건은 우리의 죗값을 완전히 지불하는 것, 노예 신분으로부터 벗어나게 해 주는 것, 영원히 죽지 않는 것, 즉 과거와 현재 그리고 미래의 모든 채무까지 갚아 주는 것입니다. 그런데 이렇게 파격적인 대우를 받고 이적한 클럽에서 우리는 축구 선수처럼 힘쓰고 애쓰는 것이 아니라 우리의 이름이 그 클럽에 기록된 것을 기뻐하면 됩니다.20절 물론 원수들이 그 행복을 방해하고 괴롭히지만 이미 주님께서 원수의 능력까지도 제어할 권세를 주셨으니 두려워하지 마십시오.19절 그저 기뻐하면서 하나님을 높이고 곁에 있는 자들에게 그 행복을 선포하며 살아가면 됩니다. 그것으로 충분합니다.

하나님, 저를 악마의 클럽에서 그리스도의 클럽으로 데리고 와주셔서 고맙습니다. 그리스도의 클럽이 얼마나 파격적인 대우를 해주는 멋진 곳인지 널리 자랑하며 살겠습니다.

12월 11일 그리스도의 군사

에베소서 6:11-17

11마귀의 간계를 능히 대적하기 위하여 하나님의 전신 갑주를 입으라 12우리의 씨름은 혈과 육을 상대하는 것이 아니요 통치자들과 권세들과 이 어둠의 세상 주관자들과 하늘에 있는 악의 영들을 상대함이라 13그러므로 하나님의 전신 갑주를 취하라 이는 악한 날에 너희가 능히 대적하고 모든 일을 행한 후에 서기 위함이라 14그런즉 서서 진리로 너희 허리띠를 띠고 의의 호심경을 붙이고 15평안의 복음이 준비한 것으로 신을 신고 16모든 것 위에 믿음의 방패를 가지고 이로써 능히 악한 자의 모든 불화살을 소멸하고 17구원의 투구와 성령의 검 곧 하나님의 말씀을 가지라

세상에는 공중 권세 잡은 자가 호시탐탐 우리를 쓰러뜨리려고 노리고 있지만 하나님께서는 우리를 그리스도의 군사로 삼으셨고 권세도 주셨으니 그 권세를 잘 사용하면 그 어떤 원수도 물리칠 수 있습니다. 어떤 권세입니까? 첫째, 진리의 허리띠입니다. 허리띠는 근본입니다. 예를 들어 하나님은 사랑이시라는 진리의 근본을 가지고 있다면 어떤 상황에도 승리합니다. 둘째, 의의 흉배입니다. 사단은 우리의 죄인 됨을 걸고 넘어뜨리려 하지만 하나님이 의인 되게 하셨음을 선포하십시오. 셋째, 평화와 복음의 신입니다. 이것은 우리의 삶의 목적이 복음 전파와 하나님의 나라, 영광에 있다고 고백하는 것입니다. 넷째, 믿음의 방패입니다. 사단은 언제나 의심의 화살을 쏘아대지만 어떤 경우에도 하나님이 내 편이시라는 믿음의 방패를 사용하십시오. 다섯째, 구원의 투구입니다. 환난과 역경의 바람에 의해 투구가 날아가지 않도록 잘 붙드십시오. 하나님이 우리를 구원하셨다는 사실은 결코 변치 않습니다. 여섯째, 성령의 검입니다. 이는 말씀입니다. 항상 말씀을 붙잡고 살아가면 사단이 접근하여 우리를 쓰러뜨리려고 해도 말씀을 선포하며 승리할 수 있습니다.

하나님, 저에게 여섯 가지 권세를 주셔서 감사합니다. 오늘도 그 권세를 잘 사용하여 사단의 유혹을 물리치겠습니다.

12월 **12**일　참된 소문

마가복음 2:1

수 일 후에 예수께서 다시 가버나움에 들어가시니 집에 계시다는 소문이 들린지라

삶의 현장에서의 기적은 예수님에 대한 소문을 믿고 의지함으로 시작됩니다. 그런데 안타깝게도 우리 안에 있는 비뚤어진 죄성 때문에, 혹은 사단의 책략 때문에 '참'을 '참'으로 보지 못하고 '거짓'을 '참'으로 보게 됩니다. 이 세상에서 성경만큼 참된 증거가 없습니다. 로마 역사를 기록한 책 중에서 현재 두 권의 책이 사실로 인정받고 있는데 그 두 권 모두 사본이며 20여 권밖에 없고 그 기록 연대도 900년, 1100년이 지난 것이라고 합니다. 반면에 성경은 150년에서 350년밖에 지나지 않은 원본이 그리스어로 된 것은 5천 권, 라틴어로 된 것은 만 권이나 있을 만큼 참된 증거라는 측면에서 독보적인 위치를 차지하고 있음에도 불구하고 세상은 성경은 믿지 못하고 오히려 성경보다 훨씬 정확하지 못한 것들을 믿습니다. 우리는 세종대왕을 본 적이 없지만, 그의 존재를 의심해본 적이 없습니다. 그러면서도 왜 예수님의 나심과 십자가의 죽으심과 부활 사건은 의심하는 것입니까? 한 번도 가보지 못한 낯선 나라를 여행할 때도 우리는 그 나라가 그곳에 있다는 확신을 하고 떠납니다. 그 누구도 자기가 가야 할 나라에 대해 과연 그 나라가 있을까?라고 의심하지 않습니다. 그런데 왜 천국은 의심합니까? 예수 그리스도에 대한 소문은 참이고 진리입니다. 우리는 참된 소문을 믿고 그 소문에 자신의 인생을 고정시켜야 합니다. 그리스도가 사랑이라는 소문에, 그분이 나와 함께하시며 나를 치유하신다는 소문에 나를 고정시킬 때 내 모습이 어떠하든지 그분 앞에 나아갈 수 있습니다. 어떤 어려움 가운데서도 두려움을 물리치고 평안할 수 있습니다.

하나님, 거짓을 참이라 여기며 살아갈 때가 많았음을 고백합니다.
예수 그리스도에 대한 참된 소문에 귀를 기울이게 하시고 제 마음을
고정하게 하소서.

12월 **13**일   첫째 아담, 둘째 아담

로마서 5:14-15

14그러나 아담으로부터 모세까지 아담의 범죄와 같은 죄를 짓지 아니한 자들까지도
사망이 왕 노릇 하였나니 아담은 오실 자의 모형이라 15그러나 이 은사는 그 범죄와
같지 아니하니 곧 한 사람의 범죄를 인하여 많은 사람이 죽었은즉 더욱 하나님의 은혜
와 또한 한 사람 예수 그리스도의 은혜로 말미암은 선물은 많은 사람에게 넘쳤느니라

가을이 되면 사람들은 빨갛고 노랗게 물든 산을 바라보며 감탄을 연발합니다. 가을의 단풍 하나도 이렇게 아름다운데 에덴동산은 얼마나 더 아름다웠을까요? 그러나 아담과 이브가 범죄하여 아름다운 에덴동산에서 쫓겨난 이후 세상은 싸움과 질병, 가난, 타락과 같은 어려움으로 가득 차게 되었습니다. 이제 인류는 에덴을 다시 꿈꾸며 그 회복을 위해 여러 가지 방법을 강구합니다. 그러나 그 어떤 것도 당면한 인류의 문제를 해결할 수는 없습니다. 경제를 활성화하는 길이 굶주림으로 죽어가는 아이들을 살릴 수 있는 궁극적인 길은 아닙니다. 환경 운동을 펼친다고 오염된 세상이 온전히 깨끗해지지 않습니다. 좋은 의학 기술만이 사람을 살릴 수 있는 것은 아닙니다. 세상의 모든 문제가 경제로, 환경으로, 지식으로, 의학으로 해결될 수만 있다면 하나님께서 그렇게 하셨을 것입니다. 예수 그리스도의 복음 없이는 그것들은 아무 의미가 없습니다. 예수 그리스도는 첫째 아담의 죄로 인하여 사망이 왕 노릇 하게 된 세상의 모든 문제를 해결하시고 인류에게 좋은 선물을 주시기 위해 이 땅에 오신 둘째 아담이십니다. 오직 한 길, 예수 그리스도만이 인류의 에덴을 회복할 수 있는 열쇠입니다.

인간의 노력으로 에덴이 회복되는 것이 아니라 오직 예수님으로만 가능하다는 것을 알게 되었습니다. 예수님을 이 땅에 보내 주셔서 감사합니다.

12월 **14**일 　목마름

요한복음 7:37-38

37명절 끝날 곧 큰 날에 예수께서 서서 외쳐 이르시되 누구든지 목마르거든 내게로 와서 마시라 38나를 믿는 자는 성경에 이름과 같이 그 배에서 생수의 강이 흘러나오리라 하시니

많은 사람들이 세상적인 목마름, 돈이나 명예나 권세 등에 목말라하면서 그것들을 얻기 위해 살아갑니다. 예수님의 제자들이 그러했습니다. 그들은 예수님이 이스라엘을 회복시키실 때 자신들이 어떤 권세를 얻을 수 있을까를 생각하면서 예수님을 좇았습니다. 그런데 주님께서 십자가에 달려 돌아가시자 그들은 예수님을 부인하며 뿔뿔이 흩어지고 말았습니다. 권세를 추구했던 그들에게 예수님은 무능한 분으로 여겨졌기 때문입니다. 오늘 하나님께서 우리에게 물으십니다. '너희는 무엇에 목말라하고 있느냐?' 우리가 세상과 똑같이 명성이나 권세 혹은 종교적 권위에 목말라하면서 그것들을 추구한다면 주님은 슬퍼하실 것입니다. 본문은 당시 유월절 명절을 숭배하며 지키는 유대 지도자들에게 하신 말씀입니다. 이는 오늘날 주일은 지킨다고 하면서도 세상 것에 목말라하는 많은 그리스도인들에게 동일하게 주시는 말씀입니다. 오직 예수님만이 길이고 진리이고 생명이니 예수님에 목말라하라고 주님은 말씀하십니다. 그리스도인은 예수님에 대한 목마름, 하나님 나라에 대한 목마름으로 살아가야 합니다. 세상 사람들과 동일한 목마름을 가지고 살아간다면 우리는 어쩌면 하나님이 무능하신 분이라고 여겨지는 순간 ― 건강을 잃거나, 하는 일에 실패하거나, 기도하지만 응답을 얻지 못할 때 ― 제자들처럼 주님을 버리게 될지도 모릅니다. 그러나 그리스도에 대한 목마름을 가지고 있다면 상황이 어려울수록 더욱 주님만을 목말라하게 될 것입니다. 다윗, 모세, 요셉, 사도 바울 등 믿음의 선진들은 주님에 대한 목마름 가운데 있었기에 주님만을 바라보았습니다. 언제나 예수님을 목말라하면서 예수님께 나아가는 자로 살아가기를 바랍니다.

 저에게 가장 큰 갈망은 물질도 명예도 지식도 아니고 오직 주님이십니다.

12월 15일 주님께 붙어있기

예레미야 2:13

내 백성이 두 가지 악을 행하였나니 곧 그들이 생수의 근원되는 나를 버린 것과 스스로 웅덩이를 판 것인데 그것은 그 물을 가두지 못할 터진 웅덩이들이니라

지금 세계는 경제 공황 상태에 이르렀다고 합니다. 모두가 경제적인 목마름으로 야단입니다. 그러나 아무리 인간적인 노력을 한다고 해도 생수의 근원 되신 주님을 버리는 죄악, 스스로 웅덩이를 파는 죄악 가운데서는 아무것도 얻을 수 없을 것입니다. 삶의 모든 영역에서 우리는 생수의 근원이 되시는 주님을 뒤로 하고 언제나 내 방법, 내 경험, 내 지식으로 웅덩이를 파지만 아무런 소용이 없습니다. 결국 그것은 터진 웅덩이일 뿐입니다. 혼란의 시대를 살아가면서 주님께 붙어 있는 길밖에 다른 길은 없습니다. 예수님께 붙어 있는 자는 인생의 목마름이 해결됩니다. 수가성의 여인은 목마름을 채우기 위해 남편을 다섯이나 바꾸어보았지만, 소용이 없었습니다. 그러나 주님을 만남으로 영생토록 솟아나는 샘물을 마시게 되어 해결함을 받고 그 기쁨의 소식을 전하기 위해 세상으로 뛰어나갔습니다.요 4:5-29 예수님께 붙어 있는 자는 포도나무에 가지가 붙어 있어야 열매를 맺는 것처럼 생명이 유지되고 열매를 맺을 수 있습니다. 그리스도인으로서 주님께 붙어있다는 것은 바로 말씀 중심과 교회 중심의 삶을 말합니다. 현대는 여러 가지로 복잡하고 어려운 삶 가운데 우리를 미혹케 하는 요소가 많습니다. 예수님께 바짝 붙어 있지 않으면 자칫 잘못 인도함을 받아 인생의 낭떠러지로 떨어질 수도 있습니다. 교회 중심, 말씀 중심의 신앙생활로 살아가는 성도가 되기를 축복합니다.

하나님, 제가 하는 모든 일이 터진 웅덩이가 되지 않기 위해 제 방법, 제 경험, 제 지식을 내려놓고 오직 주님께만 붙어 있어서 주님으로부터 공급받겠습니다.

예수 그리스도를 더 깊이 만날 수 있는 때

12월 **16**일

누가복음 3:3-6

3요한이 요단 강 부근 각처에 와서 죄 사함을 받게 하는 회개의 세례를 전파하니 4선지자 이사야의 책에 쓴 바 광야에서 외치는 자의 소리가 있어 이르되 너희는 주의 길을 준비하라 그의 오실 길을 곧게 하라 5모든 골짜기가 메워지고 모든 산과 작은 산이 낮아지고 굽은 것이 곧아지고 험한 길이 평탄하여질 것이요 6모든 육체가 하나님의 구원하심을 보리라 함과 같으니라

본 문은 세례 요한에 대한 이야기로 여겨집니다. 그러나 사실 누가는 아무런 소망이 없는 이스라엘에게 하나님이 생명의 역사를 이루실 것을 선포한 이사야 선지자의 예언을 인용하여 소망이 없는 것 같은 상황 가운데에서도 예수 그리스도께서 오실 대로가 반드시 열릴 것을 전했습니다. 중세시대 기독교가 융성함에 따라 오히려 부패와 타락에 빠져가던 때, 페스트로 말미암아 온 세계가 위기에 처했습니다. 이 때 믿음의 사람들도 모두 죽어가는 상황이니 믿음이 소용없고 페스트로부터 자신들을 지켜줄 지도자를 따르겠다는 부류가 생겨났습니다. 반면에 사람들이 모이기 어려운 상황이었기에 혼자서 깊이 영성을 쌓아가던 존 위클리프가 성경 번역을 시작했고, 그의 영향을 받은 체코의 얀 후스가 진리의 근원인 성경으로 돌아갈 것을 강조하며 종교개혁이 시작되었습니다. 또한 수많은 이들이 죽어가는 현장에서 자기 몸을 던져 다른 이들을 돌본 수녀들과 수도사들은 전염병에 걸리지 않거나, 걸려도 다시 회복하는 놀라운 일이 일어났습니다. 이런 사람들로 인하여 모두가 다 절망이라고 말하는 상황에서 예수 그리스도를 새롭게 만날 수 있는 대로가 열렸고, 타락했던 중세 교회가 새롭게 변하는 지형 변화가 이루어졌습니다. 오늘날도 마찬가지입니다. 우리가 처한 모든 상황은 구원자이신 예수 그리스도를 새롭게, 더욱 깊이 만나는 귀한 역사의 장이 될 것입니다. 세상이 우리를 통해 하나님의 구원하심을 보게 될 것을 믿으며 오늘도 담대하게 걸음을 내딛으십시오.

하나님, 어려운 현실에 부딪혔을 때 오히려 그때가 예수 그리스도를 더 깊이 만날 수 있는 때임을 믿습니다.

12월 **17**일 나의 능력은 주님

고린도전서 1:26-31

26형제들아 너희를 부르심을 보라 육체를 따라 지혜로운 자가 많지 아니하며 능한 자가 많지 아니하며 문벌 좋은 자가 많지 아니하도다 27그러나 하나님께서 세상의 미련한 것들을 택하사 지혜 있는 자들을 부끄럽게 하려 하시고 세상의 약한 것들을 택하사 강한 것들을 부끄럽게 하려 하시며 28하나님께서 세상의 천한 것들과 멸시 받는 것들과 없는 것들을 택하사 있는 것들을 폐하려 하시나니 29이는 아무 육체도 하나님 앞에서 자랑하지 못하게 하려 하심이라 30너희는 하나님으로부터 나서 그리스도 예수 안에 있고 예수는 하나님으로부터 나와서 우리에게 지혜와 의로움과 거룩함과 구원함이 되셨으니 31기록된 바 자랑하는 자는 주 안에서 자랑하라 함과 같게 하려 함이라

자식에 대해 이야기만 하는 사람의 머릿속에는 자식이 들어있고 돈, 외모에 대한 것도 마찬가지입니다. 우리 머릿속에 예수님으로 가득 차 있다면 우리는 입을 열 때마다 예수님 이야기를 할 수밖에 없습니다. 똑같이 넓은 아파트로 이사를 하였지만 어떤 이는 넓어진 아파트만을 자랑합니다. 그러나 예수님이 능력이라고 생각하는 사람은 '하나님이 이렇게 넓은 곳으로 옮겨주셨으니 모든 것이 하나님의 은혜'라고 고백합니다. 혹 어려운 일을 만나 넓은 곳에서 좁은 곳으로 이사했을 때도 물질이나 명예가 능력인 사람은 그 상황을 무척 수치스럽게 여기고 절망합니다. 그러나 주님이 능력임을 알고 있는 사람은 '나를 겸손케 하시려고 이런 곳으로 옮기시니 감사합니다. 이런 곳에 사는 사람들의 마음도 알게 하시니 감사합니다'라고 고백합니다. 예수님을 만나기 전에 사도 바울의 능력은 지식, 가문, 율법, 로마 시민권이었지만 예수님을 만나고 난 후에 그는 모든 것을 배설물처럼 여기고 오직 그리스도만이 능력이며 자랑이라고 고백했습니다. 우리는 어떻습니까? 예수님이 내 안에 계시다면 나는 능력 있는 사람입니다. 재능이 없어도 지식이 없어도 그것은 걸림돌이 아닙니다. 나를 통해서 하나님은 세상에서 강하다고 하는 자를 부끄럽게 하실 것입니다. 상황을 바라보지 않고 담대히 주님의 일을 감당하기만 하면 능력은 그리스도로부터 나옵니다.

하나님, 제 현실을 바라보지 않고 능력 되시는 주님만 바라보며 담대히 사역하기를 원합니다.

12월 18일 생명으로 오신 겨자씨

마가복음 3:30-32

30또 이르시되 우리가 하나님의 나라를 어떻게 비교하며 또 무슨 비유로 나타낼까 31 겨자씨 한 알과 같으니 땅에 심길 때에는 땅 위의 모든 씨보다 작은 것이로되 32심긴 후에는 자라서 모든 풀보다 커지며 큰 가지를 내나니 공중의 새들이 그 그늘에 깃들일 만큼 되느니라

하나님의 나라는 우리에게 이미 임했습니다. 거대하고 찬란하고 대단하리라 생각한 하나님의 나라가 잘 보이지 않는 겨자씨 한 알로 임해서 사람들이 알아볼 수가 없을 뿐입니다. 하나님과 하나님 나라는 동일한 언어이기 때문에 하나님의 나라가 겨자씨로 임했다는 것은 하나님이 이 땅에 겨자씨로 오셨다는 것입니다. 우주보다 더 크신 하나님께서 하늘 보좌를 버리고 사람이 되셨다는 자체가 겨자씨로 오신 것입니다. 더욱이 주님은 겨자씨 가운데서도 더 작고 낮아진 모습으로 보잘것없는 집안의 아이로 마구간에서 태어나셨습니다. 그리고 공생애를 시작하기 전까지 목수 일을 하면서 겨자씨 한 알의 삶을 사셨기에 사람들이 몰라보고 무시하고 비난하고 짓밟았습니다. 하지만 이 겨자씨 한 알은 생명으로 오셨습니다. 이 사실을 우리가 믿음으로 받아들이면 생명은 내 안에서 서서히 자라기 시작하여 결국 충만해집니다. 생명은 곧 말씀이기에 예수님의 생명이 내 안에 충만하다는 것은 말씀이 내 안에 충만히 임하는 것입니다. 그러면 우리는 마치 공중의 새들이 큰 나무 그늘에 깃들이는 것처럼 그 충만함에 깃들게 됩니다. 이것은 바로 평안과 쉼을 말합니다. 참된 평안은 환경에서 오지 않습니다. 세상으로부터 오지 않습니다. 오직 생명 되시는 주님만이 우리에게 참 평안을 허락하십니다. 롬 5:1, 요 14:27 주님의 생명 그늘 아래에서 평안을 느끼는 순간 내일 오게 될 하나님의 나라가 아닌, 오늘 내 삶의 현장 속에서 하나님 나라를 경험하는 놀라운 은혜를 얻게 됩니다. 오늘 이 평안의 복을 누리고 그 평안을 다른 이에게 전하는 귀한 자리에 있게 되기를 축복합니다.

오늘 삶의 현장에서 하나님의 나라를 경험함으로 평안을 누리고 다른 이들이 저를 통해 평안을 느끼게 되기를 원합니다.

12월 **19**일　새 아담의 신부

창세기 2:21-25

21여호와 하나님이 아담을 깊이 잠들게 하시니 잠들매 그가 그 갈빗대 하나를 취하고 살로 대신 채우시고 22여호와 하나님이 아담에게서 취하신 그 갈빗대로 여자를 만드시고 그를 아담에게로 이끌어 오시니 23아담이 이르되 이는 내 뼈 중의 뼈요 살 중의 살이라 이것을 남자에게서 취하였은즉 여자라 부르리라 하니라 24이러므로 남자가 부모를 떠나 그의 아내와 합하여 둘이 한 몸을 이룰지로다 25아담과 그의 아내 두 사람이 벌거벗었으나 부끄러워하지 아니하니라

아담이 자기 갈비뼈를 취하여 지음 받은 여자를 보고 내 뼈 중의 뼈, 살 중의 살이라고 선포한 것은 주님이 우리를 향해 말씀하시는 것입니다. 너는 내 뼈 중의 뼈, 살 중의 살이라. 즉 '너는 나'라는 의미입니다. 또한 여자라 이름을 지어주었다는 것은 '너는 내게 속했다'는 것을 의미합니다. 이것을 떼려야 뗄 수 없는 사랑의 관계를 말합니다. 또한 우리는 주님과 한 몸을 이루어24절 죄 없는 자가 되었습니다. 벌거벗었으나 부끄러움이 없었다는 것은 거짓이 없고 서로가 투명하다는 것입니다. 즉 죄가 없어졌음을 의미합니다. 예수 그리스도새 아담의 신부가 되기 전에 인간은 누구나 '의인은 하나도 없고, 깨닫는 자도 없고, 하나님을 찾는 자도 없고, 다 치우쳐 한가지로 무익하게 되고 선을 행하는 자도 없는'롬 3:10-12 부끄러운 존재일 수밖에 없습니다. 하지만 예수 그리스도로 말미암아 모든 믿는 자들에게 하나님의 의가 차별이 없게 되었습니다. 이것이 바로 에덴의 회복입니다. 이는 인간의 그 어떤 노력으로 되는 것이 아니라 새 아담을 만날 때, 새 아담의 신부가 되어서 그와 한 몸을 이루고 사랑의 관계를 형성하고 부끄러움이 없는 완벽한 하나의 관계가 될 때 가능합니다.

하나님, 저는 새 아담의 신부가 되었음을 고백합니다. 그분과 온전히 한 몸을 이루어 사랑의 관계를 형성하였으니 오늘도 의의 옷을 입고 살게 해주소서.

12월 20일　어떻게 주님을 만날 수 있을까?

누가복음 2:7
첫아들을 낳아 강보로 싸서 구유에 뉘었으니 이는 여관에 있을 곳이 없음이러라

예수님이 태어나실 때 당시의 사람들은 메시야가 오셨건만, 하나님의 아들이 이 땅에 오셨건만 그것을 알지 못하고 맞이하지 못했습니다. 왜 그들은 이렇게 귀한 기회를 놓쳤을까요? 높은 것만을 생각했기 때문입니다. 높은 마음만이 자리하고 있었기 때문입니다. 이스라엘 백성들은 주님을 기다리고 있었지만, 예수님이 말구유와 같은 천한 곳에서 나실 것은 전혀 상상하지 못했습니다. 매일 성전에서 제사드리고 봉사하는 제사장도, 하나님을 높이고 찬양하는 무리들도, 율법에 능한 바리새인과 서기관들도 모두가 높은 것만을 생각했기에 주님을 만나지 못했습니다. 만약 우리가 예수님이 태어나시던 당시에 살고 있었다면 구유에 나신 예수님을 만날 수 있었을까요? 오늘날 교회에서 헌신하고 봉사하는 목회자들, 성도들, 그리고 신학을 공부한 박식한 신학자들은 과연 재림의 주님을 만날 수 있을까요? 낮아진 마음이 없이는 결코 주님을 만날 수 없습니다. 예수 그리스도의 잉태 사실을 천사로부터 들었을 때 '주의 계집종이오니 말씀대로 내게 이루어지이다'라고 고백했던 마리아는 겸손했기에 예수님을 가장 가까이에서 모실 수 있는 은총을 입었습니다. 하나님께서는 교만한 자를 대적하시고 겸손한 자에게는 은혜를 베푸십니다. 벧전 5:5 사람은 게으르거나 죄를 좇아가거나 교만할 때 망합니다. 그러나 게으른 것, 죄를 좇아가는 것은 회개하고 돌이키면 구원을 얻을 수 있지만 교만은 하나님보다 높아지려는 마음이기에 결코 구제받을 수가 없습니다. 예수님은 겸손의 모델입니다. 겸손할 때 하나님의 뜻을 헤아릴 수 있고 주님을 만날 수 있습니다.

하나님, 저에게 교만한 부분은 없는지 제 삶을 돌아보기 원합니다.
겸손하신 주님을 모델 삼아 언제 어디서나 겸손으로 옷 입기 원합니다.

12월 **21**일　베들레헴

마태복음 2:4-6
4왕이 모든 대제사장과 백성의 서기관들을 모아 그리스도가 어디서 나겠느냐 물으니 5이르되 유대 베들레헴이오니 이는 선지자로 이렇게 기록된 바 6또 유대 땅 베들레헴아 너는 유대 고을 중에서 가장 작지 아니하도다 네게서 한 다스리는 자가 나와서 내 백성 이스라엘의 목자가 되리라 하였음이니이다

예수님께서 베들레헴에 오신 데에는 분명한 이유가 있습니다. 베들레헴은 작은 고을입니다. 수많은 나라 중에서 유대는 작은 나라인데 그 작은 나라 중에서도 작은 고을 베들레헴에 주님이 오셨습니다. 이곳에서도 편안한 방에서 나신 것이 아니라 말구유에서 탄생하셨습니다. 주님은 사람들이 알아주지 않는 곳, 낮은 곳, 그 누구의 관심도 없는 곳, 보잘것없는 베들레헴에 오셨습니다. 어제, 오늘 그리고 내일도 동일하신 예수님은 어제 베들레헴에 임하신 그대로 오늘도 베들레헴에 임하십니다. 그래서 주님은 오늘도 임하실 곳, 베들레헴과 같은 겸손한 자를 찾고 계십니다. 하나님은 마음이 교만한 자를 미워하시기에 잠 16:5 함께하실 수 없습니다. 또한 교만한 자를 물리치시고 겸손한 자에게 은혜를 주십니다. 약 4:6 즉, 주님은 겸손한 심령, 낮은 곳에 임하신다는 말씀입니다. 주님은 우리가 베들레헴이 되기를 간절히 원하십니다. 주님은 모든 것을 소유하시고 만물의 주인이시지만 스스로 베들레헴 고을이 되셔서 베들레헴에 임하셨습니다. 많은 재물과 지식, 명예를 소유했어도, 매력적인 외모를 지녔어도 그 심령이 베들레헴 되기를 소망하십시오. 주님처럼 가장 작은 자가 되어 가장 낮은 곳에 거하십시오. 그리고 그 낮은 곳에서 섬기십시오. 주님이 제자들의 발을 씻기신 것처럼 주님의 마음이 되어 사랑으로 섬기십시오. 이때 하나님께서 말씀하실 것입니다. '베들레헴아 너는 유대 고을 중에서 가장 작지 아니하도다.'

낮고 천한 베들레헴의 말구유에 오신 주님. 낮고 천한 제 삶에 오신 주님을 본받아 저 또한 낮고 천한 곳에 거하며 섬기기를 원합니다.

12월 **22**일 기쁜 소식

누가복음 2:8-10

8그 지역에 목자들이 밤에 밖에서 자기 양 떼를 지키더니 9주의 사자가 곁에 서고 주의 영광이 그들을 두루 비추매 크게 무서워하는지라 10천사가 이르되 무서워하지 말라 보라 내가 온 백성에게 미칠 큰 기쁨의 좋은 소식을 너희에게 전하노라

 주님이 이 세상에 오신 일은 인류에게 엄청난 사건이며 기쁜 소식입니다. 캄캄한 세상에 빛이 비추어졌습니다. 소망이 생겼습니다. 그런데도 사단은 끊임없이 이를 부정하며 우리에게 거짓을 속삭입니다. 인간이 최대의 기쁨인 이 소식을 받아들이면 삶에 대혁명이 일어나 더이상은 자신이 설 자리가 없다는 것을 알기에 사단은 사람들이 복음을 받아들일 수 없도록 온갖 책략을 동원합니다. 인간은 창세 이래 하나님의 소리와 사단의 소리 사이에서 계속 진실게임을 하고 있습니다. 하나님은 에덴동산에서 아담에게 진실을 말씀하셨지만, 사단은 그 진실을 왜곡하고 결국 아담을 유혹하여 죄에 빠뜨렸듯이 오늘날도 하나님은 우리에게 매일 사랑을 속삭이시지만 사단은 거짓말로 우리를 혼란에 빠뜨리고 있습니다. 사단은 '그런 일은 있을 수 없다고, 하나님이 왜 너 같은 존재를 그렇게 사랑하시겠느냐고, 이것은 결코 사실이 아니라'고 속삭입니다. 기억하십시오. 진리에 대해 의심케 하는 사단이 다가올 때는 답변할 필요가 없습니다. 아담이 그러했듯이 정확하지 못한 답변으로 인해 오히려 사단에게 틈을 주어 더 깊은 유혹의 수렁으로 끌려갈 뿐입니다. 사단이 하나님의 소리에 맞서서 제아무리 거짓말을 해도 주님이 이 세상에 기쁜 소식으로 오신 것과 우리를 사랑하신다는 것은 바뀌지 않는 진실입니다.

하나님, 저를 사랑해주셔서 감사합니다. 사단이 아무리 거짓말을 속삭여도 하나님의 사랑의 속삭임을 기억하며 사단을 물리치겠습니다.

12월 23일 절망의 때에 찾아오는 생명

누가복음 1:46-48

46마리아가 이르되 내 영혼이 주를 찬양하며 47내 마음이 하나님 내 구주를 기뻐하였음은 48그의 여종의 비천함을 돌보셨음이라 보라 이제 후로는 만세에 나를 복이 있다 일컬으리로다

살아가면서 누구나 절망적인 상황을 만날 수 있습니다. 믿음의 백성이라고 해서 절망을 피해갈 수 있는 것은 아닙니다. 믿는 우리도 세상 사람들과 똑같이 아프기도 하고 어려운 일도 만나고 죽음에 이르기도 합니다. 그러나 세상 사람들과 다른 점이 있다면 절망적인 상황의 끝에서 하나님을 볼 수 있다는 사실입니다. 누가복음 1장은 이스라엘 백성에게 아무런 희망이 없던 절망의 때를 그리고 있습니다. 하나님께서는 이스라엘 백성에게 수많은 선지자를 보냈지만, 그들은 선지자의 말씀을 이해하지 못하고 배척했습니다. 그래서 하나님은 그들에게 400년 동안 말씀이 없는 침묵의 시대를 겪게 하셨습니다. 그리고 누가복음이 시작되는 시기는 헤롯왕이 다스리는 때입니다. 헤롯은 오직 로마 황제에게 잘 보이는 것만 생각하고 백성에게는 관심이 없었던 잔악한 왕이었습니다. 또한 제사장 사가랴는 나이가 많았으니 백성들은 소망이 없는 상황이었을 것입니다. 그러나 그 절망의 때에 하나님이 그곳에 계셨습니다. 예수 그리스도의 생명을, 영원한 생명을 주심으로 온 인류를 구원해 내시는 하나님이 절망의 끝에 계셨습니다. 믿음의 백성은 이것을 놓치지 않아야 합니다. 사실 절망의 자리에서 내 힘으로 할 수 있는 것은 아무것도 없습니다. 그저 하나님 앞에 부르짖어 기도할 수밖에 없습니다. 그러면 우리가 원하는 것을 즉각적으로 들어주실 수 있는 능력의 하나님이지만 우리에게 예수 생명을 부어주시는 것이 하나님의 응답입니다. 하나님은 마리아에게 그렇게 하셨고 예수 생명을 받은 마리아는 그 생명으로 인하여 하나님께 찬송을 드렸습니다. 믿음의 사람은 절망적인 상황이 생길지라도 그때 그 자리에 함께하시는 하나님을 바라봅니다. 그 하나님은 우리 안에 생명을 허락하시는 분이기에 찬송하며 기뻐할 수 있습니다.

어떤 상황에서도 제 안의 보배이신 예수님이 계셔서 능력이 제게 있지 않고 오직 주님께 있음을 알게 하시니 감사합니다.

12월 **24**일 최고의 선물

미가 5:2-4

2베들레헴 에브라다야 너는 유다 족속 중에 작을지라도 이스라엘을 다스릴 자가 네게서 내게로 나올 것이라 그의 근본은 상고에, 영원에 있느니라 3그러므로 여인이 해산하기까지 그들을 붙여 두시겠고 그 후에는 그의 형제 가운데에 남은 자가 이스라엘 자손에게로 돌아오리니 4그가 여호와의 능력과 그의 하나님 여호와의 이름의 위엄을 의지하고 서서 목축하니 그들이 거주할 것이라 이제 그가 창대하여 땅 끝까지 미치리라

하나님께서는 우리에게 예수님을 선물로 주셨습니다. 본문은 예수 선물이 어떤 가치를 지니고 있는지 잘 말해주고 있습니다. 첫째, 만세 전부터 계획하신 선물입니다.2절 미가 선지자는 주전 740~710년에 활동했으니 예수님이 태어나시기 700년 전에 예언했습니다. 계획했다는 것은 실패하지 않는다는 것, 주도적이라는 것, 집중적이라는 것을 의미합니다. 둘째, 누구나 받을 수 있는 선물입니다.2절 예수님은 명문가 출신도 부유한 자손도 아니셨습니다. 최고의 왕이 가장 작은 족속, 낮고 천한 곳에 오셨습니다. 그래서 가난한 자나 부한 자나 배운 자나 못 배운 자나 농촌 출신이나 도시 출신이나 그 누구나 받아 누릴 수 있는 선물이 되셨습니다. 셋째, 이 선물은 땅끝까지 이르게 되는 가치 있는 선물입니다.4절 예수님의 나라는 이 땅에 반드시 이루어질 것입니다. 우리가 그 사역에 쓰임 받을 수 있다는 사실, 그 대열에 서 있다는 사실만으로도 우리는 복 받은 사람들입니다. 매년 돌아오는 성탄절은 우리에게 어떤 의미입니까? 성탄절은 크리스천이라서 그저 습관적으로 예배 자리에 나오는 날이 아닙니다. 최고의 선물인 예수님을 우리에게 주시면서 우리가 이 선물을 받아들이고 날마다 이 선물을 누리고 살기를 간절히 바라시는 하나님 아버지의 마음을 아는 날입니다. 성탄절은 그래서 하나님께서 내게 최고의 선물을 주신 것에 감격하며 하나님의 크신 은혜에 감사해서 경배하고 그 사랑을 전하는 날입니다.

예수님을 선물로 주신 하나님, 감사합니다. 선물의 가치를 언제나 기억하며 감사할 수 있는 자로 살게 하소서.

성탄의 기쁨을 전하는 천사

12월 **25**일

누가복음 2:10
천사가 이르되 무서워하지 말라 보라 내가 온 백성에게 미칠 큰 기쁨의 좋은 소식을
너희에게 전하노라

진정한 의미의 성탄은 두 가지가 반드시 있어야 합니다. 인류를 구원하기 위해 우리 곁에 오신 주님을 찬양하는 것과 주님의 사랑을 전하는 것입니다. 본문에서 천사는 온 백성에게 미칠 큰 기쁨의 좋은 소식을 전하고 있습니다. 예수님의 탄생 소식을 천사로부터 들은 목자들, 예수님의 부활 소식을 천사로부터 들은 막달라 마리아를 비롯한 여인들. 천사가 모든 이에게 나타나지 않고 그들에게만 나타난 것은 그들을 통해 예수님에 대한 소식이 다른 사람에게 전해지기를 바라는 하나님의 마음입니다. 그렇습니다. 처음에 문을 여는 역할은 천사가, 그다음의 역할은 사람이 해야 합니다. 천사로부터 좋은 소식을 들은 그 사람이 바로 천사가 되어 좋은 소식을 누군가에게 전하는 것입니다. 천사는 자신의 힘으로 무언가를 하겠다는 생각을 하지 않고 그저 심부름꾼임을 기억하면서 충성되게 전달하기만 하면 됩니다. 그러나 천사는 권세를 가지고 머뭇거리지 않고 담대히 전할 수 있어야 합니다. 또한 천사는 사실을 하나도 가감 없이 진실 되게 전달해야 합니다. 일단 이렇게 전하는 역할을 잘하면 열매를 맺는 것은 하나님의 몫입니다. 성탄의 계절에 우리가 복음이 필요한 자에게 좋은 소식을 전하는 주의 천사가 된다면 하나님께서 얼마나 기뻐하실까요? 아직 시간이 많다고, 기회가 얼마든지 있다고 말하지 마십시오. 이 땅을 살아가는 날 동안 우리는 그 누구도 인생의 끝이 언제인지 알 수 없습니다. 내 곁에 있는 사람이 기쁨의 소식을 듣지 못한 채 오늘 세상을 떠날 수도 있습니다. 나 혼자만 기뻐하는 성탄이 아니라 함께 기뻐하는 성탄이 되기를 축복합니다.

하나님, 하나님의 형상대로 창조된 제가 천사보다 못한 삶을 살아서는
안 되겠다는 생각을 하게 됩니다. 성탄의 기쁜 소식을 이웃에게 담대하게
전하겠습니다.

12월 26일　예수님이 이 땅에 오신 목적

누가복음 2:14

지극히 높은 곳에서는 하나님께 영광이요 땅에서는 하나님이 기뻐하신 사람들 중에 평화로다하니라

칼이 일급 요리사의 손에 들려 있다면 예술 작품과 같은 고급 음식을 만들어내는 용도로 쓰이지만, 살인자의 손에 들려있다면 생명을 해하는 무기가 될 것입니다. 사람의 제일 되는 목적은 하나님을 영화롭게 하고 그를 영원토록 즐거워하는 것입니다. 하나님께서는 이 목적을 가지고 인간을 창조하셨기 때문에 하나님께 붙들려 있다면 사람은 하나님께 영광을 돌리는 귀한 목적으로 사용될 것입니다. 또한 하나님은 영원한 생명 되시기에 사람은 생명을 위해 사용될 것입니다. 반면에 사단에 사로잡혀 있다면 그 사람은 본래의 목적을 벗어나 쓸모없는 자가 되고 말 것입니다. 본문에서는 예수님이 이 땅에 오신 목적도 바로 하나님께 영광 돌리기 위해서라고 말씀합니다. 하나님께서는 만세 전부터 여러 선지자들의 입을 통하여 예수님의 탄생을 약속하셨습니다.미 5:2 약속을 이루시는 신실한 하나님께서 약속대로 그리스도를 이 땅에 보내신 것이 바로 하나님께 영광이 되는 것입니다. 그리고 약속을 지키시는 신실하신 하나님을 믿는 순간 우리에게는 평화가 찾아옵니다. 사실, 세상은 온통 근심과 염려거리밖에 없습니다. 물질이 있다고 해도, 건강해도, 명예를 소유했어도, 많이 배웠어도 모두 똑같습니다. 그러나 아무리 어렵고 힘들어도 약속을 지키시는, 신실하신 하나님을 믿으면 상황과는 무관하게 평화로울 수 있습니다. 한 해를 마무리하면서 지난 시간을 돌아보면 부끄러운 일밖에 없습니다. 하나님 앞에서 약속한 것들을 제대로 지킨 것은 하나도 없으니 하나님 앞에 죄스럽기도 하고 하나님께서 그런 나를 책망하고 벌하시지는 않을까 염려도 됩니다. 그러나 우리의 그 어떤 약점과 단점을 통해서도 하나님께서 선을 이루실 것을 확신하면 어둠 속에서도 이 땅에 평화로 오신 주님의 평화가 내 안에 충만하게 됩니다.

한 해 동안 살아온 모습이 부끄럽지만 그래도 하나님께서 제 모든 것을 사용하셔서 하나님께 영광이 되었음을 믿으며 감사합니다.

12월 **27**일 　가장 소중한 보물

마태복음 13:44-46

44천국은 마치 밭에 감추인 보화와 같으니 사람이 이를 발견한 후 숨겨 두고 기뻐하며 돌아가서 자기의 소유를 다 팔아 그 밭을 사느니라 45또 천국은 마치 좋은 진주를 구하는 장사와 같으니 46극히 값진 진주 하나를 발견하매 가서 자기의 소유를 다 팔아 그 진주를 사느니라

탈무드에 이런 이야기가 있습니다. 전쟁으로 인하여 포로가 된 마을 주민들에게 명령이 떨어졌습니다. 남자들은 모두 노예로 붙잡히게 될 것이고 여인들은 자신이 가장 소중히 여기는 보물을 딱 한 가지만 가지고 나가라고 것입니다. 모두가 두려움에 떨면서 보물을 한 가지씩 챙겨서 남편과 작별을 했는데 한 여인이 커다란 짐 보따리를 낑낑대고 끌고 나가는 것이었습니다. 수상하게 여긴 검열관이 큰 보따리를 풀어보니 거기에는 남편이 들어 있었습니다. 그 여인에게 가장 소중한 보물은 바로 남편이었던 것입니다. 우리에게는 가장 소중한 보물이 무엇입니까? 영원한 신랑 되신 예수 그리스도를 가장 귀한 보물로 여기고 있는 사람은 밭에 감추인 보화를 발견한 사람처럼 기뻐합니다. 모든 것을 다 팔았다는 것은 아무 가진 것이 없어도 오직 예수님만으로 기뻐함을 의미합니다. 또한 넉넉한 사람으로서 세상을 축복하며 살아갑니다. 값진 진주를 발견한 진주 장사가 자기 소유를 다 팔았다는 것은 그만큼 그 보물이 최고의 가치인 것을 알게 되었다는 뜻입니다. 보물 되시는 주님을 만난 사람은 세상 것 하나 없어도 넉넉하여 세상을 축복할 수 있습니다. 사도 바울은 자신에게 유익하던 것을 그리스도를 위하여 다 해로 여길 뿐더러 그리스도를 위하여 모든 것을 잃어버리고 배설물로 여긴다고 고백했습니다. 얼마나 예수님을 깊이 만났으면 최고의 가문에서 나고 자라 최고의 학문을 했던 바울이 그 모든 것을 배설물로 여긴다고 고백할 수 있었을까요? 하나님께서는 우리도 이 자리까지 이르기를 원하십니다. 우리는 예수 그리스도만으로 기뻐하며 예수 그리스도로 인하여 열방을 축복할 수 있는 넉넉함을 소유한 사람임을 기억하십시오.

예수님은 저에게 보물이십니다. 저는 예수 그리스도 한 분만으로 기뻐하며 넉넉합니다.

12월 **28**일 믿지 못할 일을 믿는 기적

이사야 53:1-3

1우리가 전한 것을 누가 믿었느냐 여호와의 팔이 누구에게 나타났느냐 2그는 주 앞에서 자라나기를 연한 순같고 마른 땅에서 나온 뿌리 같아서 고운 모양도 없고 풍채도 없은즉 우리가 보기에 흠모할 만한 아름다운 것이 없도다 3그는 멸시를 받아 사람들에게 버림 받았으며 간고를 많이 겪었으며 질고를 아는 자라 마치 사람들이 그에게서 얼굴을 가리는 것 같이 멸시를 당하였고 우리도 그를 귀히 여기지 아니하였도다

자격도 갖추지 못하고 아무런 능력도 없는 사람이 한 나라의 대통령이 된다고 하면 모두가 그 말을 믿지 않고 오히려 비난할 것입니다. 우리의 구원주이시며 만왕의 왕이신 주님은 이 땅에 그렇게 오셨습니다. 연약한 모습으로 보잘것없는 곳에서 태어나셨고 십자가에 달려서 하나님께 '어찌하여 나를 버리시나이까?'라고 외치시며 죽으셨습니다. 그러니 이 무력한 존재가 나를 구원하실 분이며 온 우주를 다스릴 왕이라고 어느 누구도 믿을 수가 없었을 것입니다. 인류를 구원할 자라면서 왜 저렇게 아무런 힘도 못 쓰고 무기력하게 죽는가? 또한 죽은 자가 어떻게 부활할 수 있는가? 그의 죽음과 부활이 나와 무슨 상관이 있는가? 당시의 이스라엘 백성들, 그리고 오늘날 많은 사람들도 이런 생각들을 하며 예수님을 메시야로 믿을 수 없는 것은 어쩌면 당연한 일입니다. 그런데 여호와의 팔이 우리에게 나타났습니다. 예수님의 탄생부터 십자가의 죽음, 부활에 이르기까지 아무도 믿지 못할 일이 일어났지만 그를 통하여 우리가 생명을 얻은 구원의 백성이 되었습니다. 그리고 성령으로 인하여 세상은 믿지 못하는 일 — 죄로 인해 죽은 자가 예수 그리스도로 인하여 다시 태어났다는 사실 — 을 믿을 수 있게 되는 기적이 우리에게 일어났습니다. 그 은혜를 깨닫고 은혜에 반응하는 삶이 되기를 축복합니다.

보잘것없는 모습으로 이 땅에 태어나신 예수님, 그리고 멸시받고 고통을 받으며 십자가에 무기력하게 돌아가신 예수님이 저의 구원주이심을 믿습니다. 이 믿음의 기적이 제게 일어난 것을 감사합니다.

12월 **29**일 　하나님께 영광

고린도전서 10:31
그런즉 너희가 먹든지 마시든지 무엇을 하든지 다 하나님의 영광을 위하여 하라

 어 떻게 하나님께 영광을 돌릴 수 있습니까? 주일을 지키기 위해 어려운 환경을 극복하고 예배 자리에 나와 앉아 있으면, 오랜 신앙생활을 하면서 헌신하고 봉사하면, 아름답게 하나님을 찬양하면, 평생을 목회하면서 성도들에게 귀한 말씀을 전하면 하나님께 영광을 돌리는 것입니까? 아닙니다. 예배 자리에 나와 앉아 있어도 몇십 년을 봉사하고 헌신해도, 성가대에서 열심히 찬양을 해도 하나님께 영광을 돌리는 일이 아닐 수 있습니다. 하나님께 영광을 돌린다는 것은 '하나님 보시기에 좋은 것'을 의미하기 때문입니다. 예배를 드려도, 찬양을 해도, 말씀을 전해도 하나님 보시기에 좋지 않다면 그 예배는, 찬양은, 설교는 하나님께 영광을 돌리는 것이 될 수 없습니다. 이 세상 만물은 원래 하나님께 영광을 돌리는 존재였습니다. 하나님이 세상을 창조하실 때, 날마다 '보시기에 좋았더라'고 말씀이 기록하고 있는 것은 창조의 세계가 하나님께 영광을 돌렸음을 말해주는 것입니다. 그러나 이 세계에 불순종이라는 죄가 들어옴으로 하나님 보시기에 좋은 상태가 깨어져 버리고 만물은 하나님께 영광을 돌리지 못하는 존재가 되어 버렸습니다. 그래서 예수 그리스도와 접붙여지지 않으면, 예수님과 함께하지 않으면 우리는 누구도 하나님께 영광을 돌릴 수 있는 존재가 될 수 없습니다. 예수님만이 십자가를 통해 온전히 순종함으로 하나님 보시기에 아름다운 분, 하나님께 영광을 돌리셨던 분이기 때문입니다. 그런데 인간은 너무도 연약한 존재이기에 주님과 함께 있어도 순종할 수 없다는 것을 하나님께서는 잘 아시기에 우리에게 성령을 보내주셨습니다. 진리의 성령이 오셔서 우리를 지배하고 통제하심으로 그분의 통치 안에서 우리는 하나님께 영광을 돌리게 됩니다. 무엇을 해도 예수님과 동행하며 성령의 통제를 받음으로 하나님께 영광을 돌리는 성도가 되십시오.

날마다 예수님과 동행하기 원합니다. 날마다 성령께서 저를 지배해주시기를 원합니다.

388

12월 **30**일 마라나타

요한계시록 22:20-21

20이것들을 증언하신 이가 이르시되 내가 진실로 속히 오리라 하시거늘 아멘 주 예수
여 오시옵소서 21주 예수의 은혜가 모든 자에게 있을지어다 아멘

오늘날 우리가 경계해야 할 대상 중의 하나는 사단이 재림 신앙
을 약화시키려 한다는 사실입니다. 재림 신앙이 약해지면 연결
되어 있는 다른 부분까지도 약해진다는 것을 기억해야 합니다. 초대교회 성도들
이 카타콤의 극한 상황을 견딜 수 있었던 것은 마라나타를 소유했기 때문입니다. 한
국 기독교 초창기에도 숱한 핍박과 죽음 속에서도 신앙의 힘을 발휘할 수 있었던 것
은 다시 오실 주님을 소망했기 때문입니다. 사도 바울이 어떤 상황에서도 견딜 수 있
는 일체의 비결을 배웠다고 고백하는데빌 4:11-12 이는 그가 재림 신앙을 소유하고 있
었기 때문입니다.살전 4:16-17 오늘날 교회들이 사회 정의 실현이나 문화 사역, 복지 문
제에 관심을 기울이는 것도 좋지만 그것이 만약 복음을 전파하는 일보다 우선 된다
면 위험한 일입니다. 재림 신앙의 희석이 이런 결과를 가져오기 때문입니다. 재림 신
앙을 소유한 사람은 어려울 때도 넉넉하고 기쁨을 잃지 않고 소망을 잃지 않습니다.
풍부할 때도 결코 교만해지지 않고 안일하게 살지 않고 우선순위를 잃지 않습니다.
재림 신앙은 내가 진실로 속히 오리라고 하신 말씀을 붙잡고 오직 주님만을 고대하
는 것입니다. 이 땅에 하나님의 나라가 실현되기를 고대하는 것입니다. 또한 영원히
주님과 함께하고 싶은 갈망함을 소유하는 것입니다. 이런 신앙을 가진 모든 자에게
하나님의 은혜가 임할 것입니다.

주 예수여, 오시옵소서. 그날을 기다리며 소망하며 살겠습니다.

12월 **31**일   날이 새어갈 때에

요한복음 21:3-6

3시몬 베드로가 나는 물고기 잡으러 가노라 하니 그들이 우리도 함께 가겠다 하고 나가서 배에 올랐으나 그 날 밤에 아무 것도 잡지 못하였더니 4날이 새어갈 때에 예수께서 바닷가에 서셨으나 제자들이 예수이신 줄 알지 못하는지라 5예수께서 이르시되 애들아 너희에게 고기가 있느냐 대답하되 없나이다 6이르시되 그물을 배 오른편에 던지라 그리하면 잡으리라 하시니 이에 던졌더니 물고기가 많아 그물을 들 수 없더라

 예수님이 십자가에 죽으시고 절망한 제자들은 옛날로 돌아가 다시 고기잡이를 시작했고 밤새 애썼지만, 아무것도 얻지 못한 채 주님이 곁에 계시지 않음을 절감했을 것입니다. 그러나 주님은 여전히 그들 곁에 계셨습니다. 그리고 마침내 날이 새어갈 때 모습을 드러내시고 '그물을 배 오른편에 던지라'고 말씀하셨습니다. '오른편'은 먼 곳이 아니라 가까운 곳을 의미합니다. 사실 모든 것은 우리가 선택할 수 있을 만큼 가까운 거리인 좌우편에 위치하고 있습니다. 소망은 오른편에 좌절은 왼편에 있습니다. 한순간에 소망을 잡을 수도, 좌절할 수도 있다는 이야기입니다. 신앙은 오른편에 불신앙은 왼편에 있습니다. 지혜자의 말은 오른편에 우매자의 말은 왼편에 있습니다.전 10:2 우리가 어느 편을 선택하느냐에 따라 우리의 삶이 달라집니다. 멀리 갈 필요도 없습니다. 방향만 바꾸면 됩니다. 제자들도 배는 가만히 두고 방향만 바꾸고 오른편에 그물을 내렸더니 그물을 들 수 없을 만큼 많은 고기를 잡을 수 있었습니다. 우리는 지금 한 해가 저물어 가는 때라기보다는 새 해를 향해 날이 새어가는 때에 서 있습니다. 이 순간 오른편을 선택하십시오. 오른편에 인생을 던지십시오. 그곳은 주님이 계신 곳이며 언제나 안전한 곳입니다. 그곳에 100%를 던질 때 주님께서 책임져 주실 것입니다.

하나님, 선택의 기로에 섰을 때 오른편을 선택할 수 있기를 원합니다. 주님이 계신 그곳, 안전한 그곳에 제 인생의 100%를 던지기 원합니다.